a 16.—
45.—

Ernst Krause

Puccini

Ernst Krause

Puccini

Beschreibung
eines Welterfolges

im
Siedler Verlag

Für Trixi, Eva, Ernst

Inhalt

Preludio

Auf der Landstraße in Vignola di San Macario, wenige Kilometer vor Lucca, gerät ein Auto ins Schleudern. Es ist eine Februarnacht des Jahres 1903. Der Wagen stürzt an einer Brücke die Böschung sechs Meter tief, überschlägt sich, bleibt liegen, das ist schon damals vorgekommen. Giacomo Puccini befindet sich mit Frau und Sohn auf der Rückfahrt von einer ärztlichen Konsultation; das Ziel ist das Refugium im nahen Torre del Lago. Elvira und Tonio sind offenbar unverletzt. Der Maestro? Wie die Diagnose bald zeigt: das rechte Schienbein gebrochen, dazu schwere Prellungen. Heftiger Schmerz läßt Puccini laut aufstöhnen. Aber es geschieht das Merkwürdige, für ihn so Typische: seine Gedanken gelten nicht den Angehörigen. Am nächsten steht ihm im Moment tödlicher Gefahr das Kind seiner Phantasie, das er schon verlassen, vaterlos wähnt. »Arme Butterfly!«, seufzt er. Finden wir bei Mimis Sterbeszene der »Bohème« nicht das gleiche Denken und Fühlen? Seinem Freund und späteren Biographen Fraccaroli erzählte er: »Ich fing an zu heulen wie ein Kind. Es war, als hätte ich mein eigenes Kind sterben sehen.« Auch bei der Schmerzgeburt der »Turandot«, die Puccinis letzte Lebenszeit so bewegend begleitete, nur der eine Gedanke: »Arme Turandot, wie wirst du vernachlässigt!« Mit seinen Opernfiguren, vor allem seinen Opernheldinnen, lebte und litt er.

Nur wenige schöpferische Musiker wären zu nennen, bei denen sich das eigentliche Leben so unmittelbar in der eigenen künstlerischen Welt, dem Schaffen, abspielt. Alles Bohème-Wesen, Naturverbundenheit, Melancholie, Erotik dieses intensiven Musikerlebens sind nicht vom Werk des Italieners zu trennen, bilden eine für ihn bezeichnende »Zone des Schaffens«. Wir müssen sie aufspüren, erfühlen. Die dialektische Einheit von Kunst und Gesellschaft ist gewahrt. Dennoch: wer bei seinen Opern (mit Ausnahme von »La Bohème« und »Suor Angelica«) nach biographischen Bezügen sucht, wird auf Grenzen stoßen. Auch wo sich Puccini mit seinen Opernfiguren identifiziert, bleiben sie Geschöpfe der Phantasie. Mag uns seine Lebensspur bei der Werkbeurteilung weiterhelfen – Wesentliches kann sie nicht klären. Zu viel verbirgt sich in Puccinis Innerem.

Doch gibt es keinen Puccini-Mythos, keine Legende des

Unfehlbaren wie des Fehlerhaften. Es gibt nur ein Puccini-Leben, bewegt, reich und sensibel zugleich; das Werk fügt sich ihm ein. Wir brauchen zu keinem Denkmal auf pompösen Sockel aufzublicken. Die Welt wird nicht kleiner, wenn man erzählt, auch ein Großer sei mit seinen Fehlern und Schwächen ein Mensch. Puccini droht allenthalben die Verklärung zum Weltmann eines Zivilisationszeitalters, begabt mit einer ausgeprägt romantischen, zwischen Weichheit und Härte, Empfindsamkeit und Entschlossenheit wechselnden Künstlerpsyche. Wie sympathisch er doch als Mensch ist! Aber wieviel Spekulation mit dem breiten Erfolg stört die Superästheten, die nichts davon wissen wollen, wie hier nur das Endgültige die Barriere des Weiterlebens passiert. Spekulation? Die Schöpfer machen die Geschichte, nicht Geschichten die Schöpfer. Bleibt immer zu bewundern: wie hat Puccini eine so lange Reihe von Werken schreiben können, die sich, in diesem Ausmaß nur Mozart, Wagner und Verdi vergleichbar, im Weltrepertoire der Oper, an großen, mittleren und winzigen Häusern, einen festen Platz gesichert haben.

Seit »Manon Lescaut« behandeln Puccinis Opern ein im Grunde immer gleiches Thema: den Zusammenstoß eines einsamen Menschen mit seiner Umwelt, oder anders gesagt, die Erotik des Weibes, das für die Liebe lebt und stirbt. »Chi ha vissuto per amore, per amore si mori«, singt der Liedverkäufer im »Il Tabarro«. »Wer nur lebt für die Liebe, stirbt an ihr und weiß nicht wie«. Bedeutungsschwere Worte. Mit Melodien weist Puccini aus dem Dunkel seiner Stoffe und Handlungen hinaus auf Schönheit und Glück. Für die italienische Oper ist es der latente Einbruch romanischer Emotion, Lyrik, die Süße neben Leidenschaft, Zärtlichkeit neben Gewalt setzt; es wird noch von diesem scheinbaren Kontrast die Rede sein. Puccini versenkt sich mit Hingabe in das jeweilig erforderliche Kolorit. Jede seiner späteren Partituren hat ihr spezifisches Klima: das Pariserische der »Bohème«, das Römische der »Tosca«, das Japanische der »Madama Butterfly« und so fort – ein Meister genauer lokaler Beschreibung, lyrisch-farbiger Kleinmalerei. Mit großer Ausdauer bezog er bei »Butterfly« und »Turandot« ausgiebige folkloristische Studien der fernöstlichen Musik in seine Werkstatt ein. Zu jenen, die schon früh auf Puccini aufmerksam wurden, gehört der fast ein halbes Jahrhundert ältere große Verdi. Shaw erkannte in ihm den einzigen würdigen Nachfolger des Maestro von Sant' Agata. Von Verdi stammt der bemerkenswerte Ausspruch zum Grafen Arrivabene: »Puccini bleibt der Melodie treu, und die ist weder alt noch modern.«

Ein Wort steht über Leben und Schaffen Puccinis: das Zauberwort Theater. Verheißungsvoll gleißend, fragwürdig, tausend Möglichkeiten eröffnend, voller Erwartungen und Sensationen war es ihm entscheidender Impuls. Die »Aida«-Exkursion des Achtzehnjährigen, der zu Fuß von Lucca nach dem rund zwanzig Kilometer entfernten Pisa aufbrach, wurde ihm zur Entdeckung der Welt der Oper. Ihr war er, ein Trunkener, verfallen. Stimmen, Instrumente, Dekoration, Kostüm – wir glauben es zu wissen: dies faszinierte den Jungen mehr noch als das eigentliche Musikerlebnis. Denn Verdis grandiose Opernmusik, Seele und Furor seiner Arien, Ensembles und Chöre, dürfte ihm vertraut gewesen sein. Mögen die Meinungen über Puccini und seinen Rang auseinandergehen, heute gewiß weniger als früher. In einem Punkte sind sie sich einig: der Mann wurde fürs musikalische Theater geboren. Das Theater hatte es ihm angetan, entzündete ihn. Er hält das bühnendramatisch Empfundene für das einzig Richtige. Selbst wenn die Textvorlage tragisch oder nur rührend ist, vergißt der Italiener darüber nicht das Element des Spiels, der theatralischen Wirksamkeit. (Wie ja wohl in der Oper überhaupt mehr gesehen als gehört wird.) Überall Teilnahme an allem, was die Oper bewegt. Verständnis für Dramaturgie, Ökonomie, Ordnung. Aber nicht nur Sinn für lyrische Emphase und dramatische Kurven, auch Ruhe und Stille im Ablauf der gesungenen und musizierten Szenen sind ihm vertraut. Jeder Opernakt schon in seinem zeitlichen Ablauf programmiert, überschaubar, ablesbar. Kein Abschweifen vom Thema, kein Wort, kein Ton, keine Episode zuviel. Tatsächlich hat man bei Puccinis Schlüssen immer das Gefühl: auch die Opern-Substanz ist nun »zu Ende«. Der so gestellte Anspruch an die Gattung Oper scheint zwar kraß, entspricht aber den »Statuten« der Florentiner Camerata von 1597, welche die Oper erfand und nichts weiter für sie verlangte als Stützung theatralischer Vorgänge durch die Musik, ohne den möglichen Wert dieser Musik näher zu fixieren.

Puccinis Antwort: der Griff nach blanker melodischer Ausdruckskraft, Cantilena, Sensorium für Klang- und Farbwirkungen. Es ist Glanz und Feinheit seiner Orchestersprache, mit wenigen Takten Figuren umreißend und Situationen erhellend. Für einen Könner wie ihn eine Selbstverständlichkeit? Nein, das ist es nicht. Oder lähmen »Fülle des Wohllauts« (mit der Thomas Mann sein lesenswertes »Bohème«-Kapitel des »Zauberbergs« überschrieb) etwas den Pulsschlag des Dramatikers? Gefühlsmassage, Rausch, kurz Rückkehr zu den ästhetischen Normen sinnerquikkender später Romantik? Der Meister lyrisch geformter Italianità schafft seine Bilderwelt mit der nachtwandlerischen Sicherheit und erregenden Frische des geborenen Theatermusikers. Lebensglut, bittere Lust des Schmerzes, Freude am Komödiantischen, gesellschaftlicher Aspekt meist leidender, leichtsinniger, sozial niedrig stehender Frauentypen entzündet seine erotische Phantasie, ohne in Traum oder Trauma (hier nun wirklich etwas ganz anderes) einzutauchen. Daß er, darin dem deutschen Zeitgenossen Richard Strauss konträr, sich nur am Rande für psychologische und bekenntnishafte Hintergründe der Oper interessiert, bedeutet keinen Widerspruch.

Natürlich ist er in ganz anderer Weise Musiker als der frühe Verdi und vor ihm Rossini, Donizetti und Bellini mit ihrem noch viel naiveren Verhältnis zu Wort, Ton und Dramaturgie. Puccini, der Ironie zuneigend, schreibt:»Die Musik? Was für eine nutzlose Sache! Da ich kein Libretto habe, wie sollte ich Musik machen? Ich habe den großen Fehler, nur dann komponieren zu können, wenn sich meine Marionetten auf der Bühne bewegen. Hätte ich doch ein reiner Sinfoniker werden können. Ich würde meine Zeit und mein Publikum betören. Aber ich? Ich kam vor langer Zeit zur Welt, vor gar zu langer Zeit, es mag ein Jahrhundert her sein .... und Gott berührte mich mit dem kleinen Finger und sprach: ›Schreibe fürs Theater, hüte dich: nur fürs Theater‹ – und ich habe den höchsten Rat befolgt«. Im Ernst: Puccini begreift Oper als Theater. Indem er es praktiziert, kennt, beherrscht er es. Ein vom Theater besessener Musiker, ein Augenmensch! Immer wieder hat er davon gesprochen, wie ihn nur die optisch klare Vorstellung der zu komponierenden Opernszene zu inspirieren vermag. Die Vorgänge müssen»sonnenklar, reich an bunten Kontrasten« sein und»mehr zu den Augen als zu den Ohren sprechen«, heißt es in einem»Turandot«-Brief an Giuseppe Adami. Denn:»Das lebendige und gesunde Theater ist eine verteufelt schwierige Angelegenheit.« Noch deutlicher wird er gegenüber dem Journalisten Ugo Ojetti:»Ich sehe, vor allen Dingen *sehe* ich. Ich sehe die Personen auf der Bühne, die Farben und Bewegungen der Sänger. Ich bin ein Theatermensch. Ich mache Theater. Wenn ich.... das Fenster, das heißt die Bühne, nicht offen vor mir sehe, dann schreibe ich nicht, kann ich keine einzige Note schreiben. Ich fahre im Auto fort auf die Jagd. Und dann schreibe ich wieder, vielleicht erst nach einem Monat, wenn ich die Bühne und die Personen wieder vor mir sehe, aber klar, deutlich, greifbar, so daß ich sie rufen kann...«

10

Allen Einwänden zum Trotz vermag Puccini mit den Mitteln der Oper eine neue theatralische Dimension zu schaffen. Nichts wäre ihm fremder als der Gedanke: nun wird es aber Zeit, mal eine Oper zu schreiben, sich als Dramatiker zu versuchen! Puccini steuert gleich Verdi und Wagner, seinen Vordermännern, mit dem leichten Gepäck früher Vokal- und Instrumentalwerke schnurstracks auf die Musikbühne hin. Seine südländische Kunstanschauung läßt sich nicht vom angeborenen Sinn für Gestus und Mimus, anschauliche, »schaubare« Musik lösen. Seine ästhetische Position, heute fast durchweg unter apologetischen Gesichtspunkten diskutiert, ist bei genauerem Hinsehen weder einfach noch kompliziert. Sie klammert sich in der Folge einzelner Musikszenen an ein vorgegebenes »Milieu«, das mittels des für Puccini typischen lyrisch-sinnlichen Stimmungstons erregend frisch koloriert und artikuliert wird. Sie äußert sich intuitiv richtig. Daran ändert wenig die gelegentlich subjektive Interpretation der Texte durch den Musiker, der in Hingabe, Lust und Zweifel seine depressive Natur nicht verleugnen kann und will. Fazit jeder Beschäftigung mit Puccini: die Schwäche für das weibliche Geschlecht ist so echt wie die Fähigkeit, Mitleid künstlerisch zu sublimieren. Um Puccini zu verstehen, muß man seine Briefe lesen. (Wenn wir sie zitieren, dann möglichst nicht nur die arg strapazierten Passagen.) Man muß davon Kenntnis nehmen, wie er gerade hier mit den Geschöpfen seiner Phantasie umgeht, mit ihnen lebt und empfindet. Man muß Land und Leute der Toskana aufsuchen, denen er fast ein ganzes Leben verbunden war. Sich Puccini komponierend im Hotelzimmer (wie Strauss) oder im Eisenbahncoupé (wie Berlioz und Hindemith) vorzustellen – unmöglich. Zum Schaffen braucht er die Luft und die Pinien seines Tuskulums am Lago di Massaciuccoli.

Mit ihrer verschwommenen Unterscheidung zwischen Realismo und Verismo hat Italiens Literatur und Ästhetik arge Verwirrung angerichtet. Mangelnde Sprachregelung trägt die Hauptschuld. Jeder Versuch, über Puccinis intaktes »Wahrheitsstreben«, seine Beziehung zu der ihn umgebenden geschichtlichen und sozialen Wirklichkeit zu schreiben, stößt, wo man auch beginnt, auf methodische Schwierigkeiten. Der Grund dürfte im Mißverständnis liegen, mit dem das anbrechende Jahrhundert seine Opern in die historisch bedingte künstlerische Verhaltens- und Betrachtensweise *einer* bestimmten Zeitströmung hineinzog. Kein Zweifel: Puccini blieb nicht vom Sog des naturalistischen Dramas des

11

Deutschen Gerhart Hauptmann und seiner Trabanten verschont, wie er auch zeitlebens mit der raffinierten Dekadenz des Engländers Oscar Wilde liebäugelte. Beides ist für ihn relevant. Doch: sollte sein Opernkunst »wahr« sein, konnte sie sich nicht der bloßen Schilderung von Einzelerscheinungen der Um- und Mitwelt begnügen. Er sah genauer hin.

Was hat es damit auf sich? Den Mittelpunkt seiner Sujets bilden typische Charaktere und Situationen des realen, meist vergangener Epochen zugehörigen Lebens. Um Puccini zu verstehen, muß man schon von seinem Faible für das unterste Soziale, der Literatur eines Balzac, Hugo, Zola, vor allem von seinem eifrig betriebenen Plan einer Gorki-Oper Notiz nehmen. Den Mittelpunkt vieler seiner Werke bilden die Lebensbedingungen des einfachen Menschen, so überraschend dies sein mag. Aufmerksam registrierte der italienische Musiker diese Tendenzen eines zeitkritischen Realismus. In die Verismoschablone der Mascagni, Leoncavallo und Cilèa kann man ihn nun mal nicht pressen. Gleich gar nicht entsprach das unverhüllt Nackte und Krasse Ponchiellis seiner Natur. Ungeachtet des stofflichen Naturalismus' so mancher seiner Opernmotive umhüllt er die Spiegelbilder realen Lebens mit einer poetischen Sensibilität und Eleganz, die keiner seiner veristischen Zeitgenossen kennt. Seine Liebe zum Zarten und Zärtlichen, für die »kleinen« Geschöpfe des städtischen Alltagsdaseins mit ihren Sorgen um das tägliche Brot steht dem rustikalen und rohen Klischee des sich auf Vergas Bauernnovelle »Nedda« von 1878 berufenden Opernverismo schroff entgegen. Das heißt: Puccini verfeinert den nackten Verismo durch Farbe und Dekor. Nach den Worten Stuckenschmidts bedient er sich »quasi-impressionistischer Mittel, deren sozusagen ›pointillistischer‹ Einsatz so etwas wie Illusion von Realismus schafft«. Könnte man nicht von einem Realismus sprechen, der gewisse Stilmittel des Verismo nicht umgeht, für sich nutzbar macht? Wieviel kritisches Differenzierungsvermögen gehört dazu, diesen so verwässerten, verunklarten, beschädigten ästhetischen Bereich präzis abzustecken. Puccini ist kein veristischer Komponist, wie manche behaupten.

Erst einmal: Puccinis poetischer Realismus (und darauf wollen wir uns einigen) verläßt sich nicht auf die traditionellen Bögen und rhythmischen Muster alter italienischer Vokalmusik. Er gewinnt mit einem reichen synthetisch-emotionalen Instrumentarium den ihm wesenseigenen musikalisch-dramatischen Spielraum. Der Zauber südlichen Kantilenenwohllauts, melodischer

12

Überredungskraft liegt offen da. Puccinis Melodien äußern sich vielleicht hier und da eine Spur zu »glatt«, zu »schön«. Selbst sexuelle Gier, Folter und Mord sind ihm kein Anlaß, sein Konzept geschmeidiger, blutwarmer, berauschender Sanglichkeit aufzugeben. Eine Diskrepanz zwischen Text und Musik, Figurenumriß und musikalischer Gestalt ist bei seinem keineswegs nervenschonenden Espressivo auszuschließen. Die Flucht in weiche Melancholie, wesentlicher Zug seines Naturells, dämpft den Elan so mancher Gewalttour. Spricht nicht Karajan rechtens von einer »phantastischen Übereinstimmung von Handlung und Musik«? Wie auch immer: Puccinis Leidenssprache (die man mit der Strindbergs verglichen hat) sucht die Katastrophen einer von Schopenhauer und Nietzsche markierten bürgerlichen Endzeit durch die narkotische Eros-Sinnlichkeit allgemeinverständlicher Melodien und Harmonien zu überwinden. Er entdeckt für die Oper die einfache Gebärde des alltäglichen Lebens, ohne daß dessen Souterrain-Tragik zur Manier kleinbürgerlichen Miefs erstarrt. Es weht in seinen Künstlermansarden, Horrorkabinetten und Goldgräbersaloons frische Luft. Nur Puccini konnte eine lebenssprühende »La Bohème« oder gar einen quietschvergnügten »Gianni Schicchi« schreiben.

Verismo ist Fotografie der Wirklichkeit, nicht mehr. Darum also: das fotografische Abbild kann niemals Realismus heißen, es begnügt sich mit einer einzigen geistig-sinnlichen Dimension. Erst Malerei, Dichtung, Spiel, Tanz, natürlich Musik vermögen eine neue Größe hinzuzufügen. Wenn man die Wirklickeit nur nachbildet, kann wohl etwas Gutes herauskommen, sagt Verdi – »aber eine Fotografie, kein Gemälde ... Wirklickeit erfinden, ist besser, viel besser«. Da für »Cavalleria rusticana« und »Pagliacci«, die bis heute an veristischer Schlagkraft ungebrochenen ewigen Zwillinge, für »Andrea Chénier« und »Adriana Lecouvreur«, auch für die deutschen Varianten »Tiefland« und »Mona Lisa« jegliche metaphysische Komponente fehlt, bleibt ihnen das naturalistische Stilprinzip erhalten. Im Grunde sind es immer die gleichen wenigen aus dem Alltag geschöpften, vorwiegend schaurigen und blutigen Milieu- und Handlungsmotive, auf die sich die allgemein anerkannte Schar von Musikern der sogenannten Giovane scuola verista italiana bezieht, zunächst meist Geschehnisse der »Gegenwart«. Nur ruft Puccini statt Götter und Helden Menschen auf die Bühne, mit des Tages Mühen Belastete, Unterdrückte, Gedemütigte, Leidende. Statt des Qualms pathetischer Weltanschauung Wagnerscher Provenienz legt er ihnen blutvolle

13

Melodien in den Mund. Statt mit breit disponierter Weiheoper hält er es mit konzentrierter Theaterspannung, ja, warum nicht gar, mit Effekt. Das anrüchige Wort Kino (das sich für Puccini schon bald als geschmacksunsicherer Störenfried erweist) macht sich breit. Als Strauss 1924 bei seinem amüsanten »Intermezzo« aus dem Ehealltag schlankweg von »Kinobildern« sprach, war der versteckte Hinweis auf eine längst verlassene Opernprovinz unüberhörbar. Wäre zu fragen: muß man den Einfluß des Verismo auf die Oper der ersten Jahrhunderthälfte, seine Spur, nicht weiter fassen, als es gemeinhin geschieht? Menottis »Konsul«, auch »Wozzeck«, »Lulu«, »Katerina Ismailowa« und »Baal« bleiben vom Etikett eines Wirklichkeitsabbildes nicht verschont. Allerdings sind diese Werke auf andere gesellschaftliche Aspekte ausgedehnt und neuen kompositorischen Mitteln, strengem Formkanon, Zwölfton, Seriellem, zugetan. Die Elemente des Ausbrechens sind stärker.

Wie reagiert Puccini auf die Krise des Verismo? Das eine steht fest: er sprengt die Grenzen steriler Realitätskopie. Er ordnet in langem Prozeß die Bausteine der Ästhetik seines erotisch inspirierten Musiktheaters neu. Er sieht in seiner sensiblen, primär von dem Franzosen Massenet beeinflußten Opernlyrik das eindringliche Medium, die Aktionen stimmungsmäßig zu untermalen und zu steigern. Puccinis Realismo, auf gewisse Modelle des Verismo der zweiten Hälfte des alten Jahrhunderts fußend, ihn weiterentwickelnd, erhebt sich über die Poesie von Tristesse und Häßlichkeit, erweichenden Gefühls und brutalen Zugriffs. Das ist seine Welt. Aus Puccinis Musik spricht, nicht anders als bei Mahler, Berg und anderen die Stimmung einer brüchig-ziellosen Zivilisation des fin de siècle. Die Trauer, die in seiner Musik mitschwingt, ist in der Tat wesentlicher Teil seines Denkens und Fühlens; ihr kann er von »Manon Lescaut« bis »Turandot« nicht entrinnen. Aber seine depressive Weltsicht mit ihrem üppigen Melodienservice nimmt sich der »kleinen Dinge« an, sympathisiert mit dem Menschlichen und fürchtet sich nicht vor dem Allgemeinmenschlichen. Er schreibt: »Was habe ich mit Helden und unsterblichen Gestalten zu schaffen? In solcher Umgebung behagt es mir nicht. Ich bin nicht der Musiker der großen Dinge, ich empfinde die kleinen Dinge; und nur sie liebe ich zu behandeln.« Nicht in die Wirklichkeit des Stoffes, in die Wirklichkeit der Gefühle und Empfindungen will Puccini eintauchen, das erscheint wesentlich. Tucholskys leicht hingeworfene soziologische Formel eines »Verdi des kleinen Mannes« läuft auf das eklatante Mißverständnis einer Kunst hinaus, die, zugegeben, alle verstehen, es genügt nicht. Ein »Orpheus alles heimlichen Elends«, aller heimlich brennenden Schmerzen. Ein elegischer Dichter in Tönen, dem Kreatürlichen so nahe wie dem Verderbten, dem unendlichen Liebessog. Ein Poet romantischer Oper, gradwegs Murgers Roman entstiegen, dem wahren, sozial determinierten Leben zugewandt, nicht ohne Humor die Umwelt reflektierend, ohne Zeichen der Erschöpfung. In seinen Opern ist er nicht bei sich selbst, sondern bei seinen Gestalten. Fleiß, Talent, Phantasie, Ermutigung und Selbstvertrauen lenken seine Bahn. So wollen wir ihn sehen.

Toskana

Seine engere Heimat hat sich der italienische Musiker Giacomo Puccini gewiß nicht aussuchen können. Aber konnte es seiner Natur, seinem Schönheitssinn und seiner Klarheit nach nicht nur die Toskana sein? Ein Sohn der Toskana. Nie hat er seine Mitwelt darüber im unklaren gelassen: hier war er zu Hause, hier gehörte er hin. Die Schönheitskönigin unter den Provinzen der Apenninen-Halbinsel bedeutete ihm den geistigen und sinnlichen Nährboden seiner Kunst. Ein ganz und gar nationales Gefühl verband ihn mit diesem Stückchen Erde, wenn man es genau sagen will: seiner Fläche nach gut halb so groß wie die Schweiz. Immerhin hat dieses Land Dichter wie Dante und Boccaccio, bildende Künstler wie Giotto, Michelangelo und Leonardo da Vinci, Musiker wie Monteverdi und Cherubini, Gelehrte und Politiker wie Galilei und Macchiavelli hervorgebracht, die bis heute ihre Spuren vorzeigen. Puccini war mit ganzem Stolz Toskaner. Ein Zitat aus dem Nachruf Alfredo Casellas von 1924 sei hierhin gesetzt: »Puccini war ein Toskaner von alter Rasse, jenem alten etruskischen Stamme entsprossen, welcher gewohnt ist, klar zu leben und klar zu denken – mit einer Klarheit, welche die wunderbare Landschaft der Toskana ihren Kindern einprägt. Dieses Volk hat starken Wirklichkeitssinn für das Leben, selbst für das geistige, einen Wirklichkeitssinn, der nicht abstrakt, durchaus plastisch orientiert ist. Dieser Sinn kehrt in der Äußerung des toskanischen Lebens wieder, und er bildet auch das Wesen der besten Kunst dieser Gegend.«

Italiens geographische Konturen werden oft mit einem Stiefel verglichen. Wo phantasiebegabte Kartenbetrachter sich den Schienbeinansatz vorstellen, beginnt die Toskana. Überflüssig genug, für sie eine Lanze zu brechen. Die landschaftliche Schönheit des besonnten Küstenstrichs am Nordwestrand des Ligurischen Meeres Mittelitaliens, zwischen dem industrialisierten Norden und dem wirtschaftlich unterentwickelten Süden des Landes ist augenscheinlich, von Dichtern und Musikern besungen. Die felsigen Hänge des Apenninengebirges wechseln in lichte, sanft gewellte Waldlandschaft. Zypressenhaine säumen die Hügel; und in den Tälern mit ihren Getreidefeldern und Weinplantagen grünen Pinien. Die Unterschiede dieser Täler sind um so größer, als

16

Puccinis Ahnen ließen sich im 16. Jahrhundert als Bauern in Celle in der Toskana nieder

sie einst verschiedene politische Verfassungen besaßen; die Bauern haben ihre alten, oft noch unberührten Sitten. Eingebettet Städte von hohem architektonischem Reiz wie Pisa, Livorno, Siena, Piombino. Die schönste mit ihren Renaissancepalästen, Kunstschätzen, engen Gassen, Piazze, bis heute einzigartiger Zeuge großer kultureller Vergangenheit der Medici, ist Florenz. Nur zu leicht wird der heutige Toskana-Pilger neben diesem Kleinod, neben Pisa mit seinem schiefen Campanile, das stillere Lucca am Fuße der bis zu 2000 Meter ansteigenden apuanischen Alpen übersehen. Es hat heute wie all diese ehrwürdigen, in sich geborgenen Städte seine eigene Kulturgeschichte: eine Stadt-Republik, die in den Jahren österreichischer und französischer Herrschaft über Ober- und Mittelitalien nicht zuletzt durch ihre kulturelle Ausstrahlung Bedeutung gewann und zählte, heute von bald

17

100000 Menschen bewohnt. Heinrich Heine schilderte einst das weltberühmte, von Künstlern, Wissenschaftlern und Politikern aufgesuchte Heilbad Bagni di Lucca, nahe der Stadt.

Ein Blick auf die toskanische Vergangenheit mit ihrem für Italien typischen Auf und Ab von Krisen und Höhepunkten... In Wahrheit, wie ganz Italien, ein Land mit einer düsteren, despotischen Geschichte. Bis heute zeigt es die Handschrift der Römer, die seit Mitte des ersten Jahrtausends vor unserer Zeitrechnung die etruskische Vormacht auf der Apenninenhalbinsel aushöhlten und im ersten Jahrhundert v. u. Z. auf dem Boden des heutigen Florenz ihre Militärkolonie Florentia gründeten. Viele Ausgrabungen zeugen von ihrer Kultur und imperialen Macht. Als das Römische Reich zerfiel, eroberten die Ostgoten das Land. Ihnen folgten die Byzantiner; und schließlich drangen die Langobarden in Ober- und Mittelitalien ein. Unruhige Zeiten! Stabilere Machtverhältnisse vermochten erst die Franken einzurichten. Am Ende, das zehnte Jahrhundert war inzwischen erreicht, wurde die Toskana Bestandteil des »Heiligen Römischen Reiches Deutscher Nation«. Wenig, was mit den kulturellen Schätzen anderer Epochen vergleichbar wäre, ist der Toskana aus dieser Zeit geblieben. Doch aufblühender Seehandel, ständig wachsende Kontakte zum Orient und die zuerst in Florenz entstehenden Webereien vermehrten den Reichtum der Städte des Landes, die im 12. Jahrhundert selbständige nationale Kleinstaaten und Republiken zu bilden begannen. Nicht mehr feudale Fehden, sondern der Konkurrenzkampf der Zünfte und bürgerlichen Patrizierfamilien bestimmten von nun an das Bild eines in sich zerrissenen Italiens. In Florenz sicherte sich das Geschlecht der Medici für viele Generationen die Macht. So fest war sie, die mit Tuchhandel begann und sich schon bald dem Geldverkehr zuwandte, daß sich die Medici selbst zu Herzogen und später Großherzogen ernannten und im 16. Jahrhundert gar den Heiligen Stuhl okkupierten indem sie die Päpste stellten. Ihrem von Repräsentationsbedürfnis geförderten Kunstsinn verdankte Florenz, das noch 1302 Dante aus seinen Mauern vertrieb, zwei Jahrhunderte danach zur Zeit der Renaissance eine kulturelle Hochblüte. Bis heute zehrt die Stadt wie die Toskana davon.

Wie ging es weiter? Als sich nach der Entdeckung Amerikas die Handelswege nach dem Atlantik verlegten, zeigten sich im Gefüge der eigenmächtigen und stolzen Städte der Toskana Risse. Hatte die gesamte Halbinsel gut zweihundert Jahre unter der Hoheit Spaniens gestanden, gewann im 18. Jahrhundert Österreich die

Oberhand. Kriege taten ein übriges; und unter der Herrschaft Napoleons I. wurde das Land sogar französisches Satellitenterritorium. Erst nach Napoleons Sturz stellte der Wiener Kongreß die Vorherrschaft Österreichs wieder her. Damals sprach Metternich die verhängnisvollen Worte: das Land sei nur noch ein »geographischer Begriff«. Die Folge: das »Lombardisch-Venezianische Königreich« wurde begründet, dem außer der Lombardei Venetien angehörte. Das Königreich Neapel und Sizilien sowie die Herzogtümer Parma und Piacenza wurden den Bourbonen zurückgegeben, das Königreich Sardinien, das einzige Land mit einem eingeborenen Fürstenhause, durch Einverleibungen der alten Stadtrepublik Genua vergrößert. Das Großherzogtum Toskana, aus dem Herzogtum Florenz hervorgegangen, und das Herzogtum Modena setzten die vertriebenen österreichischen Fürsten wieder ein.

Aber der Schein einer selbständigen Verwaltung der Städte und Provinzen trog. Schon Ende des 18. Jahrhunderts war in vielen Splitterstaaten und Stadtrepubliken Italiens das Gefühl der Zusammengehörigkeit und der Wille zu nationaler Einheit erwacht. Es bildeten sich die Geheimbünde der »Carbonari« und des »Jungen Italien« mit dem doppelten Ziel der nationalen und sozialen Neuordnung. Es kam zu Teilaufständen freiheitlich gesinnter Gruppen. Auch Papst Pius IX. beteiligte sich, wie es schien, an den Versuchen einer nationalen Sammlung. Nur zu verständlich: die Tragik der Revolution von 1848, in der sich das Volk unter Führung des Königs Albert von Sardinien erhob und die unter den Gegenschlägen des Grafen Radetzky zusammenbrach, bedrückte die Menschen. Die bewaffnete Hand Österreichs und seiner Vasallen lastete schwerer denn je auf den Staaten des zerstückelten Landes. Die erlösende Tat war nicht durch eine revolutionäre Aktion des Volkes, sondern durch einen Kompromiß des Adels mit dem Bürgertum, der Einigung des Deutschen Reiches von 1871 vergleichbar, zu erwarten. Sie reifte langsam und kontinuierlich unter der Regentschaft Vittorio Emanuele II., dessen Minister Camillo Benso di Cavour einen zugleich großitalienischen und maßvoll sozialen Kurs einschlug. 1858 konnte der Staatsmann mit Napoleon III. den Geheimvertrag von Polombières gegen Österreich schließen. Aus eigener Kraft vertrieben Toskana, Modena und Parma die fremden Machthaber. Die politische Einigung, die sich als »Wiedergeburt«, als »Risorgimento« in die Geschichte einschrieb, war nur noch eine Frage der Zeit. Vittorio Emanuele nahm den Titel eines Königs von Italien an, die Haupt-

19

stadt wurde vorübergehend von Turin nach Florenz verlegt, Venetien hinzuerworben. Die Eingliederung des Restes des römischen Kirchenstaates vollendete 1870 die Wiedergeburt und Unabhängigkeit des italienischen Einheitsstaates mit Rom als Hauptstadt.

Welch unerhörte, leidenschaftlich gärende Zeit, jene Jahre um die Mitte des vorigen Jahrhunderts! Wie viele politische Sphären sich in Italien überkreuzen mochten, in wie viele Teile das Land gespalten war: als Ganzes fühlte es sich seit Jahren beseelt vom Trieb nach Einigung. Außeritalienische Machthaber konnten es wohl zeitweise unterdrücken, durch schikanöse Zensur Widerstände bereiten. Es kam immer wieder zu gegenteiligen Reaktionen, zu Entladungen. Mußte das gesprochene oder gedruckte Wort noch so oft der Willkür des Gesetzgebers weichen: die Melodie war frei, sie sprach um so eindringlicher zu jenem Volke, dem »Singen ein zweites Atmen« ist. Mit ihr gewann seine Sehnsucht Flügel.

Kann ein Buch über Puccini am gewaltigen Erbe Giuseppe Verdis vorbeigehen? Wohl kaum. Als Vittorio Emanuele 1875 den Maestro von Sant'Agata zum Senator des Köngreichs Italien berief, würdigte diese Ehrung nicht nur den anerkannten, in der ganzen Welt geliebten Beherrscher des südlichen Operntheaters. Sie ließ zugleich die Erinnerung an den kühnen Sänger des Risorgimento aufleuchten, der dreißig Jahre früher dem italienischen Volke als Verkünder seiner Freiheitssehnsucht gegolten hatte. Mitten im rustikalen Tagesleben stehend, ohne selbst Politiker zu sein, verlieh er durch die befeuernde Kraft seiner Melodien dem politischen Gestaltungswillen seines Volkes Ausdruck. Vor allem im Theater, seit jeher ein Bestandteil des täglichen Lebens der Italiener, entluden sich immer von neuem die nationalen Leidenschaften. Jeder Satz, der Italien verherrlichte, entfesselte jubelnde Kundgebungen, gleichgültig in welchem Zusammenhang er auch stehen mochte. Das gleiche übertrug sich auf die Literatur des Risorgimento. So eröffnete Silvio Pellico, einer der ersten politischen Märtyrer der Bewegung, 1815 mit seinem Drama »Francesca da Rimini« eine neue Epoche der im Klassizismus erstarrenden italienischen Dichtung.

Erst recht wurde nach weiteren Jahren der Unterdrückung der glühende Patriot Verdi mit dem Furor seiner Melodien, seiner impetuosen Rhythmik, die das Volk in Taumel versetzten, zum Programm. Die Worte V(ittorio) E(manuele) R(è) D'I(talia) bildeten ein nationales Symbol, das jedermann verstand. Der erste seiner großen Freiheitsgesänge, der Chor »Va, pensiero, sull' ali dorate«, »Flieg, Gedanke, auf goldenen Schwingen« aus »Nabucco«, der dem Volk so unvergleichlich eingeprägt war, begleitete den großen Toten später zu Grabe. Eine unmittelbar mitreißende Kraft liegt in den musikalischen Eingebungen dieser Jahre. Nicht mehr der ebenmäßig schöne Schwung Bellinischer Melodik, dem sich die Italiener bis dahin so gern hingegeben hatten, sondern eine urwüchsige melodische Gestalt, die sich in zackigen, scharf akzentuierten Linien entlädt. Großen edlen Stoffen wendet sich Verdi in diesen frühen Jahren seiner Entwicklung zu. In ihnen kann er seine humane Empfindung und Vaterlandsliebe Klang werden lassen. Trotz ihres historischen Kostüms ist die Sprache der Zeit deutlich zu spüren. Oder sind Ezios Worte an den feindlichen Eroberer in »Attila« nicht die des Italieners jener Tage: »Nimm dir den Erdball, doch Italien lasse mir!«? Die Opern dieser Epoche treten schon zu Verdis Lebzeiten gegen seine späteren Werke zurück. Aber sie haben dazu beigetragen, Eigenart und Schlagkraft der Melodik wie der dramatischen Charakteristik des Komponisten kraftvolle Form zu verleihen. Vom großen geschichtlichen Stoff kehrt sich der junge »Musikmeister« dem kühnen, vorwärtsdrängenden Appell des »Maestro della rivoluzione d'italianità« zu, der aus der Eigentümlichkeit seiner Anlagen dramatischen Impuls entfaltet. Der Übergang kündet sich im »Macbeth« an und ist weiterhin fühlbar in »Luisa Miller«. Er ist um die Wende der fünfziger Jahre vollzogen in den drei Werken, die Verdis Namen ruhmvoll über die Grenzen seines Heimatlandes getragen haben: »Rigoletto«, »Il Trovatore«, »La Traviata«. Dies der bisherige Weg.

Für Entwicklung und Schaffen einer starken, mit schöpferischer Kraft begabten Persönlichkeit ist die Epoche von Bedeutung, in die ihr Leben fällt. Um einen Musiker von individueller Geltung zu begreifen, muß man auch die Umwelt erfassen, in die er hineingestellt war. Noch immer gilt das schöne Wort John Galsworthys: Künstler sind Nerven und Stimmen ihrer Zeit. Das scheint im Falle Puccinis leichter gesagt als bei anderen Männern des 19. Jahrhunderts. Seine Kunst konnte im Gegensatz zu Rossini, Donizetti, Bellini und dem früheren und mittleren Verdi, seinen Vorgängern, von den Früchten des Risorgimento und Rinascimento (die zusammengehören) zehren. Was war von dem revolutionären Elan des nationalen Aufbruchs übriggeblieben? Sicher nicht

21

allzuviel. Das nationale Feuer verglimmte rascher, als man es vermuten konnte. Die patriotische Thematik hatte ihre Aktualität eingebüßt. Am ehesten wäre der eingebürgerte Epochenbegriff des Risorgimento auf die musikdramatische Aggressivität des »Voltaireaners« Cavaradossi der »Tosca« anwendbar. Puccinis Œuvre fußt, wenn schon auf Verdi, auf dessen Romanticismo. In jener kräftigen, lebensnahen Spielart der Romantik erkannte Puccini einen wesentlichen Anknüpfungspunkt seines die simple Wirklichkeitsnachahmung der Veristen meidenden Opernstils. In der Tat ist der Romanticismo, der in Verdis Hand zunächst das Weltflüchtige, das »Schön ohne Begrenzung oder das schöne Unendliche« Tiecks aufhob, dann aber mit dem weichen romantischen Sentiment eines Gounod und vor allem Massenet sympathisierte, als künstlerische Erscheinung des fin des siècle und des beginnenden neuen Jahrhunderts weiter zu fassen.

Zugegeben: es ging Puccini in erster Linie um »Schönheit«. Aber die »Wahrheit« (in Verdis Sinne) sollte nicht zu kurz kommen. Für ihre individuelle Prägung, soweit es die Musiksprache Puccinis betrifft, besitzen der von ihm hochverehrte Deutsche Richard Wagner, mit einigem Abstand auch Richard Strauss, seit »Madama Butterfly« der Impressionismus des Franzosen Debussy und in den letzten Dokumenten die Russen Mussorgski und Strawinsky ihren Stellenwert. Schon an diesen Namen ist abzulesen, wie die im Vergleich zu Verdi primär lyrisch empfundene und geformte Oper Puccinis für Einflüsse sehr verschiedener Richtungen und Stile offen war. Daß auf direktem und auch indirektem Wege die Literatur Wildes, Verlaines, Schnitzlers und so manches anderen extravertierten Vertreters weltschmerzlicher Lässigkeit und sinnenhaft betonten Schönheitskults damals auf den Musiker einwirkten, soll nicht übergangen werden. Bezeichnend, wie in den Jahrzehnten, die der nationalen Erhebung folgten, in wachsendem Maße europäische Geistesströmungen die Kultur Italiens beeinflußten. Vor allem umgab Puccini schon jetzt ein Hauch des bis zur Barbarei gesteigerten ästhetizierenden Sensualismus Gabriele d'Annunzios; er hat sich zeitlebens für die ekstatisch-trunkene Poesie dieses Zeitgenossen aufgeschlossen gezeigt. An Anregungen »von außen« hat es dem Sohn der Toskana nie gemangelt. Er kannte sich aus in den Signaturen von Literatur und Kunst seiner Epoche. Noch öfter werden wir darauf zu sprechen kommen.

Der Zwiespalt der Jahrhundertwende mit ihrer Erbmasse von Romantik, Romanticismo, Scapigliatura, Verismo, Neuromantik,

Spätromantik, Décadence oder wie die verschiedenen Phasen geistiger und kultureller Entwicklung heißen, liegt auf anderem Gebiet als der reinen Ausdruckssphäre der Kunst. Er liegt in der Stellung des Künstlers zur gesellschaftlichen Umwelt, zum Leben selbst. Es gibt Musiker gegen die Zeit und mit der Zeit. Puccini ging mit seiner Zeit. Seine Position zur Gesellschaft ist nicht eigentlich aktiv, es fehlte ihm die politisch-gesellschaftsbildende Kraft Verdis. Es genügte ihm, sich mit der Epoche, ihren depressiven und dekadenten Tendenzen zu befassen, manches von ihrem Geist anzunehmen. Das Untergangspathos des 19. Jahrhunderts in seiner ästhetisch hochgespielten Erschöpftheit wird durch ihn zur künstlerischen Stimmung erhoben. Nach Herkunft und Erziehung paßt er sich den differenzierten nationalen, religiösen, mystischen, natürlich auch sozialen Strömungen an, macht sie sich verfügbar und verwendbar. Das muß man sehen. Es trübt vielleicht ein wenig unsere Puccini-Beurteilung. Es rückt unser Puccini-Bild in die richtige Relation.

Galt für ihn nicht mehr als für manchen anderen Zeitgenossen: zur rechten Zeit geboren zu sein? Wohl legte er in »La Bohème« sein Bekenntnis über das »fröhliche und schreckliche Dasein« der Musiker, Poeten und Maler einer längst lädierten bürgerlichen Gesellschaft ab. Aber mit diesem Geständnis schrieb er sich etwas für sein bisheriges Künstlerleben Beklemmendes von der Seele. Nur später bei der sozialen Klage und Anklage des Einakters »Il Tobarro« hat er noch einmal auf solch kritische Töne zurückgegriffen. Ein Neuerer, ein Reformer, gar ein Empörer – das war Puccini seinem ganzen Naturell nach nicht. Sein poetischer Realismus will nichts erobern, auch nicht die Zukunft. Wer dies von seinem Dramma lirico, das jeden erreichen möchte und auch erreicht, erwartet, ist auf dem Holzweg. Puccinis allgemeinverständliches Ethos, das wir ihm nicht verweigern möchten, äußert sich völlig naiv-naturhaft, hat nichts mit den Fanfaren Verdis und den Menschheitsideen Wagners gemeinsam. Mit anderen Worten: es geht dem musizierenden Dramatiker Puccini kaum um das in jenen Jahren proklamierte »Kunstwerk der Zukunft«, sondern um die Widerspiegelung des realen Lebens, so »schön« und »grausam« es auch sei. Im Zentrum steht das vitale Theatererlebnis, die unmittelbare Darstellung der Wonnen, Schauder und des Toderleidens in sorgsam ausgewählten, historisch fixierten Konfliktsituationen. Ist es nicht bewundernswert, wie Puccini diese seine Stoff-Welt einer »schönen Traurigkeit« mit all ihren dramaturgischen Möglichkeiten überschaute und für seine musikdramatischen Zwecke auswertete? Obleich er sein Thema, die zarte, zärtliche, sozial gefährdete Frau und ihre schicksalsergebene Liebe oft wiederholte, wußte er es doch stets aufs neue zu variieren. Puccinis ästhetische Haltungen sind ausschließlich aus seiner immerwährenden Berührung mit dieser menschlichen »Größe im Kleinen« zu begreifen.

So viel bereits über die Epoche, die uns hier angeht, mitgeteilt wurde, es genügt nicht. Immer mehr liefen die letzten Jahrzehnte des Jahrhunderts auf eine genußfreudige, in ihrem Anspruch auf Komfort und Konsum gerichtete Lebensweise hinaus. Ein müder, satter Zeitgeist begleitete das Aufkommen des Imperialismus in Mitteleuropa. Aber das ausklingende Jahrhundert wurde zugleich in wachsendem Maße der Boden ungeheurer Umwälzungen der Technik. Immer heftiger pulsierte der Lebensrhythmus. Wie sah das im einzelnen aus? Die Entwicklung von der Postkutsche zur Eisenbahn, vom Auto zum Flugzeug, vom primitiven Telegraf zum Telefon, vom Film zu Rundfunk und Fernsehen war nur eine Frage der Zeit; und die Zeit hat es eilig. Die Kraft der Elektrizität machte Räume heller und ließ Distanzen zusammenschmelzen. Die Erfindungen jagten sich. Ein Zivilisationsmusiker wie Puccini mußte sich in dieser heilen Welt technischer Annehmlichkeiten wohlfühlen. Sie gab ihm privaten Luxus. Sie entsprach seiner Passion für schnelle Wagen, Motorboote und vielem anderen. Nur: Puccinis Liebäugeln mit dem technischen Fortschritt aus einer materialistischen Weltanschauung erklären zu wollen, wäre verfehlt. Er war gläubiger Katholik. Die technischen Errungenschaften bedeuteten ihm Nutzen einer Lebenskultur, die ihm das bürgerliche Dasein erleichterten. Seit der italienische Einheitsstaat zusammengewachsen, war die Industrialisierung des Landes, einschließlich der Toskana, nicht mehr aufzuhalten. Selbst von einer Industrialisierung des Opernvergnügens, allen voran dem der Scala, kann man sprechen.

Im politischen Raum waren die Jahrzehnte der Jahrhundertwende, in denen Puccini aufwuchs, sich bildete und seine ersten Opernerfolge errang, nun wahrlich kein sanftes Ruhekissen. Die Zeiten steckten voller Krisen und Spannungen. Der wirtschaftliche Aufschwung für das geeinte Land zwischen 1871 und 1914 zeigte Folgen: eine stürmische Entwicklung des Finanzkapitals, der Großbanken. Ein Gegensatz zwischen der industriellen Produktion des Nordens und den feudalen agrarischen Restformen des Südens war unausbleiblich. Vielleicht nahm die Toskana wirklich die Funktion einer Nahtstelle oder besser eines Bindeglieds ein. Reich an Emotion und Artikulation, spielte sich in Italien zwischen Wohlstand und Armut mehr ab, als man bei flüchtiger Betrachtung der Vorkriegsperiode erkennen kann. Die Nachwehen des verlorengegangenen abessinischen Krieges ergriffen 1896 weite Teile des Landes. Unruhen in den oberitalienischen Industriezentren, von der Regierung brutal unterdrückt, schüttelten das gesellschaftliche Gefüge wie Fieber. Mehrere Attentatsversuche auf König Umberto I., deren letzter ihm 1900 ans Leben ging – das waren gefährliche Symptome für die italienische Monarchie. Mit der vom deutschen Kaiserreich geschürten imperialistischen Kraftprobe einer politischen und ökonomischen Weltherrschaft reifte der Erste Weltkrieg heran, an dem Italien sich beteiligte.

Die Welt war aus den Fugen geraten. Eine Welt der Prosperität und des scheinbaren Wohlbefindens der sich weithin etablierenden Bourgeoisie brach über Nacht zusammen. Eine Welt entstand: voller Schmerz über die immer stärker fortschreitende Zerstörung der Natur und ihrer Lebensformen, voller Sehnsüchte und Erinnerungen an all das, was »vorbei, vorbei für alle Zeiten entschwunden«. Operettenträume einer Wiener »La Rondine« waren bald ausgeträumt. Eins ist gewiß: es lebte sich fortan auch am See Massaciuccoli weniger gemütlich. Wie lange durfte man noch leben und arbeiten? Das Ende war, vom Aufmarsch der faschistischen Bewegung getrübt, von schwerer Krankheit überschattet... Und eine letzte Frage dieses Exkurses: gehört Puccini ins 19. oder ins 20. Jahrhundert? Ins Gestern oder Heute? Wohin wollen wir ihn musikwissenschaftlich einreihen? Resümieren wir: er hat das eine Zeitalter (in seinem Werk) ausgemessen und benutzt und das andere (mit Wirkung und Spur seines Œuvre) bestätigt und für sich gewonnen. Er gehörte beiden Jahrhunderten an. Das mochte sein Los sein, war aber in Wirklichkeit sicher sein Glück.

Kindheit und Jugend

Die Vorfahren großer Komponisten waren meist Bauern und Bürger, die Ausnahmen bestätigen nur die Regel. Sind ihre Ahnen Musiker, darf dies ein besonderer Vorzug gegenüber jenen heißen, denen dieses Erbgut fehlt. Ihre musikalische Entwicklung verläuft geradliniger, selbstverständlicher. Der Idealfall Johann Sebastian Bach mit seiner Generationenfolge von Musikern steht in der Musikgeschichte für sich. Aber auch Puccini war der Sproß eines bis in die Anfänge des 18. Jahrhunderts zurückreichenden Musikergeschlechts, tüchtiger Komponisten, Kapellmeister und Organisten – wer denkt wohl daran? Sich das Kind Giacomo von einem praktischen, außermusikalischen Beruf träumend vorzustellen, wäre durchaus möglich. Der kommende Beruf des Jungen war vorbestimmt. Ohne mit der Ausschließlichkeit zur Musik zu drängen, wie wir das von anderen Komponisten kennen, blieb ihm einfach keine andere Wahl als der Musikerberuf. Als der Vater starb, galt es als ausgemacht: nur der damals Sechsjährige könne später einmal sein Nachfolger im Kirchenamt werden. Diesem Familienreglement hat er sich, wie wir wissen, gefügt.

Lucca… Der wohlhabende Stadt-Staat, am Serchio gelegen, Pflegestätte der Wissenschaft und der schönen Künste, alljährlich Platz großer Feste in den Kirchen und in der Oper, Lebensbasis der Maestri Puccini in vielen Generationen, gilt bis heute als Perle der Toskana. Von ferne grüßen die Apuanischen Alpen. Die Stadtbefestigung, das Amphitheater, darüber die vielen Türme, die Stadtsilhouette modellierend, das alles verschmilzt zum sorgsam bewahrten Bild Luccas. Wir fragen uns nach der prachtvollen Kirche San Michele durch, in welcher der achtzehnjährige Giacomo als Chorknabe sang. Von hier ist es, biegt man vor dem Portal in die Via di Poggio ein, nur noch ein Sprung bis zum Geburtshaus rechterseits Nummer 30 im Sichtwinkel der Kirche. Ein eher unauffälliges dreistöckiges Haus, in dem vermutlich nicht allzuviel Platz für die große Familie war. Giacomo wuchs in beengten Verhältnissen auf. Seit 1979 befindet sich in einigen Zimmern ein Puccini-Museum. Heute teilt sich die Puccini-Sammlung Luccas mit dem in die Berge und Täler Reggios eingebetteten Dörfchen Celle, wo sich im 16. Jahrhundert die Vorfahren Puccinis als

Das Geburtshaus in Lucca

Bauern ansiedelten, in der Bewahrung des spärlich vorhandenen Mobiliars der Kindheit. Das Bett, in dem der Vater wie der Sohn das Licht der Welt erblickten, und die Wiege sind hier zu sehen. Aber auch Autographen und der Kranz, den der junge Komponist seiner ersten Oper »Le Villi« der sterbenden Mutter aus Mailand mitbrachte. Das Geburtshaus in Lucca ziert seit 1924 eine Gedenktafel. Ihre Inschrift: »Aus altem Musikergeschlecht, würdig lebendiger heimatlicher Tradition wurde hier... Giacomo Puccini geboren, der mit den neuen Stimmen des Lebens einfallsreiche Töne der Wahrheit und Anmut verband, indem er aufs neue mit stilgerechten, gewandten Formen die nationale Haltung der Kunst als der ruhmvollste Meister in der ganzen Welt bestätigte. Die Stadt, stolz auf ihren Sohn, 30 Tage nach seinem Tode...«

Puccini gehörte zur fünften Generation einer Reihe von Musikerfamilien, die seit Beginn des 18. Jahrhunderts in Lucca lebten und wirkten. Lucca besaß seit der italienischen Frührenaissance den Status einer unabhängigen Stadtrepublik und verlor ihn endgültig erst 1799 im Gefolge der napoleonisch-habsburgischen Kriege. Erster der Folge war Giacomo Puccini I., 1712 in Lucca geboren und 1740 als Kapellmeister der Stadtrepublik berufen. Giacomos Porträt ist uns erhalten: ein schöner Mensch, zufrieden, füllig, an die Mozart-Zeit erinnernd, in bräunlichen Atlas gekleidet, vor sich die Noten, eine Papierrolle in der Hand. Er war Schüler so berühmter Musiker wie Caretti und Padre Martini und wirkte vorwiegend in der Kathedrale San Martini. Natürlich war er in erster Linie Kirchenmusiker, mit den laufenden sakralen Pflichten betraut. Mit seiner weithin bekannten Cappella Palatina widmete er sich weltlichen Aufgaben. Heute legt man rechtens auf die Opern Gewicht, mit denen dieser Primarius des Musikerstamms Puccini bereits hervortrat. Carner spricht in seinem Buch von der Gattung der »tasche«, die bei der alljährlichen aufwendigen »Festa della tasche« gewissermaßen die Oper vertraten. Unklar bleibt, ob diese Werke szenisch oder als Kantate aufgeführt wurden. Als sicher gilt: es handelte sich um Stücke musikdramatischer Konzeption, und sie rücken den fleißigen Komponisten von Festmessen und Tedeums in ein anregendes Licht. Meist waren es römische Stoffe: ein »Junius Brutus«, »Marco Venuzio«, »Die Vereinigung der Sabiner mit Rom«, »Roms Befreiung von der Verschwörung Catilinas« und ähnliches.

Sein Sohn Antonio Benedetto Maria, geboren 1747, eiferte ihm nach; er war von 1772 bis 1805 sein Nachfolger in Lucca. Beim Vater in Lucca erhielt er den ersten Unterricht und ging dann zu weiteren Studien auf dessen Spuren nach Bologna, wo er zum Mitglied der angesehenen Accademia Filarmonica ernannt wurde. Teilweise gemeinsam mit dem Vater schrieb er mehrere »tasche« für Luccas Feiern und Festlichkeiten. Man darf in ihm bereits einen Vertreter des sogenannten »galanten Stils« sehen. Antonio erlebte die politischen Veränderungen Luccas unter Napoleon Bonaparte und den Bourbonen. So manche glänzende Institution der Stadt, so die noch von ihm geleitete Cappella Palatina, wurde aufgelöst. Nächster der stolzen Reihe der Maestri Puccini: Domenico Vincenzo. Auch der 1771 Geborene ging zunächst beim Vater in Lucca in die Lehre, studierte sodann bei Mattei in Bologna und wurde Mitglied der Accademia. In Neapel gab ihm Paisiello den letzten Schliff. Im Alter von fünfundzwanzig Jahren wurde er Chordirigent und Organist von San Martino in Lucca; 1805 übertrug ihm Prinzessin Elisa die Leitung des neugegründeten Hoforchesters. Er, der bereits mit 44 Jahren unter bis heute nicht ganz geklärten Umständen starb, brachte es nur auf sechs Opern – immerhin war er der erste der Puccinis, der wirkliche Opern schrieb. Mit einem tragischen »Quinto Fabio«

Der Vater Michele Puccini

wurde er weit über Lucca hinaus bekannt. Ob ein gemeinsam mit dem Vater geschriebener »Spartacus« im kampfdurchtobten Jahre 1793 auf eine liberale Gesinnung, gar einen Anhänger der Ideen der Französischen Revolution schließen läßt? Es wäre eine überraschende Nuance in der Familienchronik. Domenico hinterließ eine Witwe mit drei Kindern, deren jüngstes Michele 1813, dem Geburtsjahr Verdis und Wagners, zur Welt kam.

Michele erhielt seine erste Ausbildung von seinem Großvater und von Fanucchi und Santucci in Lucca, das seit 1815 unter habsburgischer Besatzung stand. Später studierte er noch einige Zeit bei Donizetti und Mercadante in Bologna. 1830 wurde er Organist an der heimatlichen Kathedrale, drei Jahre später außerdem deren Direktor. 1862 zeichnete man ihn mit dem Titel Musikdirektor aus. Wie all seine Vorfahren hat sich Michele als tüchtiger Kontrapunktiker, mit besonderer Bevorzugung der Musica sacra, bewährt. Zur Feier der Anwesenheit Papst Pius IX. in Lucca schuf er einen 48-stimmigen Kanon. Auf dem Feld der Oper, auf dem er sich gelegentlich betätigte, hatte sein »Giambattista Cattani« auch an anderen Bühnen des Landes Erfolg. Michele wählte sich nach dem Vorbild von Großvater und Vater seine Frau Albina Magi aus altem Musikergeschlecht; sie selbst war von Haus aus Musikerin.

Als im Februar 1864 Michele Puccini, erst 51jährig, unerwartet starb, hinterließ er der Witwe die Sorge für seine sechs Kinder Odilia, Tomaide, Iginia, Netteti, Giacomo und Ramelde. Das siebente, Michele, war unterwegs und traf erst drei Monate später ein. Giacomo Antonio Domenico Michele Secondo Puccini wurde als fünftes Kind in der letzten Adventswoche, am 22. Dezember 1858, geboren – als erster männlicher Nachkomme der kinderreichen Familie sicher freudig begrüßt. Schon zu Lebzeiten des Vaters können bei so viel hungrigen Mäulern die Lebensverhältnisse der Puccinis nicht glänzend gewesen sein. »Wir pfiffen und sangen den ganzen Tag zur Verzweiflung des Papas, der Mama und der Nachbarn«, erzählte Puccini von seiner frühen Jugend. »Aber der arme Papa starb nur allzufrüh und ließ uns in großer Trauer und schwerer Not zurück.« Schwerer Not? Das mag stimmen. Doch gibt es auch Vorbehalte: der Magistrat der Stadt hatte der Mutter eine angemessene Rente ausgesetzt; man konnte sich auch weiterhin eine Hausgehilfin leisten. Daß der Fünfjährige, nach den spärlich vorliegenden Fakten der Kindheit ein eher verträumter, freundlicher Bursche, noch vom Vater zum Orgelspiel angehalten wurde, sagt nicht viel über seine musikalische Frühbegabung aus. Fallen die jungen Meister nicht doch vom Himmel? Ein Wunderkind war der kleine Giacomo nicht, auch nicht in den Schulleistungen. Onkel Fortunato Magi, Bruder der Mutter, bemühte sich ohne sichtlichen Erfolg, seine kleine Altstimme zu schulen. Des Vaters Tod unterbrach jäh diese erste Einführung in die Musik, für die der Kleine zusehends Interesse gewann.

Eine Laudatio auf die Mutter ist hier wohl am Platze. Mit mütterlicher Zärtlichkeit hing sie an dem ersten Buben ihrer Kinderschar. Ihre Liebe und Aufopferung kannten keine Grenzen. Aber die Sorgen nahmen zu. Mit allen möglichen Gelegenheitsarbeiten rackerte sie sich ab. Schon früh suchte sie Entwicklung und Erziehung des stämmigen Burschen zu lenken und zu fördern. Dabei war er alles andere als ein Musterknabe, dem die Organistenstelle, die einstweilen Onkel Magi versah und die ihm in einem bemerkenswerten Dekret des Magistrats von 1864 ausdrücklich vorbehalten war, in den Schoß fiel. Allerdings zwangen ihn die häuslichen Miseren bald, sein Orgelspiel in mehreren Kirchen von Lucca und Umgebung zu verwerten und damit etwas zum Unterhalt zu Hause beizusteuern. Noch vorher war der Junge Chorknabe in San Martino und San Michele. Zum geregelten Studium kam es, als Giacomo 1874 mit Hilfe des Großonkels Dr. Nicolao Cerù, der als Arzt in Lucca praktizierte, ins Musikinstitut bei Maestro Carlo Angeloni, einem vorzüglichen Lehrer und gleich Magi Schüler seines Vaters, aufgenommen wurde. Der Akzent gründlicher Lehre lag, wie konnte es anders ein, bei der Kirchenmusik. Die ersten Kompositionen, Brotmusik, meistens für Orgel, hatten noch improvisatorischen Charakter. Puccini schrieb sie sich frisch von der Seele. Auf dem Wege, den vorher die Ahnen beschritten hatten? Tatsächlich wurde erst Verdis bewundernswürdige »Aida« in Pisa, sein erster Opernbesuch, zum Anstoß, die Kräfte nicht im provinziell engen Lucca zu verzehren, sondern nach Mailand, der norditalienischen Wirtschafts- und Kunstmetropole, zu gehen und Opernkomponist zu werden. Die Scala mit Glanz und Gloria ihrer Stimmen war sein erklärtes Ziel. Auch lockte den jungen Verdi-Enthusiasten sicher die Gewißheit, in Mailand in der Nähe des Großen aus Sant'Agata sein zu können, der sich seit Beginn der achtziger Jahre in den Wintermonaten gern im Hotel Milano einlogierte. (Er ist ihm leider nur einmal begegnet.) Inzwischen beschäftigte er sich, wenn auch nur in Skizzen, mit Instrumentalmusik. Das erste abgeschlossene Orchesterwerk: das August 1876 beendete Preludio sinfonico, das in manchen Details auf Kommendes verweist. Dem gesanglichen Anfangsthema entlockt Puccini schon die für ihn fortan typische sinnliche Wärme.

Zu einer Aufführung ist es nicht gekommen. Auf allerlei Umwegen überraschte der junge Musiker mit einer aus einem Credo hervorgegangenen Messe, mit der wir uns als einzigem Dokument dieser Luccheser Frühzeit noch befassen werden. Dagegen hatte er mit einer zur Eröffnung der Kunstausstellung in Lucca geschriebenen Kantate »I figli d'Italia bella« wenig Glück. Sie wurde von der Jury mit dem schroffen Hinweis abgelehnt, der Komponist solle entschieden fleißiger den Studien nachgehen und sich vor allem in einer mehr lesbaren Handschrift üben. Solche Erfahrungen mögen seinen späteren Entschluß, der engeren Heimat Valet zu sagen, erleichtert haben.

Aber nun? Woher das Geld fürs weitere Studium in Mailand nehmen? Und wieder konnte nur die Mutter helfen, keine Mühe scheuend, ihrem Liebling Giacomo den Weg nach oben zu ebnen. Unter Ausnutzung aller finanziellen Ressourcen zu Hause und in der Verwandtschaft wurde dem Einundzwanzigjährigen nach quälender Wartezeit der Besuch des renommierten Conservatorio Reale ermöglicht. Da kam ein einjähriges Stipendium der Königin Margherita für begabte Musiker unbemittelter Familien von monatlich hundert Lire gerade zur rechten Zeit. Die besorgte Mutter hatte sich an eine ihr bekannte Hofdame, Gräfin Pallavicini, mit der Bitte um Vermittlung gewandt. Für die folgenden entbehrungsreichen Studienjahre legte dann Dottore Cerù, der sich später bei der Rückzahlung nicht eben splendid zeigte, die Summe aus. Bis zu ihrem Tod im August 1884 war Puccini seiner Mutter ein rührend liebender Sohn. Die an sie gerichteten Briefe reden eine deutliche Sprache. »Ich denke immer an sie«, schrieb er nach der schmerzlichen, ihn mit ungewöhnlicher Heftigkeit treffenden Todesnachricht an die ältere Schwester, »und gestern nacht habe ich von ihr geträumt. Nun bin ich heute noch trauriger als sonst. Welche Erfoige mir die Kunst auch schenken mag, ich

Bildnis des Sechszehnjährigen

werde nie ganz zufrieden sein, da mir meine liebe Mama fehlt. Versuche Dich zu trösten und schöpfe Mut: mir will es bisher noch nicht gelingen.«

Die Messe... So oft hören wir: nur ein Gelegenheitswerk, gar eine Jugendsünde, für Puccini, der sich nicht für Kirche oder Theater entscheiden kann, kaum relevant. Wäre dem zuzustimmen? Wieviel Nonchalance liegt ohnedies in der zweifelhaften Praxis, Frühzeugnisse großer Musiker schonungslos dem Vergleich mit Späterem, Reiferem, Gültigerem auszusetzen! Natürlich ist die Messa per quattro voci e orchestra, sicher bedeutendste Frucht der Luccheser Jahre, kein genuiner »Wurf«. Das ist bei Puccinis verhältnismäßig langsamer Anlaufzeit überhaupt schwer vorstellbar.

Aber sie bildet eine respektable, meist unterschätzte Talentprobe des jungen Musikers. Ein Werk, das in Puccinis Gesamtœuvre durchaus zählt. Nur: wer bei seinem Anhören unentwegt von gewissen beabsichtigten, geplanten Vorgriffen auf den kommenden Meister der Oper geplagt wird, nähert sich ihm auf Schleichwegen. Es wäre also ziemlich sinnlos, ständig darauf zu pochen, wie der Schöpfer der »Tosca« (Tedeum zweites Finale) oder der »Suor Angelica« (sakrale Schlußvision) offensichtlich an konkrete religiöse Emotionen und Intonationen des geistlichen Frühwerks anknüpft. Auch die direkte Übernahme des ursprünglich als Duetto Tenore e Basso bezeichneten Madrigals des Agnus Dei, das wir im Madrigal des Paris-Aktes der »Manon Lescaut« wiederfinden, dürfte in diesem Zusammenhang nichts Ungewöhnliches sein.

A-gnus De-i qui tol-lis pec-ca-ta mun - di

Wichtiger als die Antizipation scheint das inspirative Moment des Zwanzigjährigen: seine Fähigkeit, nach vorn zu blicken, so stark die Messa in ihrer melodischen Sprache und zupackenden Italianità auch der Tradition Bellinis, Gounods, vor allem des Idols Verdi, verhaftet ist. Wir können darauf verzichten, schon hier Puccinis Personalstil auf die Spur kommen zu wollen. Er hat ihn noch nicht. Er sucht ihn noch. Aber er zeigt bereits Sinn für weitbögige Kantilenen (»Gratias agimus tibi«, »Et incarnatus«, »Benedictus«). Bei seiner musikalischen Gestaltung folgte Puccini dem Ordinarium missae mit den fünf Teilen: Kyrie, Gloria, Credo, Sanctus und Agnus Dei. Wörtlich übernahm er den Messetext unter unerklärlicher Auslassung geringfügiger Textpassagen im Gloria und Credo. Jeder der einzelnen Messeteile, ob lyrischer oder dramatischer Prägung, erscheint bei aller Verschiedenheit der rasch wechselnden Bilder als geschlossenes Ganzes. Zwei Jahre vor der Uraufführung der kompletten Messa wurde übrigens das zuerst geschriebene Credo gemeinsam mit einer Motette in einem Konzert mit Kompositionen der Institutsschüler vorgestellt. Der Rezension eines Lokalblatts zufolge war der Beifall, den das Credo in der Kirche San Paolino fand, überaus stark. Es war der erste Erfolg Puccinis in der Öffentlichkeit. Im Juli 1876 hatte der Achtzehnjährige das Credo vollendet. 1880 lag zum Abschluß der Studienzeit in Lucca die Messe vor.

Wenn schon die seit längerem verbreitete Titelnuance einer »Messa di Gloria« auf einen sprachlichen Lapsus hinausläuft, noch fataler nimmt sich das Versteckspiel aus, das seit Anbeginn mit dem Werk getrieben wurde. Der römischen Kurie mußte das so seltsam subjektive Sacra-Bekenntnis des jungen Toskaners zu »weltlich« erscheinen. Das klingt ja nach Oper! Die Folge: man versenkte die Messa in die Mauern eines Archivs. Man verbarg, versteckte sie. Nur einem Zufall verdankt sie ihre Wiederentdekkung – 72 Jahre nach der Uraufführung. Die Recherchen eines amerikanischen Priesters, der in der Bibliothek von Luccas Instituto Pacini nach Material für seine Puccini-Studien suchte, stießen auf die selbst von der Forschung kaum noch registrierte Partitur. Jener Pater Dante setzte sich auch sogleich für eine Neuaufführung des Werkes ein, die 1952 in Chicago erfolgte. Noch im selben Jahr war es auch in Europa zu hören; und heute begegnet man ihm verhältnismäßig häufig, auch auf Schallplatten. Mag der ästhetische Vorwurf gegen ein außerordentliches Stück Musik wie Verdis Requiem, es handele sich mehr um ein Sakrileg als um ein sakrales Werk, gleichermaßen für Puccinis Messe gelten. Es zeugt hier wie da für Unverständnis. Es besagt nichts. Wo steht geschrieben: eine Messe habe nur unter Einfluß streng liturgischer Haltung Existenzberechtigung, gehöre ausschließlich in den Kirchenraum? Unüberhörbar bricht Puccini in dem »ungeistlichen«, jedenfalls kantablen und empfindungsreichen Gloria-Thema, dem marschartigen, aus einem unverkennbaren Operngestus entwickelten »Qui-tollis«-Teil aus. Auch so bleibt seine A-Dur-Messe, ein Stück kirchlicher Gebrauchsmusik, religiöser Reflexion verhaftet.

Briefe aus Mailand. Der erste vom November 1880: »Liebe Mama, bis jetzt habe ich noch nichts über meine Zulassung zum Konservatorium gehört, weil sich die Lehrerschaft erst Samstag versammelt, um über die Prüflinge zu beraten und zu entscheiden, wer zugelassen werden soll; es gibt nur sehr wenige freie Stellen. Ich bin aber zuversichtlich, da ich eine ganze Anzahl Punkte gemacht habe. Sage dem lieben Maestro Angeloni, das Examen sei ziemlich einfach gewesen, man hat mich einen gegebenen Baß von einer Zeile aussetzen lassen, unbeziffert und sehr leicht, und dann mußte ich eine Melodie in D-Dur entwickeln, die mir gut gelang. Nun schön, jedenfalls ist alles gut abgelaufen!.... Ich gehe oft zu Catalani, der sehr freundlich ist. Abends gehe ich, wenn ich Geld in der Tasche habe, ins Café, aber es gibt sehr viele Abende,

35

an denen ich nicht hingehe, denn ein ›Punsch‹ kostet 40 Cente-
simi! Deshalb gehe ich früh zu Bett; es ›ödet‹ mich schon an,
immer in der Galleria herumzulaufen. Ich habe ein hübsches,
kleines Zimmer, sehr sauber, mit einem schönen Schreibtisch aus
blankem Nußholz, der eine wahre Pracht ist. Im ganzen bin ich
gern hier. Ich leide keinen Hunger. Ich esse ziemlich schlecht,
aber stopfe mich voll mit dicken Suppen, mit ›verlängerten
Fleischbrühen‹ usw. Mein Bauch ist damit zufrieden. Heute ist
ein schlechter Tag, scheußliches Wetter. Ich habe mir die ›Stella
del Nord‹ mit der Donadio und Aubers ›Fra Diavolo‹ mit dem
berühmten Tenor Naudin angehört. Aber ich habe nicht viel be-
zahlt! Für die ›Stella‹ habe ich auf dem Olymp nur ein paar Cen-
tesimi ausgegeben, und für ›Fra Diavolo‹ gar nichts, weil mir
Francesconi, der früher Impresario in Lucca war, ein Billett ge-
schenkt hat.«

Dezember: »Liebste Mama, gestern hatte ich die zweite Stunde
bei Bazzini, und es geht sehr gut. Augenblicklich habe ich nur
diese eine, aber Freitag fange ich mit der Ästhetik an. Ich habe mir
folgenden Stundenplan gemacht: morgens stehe ich um 1/2 9 auf;
wenn ich Unterricht habe, gehe ich fort. Andernfalls übe ich ein
bißchen Klavier, nicht sehr lange, aber üben muß ich. Ich kaufe
mir jetzt eine ausgezeichnete ›Methode‹ von Angeleri, das ist eins
jener Lehrbücher, wonach jeder für sich allein sehr ordentlich
lernen kann. Das geht so bis 1/2 11, dann mache ich eine Früh-
stückspause, dann gehe ich fort. Um eins gehe ich nach Hause und
arbeite ein paar Stunden für Bazzini; dann zwischen drei und fünf
schaue ich am Klavier ein wenig die klassische Musikliteratur
durch. Augenblicklich studiere ich den ›Mefistofele‹ von Boito,
den mir einer meiner Freunde geliehen hat. Um fünf gehe ich
zu einer frugalen Mahlzeit (bescheiden, aber ausgiebig!) und esse
eine dicke Suppe nach Mailänder Art, die, um die Wahrheit zu
sagen, recht gut ist. Davon esse ich drei Teller, dann noch etwas
anderes, was satt macht; ein Stückchen Käse mit ›Maden‹ und
dazu einen halben Liter Wein. Dann stecke ich mir eine Zigarre an
und gehe in die Galleria, um dort wie üblich herumzuschlendern.
Dort bleibe ich bis neun und komme todmüde nach Hause. Daheim treibe ich etwas Kontrapunkt, aber ich spiele nicht; nachts
darf man nicht spielen. Dann lege ich mich zu Bett und lese noch
sieben oder acht Seiten in einem Roman. Da hast Du mein Leben! ... Ich möchte gern etwas haben, aber ich fürchte, es Dir zu
sagen, denn ich weiß ganz gut, daß Du Dein Geld zusammenhalten mußt. Aber paß mal auf, es ist nur eine Kleinigkeit. Da ich

Die Mutter Albina geborene Magi

große Lust auf Bohnen habe, so brauche ich ein bißchen Öl, aber von dem neuen – Du weißt schon. Ich möchte Dich bitten, mir davon ein kleines Quantum zu schicken... Ich schreibe Dir während des dramatischen Unterrichts, der mich schrecklich langweilt. Ich kann es kaum erwarten, nach Hause zu kommen, denn ich habe für Bazzini ein Streichquartett zu machen... Gestern bin ich mit der Trambahn nach Monza gefahren. Ein Scala-Abonnement kostet zum Karneval und zur Fastenzeit 130 Lire. Schönes Geld! Für einen numerierten Sitz muß man 200 Lire anlegen, dazu den Entrittspreis, macht 330. Was für ein Wahnsinn! Verdammtes Elend! Gestern war ich ›leichtsinnig‹ und habe mir ›Carmen‹ angehört. Wirklich eine herrliche Oper! Welch ein Reichtum! Heute gehe ich zu der Familie Marchi essen...«

Das liest sich so hübsch, wie es aufschlußreich ist. Puccinis »Bohème«-Jahre in der Metropole im Lichte eines bescheidenen, angenehmen Konservatoriums-Daseins. Nichts von mit glühenden Wangen durcharbeiteten Nächten, von strapazierendem Tagespensum. Aber Puccini war sich gewiß der Verpflichtung bewußt, die er gegenüber der Mutter eingegangen war. Er wollte ja in Verdis Fußstapfen etwas werden, besaß einen gesunden Ehrgeiz zum Weiterkommen. Was er der Mutter nicht schreibt: wie er mit Freunden und Freundinnen bis in die Morgenstunden in der Künstlerkneipe »Excelsior« an der Via Sparadi ausharrt, pausenlos unzählige Zigaretten und Zigarren raucht und überhaupt eine Neigung zum »Verbummeln« der Zeit hat. Vielleicht lag es tatsächlich ein wenig am Kostüm der Zeit, die sich wohl »belle époque« nannte. Vielleicht. Große Sprünge waren mit den kärglichen hundert Lire pro Monat nicht möglich. Von ihnen mußten sogar noch der jüngere Bruder, der Gesang studierende Michele, und ein armer Vetter, Paolo, durchgebracht werden. So kampierten ihrer drei in der einfachen Stube der Mietskaserne des Vicolo San Carlo, tagsüber überdröhnt vom lauten Klavierspiel des jungen Musikers, oft genug hungernd, noch häufiger im Winter frierend. Am wohlsten fühlte sich der Bohèmien von 1878, wie gesagt, beim Flanieren in Mailands illustrer, glasüberdachter Galleria Umberto, die den Platz am ehrwürdigen gotischen Dom mit der Piazza alla Scala verbindet. Treffpunkt der eleganten Welt, leichtlebiger Jugend, hübscher Mädchen. Es lag viel Verlockung und Süße in diesen Abendstunden. Einmal verpfändete er seinen einzigen Mantel, um eine kleine Balletteuse von der weltberühmten Scala ausführen zu können.

Nun, Puccini besaß zeitlebens die Gabe, Intimitäten für sich zu behalten. Wir können von ihnen nur im Zusammenhang mit schwärmerischen Liebesromanzen, die er verschwenderisch an kleine Modistinnen und sonstige Amoureusen verteilte, Notiz nehmen. Von jenen meist leicht hingeworfenen Vokalstücken hat sich kaum eins erhalten. Überraschenderweise schrieb ihm für die ersten vier aus den Jahren 1881/82 (Melanconia, Allor ch'io sarò morto, Noi legger, Spirto gentil) der begehrte »Aida«-Librettist Antonio Ghislanzoni, den Puccini im »Excelsior« kennenlernte, die Verse. Puccini hat gelegentlich auf diese kleinen, vom Wind verwehten Blätter zurückgegriffen, weil er genau wußte, wie wenig diese Melodien aus ihrem privaten Bereich hinausgedrungen waren. Zum Beispiel weist der hübsche, einschmeichelnde melodische Gedanke der (etliche Jahre später entstandenen) Romanze »Avanti, Urania«, von Puccini in zwei Versionen für Sologesang oder Chor mit Klavierbegleitung entworfen,

bereits auf das populäre »Un bel di, vedremo« der »Madama Butterfly« hin. Der liebliche Gestus ist schon da, das D-Dur nach Ges-Dur, das Vierviertel nach Dreiviertel verwandelt. Späne der Werkstatt. Wir brauchen uns nicht lange damit aufzuhalten.

Die Aufnahmeprüfung am Konservatorium, das seinerzeit Verdi als Schüler abgelehnt hatte, bestand Puccini im ersten Anlauf. Er gewann sich rasch die Gunst seiner Lehrer. Von ihnen war der schon 62jährige Antonio Bazzini der strengere. Bekannt als weitgereister Violinvirtuose wie als Komponist einer wenig erfolgreichen Oper »Turanda« nach Gozzi, wurde er in früheren Leipziger Jahren stark von der deutschen Musik, von der Romantik, vor allem aber von Bach beeinflußt. Daß sich der ausgesprochene Lyriker Puccini als besonders eifriger Schüler der bald einsetzenden strengen kontrapunktischen Lehre Bazzinis zeigte, wäre übertrieben. Obwohl ihn damals das sinfonische Schaffen entschieden mehr fesselte als die Oper, lernte er viel. Von Opernplänen war noch nicht die Rede. Erfreut war er von Bazzinis Wunsch, ihm als erste ernsthafte Talentprobe ein Streichquartett zu schreiben. An diesem Quartetto in re maggiore hat er drei Jahre gefeilt. Es dokumentiert schon merkliche Gewandtheit in der Handhabung der vier Instrumente, der Verteilung des Satzes, eines eigenen Klanggefühls. Die knappen Quartett-Fugen, die ihm Bazzini als Vorstudien aufgegeben hatte, waren nicht vergebens.

Aber der stärkere Ansporn ging zweifellos von Amilcare Ponchielli aus, der im zweiten und dritten Studienjahr Puccinis Ausbildung übernahm. Ponchielli, 1834 geboren, war ein Opernkomponist von Ruf. Seine 1876 an der Scala uraufgeführte »La Gioconda« gehört zu den wenigen Opern, die sich, in gehörigem Abstand, mit Verdis Werken messen können. Seine »Garibaldi-Hymne« gewann große Volkstümlichkeit. Der junge Puccini fühlte sich stark zu einer Persönlichkeit wie Ponchielli hingezogen, der mit Geduld und viel Einfühlungsvermögen Giacomos alte Leidenschaft für die Oper aufs neue entfachte. Der Mentor muß seinerseits instinktiv die große Begabung des jungen Toskaners erkannt haben. Nichts spricht deutlicher dafür als der Brief, den der Vielbeschäftigte Anfang 1883 an Puccinis Mutter schrieb. Er lautet: »Ihr Sohn ist einer der besten Schüler meiner Klasse, und ich bin mit ihm sehr zufrieden. Allerdings würde ich noch zufriedener sein, wenn er sich seiner Arbeit mit etwas mehr Ausdauer widmen würde, denn wenn er will, kann er das sehr gut. Es wäre nötig, daß er sich neben der Arbeit, die er für meine Klasse zu tun hat, selbständig mit seiner Kunst beschäftigte, indem er die großen Meister studierte und so viel als möglich komponierte«. Prophetische Worte über Puccinis eminente Anlagen als schöpferischer Musiker, wenn es auch nicht an kritischen Tönen fehlt. Vermutlich sucht der kluge Pädagoge hier die Mutter als Partner zu gewinnen. Aber um die »Bohème« schreiben zu können, mußte man wohl selbst einmal ein Bohèmien gewesen sein.

Lehrer und Schüler wurden bald vertrauter miteinander. Eine Freundschaft fürs Leben schien sich anzubahnen, die aber leider durch den Tod des 51jährigen Ponchielli 1886 vorzeitig beendet wurde. Noch blieb allerdings Zeit, den Jüngeren zu seiner ersten Oper anzuregen. Freundschaft schloß Puccini während seiner Mailänder Studienzeit mit dem fünf Jahre jüngeren Pietro Mascagni, dem Komponisten des Verismo-Schlagers »Cavalleria rusticana«. Beide waren arm, beide unbekannt. Erstaunlicherweise war Mascagni seiner Sache gar nicht so sicher; und Puccini mußte ihm Mut zusprechen. In der strengen Schule des Conservatorio hielt er es nur ein Jahr aus, das stimmt. Als typische Puccini-Legende hat sich hingegen die Geschichte erwiesen: die Freunde hätten für kürzere Zeit eine gemeinsame Bude bezogen. Auch mit einem anderen Mitschüler, dem ebenfalls aus Lucca stammenden Alfredo Catalani, hatte Puccini freundschaftliche Beziehungen. Sie lockerten sich, als mit »Tosca« der Stern des Jüngeren hell aufleuchtete. Von den Produktionen der Scala hat Puccini in den drei Mailänder Jahren kaum eine ausgelassen. Mit Theaterleuten, Musikern, Sängern pflegte er lebhaften Verkehr. Verglichen mit dem jungen Mahler, Strauss und Schönberg, den deutschen und österreichischen Zeitgenossen, hielt sich sein Bedürfnis nach menschlichem Kontakt und intellektueller Kommunikation mit Poeten, Malern, Akademikern in Grenzen. Es war ihm kein unbedingtes Verlangen, mit der Mailänder Crème der Gesellschaft in Verbindung zu kommen, Höflichkeitsvisiten abzustatten, Honneurs zu machen. Schon der junge Puccini konnte nicht aus seiner Haut.

Bevor sich 1883 das Studium dem Ende zuneigte, wurden ihm die Prüfungsarbeiten aufgegeben: zwei Fugen, die Arie »È la notte che mi reca«, die später zur expressiven B-Dur-Kantilene Des Grieux' in »Manon Lescaut« wurde, und das Capriccio sinfonico. Wer zweifelt wohl am großen Ernst, mit dem sich Puccini gerade dieser Aufgabe widmete? Es kam, wie es kommen mußte: das Orchesterwerk, Fazit der Mailänder Lehrzeit, erregte als Examensarbeit Verwunderung. Der große Erfolg am 14. Juli 1883 im feierlichen Abschlußkonzert des Konservatoriums in der Scala entsprach den hochgespannten Erwartungen. Am Pult des Studentenorchesters stand der begabte Franco Faccio, auf den drei Jahre später die Wahl Verdis für die Uraufführung des »Otello« fiel. Mailands führender Kritiker, Filippo Filippi, zögerte nicht, über das Werk des Debütanten zu schreiben: »Puccini ist ein sehr seltenes musikalisches Talent, besonders in der Instrumentation. Einheit von Stil, Persönlichkeit, Charakter... Die Ideen sind klar, streng, höchst effektiv.« Zwei Tage später wurde dem vielversprechenden Absolventen das von Bazzini, dem Direktor und Präsidenten des Instituts, unterzeichnete Zeugnis überreicht, das ihn berechtigte, im Rang eines Maestro der Musik zu wirken. Der Wortlaut des bündig formulierten Dokumentes: »Nachdem Signor Puccini, Giacomo, aus Lucca, Student der Komposition in diesem Königlichen Institut, seine Examina mit 163/200 bestanden hat, sind die Punkte erreicht, um das ›Diplom‹ zu erhalten, das nur den ausgezeichneten Studenten zuteil wird.«

Wer vermutet, Puccini sei vor der Bohème-Stimmungswelt dieses Capriccios zurückgewichen, als er sich entschloß, es weder aufführen noch drucken zu lassen, begibt sich aufs Glatteis der Spekulation. Nur seine Einrichtung für Klavier zu vier Händen erschien kurz nach der Uraufführung; sie war rasch vergriffen. Auch das Argument: das Werk bliebe in seiner sinfonischen Durcharbeitung hinter der Fülle der Einfälle zurück, überzeugt nicht. So hoch konnten die Ansprüche des jungen Sinfonikers, der später nie mehr um die Bewältigung eines Werkes dieses Genres rang, nun doch nicht gewesen sein. Ernster steht es sicher mit dem einschneidenden »Bohème«-Vorgriff, der in dieser Ausführlichkeit und Unbedenklichkeit Fragen aufwirft. Angst vor der eigenen Courage? Ein Zitat als Opernbeginn? Die unangenehme Empfindung eines allzu schonungslosen Einblicks in die Werkstatt? Puccini übernahm die ersten zwölf Takte des mittleren Scherzoteils (Allegro vivace) notengetreu in die Oper.

Allegro vivace

Der weitere Verlauf der Opernintroduktion entspricht mit geringen Dehnungen und Veränderungen dem Modell von 1883. Heute weiß man: Puccini hat dies in seiner Dialektik von aufgebauter
Stauung und graziösem Abklingen so charakteristische Thema
lange mit sich herumgetragen. Es findet sich bereits auf einem
Skizzenblatt der Luccheser Zeit. Nicht so gravierend sind die Motive, die noch vorher in »Manon Lescaut« auftauchen. Auch die
Trauermusik des frühen »Edgar« geht auf eine Anleihe ans Capriccio zurück. Dieses Anknüpfen an Eigenes, dies Zitieren, eine
Eigentümlichkeit und schließlich Selbstverständlichkeit des Puccinischen Schaffensprozesses, läßt sich bis »Madama Butterfly«
verfolgen. Das Stück selbst? Zwei langsame Sätze, die das bereits
erwähnte Scherzo umrahmen. Leichte, lockere Behandlung von
Melodie, Klang und Rhythmus, welche die Musik spürbar in die
Nähe von Bizets Mittelmeermusik rückt. Diesen mediterranen
Gestus seines Musizierens hat der Komponist späterhin gern aufgenommen. Das Lyrisch-Sensitive prägt das einleitende Andante
moderato der Partitur. Das alles geschieht noch ohne jedes Raffinement. Verwehte Spuren eines zur Beurteilung von Puccinis
Schaffensweg wichtigen Frühwerkes, von dem es heute wenigstens eine Schallplatte gibt.

Es ist ein wahrhaft befremdlicher Gedanke. Aber wir müssen uns
wohl daran gewöhnen, in Puccinis Mailänder Armut eine strenge
Schule fürs Leben zu sehen. Denn: das spätere Sonntagskind
großer Operntriumphe, einer der Meistgespielten des neuen Jahrhunderts, war hier Zeit und Gesellschaft dichter als sonst auf den
Fersen. In Mailand stießen sich Glanz und Elend spätbürgerli-

cher Gesellschaft auf engem Raum. Der mit wachen Sinnen
begabte Sohn des Volkes mußte beides erkennen, erspüren. Die
soziologische Kehrseite beifallsumtoster Scala-Abende war die
süß-schmerzliche Montmartrewelt. »Wie reich ist Mailand!« und
»Verdammtes Elend«, heißt es in den Briefen. Es trifft erstaunlich
den gesellschaftlichen Sachverhalt eines Daseins, das er genauso
»genossen« wie er es »erlitten« hat; wir wissen es vom Mitgefühl
mit den Armen und Unterdrückten seines während des Ersten
Weltkriegs entstandenen sozialkritischen »Mantel«. Puccinis
Leichtsinn wird von Liebe, Hunger, Melancholie kompensiert,
setzt Skepsis frei. Murger hat es in seinem »Bohème«-Roman treffend bezeichnet. »Diese Bohème ist umstarrt von Gefahren; zwei
Abgründe begrenzen sie auf jeder Seite: die Not und der Zweifel.
Aber zwischen diesen beiden Abgründen gibt es wenigstens
einen Weg, der zu einem Ziel führt, zu dem die Bohèmiens aufblicken können, bis sie so weit sind, es mit den Händen zu fassen.«
Auch Puccini hatte dies Ziel vor Augen.

Aufbruch

Leicht gesagt: aller Opernanfang ist schwer; und sei es auch nur
Trost für das glücklose Beginnen. Aber war es je anders? Für die
Bühne zu schreiben ist das Schwierigste allen Komponierens. Da
gibt es keine Rezepte, Lehren, Quartettvorstufen und Fugenstu-
dien wie bei den Sinfonien. Die Oper springt den Musiker wie
eine helle Flamme an, entzündet ihn. Sie hat ihre eigenen Geset-
ze. Obenan stehen Handwerk, Praxis, Erfahrung. Wagner näherte
sich dem Theater über ein »Großes Trauerspiel« à la Shakespeare
in der Pennälerzeit. Eigentlich ist der Begriff Kapellmeister-
musik auf die Oper gar nicht anwendbar – die Größten des
Metiers wie Weber, Wagner, Strauss haben irgendwann und
irgendwo von der Theaterpraxis profitiert. Nur: das Wesentliche
ist das Schöpferische. Wenn man sich bloß an die Vorbilder klammert, unentwegt ihnen nacheifert, nicht das Eigene entwickelt,
wird man zum Eklektiker. Mit solchen Werken, die Vielgelobtes
nur wiederkäuen, haben die »Nachfolger«, am schlimmsten die
der zweiten Hälfte des 19. Jahrhunderts, emsig die Archive ge-
füllt. Der junge Puccini kam in voller Beherrschung der musikalischen Mittel, geübt in freiem und kontrapunktisch gebundenem
Satz wie in Klanggestaltung und Instrumentation zur dramatischen Arbeit. Spätestens seit dem Capriccio sinfonico mit seinen
Perspektiven stimmunggebundener Operndramatik wußte er,
wohin er als Schaffender gehörte. Die Ausschließlichkeit der
Oper wurde seine Stärke.

Mozart war erst 11 und Weber 13 Jahre alt, als sie ihre ersten
Opern schrieben. Rossini 21, Verdi 26, Donizetti, Wagner und
Strauss 30. So mancher, wie Schubert, Schumann und Reger,
haben auf anderen Feldern des Komponierens erfolgreich geern-
tet. Brahms schob die Oper zeitlebens vor sich hin, ohne zu einem
Ergebnis zu kommen. Puccini ist, so betrachtet, ein Normalfall.
Er war 25 Jahre alt, als er sich seiner ersten Oper zuwandte. Es
stimmt auch hier: kein Wunderkind, das einer staunenden Mitwelt das Frühprodukt einer mehr oder weniger unfertigen Oper
auf den Tisch legt, sondern ein junger Musiker mit dem glänzenden Diplom des hochangesehenen Mailänder Konservatoriums
in der Tasche. Eine Oper zu komponieren – das war wahrlich kein
»dummer Gedanke«, einer vorübergehenden Schaffenslaune fol-

gend. Es war sein fester Entschluß und die Gewißheit seines kommenden Weges. Vielleicht war dieser Opernerstling »Le Villi« ein Abenteuer. Aber gilt das nicht für jedes seiner Werke? Im Vergleich mit den Entstehungsnöten der Meisterwerke, den Sorgen um »Turandot« ging ihm hier noch alles mit jugendlicher Unbekümmertheit flott von der Hand. Nur ein Senkrechtstarter war er, wie er bald erfahren sollte, nicht.

Es gibt in der Musik kaum Irrtümer wie in der Wissenschaft. Es gibt nur Umwege, Abweichungen, Schwächen, Fehlschläge. Kaum einer ist frei davon, auch die Großen sind es nicht. Eine Ausnahme wie der 30jährige Mascagni, der gleich auf den Glücksfall der »Cavalleria« zusteuerte, erscheint nicht typisch. So leicht wird es dem Musiker, der sich für die Oper entscheidet, nicht gemacht. Immerhin konnte sich der junge Puccini, als Mensch gesellig, keineswegs kontaktarm, schon früh großer Förderung erfreuen, wir werden es bald am Beispiel der ersten Oper sehen. Sollte es nach dem damals respektvoll betrachteten romanischen Stilideal eine »Opéra lyrique« werden? Oder wollte sich Puccini wie die Freunde Mascagni und Leoncavallo dem Verismo mit seiner Vorliebe für hitzig und brutal inszenierte Themen in die Arme werfen? Einer plötzlichen Eingebung folgend, wandte er sich zunächst an den ihm gut bekannten Librettisten Antonio Ghislanzoni. Aber der winkte Sommer 1883 heftig ab.

Verbleiben wir noch in Mailand, wo der junge Musiker unter bescheidenen Verhältnissen vorerst ausharrte. Mailand, Weltstadt mit vielen Gesichtern, bunt schillernd und grau, reich und arm war eine der Geburtsstätten der italienischen Oper, die Verdi in großartiger Weise zu nationaler Blüte gebracht hatte. Einziger Lichtblick in dieser Situation: durch Ponchielli, den väterlichen Freund, wurde Puccini mit dem 1850 geborenen Journalisten und Schriftsteller Ferdinando Fontana bekannt, der Boito ein Libretto vorgeschlagen hatte, das dieser jedoch als zu »romantisch« ablehnte. Jetzt verwahrte er den Entwurf im Schreibtischfach. »Ich habe Ponchielli in Caprino Bergamasco besucht und mich dort bei ihm vier Tage aufgehalten«, heißt es August 1883 im Brief an die Mutter. »Ich sprach mit dem Dichter Fontana, der sich hier in der Nähe von Ponchielli zur Sommerfrische aufhält; er hat mir, fast bestimmt, ein Textbuch zugesagt. Er versichert, meine Musik gefiele ihm. Ponchielli hat sich dann auch ins Zeug gelegt und mich warm empfohlen. Es würde sich um ein gutes Stück handeln, das schon für einen anderen bestimmt war, das Fontana aber mit Vergnügen mir geben würde...«

In der Tat eilte es. Viel zu spät hatte Puccini von dem Preisausschreiben für eine einaktige Oper Kenntnis erhalten, das der Mailänder Musikverleger Eduardo Sonzogno vor einigen Monaten erstmals in der ihm gehörenden Zeitschrift»Il Teatro Illustrato« veröffentlicht hatte. Da blieb Puccini, noch immer in arger materieller Bedrängnis, nicht viel Zeit zum Überlegen, wollte er mit seiner Operneinsendung bis Jahresende, dem Schlußtermin, zurechtkommen. Er entschied sich also in vier Tagen des Nachdenkens für das fragwürdige literarische Produkt»Le Willis«, wie das Werk zunächst hieß. Auch Fontana schilderte später, wie sich seine Verbindung zu Puccini anbahnte. »Wir kannten uns kaum. Wir waren (auf dem Wege zu der Künstlerkolonie Maggianico unweit Lecco) mit Ponchielli in denselben Wagen gestiegen. Dieser erzählte mir von den Absichten seines Schülers, sich an dem Wettbewerb von Casa Sonzogno zu beteiligen, und schlug mir vor, das Textbuch für ihn zu machen. Da ich mich an das Capriccio sinfonico erinnerte, hatte ich sofort das Gefühl, daß für den jungen Maestro ein phantastisches Sujet das Richtige wäre, und ich kramte für ihn den Entwurf der ›Villi‹ hervor. Er nahm an. Das in drei Wochen zurechtgezimmerte Libretto war Anfang September fertig, und die Partitur konnte im letzten Moment eingereicht werden...« Wie Puccini die Komposition in den wenigen Monaten, die ihm verblieben, in Lucca bei der Mutter bewältigen konnte, ist fast ein Wunder. Nie wieder in seinem Leben hat er sich auf eine solche Sache eingelassen.

Die Jury des Sonzogno-Concours arbeitete rasch. Bei der Verkündigung des Resultats schon nach wenigen Wochen wurde Puccinis Werk nicht einmal erwähnt. Die Preisträger hießen Zuelli und Mapelli, zwei längst Vergessene, die kein deutsches Musiklexikon vermerkt. Zwei herausragende Talente wie Mascagni und Leoncavallo, die wenige Jahre später dem Wettbewerb internationalen Glanz verliehen, waren jedenfalls nicht dabei. Ob man das Werk des bis dahin wenig bekannten Puccini überhaupt gründlich geprüft hatte? Am miserablen Text lag es offenbar nicht, wohl kurioserweise an der Musik, die einer als»dilettantisches Gezirpe, vermischt mit Kakophonie« schmähte. Aber das war kaum ernst zu nehmen. Schon eher erregte Puccini durch die kaum entzifferbare Niederschrift seiner Partitur, mit zahlreichen Strichen und Änderungen in den Stimmen, Anstoß; es fehlte ihm einfach die Zeit für die Reinschrift. Allzu optimistisch war der mit Feuereifer Arbeitende, der zwischendurch wieder einmal Uhr und Krawattennadel ins Leihhaus bringen mußte, ohnedies nicht gewesen.

Das erste Porträt von Giorgio Lucchesi (1884)

»Die ganze Sache, liebe Mama, ist höchst ungewiß. Denk Dir: das Preisausschreiben gilt für ganz Italien und ist nicht lokal beschränkt, wie ich glaubte. Und die Zeit sehr knapp... « Die Enttäuschung über die Ablehnung war dennoch groß. In dieser trostlosen Lage erhielt der junge Musensohn Gelegenheit, seine Oper im Hause des wohlhabenden Mailänder Amateurkomponisten Marco Sala am Klavier vorzuspielen. Unter den Gästen des Empfangs befanden sich der als Komponist ausgewiesene Verdi-Librettist Arrigo Boito, der Studienfreund Alfredo Catalani und die Verlegerwitwe Giovannina Lucca. Das Werk gefiel; und die Mäzene verpflichteten sich zur Übernahme der Kosten des Aufführungsmaterials. Noch mehr: die als Einakter konzipierte Oper, die nunmehr »Le Villi« heißen sollte, wurde für eine Bühnenaufführung ausersehen, die Vorbereitungen dafür schon bald getroffen. Nun war auch Fontana, ein ebenso schlechter Textdichter wie guter Freund, in seinem Element. »Kümmere Du Dich um Deine Musik und denke nicht an das andere«, schrieb er seinem jüngeren Mitarbeiter.

Konnte denn keiner Puccini vor der unmöglichen Opernvor-

lage warnen? War nicht einer da, der das Unglück auf den Opern-
debütanten zukommen sah? Der erfahrene Ponchielli bemerkte
die gravierenden literarischen und dramaturgischen Schwächen
jedenfalls nicht. Mag sein: der Gedanke schien verlockend, den
von Adams allbeliebtem Ballett »Giselle« geschätzten Stoff als
Oper hereinzuholen. Aber Ballettromantik ist nicht mit Opernromantik gleichzusetzen. Sie folgt einer anderen Ästhetik. Die
Sache wurde auch nicht durch die gewiß originelle Titelwahl einer
»Opera-ballo« besser. Der Grundkonflikt zwischen enger,
beschränkter Wirklichkeit und unerreichbar schöner Phantasiewelt, der auf einen Abschnitt in Heines »Zur Geschichte der neueren schönen Literatur in Deutschland« zurückgeht, wurde durch
Fontana zur faden Opernstory rachsüchtiger Elfen, die nichts
anderes als die rastlosen Seelen betrogener und verstorbener
Mädchen sind. Sie können keine Ruhe finden, bevor sie nicht die
treulosen Geliebten in den Tod getrieben haben. Diese arg grausigen »Motive« französischer und deutscher Romantik werden hier,
bar jeglicher menschlicher »Wahrheit«, auf eine rumänische
Legende zurückgeführt. Dabei sympathisiert der Librettist unverkennbar mit Tendenzen der italienischen Scapigliatura, jener literarischen Richtung, die nach der Einigung des Landes in Opposition zu den Ideen des Risorgimento getreten war. Unwillkürlich
denkt man an ähnlich wirre und ungeschickte Sujetmuster von
Donizettis »Lucia di Lammermoor«.

Fontana trug keinerlei Bedenken, die Handlung, damaligem
Opernbrauch entsprechend, in ein anderes Land zu verlegen.
Aber der deutsche Schwarzwald? Damit wußte der italienische
Musiker Puccini nun freilich gar nichts anzufangen. War schon
diese Art farbloser Pseudoromantik der Scapigliati kaum nach seinem Gusto, so konnte er den ihm unbekannten Schwarzwald nur
schlechthin negieren. Sollte etwa die Musik ersetzen, was der
Handlung, die eigentlich keine ist, abgeht: dramatische Konsolidierung? Puccini war in diesem Erstlingsopus für die Musikbühne
noch weit von seiner späteren Kunst der Milieuzeichnung entfernt. Er wußte noch nichts von Schwarzwälder Trachten, aber
auch nichts von schwäbischen Volksliedern und Volkstänzen. Er
komponierte, wie wir gesehen haben, in größter Zeitnot, frisch
drauflos. Ob die Handlung im finsteren Schwarzwald oder im son-
nigen Sizilien spielt, ist dem unbekümmerten Komponisten
gleich. Tatsächlich sind die Hinweise für Assoziationen mit der
vorgegebenen süddeutschen Waldromantik spärlich genug. Man

findet sie nur in Ansätzen bei den Geistern der Verstorbenen. In der Musik des Irrlichtertanzes berührt sich Puccini flüchtig mit gewissen gespenstischen Intonationen des »Freischütz« und des »Fliegenden Holländer«.

Man kann auch sagen: eine von Blässe gezeichnete melodienfrohe, sauber instrumentierte Musikoper alten Stils, die mit dem Sujet frei schaltet. Unbekümmerter Umgang mit dem Erbe: gleich im einleitenden »Evviva«-Chor zur Hochzeit des jungen Bauernpaares klingt es nach den Chorszenen Donizettis. Bei der folgenden Lyrik signalisiert Puccini eine ausgelaugte Bellini-Nachfolge. Wie fern lag ihm sein späteres Glaubensbekenntnis »La base di un'opera è il soggetto e la sua trattazione«! Anderes zeigt eine verblüffende Gleichheit mit der Stilmanier Mascagnis. Die mit der Leichtigkeit des jungen Talents hingeworfene, immer wieder verbesserte Partitur reflektiert die dem Buch immanente Schauerromantik nur oberflächlich, indem sie diese ins rein Theatralische rückt. Ganz gewiß hat sie nichts von Verdis kraftvollem Romanticismo. Auch wäre es zuviel verlangt, nach Einflüssen der von dem jungen Puccini so bewunderten »Aida« oder gar von Wagners im Sommer 1882 in Bayreuth uraufgeführtem »Parsifal« zu forschen. (Wenn im Eingangschor der Gebirgler im Baß das Parsifal-Motiv anklingt, ist das für die »Haltung« der Musik letztlich ohne Belang. Puccini hörte übrigens entgegen anderen Äußerungen das Bühnenweihfestspiel in Bayreuth nicht 1883, sondern erst viel später.) Den Schwächezustand dieser bunt zusammengeschusterten Bilderbuch-Romantik haben beide Autoren bei der zweiaktigen Neufassung zu beheben versucht. Der Stoff breitet sich nun etwas disziplinierter aus, erfaßt etwas weitere Räume. Am grundlegenden Manko des Werkes, seinem trivial-undramatischen Aspekt, hat sich wenig geändert.

Wird heute noch jemand behaupten wollen und können: Puccini sei bei seiner Erstoper nichts eingefallen? Im Gegenteil: Arien, Duette, Ensemble, Chöre bilden das Gerüst der Komposition; und es ist überall zu bemerken, wie er sich bemüht, die Formen melodisch aufzufüllen. Es fällt ihm freilich noch schwer, aus der primitiven Machart des Stoffes die ihm gemäße spezifische Farbe der Kantilenen und Schärfe der Charaktere zu entwickeln. Die Stimmung bleibt über Strecken unverbindlich, lauwarm.

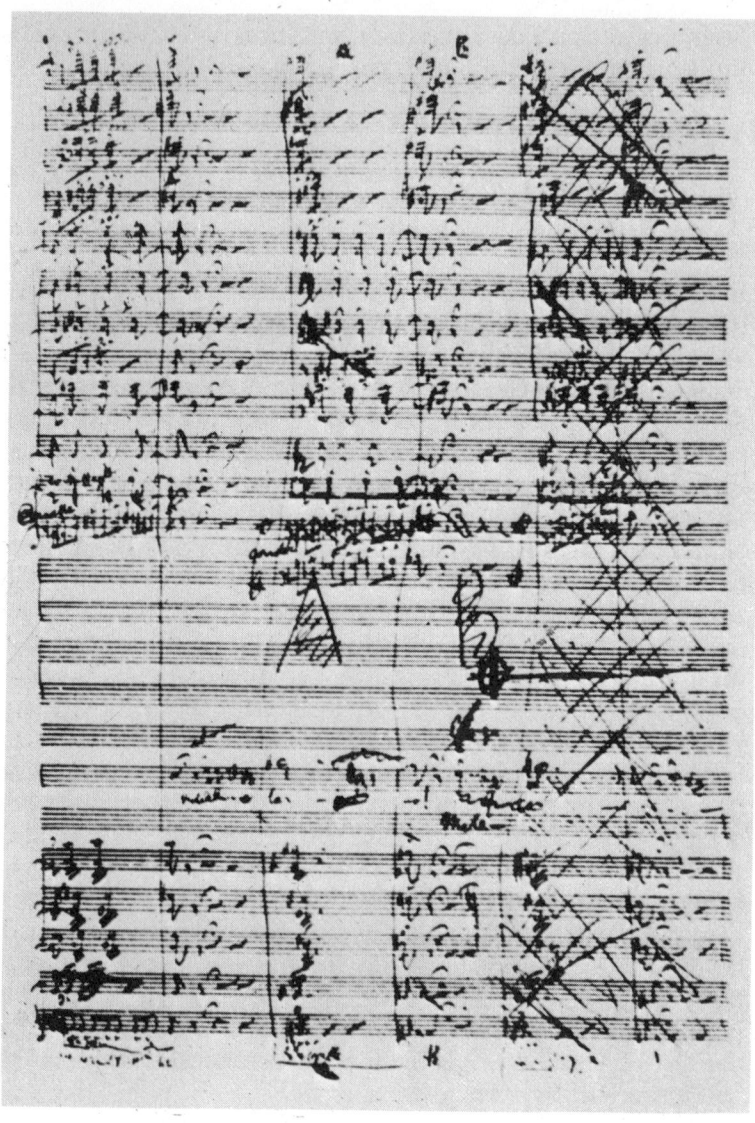

Eine Partiturseite von »Le Villi«

Eine stärkere Verdichtung erreicht die Musik in der großen Solo-
szene Roberts im zweiten Akt, bei der sich auch das Orchester
individuell beteiligt. Als Vorgriff auf die Lyrik der kommenden
zarten Frauenfiguren erweist sich das »Si come voi piccina io
fossi« des Mädchens Anna in der Eröffnungsszene. Hier tritt an

Stelle der glatten Theatergeste ein von Bizet und Gounod beeinflußtes melodisches Idiom, das haften bleibt.

Andante lento

Si come vo-i pic-ci-na io fos-si,o va-ghi fior!

Erstaunlich sind die Umstände, die Verdi mit »Le Villi« in Verbindung bringen. Man weiß: der greise Maestro wurde nicht müde,
vor einer Sinfonisierung der italienischen Oper zu warnen. Er
dachte hierbei primär an die Zeit-Mode der Orchesterintermezzi,
deren erstes markantes Beispiel wir in Mascagnis »Cavalleria«
haben. Auch Puccini schob in der Neufassung ein sinfonisches
Zwischenglied zwischen die beiden Akte: zwei deutlich voneinander abgegrenzte Teile, denen erklärende Verse vorangeschickt
sind. Der Komponist gab ihnen die Überschriften »L'Abbandono«
(Die Verlassenheit) und »La Tregenda« (Die Erscheinung). Was
zum logischen Ablauf der Handlung offensichtlich fehlte, sollte
die Zwischenaktmusik wieder gutmachen. Schon dies erregte Verdis Mißtrauen, der gleich Einflüsse der »neudeutschen Schule«
(und vielleicht gar nicht mit Unrecht) witterte. Aber die Bedenken
wuchsen noch: Puccini ließ den ersten tragisch akzentuierten In-
termezzo-Teil durch einen Trauerzug mit der aufgebahrten Leiche
Annas illustrieren. Wie stolz war er auf diesen optischen »Einfall«,
der die Ungeschicklichkeit vom Tod des Mädchens beheben
sollte! Gleich vermutete Verdi den Einfluß Wagners, insbesondere des »Ring« mit seinen Verwandlungsmusiken. Auf solche
Dinge reagierte der Alte, das Banner der reinen Gesangsoper
hochhaltend, empfindlich. Er besaß nun einmal eine eigene Vorstellung von der Orchestersprache der italienischen Oper, auch
von der Begleitung der Stimmen. Doch hat er »Le Villi« offenbar
nie im Theater gehört. Sein Brief an Arrivabene vom 10. Juni 1884
beruht nur auf Berichte, die ihn erreichten – was die Überzeugungskraft seiner Argumente mindert. Immerhin ein Dokument!
Es soll auszugsweise wiedergegeben werden.
    »... Ich habe viel Gutes über den Komponisten Puccini gehört.
Ich habe einen Brief gelesen, der alles Gute über ihn aussagt. Er
folgt den modernen Tendenzen, was natürlich ist, doch er hält an
der Melodie fest, die weder modern noch veraltet ist. Aber es
scheint, daß bei ihm das sinfonische Element vorherrscht, nicht
schlecht. Man muß nur vorsichtig damit zu Werke gehen. Oper ist

Oper, und Sinfonie ist Sinfonie; und ich glaube nicht, daß es schön ist, einer Oper einen sinfonischen Teil einzufügen, nur um des Vergnügens willen, das Orchester tanzen zu lassen...«

Eine von den Juroren schonungslos erledigte Oper. Ein schwerer Schlag. Dafür aber eine mit allen Chancen einer Bühnenaufführung. Welcher Hoffnungsschimmer! Es waren bewegte Zeiten im Leben des jungen Musikers aus der Toskana, vergleichbar den von drückenden Sorgen überschatteten Verdi-Jahren 1839/40. »Wie Du wohl gehört hast, habe ich meine kleine Oper dem Teatro dal Verme übergeben« schrieb Puccini Mitte Mai des Jahres an die Mutter. »Um die Aufführung zu ermöglichen, haben sich viele hiesige Herren zusammengetan, darunter auch Personen von Geltung wie A. Boito, Marco Sala usw. ..., die mir alle eine gewisse Summe ... für die Anfertigung der Kopien zukommen lassen, die 200 und mehr Lire kosten werden ...« Die Uraufführung der damals noch einaktigen Oper fand am 31. Mai 1884 im kleinen Teatro dal Verme in Mailand unter dem Dirigenten Arturo Panizza starke Publikumsresonanz. Achtzehnmal mußte sich Puccini in dem einzigen salonfähigen, kaffeebraunen Anzug, den er besaß, vor dem eleganten Auditorium verneigen. Der Schwung der Melodien, das »effetto« siegten über die Peinlichkeiten des dramatischen Ablaufes. Auch die Presse reagierte ungewöhnlich zustimmend. Die Freunde, die immer zu ihm gehalten hatten, waren in ihrem Element, amüsierten sich über die Entscheidung des Hauses Sonzogno, das vergessen hatte diese erste Talentprobe ihres Mannes zu prämieren.

Ein Wermutstropfen fiel in die »Villi«-Zeit: die Mutter lag krank in Lucca. Sie konnte nicht am Erfolg ihres Giacomo teilhaben; wie schmerzlich das war. Puccini telegrafierte ihr nach der Premiere: »Glänzender Erfolg, über alle Erwartungen, erstes Finale dreimal wiederholt.« Aber der Sohn war tief beunruhigt. In einem Brief an Giulio Ricordi lesen wir: »Meiner Mama geht es wie immer gar nicht gut, eher etwas schlechter. Sie können sich nicht vorstellen, wie es mich bedrückt, nicht daheim sein zu können.« Wenige Wochen später, am 17. Juli, starb die gütige, aufopferungsvolle Mutter, erst 53jährig. Der Verlust traf Puccini schwer. Plötzlich stand er verlassen da, hatte kein »Daheim« mehr. Die Geschwister waren gleichfalls ausgeflogen, Michele noch bei ihm in Mailand. Man mußte sehen, wie es weiterging.

Es ist viel darüber spekuliert worden, ob der Tod der geliebten Mutter mit der für sein weiteres Leben so bedeutungsvollen Bin-

Elvira Bonturi-Geminiani

dung an Elvira Bonturi-Geminiani in Zusammenhang gebracht werden kann. Als sicher kann gelten: es war das Gefühl der Verlassenheit, das den 25jährigen Puccini zu der um ein Jahr jüngeren Frau eines reichen Mailänder Kaufmanns und Luccheser Schulfreundes Narciso Geminiani trieb. Ihr Name tauchte in den Briefen dieser Mailänder Zeit der ersten Beschäftigung mit einer neuen Oper auf, geflissentlich hervorgehoben aus der Vielzahl ungenannter Freundinnen. Wie man so sagt: Zuneigung auf den ersten Blick, eine »große Liebe«. Elvira war bereit, die bürgerlich gesicherte Existenz zugunsten eines freien Künstlerlebens aufzugeben. Doch braucht man als psychologisch-menschliche Erklärung dieser plötzlichen Verbindung mit einer verheirateten jungen Frau nicht unbedingt Sigmund Freud zu bemühen, die Geliebte als Gegenstück oder Ersatz für die überragende Mutter, das ginge zu weit. Puccini hatte nun für eine dreiköpfige Familie zu sorgen, denn Elvira brachte eines ihrer zwei Kinder, die Tochter Fosca, mit in die neue Lebensgemeinschaft. 1886 wird als weiterer Familienzuwachs beider Sohn Antonio in Monza geboren. Konnte da in Mailands Gesellschaft, in dem kleinstädtischen Lucca der Skandal ausbleiben? Elvira, begabt mit Schönheit und starkem Willen, ertrug ihn in »selbstgewählter Armut«. Es wäre über diese Beziehung, die so glücklich begann und erst nach dem Tod von Elviras Mann 1904 legalisiert werden konnte, manches zu sagen. Es soll bei der Darstellung des Menschen Puccini, im Kapitel Torre del Lago, geschehen.

Die unmittelbare Folge des Opernerfolges von Mailand: Ricordi erwarb alle Rechte von »Le Villi« und gab Puccini den Auftrag zu einer neuen Oper, wieder nach einem Text Fontanas. Damit begann ein lebenslanger Kontakt mit dem angesehenen Mailänder Verlag, in dessen Chef Giulio er einen väterlichen Freund und Mentor fand. Für einen jungen Musiker, der mit seinen Opern hinaus in die Welt ziehen wollte, ein unschätzbarer Beistand, der sich für das Haus, wie zuvor bei Verdis Opern, glänzend auszahlen sollte. (Nur »La Rondine« erschien bei Sonzogno.) Das Wichtigste war im Moment das monatliche Fixum von 300 Lire, das Puccini für die Zeit der Komposition der neuen Oper, allerdings in Verrechnung späterer Aufführungsrechte, von Ricordi bekommen sollte. Vorher hatte dieser einen Wunsch. Er bedrängte den jungen Freund, »Le Villi« zu einer abendfüllenden Oper auszubauen; er erwarte sich davon eine Steigerung. Puccini machte sich, offenbar mit Elvira als weitertreibender Kraft, nicht gerade mit Eifer an die Arbeit. Das Werk hatte nunmehr zwei Akte und wurde in dieser Form bereits am zweiten Weihnachtsfeiertag 1884 im Teatro Regio in Turin, dirigiert von Giovanni Bolzoni, erstmals aufgeführt, auch hier ein schöner Erfolg. Er blieb der Oper bei der Scala-Premiere Januar 1885 treu. Nun schon die zweite Mailänder Produktion! Romilda Pantaleoni, zwei Jahre später Verdis erste Desdemona, sang die Anna. Der ihm seit dem Capriccio sinfonico verbundene Faccio stand am Pult. 13 Reprisen. Damit hatten sich dem jungen Maestro erstmals die Tore der berühmten Scala geöffnet. Dann kam das Fiasko von Neapel, inszeniert von der Sonzogno-Clique, die Puccini auch noch später zu schaffen machen sollte. Genauer gesagt: für das Werk, das 1890 nochmals in Verona und Brescia auftauchte, bedeutete der Abend im Teatro San Carlo den Todesstoß. Es wurde bald still um »Le Villi«. In Deutschland ist die Oper nur ein einziges Mal, 1892 in Hamburg, gespielt worden. Puccini war hingefahren – seine erste

54

Auslandsreise. Ein Nachzügler war die New Yorker Met-Premiere 1908 unter Leitung Toscaninis.

Wieso Puccini auch bei seiner zweiten Jugendoper »Edgar« nicht von dem schwärmerisch-unzulänglichen Fontana loskam, ist schwer zu begreifen. Ricordi hielt von ihm große Stücke. Aber praktisch war von einer Zusammenarbeit mit dem betriebsamen, poetisch und dramaturgisch nur mäßig begabten Schriftsteller wenig Gutes zu erwarten. Im Mai 1883 hatte Puccini das neue Libretto von Fontana zur Komposition erhalten und die Ablieferung der fertigen Oper bis Jahresfrist in Aussicht gestellt. Es kam anders. Aus Lucca, wo sich die Puccinis fürs erste niedergelassen, traf bei Ricordi dieser Klagebrief ein: »Lieber Herr Giulio, ... Nun Sie wissen, mit dem Monat Juni läuft meine monatliche Rente ab. Die Oper macht gute Fortschritte ... In einem Jahr, das werden Sie mit Ihrem scharfen Urteil einsehen, kann man unmöglich eine solche Oper mit so zahlreichen Schwierigkeiten fertigstellen. Auf dem Gipfelpunkt meiner Hoffnungen und meiner Arbeit würde ich mich dem Nichts gegenübersehen, denn ich habe keinerlei andere Unterstützungsmittel und muß außerdem noch einen Bruder unterstützen. Deshalb möchte ich Sie bitten, mir diese Rente zu verlängern, damit ich in Ruhe arbeiten kann ... « Ricordi versagte sich diesen Wünschen nicht. Er hielt zu Puccini, an dessen Zukunft er glaubte, wenn ihn der junge Mann auch auf eine harte Probe stellte. Denn die Arbeit an der neuen Oper sollte sich über bald vier Jahre hinziehen.

Eins ist nötig: man muß bei dieser Oper, bei der sich zum ersten Mal der Lyriker in dem ihm eigenen Schmelz eines »dramma lirico« entfaltet, den Text vergessen, beiseitelegen. Hört man den »Edgar« ohne Kenntnis des Buches, wird man, falls man für den Frühverismo empfänglich ist, an der Eleganz der melodischen Linie Puccinis Gefallen finden. Führt man sich aber das Libretto Fontanas zu Gemüte, wird man angesichts der gehäuften Geschmacksverirrungen und Peinlichkeiten dieses Vorwurfs resignieren. Puccini kann die Schwäche des »jämmerlichen« Buches nicht übersehen haben; er hat auf Änderungen und Verbesserungen bestanden. De facto führte nicht seine Musik sondern dies klägliche Libretto den Mißerfolg herbei. Ein blutrünstiges, schwülstiges Schauerstück war bereits das Versdrama des Franzosen Alfred de Musset »La Coupe et les lèvres«, in dem ganz äußerliche Theatermotive angeblich psychologisch aufgewertet werden. Fontana hat in seinem Text das Stück von fünf auf vier

Akte reduziert. Von den 3000 Verszeilen des Poems sind nur wenige hundert stehengeblieben. Der Ort der Handlung ist von Tirol nach Flandern verlegt, wohl um Reminiszenzen an den Schwarzwald der »Villi« zu vermeiden. Nichts von dem »Carattere singolare«, den Verdi mit seinen Leidenschaften und Trieben fordert. Nur primitiv mit Affekten überladene Opernpuppen. Nur brutal und nackt herausgestelltes Schwarz-Weiß, verworren, unglaubhaft. Jeder Vergleich etwa mit Ponchiellis »Gioconda«, oft herbeigezogen, hinkt – denn hier wurde noch das »Schauerliche« nach Verdis Vorbild »wahr«. »Scapigliatura aus zweiter Hand«, ließ einer vernehmen.

Flandern 1303. Ein Held namens Edgar, Bauernsohn, zwischen zwei gegensätzlichen Frauen schwankend: der lüstern verworfenen Zigeunerin Tigrana und dem engelsgleichen, zarten Dorfkind Fidelia. (Gewiß war Fontana auf die Wahl dieses Namens sehr stolz.) Das alte romantische Thema hätte innere Konflikte auslösen müssen. Aber dafür interessierte sich der Librettist wenig. Die Diskrepanz zwischen den vorgegebenen Motiven und den groben Verwicklungen, mit denen das »Drama« durch eine sinnlose Theatermasche gedreht wird, ist so evident wie ärgerlich. Daß Edgar auf einem Höhepunkt der Handlung, aus dem Kriegsdienst zurückkehrend, in Mönchskleidung seinem vermeintlichen Leichenbegängnis beiwohnt – das stellt Aufnahmefähigkeit und Geschmack des Zuschauers auf eine harte Probe. Nicht genug: nach einer rührenden Entdeckung der makabren Maskerade finden sich Edgar und Fidelia. Tigrana schleicht herbei und erdolcht die Nebenbuhlerin. Edgar bricht an der Leiche der Geliebten zusammen. Die Wahrheit wird hier nicht abgehandelt. Was soll es uns?

Natürlich möchte man gern wissen, was der junge Musiker Puccini aus den als Typen scharf voneinander abgegrenzten Frauen gemacht hat. Nimmt sich dieser Weibsteufel Tigrana, eine Adlige maurischer Abstammung, nicht wie ein Nachzügler der Bizetschen Carmen aus? Vermutlich dachte Fontana in dieser Richtung; und es gibt wohl einige Hinweise dafür. Aber das erotisch Prickelnde, Verführerische, Abgründige ist Puccinis Sache nicht. Tigrana bleibt als musikalische Gestalt merkwürdig blaß. Das Katzenhafte, Graziöse will nicht Profil annehmen, gewinnt keine eigene Physiognomie. Man hört gerade bei ihr Allerweltsmelodik, die auf den Spuren eines mißverstandenen gradlinigen, unflexiblen Verdischen Melodietypus leer tönt.

O del-la mor-te mi-a sol - tan-to tu sa - rá

Wohler fühlt sich Puccini beim melodischen Umriß des Bauernmädchens Fidelia. Hier deutet sich bereits jener weiche und empfindsame Lyrismus an, den er bald für seine kleinen, schwachen Heldinnen bereit haben sollte. Ihre von Wärme und Sensibilität erfüllte Abschiedsarie an den Geliebten »Addio, mio dolce amor« weist schon darauf voraus. Die Sorglosigkeit Puccinischer Dramaturgie stellt den Hörer vor Rätsel. Gipfel der Arglosigkeit: wenn in der Neufassung des »Edgar« einzelne Singcharaktere, zum Beispiel im Duett mit Edgar Fidelia und Tigrana einfach ausgetauscht werden. Das macht dem jungen Puccini nichts aus.

Erhebt sich angesichts solcher Verfahrensweise nicht die Frage, inwieweit Puccini damals überhaupt schon in der Lage war, ein mehr oder weniger unbrauchbares Buch dramaturgisch zu ordnen und zu präzisieren? Offenbar bemühte er sich um eine musikalische Haltung, die in den lyrischen Partien mit der vorgezeichneten Handlung synchron verläuft. Dazu ließe sich manches sagen. Die häufig vertretene Meinung, Puccini habe erst einmal durch dies fatale Operntief hindurch gemußt, ehe er als Musikdramatiker heranreifen konnte – diese Ansicht scheint uns kaum geeignet, Vertrauen für Puccinis Jugendsünde zu erwecken. Seit wann ist die Beschäftigung mit Kitsch eine gute Lehre? Was sollte Puccini von dieser »Varieté-Schauer-Romantik« ohne jeden erkennbaren Spielraum zwischen »angiolo« und »dèmone« profitieren? »Edgar« erweist sich, so betrachtet, als ein letztes Aufbäumen des naiven Theatermusikers, der sich mit den Fragen verwikkelter Opernpsychologie nicht lange aufhält, gradwegs aufs Publikum zusteuert. Ihn, dem ein zweites Finale quellender Melodik gelingt, stört nicht einmal das ganz und gar Fragwürdige der Trauermusik – ein zu Anfang des dritten Aktes erklingendes, schlicht empfundenes »Requiem aeternam« zu Ehren des angeblich gefallenen Edgar. Die »sinfonische Malerei« dieser an Puccinis frühe kirchenmusikalische Beschäftigung anknüpfenden Totenklage Fidelias, die von höheren ästhetisch-dramatischen Gesichtspunkten aus gar keine ist, reizte Puccini. Erst der Tod der Mutter habe ihn dazu inspiriert. Nur die Erinnerung an sie habe ihn veranlaßt, die ganze Oper zu vollenden. Toscanini bestimmte die Trauermusik für Puccinis Totenfeier im Mailänder Dom. Wie bei so vielen Dokumenten der Frühzeit, lassen sich auch hier thematische Fäden zum Capriccio sinfonico von 1883 spinnen.

57

Über den Mißgriff des »Edgar«-Textes war sich Puccini absolut klar. »Zwar weiß ich, daß ich einige Seiten geschrieben habe, die mir (als Musiker) Ehre machen – aber das ist nicht genug – für eine Oper ist es nichts... Als ich das Libretto von ›Edgar‹ vertonte, habe ich, mit allem Respekt vor meinem Freund Fontana, einen Schnitzer gemacht...«, räumte er später ein. Dennoch unterließ er nichts, das seinen musikalischen und dramatischen Anlagen entsprechende Handwerk an einem Stück kontrastreicher Oper praktisch zu erproben. Es gibt genügend Momente, die, wenn auch noch in Manier der Donizetti, Bellini, des frühen Verdi, wenigstens eine eigene Ausdrucksweise andeuten. Ein stärkeres Espressivo in den belkantistischen Äußerungen Edgars fällt auf. »Er kann sich an keiner Stelle genug tun«, rief Freund Mascagni nach der Uraufführung aus. Motivwiederholungen könnten als verschleierte Leitmotive verstanden werden. Instrumentale Details, wie etwa die ostinate Akkordbewegung in der Orchestereinleitung, machen sich bemerkbar. Es ist unter den gegebenen Umständen nicht viel, die Undramatik wuchert zu üppig. »Edgar« als Ganzes bedeutet ein Versprechen, das der Reifende einlösen sollte.

Am 27. Oktober 1887 teilte Puccini Luigi Mancinelli aus Mailand den Abschluß des »Edgar« mit, er wollte ihn nach Rom vergeben. »Aber die dortigen ›Campanilisten‹ hatten ein Werk eines römischen Meisters angenommen und das meinige ging in Rauch auf.« Das waren schöne Aussichten. Bis es zur Uraufführung des Werkes kam, sollten noch eineinhalb Jahre vergehen. Puccini ist verzweifelt, mit seinen Gedanken schon längst beim nächsten Werk... Jetzt rührt sich auch noch der »Gläubiger«. »Der Doktor Cerù hat mich aufgefordert, ihm das Geld zurückzuzahlen, das er während meiner Studienzeit in Mailand für meinen Unterhalt verauslagt hat, zuzüglich der Zinsen bis zum heutigen Tage. Er behauptet, ich hätte mit ›Villi‹ 400000 Lire verdient! Ich schicke ihm jetzt, statt jeder Antwort, die Abrechnungen von Ricordi, dann wird er selbst sehen. Es sind in Wahrheit nur 6000 Lire auf

mein Teil. Ein kleiner Unterschied! Ich hätte das nie erwartet...
Ich bin in der größten Verlegenheit. Ich weiß nicht, wie es weitergehen soll. Die monatlichen 300 Lire von Ricordi bekomme ich
weiter, aber auf Vorschuß. Sie reichen nicht aus, und jeden Tag
häufen sich die Unregelmäßigkeiten...«

Das alte Lied. Der Brief ist an Bruder Michele gerichtet, der als
Gesangslehrer nach Südamerika emigriert war, noch einmal für
kurze Zeit die Heimat besuchte, zwei Jahre später aber dann in
Buenos Aires starb. Welch erstaunlicher Brief! Denn außer den
schon gewohnten Klagen über die bescheidenen Lebensverhältnisse enthält er folgende Sätze: »Wenn ich einen Weg sähe, Geld
zu verdienen, würde ich auch dahin gehen, wo Du bist. Was soll
ich tun? Ich würde alles im Stich lassen und abreisen. Schreibe mir
immer und oft und halte mich auf dem laufenden über alles, was
Du treibst... Ich bin völlig entschlossen, zu kommen, sobald Du
mir schreibst. Aber ich brauche Geld für die Reise, das sag ich Dir
gleich.« Das sind schwerwiegende Sätze eines Entmutigten, die
durch ihre Wiederholungen in späteren Briefen noch mehr
Gewicht erhalten. Puccini als Amerika-Auswanderer? Für eine
bloße Künstlerlaune sind diese Passagen zu ernst. So etwas
schreibt man nicht nur so hin. Es mag stimmen: Puccinis Angaben
sind nicht in allem stichhaltig, ufern häufig in den Emotionen aus,
vor allem wenn es um die Schaffensprobleme geht. Aber heitere
Nonchalance (wie man sie bei Mozart findet) ist ihnen fremd.
Nichts läßt bei diesen Briefen an der Aufrichtigkeit der Gefühle
eines jungen Musikers zweifeln. Wir müssen schon glauben, was
er sagt. Sicher war Puccini in diesem Stadium seiner Entwicklung,
eines Schaffens ohne den von ihm erhofften Erfolg, ohne breitere
materielle Basis, unbefriedigt und enttäuscht. Auch familiäre Sorgen bedrängten ihn, jetzt der Tod des Schwagers Alberto und die
in bittere Not geratene Schwester Nitteti mit ihrem Kind. (»Armes
Ding! Und was wird sie nun tun? Was mich noch mehr schmerzt,
daß ich ihr nicht helfen kann...«) Er fühlte sich nicht wohl »in seiner Haut«, wollte aus dem ihm angestammten Kreis einer bürgerlichen Gesellschaft »ausbrechen«. Von der »Neuen Welt« besaß er
freilich nur eine vage Vorstellung; die Informationen des Bruders
waren dürftig. Erst als Komponist der »Fanciulla del West« sollte
er von diesem Kontinent gefesselt werden. Puccini muß sich der
einschneidenden Konsequenzen seines abenteuerlichen Plans
schon bald bewußt geworden sein. Auch war die Reaktion des
Bruders nicht gerade ermutigend. Für seinen weiteren Weg, soviel
ist gewiß, bedeutete das ein Glück. Es wurde nicht mehr davon

gesprochen. Natürlich gehörte Puccini nach Italien. Wo anders hätte er, der Toskaner, atmen, leben, schaffen können?

Endlich war es soweit: am 21. April 1889 wurde »Edgar« an der Mailänder Scala uraufgeführt. Der Abend stand im Zwielicht von Pro und Contra. Die Chronik verzeichnet eine laue Aufnahme des ersten Aktes, eindeutige Zustimmung für den dritten Akt, kühle Zurückhaltung bei dem zweiten und besonders beim vierten Akt. Aber an Nitteti schrieb Puccini: »Du wirst schon gehört haben, daß der Triumph des ›Edgar‹ wahrhaft kolossal gewesen ist. Am ersten Abend gab es sieben Da Capos und vierzig Hervorrufe, am zweiten wären es zehn Wiederholungen geworden, wenn man sie bewilligt hätte. Ich bin sehr zufrieden.« In einem anderen Brief ist von »24 Vorhängen sowie drei Dutzend schlimmster Kritiken« die Rede. Die von dem tüchtigen Faccio dirigierte Aufführung, mit der gefeierten Pantaleoni als Tigrana, hatte ihre Qualitäten, konnte aber nur viermal angesetzt werden. Am nüchternsten sah wohl Ricordi die Sache. »Die Mailänder Kritik stürzte sich mit besonderer Heftigkeit auf das Textbuch, und wenn sie auch mit dem Musiker, in Erkenntnis seines Talentes, milder umging, so nahm sie doch sein Werk in einer Weise auf, daß Puccini, hätte er nicht die starke Berufung in sich verspürt, sich hätte sagen müssen: ich habe mein Handwerk verfehlt!« Immerhin hatte sich Ricordi den Freund in einer nächtlichen Aussprache gemeinsam mit Fontana vorgenommen. Es war ein langes und ernstes Gespräch. Am nächsten Morgen schrieb er Puccini einen Brief, der in den Sätzen gipfelte: »Denke daran, Puccini, Du bist in einer sehr schwierigen und kritischen Zeit Deines Künstlerlebens... Ich lasse Dich nicht im Stich. Hören wir auf, uns zu quälen, gehen wir ans Werk, halten wir Ausschau nach einem guten Stoff und einem guten Dichter!«

Ricordi, der sich gegenüber Schwierigkeiten im eigenen Verlag durchsetzen mußte, gab den Rat: aus harter Kritik die nötigen Lehren zu ziehen und das Werk umzuarbeiten. Noch vorher war »Edgar« von einigen italienischen Städten, darunter Lucca, gespielt worden. Die Neufassung beschäftigte Puccini im Sommer 1889 in Torre del Lago, das nun erstmals in den Briefen erwähnt wird. »Ich will jetzt nach Torre fahren und mich an die Änderungen des ›Edgar‹ machen, den letzten Akt von Grund auf umarbeiten und die anderen korrigieren. Die Oper wird dann nur drei Akte haben, der (bisherige) zweite fällt fort«, heißt es an Schwester Odilia. Auch diese Zweitversion wollte ursprünglich die Scala erstmals zeigen. Aber durch Erkrankung des Tenors verschob sich der Termin auf unbestimmte Zeit; und Puccini beklagte den Verlust von 3000 Lire, der durch die widrigen Umstände entstanden sei. Dafür sprang das kleine Ferrara am 28. Februar 1892 in die Bresche – verglichen mit der Erstfassung eine spürbare Verbesserung, da er inzwischen einiges über den Aufbau einer Oper hinzugelernt hatte und wußte, was unbedingt zu vermeiden war. Doch auch diese Neufassung brachte dem Werk nicht entfernt den Erfolg, den Ricordi sich davon erwartet hatte. Es folgte vier Wochen später in Anwesenheit Puccinis Madrid, wo Verdis erster Otello, der große Tamagno, die Titelrolle sang. Juni 1905 kam es schließlich zu einer nochmaligen Revision in Buenos Aires. »Wie Du vielleicht weißt, werden dort fünf meiner Opern aufgeführt, und ich fahre hinüber, um den ›Edgar‹ aus der Taufe zu heben, der von den ersten Künstlern, die es dort gibt, dargestellt wird« (an Tomaide). Wie hat der Maestro diese argentinische Puccini-Hausse gemeinsam mit Elvira genossen! Damals machte ihm das Anhören seiner Opern noch leidlich Spaß. Ein Dauererfolg kam nicht mehr zustande. Die Spur verlief sich. Erst in neuerer Zeit ist »Edgar« hin und wieder auf einer italienischen oder amerikanischen Bühne anzutreffen. Auch die Schallplatte hat von »Edgar« wie schon von »Le Villi« Notiz genommen.

Vom Musikalischen her betrachtet, bleiben beides Frühdokumente, die der Freund Puccinischer Musik nicht übersehen sollte. Erst ihre Kenntnis ermöglicht ihm eine Vorstellung vom Fortschreiten dieses Opernschaffens über vier Jahrzehnte hinweg. Sie sind Vorstufen, Aufbruch. Arturo Toscanini, intimer Kenner des Lebenswerks, gab einen präzisen Befund über die Opern. Er sah in ihnen schon »volle Genialität« und das »Fundament«, auf dem sich das »Werk des Belcanto-Königs türmte«... »Aber er mußte sich erst in der Opernwelt zurechtfinden. Die Manon, die Bohème und die Butterfly erreicht man nicht in einem Jahre...«

Stationen auswegloser Liebe

Graziöses französisches Rokoko? Opera con intensa passione? Lebensgier, Liebesrausch und Todeslamento, dunkel glühend, mit starken und wilden Pinselstrichen? Ein Puccini der Exaltationen, der hohen Temperaturen? Der 3ljährige Maestro, noch kaum mehr als eine Lokalberühmtheit, wußte schon genau, was er für ein südliches historisches Musikdrama brauchte: affektgeladene Situationen, die dem von äußerer Anregung, von greifbarer Optik Abhängigen jene schwelgerischen, gefühlsbetonten Melodien entlocken konnten. »Manon Lescaut« ist der Durchbruch Puccinischer Italianità, der feurigen Appassionata. »La forma della sua inspirazione«, sagte Gino Romaglia sehr richtig vom Schöpfer der Oper, »è nella tradizione italiana, anche se qua e là appare la traccia di qualche assimilazione esterna, poiché ogni parola, ogni gesto, ogni commozione in lui si trasforma in canto«. »…in canto«: im Gesang, der nicht nur durch seine melodische Spontaneität fesselt, sondern auch (wir denken hier an die breit ausgebauten Szenen Manon-Des Grieux und besonders den vierten Akt) durch seine Expressivität und Beseeltheit ergreift.

Puccini wollte eine italienische »Manon« schreiben, nichts anderes. Daß es schon vor ihm eine von Massenet gab, störte ihn nicht. In gleich hohem Maße, wie dessen ein Jahrzehnt früher uraufgeführte »Manon« ein französisches Werk ist, muß Puccinis »Manon« als typische italienische Oper gelten. Bedenken, den von Massenet vertonten Prévost-Stoff noch einmal zu komponieren, zerstreute Puccini mit der Erklärung: Massenet empfinde seine »Manon« »alla francese, con la cipria e i minuetti«, seine, Puccinis »Manon« werde indessen »all' italiana, con passione disperata,« empfunden sein. (»Massenet wird eben französisch erfühlt – Puderquaste und Menuett; die meine italienisch – Leidenschaft und Verzweiflung.«) So klar verstand es Puccini schon damals, sich über das Wesen seiner Kunst zu äußern. Der Fesseln eines untauglichen Librettisten entledigt, konnte er es nun wagen: eine Oper voller menschlichem und melodischem Reichtum. Eine Vollblutoper. Von dieser Frische hat das Frühwerk bis heute nicht das geringste eingebüßt. Immerhin konnte einer der ersten Biographen, Richard Specht, schreiben: »Zehn Jahre später hätte Puccini aus der musikalischen Substanz der ›Manon Lescaut‹

zwei oder drei Opern gemacht.« Frage nur: sträubt sich der Mensch nicht mitunter gegen das volle Glück am hartnäckigsten? Das jahrelange Zurückbleiben des Werkes hinter den Aufführungszahlen der populären Trias »Bohème« – »Tosca« – »Butterfly« mag verwundern. Warum wohl? Es muß wohl andere Gründe haben; und wir werden sie zu erforschen suchen. Dem triumphalen Uraufführungserfolg des jungen Puccini, vielleicht der unbestrittenste in seinem Leben, folgte eine verhältnismäßig zähe Werkspur. »Manon Lescaut« war einige Jahrzehnte später fast in Vergessenheit geraten, wurde erst in den Jahren zwischen den beiden Weltkriegen, in einer veränderten Zeit und Gesellschaft, nach oben gespült. Die späten Erstaufführungen in den zwanziger Jahren in Wien (mit Jeritza und Piccaver), in Dresden (mit Seinemeyer), in München, die Scala-Gastspiele in der Berliner Lindenoper unter Toscanini veränderten Sicht und Einsicht. »Manon Lescaut« wurde innerhalb des Puccini-Œuvres respektiert. Man holte sie in die Praxis herein.

Wie sah die Oper aus, als sich Puccini seine »Manon Lescaut« vornahm? »Aida« und »Otello«, durch vierzehnjährige Schaffenspause getrennt, waren die vorläufig letzten Großtaten Verdis, sein »Falstaff« noch in der Werkstatt. »Carmen« verbreitete als singuläre Erscheinung des frühen realistischen Musiktheaters Glanz. Der Aufstieg der beiden Verismo-Meteore Mascagni und Leoncavallo stand unmittelbar bevor. Wagner? An der Scala hatte Puccini die »Meistersinger« gehört, die er bewunderte, ohne daß sie ihn anscheinend stärker beeinflußten. Viel tiefer war sicher die Wirkung, die, wohl nach Kenntnis der Partitur, Amfortasklage, Karfreitagszauber und Gralschöre des »Parsifal« auf ihn ausübten.

»La Scapigliature musicale milanese«: Mascagni, Leoncavallo, Puccini und Franchetti

63

Auch der »Tristan« mit seinem abgründigen chromatischen Reichtum und starkem Einfluß auf die eigene Tonsprache war ihm noch nicht auf der Musikbühne begegnet. Kannte er Massenets »Manon« von 1884? Vermutlich war ihm auch dieses Werk, das erst in den neunziger Jahren in Italien auftauchte, nur durch die Noten vertraut. Doch war er über seinen spezifisch empfindsamen Stil genau informiert. Die Art, wie sich Puccini an anderer Musik bildete, sie kritisch beobachtete und in seine Überlegungen einbezog, ohne ihr zu verfallen, ist typisch für ihn. Blinder Eklektizismus war ihm fremd. Er schloß sich nie einer Schule an. Er zeigte auch keinerlei Interesse, als Lehrer ans Konservatorium in Mailand und als Direktor des Liceo Benedetto Marcello nach Venedig zu gehen – ehrenvolle Angebote, die er mehrfach ablehnte. Die weiche Melodik eines Bellini und die blutvolle eines Verdi konnten ihn zu ähnlichen noblen und zündenden Melodien mit völlig anderen Mitteln inspirieren. Er popularisierte die neue romantische Harmonik, die »unendliche Melodie« Wagners, indem er beides gewissermaßen auf ihre sinnfällige Wirkung abklopfte. Er entzündete sich an Venusberg-Sinnenlust (»Tannhäuser«) und Liebeshymnus (»Tristan«), wie er überhaupt für die narkotisch schwelenden Klänge der »romantischen Harmonik«, wie sie von jenseits der Alpen herübertönten, ein waches Ohr besaß. Erst flüchtig war ihm damals der aufkommende Impressionismus der Franzosen vertraut. Dieser Einfluß vollzog sich erst später. Ein orthodoxer Wagnerianer war Puccini auch in dieser frühen Phase seiner Entwicklung nicht. Er dachte und empfand als Italiener. Das war sein großes Plus; und verständlich war es allemal. Nur: sich dem Einfluß des Bayreuther Meisters völlig zu entziehen, war ihm, gereift an der Komposition des »Edgar«, sowenig möglich, wie es kaum einen Musiker dieser Epoche auf der Erde gab, dem dies gelingen konnte, mochte er wollen oder nicht. Für die beredte Empfindsamkeit, mit der Puccini in der »Manon«-Musik aus den Wagnerschen Floskeln eines »Langsam und schmachtend« des »Tristan«-Vorspiels sein eigenes »Lento espressivo« gewinnt, hier ein Beispiel.

Wagner:

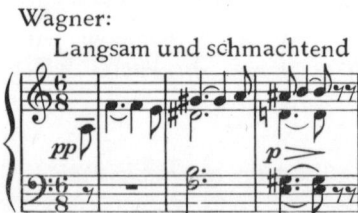

Puccini:

Das ist ein interessantes Phänomen: inwieweit berührt sich diese so südlich temperierte, kaum morbide »Manon Lescaut« in Wahrheit mit dem »Tristan«? Ist hier ein junger italienischer Musiker, schon früh zum Nachfolger Verdis erkoren (obwohl er sich zeitlebens gegen dieses Etikett wandte), bewußt oder unbewußt in die Spuren jener geheimnisvoll-zauberischen »Tag- und Nachtgesänge« getreten, die von der Bewegung zweier Menschen, der Liebe, handeln – einer tragischen, zur Einsamkeit, zur existentiellen Unmöglichkeit getriebenen Liebe? Wie im »Tristan«, werden auch in »Manon Lescaut« die beiden füreinander Bestimmten in dem Augenblick überrascht, da sie sich ihre Liebe offenbaren wollen. Aber anstelle des guten, abgeklärten Königs Marke erscheint ein rachsüchtiger und ausschweifender Steuerpächter. Die gleiche Ausgangsposition: zwei Liebende auf der Flucht, von der Liebe in den Tod, gewiß. Dennoch ist das Weitere anders. Die Liebenden nicht in Ekstase aufsteigend, sondern auf dem Weg in dunkle Verdammnis. Sagen wir es so: Puccini interessierte fortan nicht die Liebe an sich, ihn fesselte die Ausweglosigkeit der Liebe, die dunkle Hoffnungslosigkeit.

Fedele d'Amico hat konsequenterweise diese psychische Prämisse zuerst aus Puccinis »Dramma lirico in quattro atti« herausgelesen. Er schreibt: »Die ›Manon‹ Puccinis gehört einer noch kleinbürgerlichen Zeit europäischen Bewußtseins an: einer Zeit, in der die Werte noch in der Schwebe hingen, verfügbar, unruhig, noch nicht entfremdet und geheimnisvoll fixiert in den Idealen der Massen. Wie lange dauerte diese Zeit der italienischen Oper? Einen Augenblick, einen Hauch... ›Manon Lescaut‹ ist genau dieser Moment, im Fluge aufgefangen. Sie ist unser ›Tristan‹! Ein ›Tristan‹, der instinktiv sicher und nicht problematisch ist, ohne kosmische Verwicklungen, genau der Typ von ›Tristan‹, den Italiens Oper produzieren konnte.« Dieser psychologische Hintergrund war von Puccini wohldurchdacht. Er entsprach dem ekstatischen Schönheitskult, den er der Epoche des sich zu Ende neigenden Jahrhunderts entnahm, den extrem gegensätzlichen literarischen und philosophischen Strömungen der Zeit, der er kraft jugendlicher Passion einen Hauch von Schwermut mitgab. Hier stehen wir an der Schwelle jenes »dolcissimo soffrire«, jenes »süßen Leidens«, das uns bei Puccini noch verfolgen soll. Kann man diese Melancholie einer dem Untergang zutreibenden bürgerlichen Welt, einer Bedrohung menschlichen Fühlens und Empfindens durch Kapitalismus und Imperialismus messen? Darf man diese Kunstäußerung eines italienischen Opernbohémiens als Reaktion auf die Krisenerscheinungen der Jahrhundertwende, ihren Verzicht auf konkrete Stellungnahme zu den von ihr aufgeworfenen Fragen werten? Gar mit den depressiven Leitbildern Mahlers, Bergs und anderer, ihrem Ausgeliefertsein und Aufbegehren in einer untergehenden Epoche, in Vergleich setzen? Wäre eine solche psychologische und soziologische Erkenntnis in diesem Falle nicht zu voreilig, einseitig, grobkörnig? Tatsächlich bereitet es Schwierigkeiten, zu entscheiden, wieweit dies kritische Verhältnis zu Zeit und Gesellschaft in Puccinis Bewußtsein lebte oder nur in seinem Unterbewußtsein schlummerte. Zuviel spricht für das eine wie das andere.

Puccini erfand seine Opernsujets nie selbst, er fand sie. Im Gegensatz zu den Erstlingsopern war die Wahl des Stoffs der nächsten Oper seine eigene. Die traurigen Erfahrungen mit »Le Villi« und »Edgar« hatten ihn darüber belehrt, wie überaus wichtig die richtige Stoffwahl für jeden Opernkomponisten ist. Auch wußte er jetzt: Komponist und Librettist müssen in Aufbau und Anordnung dramatischer Situationen allerhöchste Sorgfalt walten lassen, wollen sie eine größtmögliche Wirkung bei geringstem Risiko erzielen. Kein Gefühlsmoment darf unscharf, kein dramatischer Effekt dem bloßen Zufall überlassen bleiben. Die Autoren ziehen an einem Strang, müssen miteinander die Klinge kreuzen. In diesem Stadium seines Schaffens fühlte sich allerdings der Musiker für sein Buch verantwortlich. Eins scheint festzustehen: erst auf dem Umweg über Massenets Oper bekam er Kenntnis von dem berühmten »Roman sentimental« »Mémoires d'un homme de qualité« des alten Abbé Antoine-François Prévost d'Exiles vom Beginn des 18. Jahrhunderts. Wir blättern im autobiographischen Epos eines Mannes, der den Degen wie das Brevier zu handhaben verstand. Ein Liebesroman, vermutlich im Londoner Exil entstanden, den man häufig mit der Racineschen Tragödie, seinen Motiven von Vernunft und Leidenschaft, Tugend und Laster verglichen hat. Hinter dem Leichtsinn der blutjungen, anmutigen Kurtisane, aus ärmlichen Verhältnissen stammend und als »femme entretenue« nach Amerika ausgewiesen, lauert die Hoffnungslosigkeit jenes korrupten Frankreichs, das auf die Regierungszeit des 1715 verstorbenen Ludwig XIV. folgte: die Régence des Herzogs von Orléans. Der Roman führt in die Literatur eine neue Empfindsamkeit ein. Er hat das Tempo des Dramas, verliert sich nicht in Einzelheiten, beschreibt die Handlungsmomente einfach und direkt. Dabei ist die »Histoire du chevalier des Grieux et de Manon Lescaut« rechtens nur ein Roman im Roman. Ein »Mann von Qualität«, sinnigerweise der Autor selbst, knüpft eine Reisefreundschaft mit einem armen, schwärmerischen Jüngling aristokratischer Herkunft an, der ihm aus Dankbarkeit die Tragödie seines bisherigen Lebens erzählt. Die Manon-Story mit ihren galanten, pikanten und sentimentalen Motiven, die in den Pariser Salons des vorigen Jahrhunderts so recht erst zur Blüte kamen, erklärt sich nach dem Muster von Mérimées »Carmen« aus der Sicht des erzählenden Voyageurs. Wir sehen Manon vorwiegend mit den Augen ihres Liebhabers.

Hat Manon wirklich gelebt? Berichtet wird, der Geschichte habe ein eigenes Erlebnis des Dichters zugrunde gelegen. Es habe da eine junge Frau gegeben, mit der ihn eine starke Liebe verband. Infolge von Intrigen und Denunziationen wurde sie nach Amerika deportiert, ohne daß ihr Prévost hätte helfen können. Es handelte sich angeblich um eine Manon Aydou, die 1717 als uneheliches Kind eines entsprungenen Galeerensträflings und einer Kuppelmutter in Lyon geboren wurde. Die Geschichte sei dem ahnungslosen Abbé selbst »passiert«. Sehnsucht und Beschämung mögen ihm die Feder geführt haben. War jene Manon Aydou die Manon des Romans? Die Frage ist müßig. Nirgends beschreibt der Dichter ihr Äußeres – und doch leuchtet ihr bezauberndes Bild hinter jeder Zeile hervor. Die Musikbühne bemächtigte sich des dankbaren Stoffs. Scribe schrieb für Halévy ein Ballett-Libretto, das später von Auber als Opernvorlage benutzt wurde. Weitere »Manon«-Opern von Balfe und Kleinmichel sind vergessen. In neuerer Zeit legte Henze seine moderne Variante »Boulevard Solitude« vor.

»Das Thema fesselt mich. Ich fühle, daß ich da etwas Wertvolles schaffen könnte«, meinte Puccini, als er sich mit dem Gedanken trug, den Roman von 1728 zu einer Oper umzugestalten. »Manon ist eine Heldin, an die ich glaube«, schrieb er 1889 an Giulio Ricordi, »und deshalb wird sie auch unfehlbar die Herzen der Zuhörer erobern«. Dieser unbeirrbare Glaube an seinen Stoff verließ ihn während der dreijährigen Arbeit an der Oper nicht. Wahr ist: er hat bis zu seinem Lebensende immer eine ganz besondere Vorliebe für »Manon Lescaut« gehegt, die in seiner Wertschätzung nur noch von »Madama Butterfly« übertroffen wurde. Ausschlaggebend für diese Bevorzugung war in beiden Fällen der Charakter der Titelheldin. Stimulierend wirkte sicher die Herausforderung durch Massenet, der Prévosts Roman vor ihm vertont hatte. Ob Puccini nicht diesen Wettbewerb mit einem Rivalen

67

geradezu brauchte, um mit höchster Konzentration und schöpferischer Kraftentfaltung an einem neuen Werk arbeiten zu können? War es bei dieser »Manon« die Massenet-Parallele, so trieb ihn bei »La Bohème« das Wissen von Leoncavallos gleicher Stoffwahl, bei »Tosca« kämpfte er mit Franchetti um das Erstrecht des Sardou-Librettos, und »Turandot« war ihm Anlaß, sich mit den früheren Vertonungen seines Lehrers Bazzini und später Busonis zu messen. Man kann den Gedanken noch weiterspinnen. Auch die Broadway-Reißer des Amerikaners David Belasco spornten den Ehrgeiz des Musikdramatikers an, literarisch nicht unbedingt erstklassige Vorlagen in den Schatten zu stellen. Sehr viel Selbstbewußtsein spricht aus dieser Haltung, für die es in der Musikgeschichte wenige Beispiele gibt. Man müßte schon den Gleichmut anführen, mit dem Wagner die Konkurrenz seines Pariser »Holländer« betrachtete.

Zwei Manon-Porträts zweier Musiker romanischer Herkunft führen uns näher ans Thema heran. Jules Massenet, der Franzose, entdeckt die naiv-moralische Liebesgeschichte als süße Romanze. Seine Manon bleibt dem Roman dicht auf der Spur. Das triebhafte, putzsüchtige Mädchen aus der Provinz ist umgeben vom Fluidum zärtlichen Lyrismus. Manon verzehrt sich nicht in die Leidenschaft Violettas, an die wohl Massenet dachte, sie spielt mit ihr. Ein kleiner, begrenzter melodischer Atem ist erfüllt von jenem spezifischen »parfum sonore«, dessen Duft den Hörer betäubt. Das Porträt dieser Manon, Urbild einer willenlos-liebesgierigen Französin, scheint von Fragonard zu sein. Mit reiner Unschuld trägt sie ihre premiers amours, die Augenlider gesenkt, die Lippen vieldeutig lächelnd, ein gedichtetes und komponiertes Rokoko-Geschöpf. Liebe ist hier nicht Feuer, Gefühlsrausch, bleibt zärtliche Hingabe und ein bißchen romantische Illusion. Das erotische Abenteuer, auf das sich diese Provinz-Manon einläßt, wenn sie ihrem Liebhaber nach der Weltstadt Paris folgt, ist so romanisch elegant serviert, wie es vielleicht nur mit der rührend-unschuldvollen Geste dieser Melodien möglich ist. Das großartige Thema mit seinem tief menschlichen Gehalt und sozialkritischen Aspekt, gleich Carmen und später Lulu eine Variante der Liebe als Lebensinhalt, hätte einem Größeren in die Hände fallen sollen, dem Verdi der mittleren Schaffensperiode, der »Traviata«-Zeit. Er hätte den genialen Griff, die Weite des Atems, die Einsicht und seelische Gründe gehabt, um noch einmal im musikdramatischen Bereich zu gestalten, was den Roman als Thema und Durch-

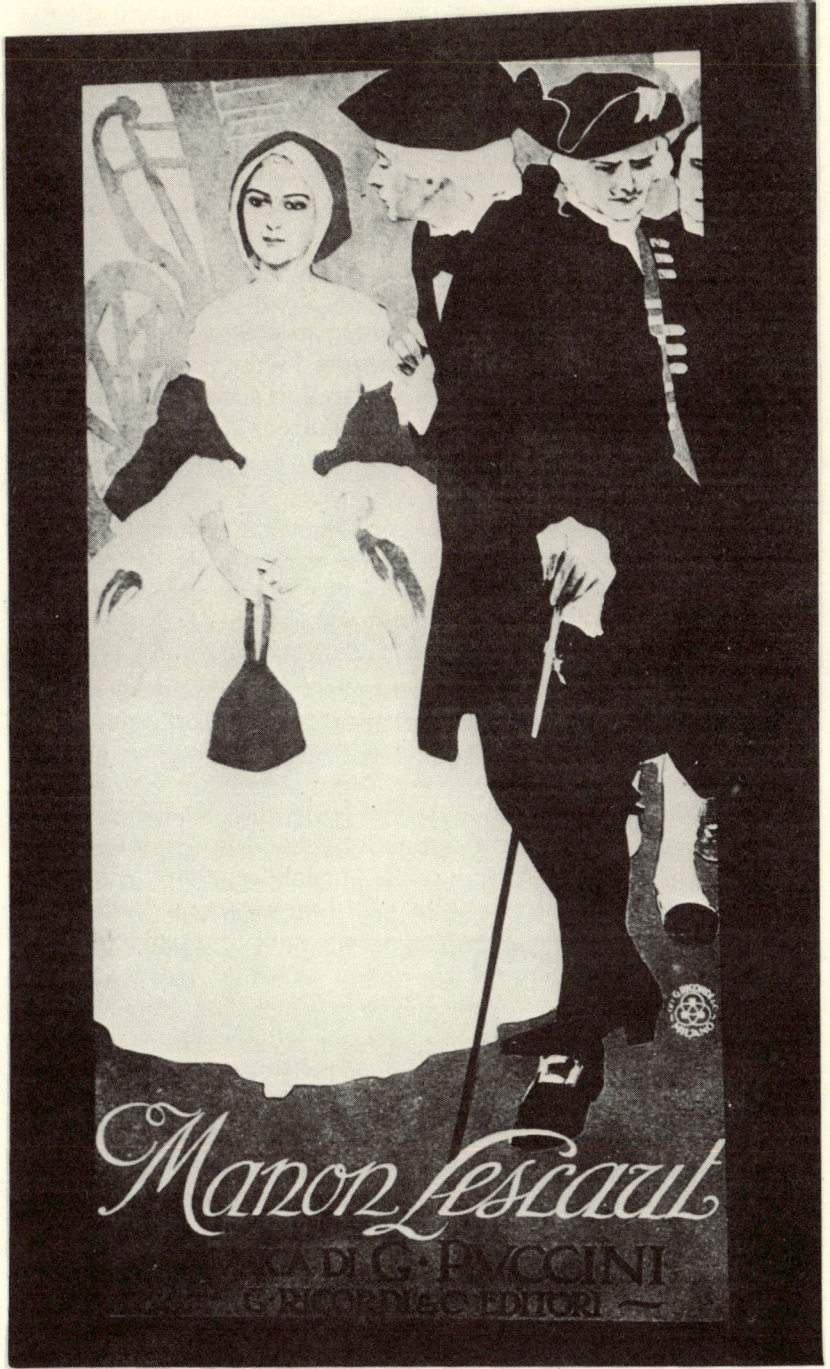

Titelblatt des Klavierauszuges

führung so einzigartig macht. Bei Massenet bleibt die Musik wohl-
klingende Oberfläche, Opernfläche. Dem gegenüber wirkt das
Original trotz des starken Gefühlsgehaltes so herrlich unsen-
timental, weil es die naive, von Moralkomplexen wenig behin-
derte Haltung und Anschauung des galanten 18.Jahrhunderts
(und noch einiges mehr) spiegelt. Soviel zu Massenets bis zum
heutigen Tage als sublimem Zeugnis französischer Opernkultur
geschätzten Manon-Porträt.

Ganz anders Puccini. Auch sein Mädchen Manon kommt aus
dem Kloster in der Nähe von Amiens. Doch sie stammt aus Rom,
ist eine heimliche Diva und schleppt eine Menge Tosca mit sich
herum. Soll man lange herumrätseln, ob das Puccini so wollte
oder ob er nicht anders konnte? Es ist so. Manon ist nicht mehr die
kleine flatterhafte, zerbrechliche Kokotte, die »Sphinx étonnant«
Mussets, an die große lieblose Welt, an Armut, Hunger und Mansarde gebunden. Mit ihrem ersten Auftritt im Posthof des Provinz-
nestes verbreitet sie unverhüllten Drang zum opulenten Leben,
tragisches Ausgeliefertsein als Lebensimpuls. Verhaftung, Ver-
urteilung, Deportation nach Amerika, Flucht und pathetischer
Tod in einer malerischen und wohlklingenden Wüste sind vorpro-
grammiert. Jene Verlogenheit, die so reizvoll war, solange sie Cha-
raktereigenschaft bedeutete, solange sie zum Bild eines zwielichti-
gen weiblichen Wesens der sozialen Umwelt gehörte, hat sich von
der Figur abgelöst und verselbständigt. »Leidenschaft und Verzweiflung« statt »Puderquaste und Menuett«? »Kleopatra im Reif-
rock« (Musset)? Liebende und Leidende? Puccini blickte hinter
die Rokoko-Vorhänge, ohne aber hinter der Fassade die Not zu
entdecken. Manons Galan, der Student Des Grieux wiederum, ist
er nicht vollends des persönlichen Jünglingshauchs, den Massenet für seinen jungen Chevalier noch retten konnte, entkleidet?
Puccinis Held bleibt als singender Charakter merkwürdig blaß.
Wir erfahren nicht, woher er kommt, nichts von seiner Gefühls-
welt, seinem offenbar sehr bewegten Inneren. Ein »Mann ohne
Eigenschaften«! Erster Standardtyp des mit betörenden Kantilenen ausgestatteten, ansonsten profilschwachen Tenorbeaus. Wir
werden ihm noch bei anderen Puccini-Opern begegnen.

Das Milieu von Manons Glanz und Elend, Aufstieg und Fall ist
realistisch gezeichnet. Wir sind Augenzeuge ganz und gar sprung-
hafter, keineswegs nach den Gesetzen logischer Dramaturgie aus-
sortierter Romanepisoden: Provinznest, Salon, Hafen, weniger
scharf die Wüstenödnis. Lokale Fixpunkte statt psychologische
Entwicklung mit veränderten, polierten Charakteren. Tableaux.

Stationen einer ausweglosen Liebe. Um der Individualität des all-
beherrschenden Liebespaares willen, werden hierbei entscheidende Motive an die Peripherie der Vorgänge gedrängt. Die
Affekte zweier füreinander Bestimmter sind von jener Gesellschaft abstrahiert, ohne deren Dialektik der Ablauf der Handlung
kaum denkbar wäre. Diese Manon à la Puccini, die Prévosts leichtlebige Kindfrau durch die Verhaltensweisen der schwerblütigen
Belcanto-Oper zur mittelschweren Operndiva erhebt, gehört de
facto dem »Dramma lirico« an. Das schließt nicht das Kokettieren
mit dem sensiblen Lyrismus einer Mimi, Cio-Cio-San und Liù,
den Umgang mit deren zärtlichen Emotionen aus. Nichts beweist
ihre wahren Gefühle besser als Manons »In quelle trine morbide«
des zweiten Aktes. Töne, Phrasen, Farben, die sich in dieser
Beseelung weit über die Klischeelyrik der Epoche erheben. Hier
hat sich der Puccini zärtlicher Tristesse schon gefunden.

Moderato con moto

In quel-le tri-ne mor-bi-de, nell'al - co va do - ra - ta

Acht Autoren suchen eine Oper... In der Tat ist die Entstehungsgeschichte der »Manon Lescaut« ein Unikum der Musikgeschichte. Ein Autoren-Roman. Wer hätte nicht schon darüber
gelästert! Die Gründe liegen auf der Hand: Puccini wollte bei dieser seiner dritten Oper endlich einmal sichergehen. Wann mag
wohl ein Opernkomponist so hartnäckig mit Stoff und Gestalten
gerungen haben? Zum ersten Mal beschäftigte sich Puccini intensiv mit dem Text, ließ nichts durchgehen. Was früher in seiner
Werkstatt bohèmehaft flüchtig erscheinen mochte, wich unerbitt-
licher Gründlichkeit. Es gab Launen, Eigenwilligkeiten, gewiß.
Autorenfreunde, die sich seiner Sorgen annahmen, wurden vor
den Kopf gestoßen. Menschliche Krisen konnten nicht ausbleiben. Aber es besteht aller Anlaß, Puccinis Streben nach einem
möglichst guten, glaubhaften, realistisch zupackenden Libretto
ernst zu nehmen. Nun, wir wissen: er war an der Abfassung des
Opernbuches wesentlich beteiligt. Er hatte sich für das Roman-
sujet entschieden, nahm die Massenet-Oper zur Kenntnis und
machte im Verlauf der Arbeit nicht unwesentliche praktische Vorschläge: die Studenten-Introduktion, die dem Eintreffen der
Postkutsche mit Manon vorangeht, die galante Szenerie des zweiten Aktes, die aufregende Einschiffung der Dirnen im dritten und,
mit weniger Glück, der Abschied in der Wüste. Er wollte eine

opera comica schreiben, das stimmt wohl. Auf dieser Basis verhandelte er auch im Herbst 1889 mit dem von Ricordi vorgeschlagenen Ruggiero Leoncavallo, der damals nicht nur als Komponist, sondern auch als Librettist angesehen war. Es blieb bei einer flüchtigen Fühlungnahme ohne Folgen. Doch inzwischen weiß man: an eine ausgemachte Buffo-Oper dachte keiner. Gemeint war eine »Comique« in der Fasson der »Carmen«, und das Ergebnis liegt mit der Partitur der »Manon Lescaut« vor. Mit den summa acht Autoren, die sich um Puccinis Oper bemühten, hat es seine Richtigkeit. Nennen wir sie in der Reihenfolge, mit der sie in Aktion traten: der Verleger Ricordi, Leoncavallo, Praga, Oliva, Illica, Giacosa, der Nachzügler Adami, der noch 1922 ein paar Verse hinzufügte, und natürlich – Puccini. Nach Beendigung aller Schwierigkeiten rief man die ansehnliche Truppe der Mitarbeiter in Mailand zusammen, um die Vaterschaft des Librettos festzulegen. Entweder alle oder keiner, sagten sie. Geeinigt hat man sich nie. Die Librettisten der Oper (auch dies ein einmaliges Kuriosum) blieben anonym.

Was war aus dem »Tosca«-Projekt geworden, das im Sommer 1889 so eruptiv in Puccini brodelte und aufstieg? »Ich merke, daß der Wille zu arbeiten ... kräftiger als vorher in mir ist. Ich denke an ›Tosca‹«, heißt es in einem an Ricordi gerichteten Brief. »Ich beschwöre Sie, die nötigen Schritte zu unternehmen, Sardous Einwilligung (zur Bearbeitung) zu bekommen. Wenn wir diese Idee aufgeben müßten, würde das mich überaus schwer treffen... « Daß »Tosca« schließlich doch liegenblieb, spricht nur für »Manon Lescaut«. Er glaubte an sie in dieser Stufe seiner Entwicklung, sah in ihr eine vordringliche Aufgabe. Der literarisch talentierte Bühnenbildner Marco Praga war als erster dazu ausersehen, sich ernstlich mit dem Text zu beschäftigen. Er entwarf ein Szenarium und stellte eine Prosafassung her. Sein anschaulicher Bericht über diese Zusammenarbeit mit Puccini sei hierhergesetzt.

»Es war im Frühjahr oder Herbst des Jahres 1890 (in Mailand). Ich hatte kurz zuvor die ›Moglie ideale‹ aufführen lassen und befand mich eines Abends wie gewöhnlich bei Savini, um ein Spielchen zu machen, als Puccini eintrat, der mich zu sprechen wünschte. Wir verließen zusammen das Lokal und gingen in der Galleria auf und ab. Plötzlich sagte er zu mir, ganz unerwartet:›Du mußt mir ein Textbuch schreiben‹ ... Ich hatte noch niemals ein Libretto verfaßt, hatte auch nie daran gedacht, es zu tun. ›Das macht gar nichts‹, erwiderte der Maestro, ›um so weniger, als du dich um die Wahl des Themas nicht im geringsten zu kümmern brauchst: es handelt sich um ›Manon Lescaut‹. Du hast einen sicheren Bühnenblick. Du verstehst aufzubauen. Wenn du die Verse nicht selbst schreiben magst (ich hatte vorher brüsk erklärt, daß ich mich aufs Versemachen keinesfalls einlassen würde), so wirst du dir selbst einen Mitarbeiter aussuchen, der dein Vertrauen und deinen Beifall genießt‹. ›Was das betrifft‹, antwortete ich, ›ein Dichter ist schnell gefunden.‹ In der Tat hielt ich Domenico Oliva, der gerade damals einen vielgerühmten Band Gedichte veröffentlicht hatte und mein brüderlicher Freund war, für sehr geeignet, und ich schlug ihn Puccini vor, der auch einverstanden war. Bevor wir uns trennten, empfahl er mir, den Roman von Prévost noch einmal zu lesen, mich aber gar nicht mit dem Textbuch von Massenets ›Manon‹ zu beschäftigen, um meine Phantasie nicht festzulegen. Ich sollte so bald als möglich einen Entwurf niederschreiben und mir dabei vor Augen halten, daß es seine Absicht war, eine Opera comica im klassischen Sinn des Wortes zu komponieren.

Es verstrichen nur wenige Tage. Bei einer zweiten Unterredung mit dem Maestro setzte ich ihm mündlich auseinander, wie ich in großen Zügen die Akte einzuteilen gedachte. Begegnung von Des Grieux und Manon. Dann das elende Quartier der beiden Liebenden unter dem Schutz des auf seinen Gewinn bedachten Lescaut, sein schnödes Spiel, seine gemeine Gesinnung, seine zynischen Ratschläge. Dann Manon im Überfluß und Luxus, den Geronte ihr verschafft, das Eindringen des verliebten Edelmannes, Raubversuch und Fluchtpläne, die Überrumpelung, die Gefangennahme. Endlich Wüste und Tod. Puccini war damit überaus zufrieden. Ich schreibe den Entwurf nieder, unterbreite ihn noch einmal Puccini und Giulio Ricordi. Man billigt ihn. Oliva, dem ich gleich zu Anfang davon erzählt hatte, schreibt in Kürze die Verse. Das Libretto ist fertig. Im Sommer – die Familie Ricordi war damals zur Sommerfrische in Canobbio – traf ich dort mit Oliva und Puccini zusammen, und wir hielten Leseprobe . . . In Mailand wird der Vertrag abgeschlossen, und Puccini reist mit seinem oder vielmehr mit unserem Manuskript ab. Die Dinge hätten gar nicht besser stehen können. Aber dieser heitere Frieden sollte nicht lange dauern. Der Maestro war ein paar Monate später mit der Anlage und mit der Einteilung der Akte nicht mehr zufrieden. Es wollte ihm nicht gelingen, sich in das Werk einzufühlen. Er wollte den zweiten Akt streichen, ihn durch den dritten ersetzen, und für den dritten eine dramatisch mitreißende Situation finden. Ich, als gewissenhafter Komödienschreiber, konnte den Übergang nicht recht einsehen, und ich fühlte mich meinerseits nicht bewogen, die Struktur des Librettos zu ändern, und so lehnte ich diesen Auftrag ab, indem ich ihn mit aller Weitherzigkeit gänzlich dem Urteil Olivas anheimstellte. Dieser folgte dem Plan Puccinis. Er arbeitete alles um. Der zweite Akt verschwand. Es entstand der Akt in Le Havre mit dem Aufruf der Dirnen und der Einschiffung. Aber auch diesmal ging nicht alles glatt. Jeden Augenblick verlangte Puccini Änderungen und Umstellungen. Oliva wurde es schließlich müde, er kam zu mir und erklärte, er wolle die Arbeit nicht fortsetzen. Zu diesem Zeitpunkt übernahm, im Auftrag von Ricordi, unter Vermittlung von Giuseppe Giacosa, Luigi Illica unser Werk und führte es zu Ende...«

Das gibt wohl einen Einblick in die komplizierten Verhältnisse, unter denen das Libretto von »Manon Lescaut« Gestalt annahm. Dieser Maestro aus der Toskana war ein schwieriger Herr. Sich mit ihm in praxi einzulassen kostete Nerven. Sicher bedeutete es ein gewagtes Unterfangen, der inzwischen weitverbreiteten Vertonung Massenets eine neue Oper entgegenzustellen. Aber das Rivalitätsverhältnis war ihm nun einmal Ansporn. Immerhin zeigte sich Puccini aus Respekt bemüht, in seinem Werk möglichst solche Szenen und Ereignisse nicht zu wiederholen, die schon in der französischen Oper behandelt worden waren – was für die Librettisten natürlich ganz besondere Probleme aufwarf. Praga und Oliva hatten sich, wie sich zeigte, nicht daran gehalten; und Puccini war enttäuscht. In dem jungen Illica, der später neben Giacosa Mitautor von Puccinis großen Erfolgsopern werden sollte, schien trotz langwieriger Diskussionen endlich der rechte Mann gefunden. Er brachte von den Helfershelfern neben Freund Giacosa und dem unermüdlich beratenden Ricordi (von dem die wichtigen Worte des Seekapitäns des dritten Aktes stammen) bei der durch immer neue Änderungswünsche gefährdeten Kollektivarbeit die größte Geduld auf. Von allen Beteiligten hat er in Konzept und Detail des Librettos das meiste beigesteuert.

Es ging immer noch um den zweiten Akt. Puccini war wieder mal umgefallen, sah schon wieder alles anders, unterbreitete Illica einen neuen Vorschlag, der dann prompt verworfen wurde, hier aber als Streiflicht der ständig wechselnden Werkstatttemperatur zitiert werden soll. Im Frühjahr 1891 schrieb er an Illica: »Ich habe Dir das Manon-Libretto geschickt. Ich habe nochmals darüber nachgedacht und halte immer mehr an der Idee fest, einen neuen zweiten Akt einzubauen. Er müßte ein Bild (Paris, Wohnung Des Grieux) ganz voll Liebe sein, voller Frühling und Jugend. Die Szene in einem Garten, voller bis zum Überdruß blühender Bäumchen, mit einem Boden aus grünen Polstern, Wegen und Bänken... eine Vision von Frische, von übertriebener Blütenpracht. Manon und Des Grieux – glücklich Liebende – in dauernder Zärtlichkeit: sie spielen wie zwei verliebte Kinder. Lescaut ist ihr Deus ex machina, etc. Aber das Finale ist schwierig! Massenet muß um jeden Preis vermieden werden. Hier brauche ich Dich! Hier brauchen wir die Illica-Idee! Keine Entführung, denn sie findet ja beinahe am Ende des ersten Aktes statt... ich weiß wirklich nicht, was man dafür erfinden könnte...«

Der Traum von Frühling und Jugend, so hübsch er sich in diesem Opernspiel dunkler Hoffnungslosigkeit ausnahm, war verflogen. Der Weg verlief schon wieder in eine andere Richtung. Puccinis Mitautoren waren nicht zu beneiden. Jeden Tag eine neue Überraschung. Vor allem war da auch die schlechte Angewohnheit des Maestros, den Librettisten immer wieder mit jenen »versi maccheronica« auf die Nerven zu fallen, die nur eben das metrische Gerüst einer bereits komponierten Partie andeuteten, für die der Text noch ausstand. Puccini hat sich sein ganzes Leben nicht von dieser ziemlich brutalen Methode der nachträglich musikalisch aufzufüllenden Nonsens-Verse getrennt. Eines Tages hatte wohl auch der geduldige Illica davon genug. Januar 1893 klagte er Ricordi sein Leid. »Was Puccini betrifft, so muß ich Ihnen mit der mir eigenen Offenheit mitteilen, daß zwischen uns ... etwas faul ist. Puccini hat sich mir gegenüber in einer Weise betragen, die ich nicht beschreiben will. Er soll nur eine Idee vorschlagen, eine Situation, eine Gestalt ... etwas von dieser spezifischen Sorte, und wir werden ihm ein Libretto schreiben, das – wohlerwogen von Ihnen und von mir – dann vollendet und abgeschlossen vorgelegt wird, und – beim Allmächtigen!!! – Puccini soll es vertonen mit den Worten des Buches, mit den Empfindungen, die diese Worte inspirieren, und den Charakteren, die den Personen dieses Librettos eigen sind ...« Stürmische Zeiten also! Trotzdem glätteten sich die Wogen. Der Maestro war nun einmal so. Schon vier Wochen später saß man gemeinsam über »La Bohème«.

Ob diese vieraktige »Manon«-Version, die unbedingt eine Alternative zu der fünfaktigen Ur-»Manon« sein sollte, nicht über Puccinis Kräfte und Möglichkeiten ging? Oder anders gesagt:

sollte nicht auch er dem Charme des Massenetschen »je ne sais quoi«, dem Flair des typisch Französischen verfallen sein? Wer die Geschichte in ihrem natürlichen Ablauf des Naiven, Preziösen, Affektuösen, Sentimentalen und schließlich Tragischen erleben will, ist von Massenet trefflich bedient. Es fällt schwer, daran zu glauben: das habe auch Puccini übersehen. Ja, es erscheint geradezu unglaubwürdig, anzunehmen, er habe der quasi pointillistischen, sprunghaften Tableau-Dramaturgie seiner Librettisten aus innerer Überzeugung den Vorzug gegeben. Nur: hätte sich Puccini mit dem abgefunden, was ihm Praga und Oliva unterbreiteten, wäre es wohl bei der Massenet-Kopie geblieben. Von deren Fassung waren praktisch die ersten drei Akte mehr oder weniger mit dem Text des älteren Werkes identisch. Auch der Schlußakt ist unverkennbar Massenets fünftem Akt nachgebildet, wenn nun auch nach Nordamerika verlegt. Daß manches in den Text hineinkam, das von der Fabel ablenkt, hat wohl seine Ursache im Bemühen um größtmögliche stoffliche Unabhängigkeit. Dankbar übernahm der Musiker die Anregungen zu einigen Episodenfiguren, dem Perückenmacher, Tanzmeister und Lampenanzünder.

Dürfen wir »Manon Lescaut« als bloßes Zugeständnis an Vorhandenes auffassen? Dies wieder nicht. Das »Dramma lirico«, wie wir es heute als wirkungsvollstes Kind der frühen Puccinischen Opernmuse, als seinen künstlerischen Durchbruch kennen und schätzen, hat eigene Farbe und Wesensart. Aber es ist nicht von empfindlichen dramaturgischen Schwächen freizusprechen, die der Hörer und Zuschauer unschwer bemerkt. Bei aller Buntheit von Milieu und Personnage in zum Teil ungewohnten Stationen zweier Kontinente geht es in den vier Akten einigermaßen kraus und zusammengewürfelt zu. Es knarrt ganz schön im Gebälk von Szenen, Bildern und Akten. Wenigstens wußte Puccini seine Librettisten zu immer neuen Passagen zu veranlassen, die ihm größte musikalische Entfaltungsmöglichkeiten boten.

Frohes Treiben, gemischt mit schwärmerischem Liebessehnen, erfüllt gleich die Exposition, die wie bei Massenet vor der Post in Amiens spielt. Der erste Akt ist mit Ausnahme der höhnischen Reaktion der Studenten aus einem Guß. Für das Finale schuf Puccini nach der Uraufführung noch eine neue, nicht unbedingt auf stärkere Konzentration zielende Variante. Doch nun leistet sich Manons Lebensgeschichte jenen hanebüchenen Sprung, der dem Werk Schaden zufügte. Plötzlich wollte Puccini nichts mehr vom jämmerlichen Haushalt der Liebenden in Paris wissen und ließ das Bild einfach weg. Wie die naive Unschuld Manon im

76

Handumdrehen zur protzigen Maitresse des Geronte im zweiten Akt geworden, erfahren wir ebensowenig, wie sie verbirgt, wie müde sie des geckenhaften Alten längst ist. Wie und warum Manon zur Kurtisane wurde, vernehmen wir erst später und dann nur indirekt.

Zwischen den Akten zwei und drei wird eine weitere klaffende Lücke spürbar, die nur durch ein Orchesterintermezzo überbrückt wird. Daß wir die Einschiffung der deportierten Prostituierten überhaupt sehen müssen, die ihrerseits den dritten Akt im Hafen von Le Havre unerläßlich macht, läßt sich wohl nur mit Puccinis dramatischem Instinkt erklären, seine Heldin in äußerster Erniedrigung zu zeigen. Hätten nicht Demütigung und Tod in einem Akt an Bord des Schiffes zusammengefaßt werden müssen? Denn das Melodram in der zugegeben unwahrscheinlichen »weiten Ebene an der äußersten Grenze von New Orleans« wird ja auch nicht plausibel gemacht. Manon singt nur von ihrer Schönheit, die erneute Katastrophen verursacht hätte. (»Oh, wie verhängnisvoll meine Schönheit, da man mich von ihm reißen wollte.«) Hat vielleicht jemand den Roman Prévosts zur Hand, das Dunkel zu lichten? Lesen wir darin nach: Des Grieux hatte ein Duell mit dem Neffen des französischen Gouverneurs von New Orleans ausgefochten, der Manon nachstellte und im Zweikampf fiel. Hier liegt der Grund für die Flucht des Liebespaars in die nächstgelegene englische Kolonie, die mit dem Tod endet. Massenet fand eine überzeugendere Lösung, Manon und Des Grieux auf dem Wege nach Le Havre, und ersparte sich damit den toplastigen Schlußakt in der Prärie-Einöde. Nach dem Freudenfinale des dritten Aktes nimmt sich der epische vierte der »Manon Lescaut« wie ein tränenschwerer Epilog aus. Aber Puccini wäre nicht Puccini, hätte er sich Manons einsames Sterben entgehen lassen. Hier tritt die Aktion auf der Stelle. Erdrückende Monotonie greift um sich. Welches Handicap für den Musiker! So ganz glücklich scheint auch Puccini mit dem Schlußakt nicht gewesen zu sein, denn noch während der Arbeit an »Turandot« bat er Adami, ihm ein paar zusätzliche Worte in Manons Sterbearie zu verfassen. Im Grunde beginnt das Problem dieses Opernkonzepts schon in der zweiten Hälfte des zweiten Aktes mit seinen fortgesetzten Schmerzens- und Verzweiflungsausbrüchen.

Heute wird niemand mehr behaupten, Puccini habe es sich mit seiner Oper leicht gemacht; zu verwickelt ist die Entstehungsgeschichte des Werkes. Mit dem Verlagsvertrag von Mailand in der

Tasche, zog er sich im Sommer 1890 unter bescheidenen Verhältnissen mit seiner Familie nach dem kleinen Gebirgsdorf Vacallo
bei Chiasso in der italienischen Schweiz zurück, um mit der
Arbeit am ersten Akt zu beginnen. In unmittelbarer Nähe des von
ihm gemieteten Häuschens wohnte damals Leoncavallo, der
Freund und baldige erbitterte Gegner, mit seinem »Pagliacci«
beschäftigt. Später sehen wir Puccini in Lucca, von dem er sich
mehr und mehr löste, in Mailand und zuletzt ab Juli 1891 im mittelalterlichen Torre del Lago in der Toskana. In dem Dörfchen am
See Massaciuccoli bezog der naturliebende Maestro ein einfaches
Domizil im Hause des Venanzio, einem der Wachgebäude des
erzherzoglichen Landhauses. Der Schlußakt wurde vorweggenommen. Als letztes komponierte er den dritten Akt, an dem es
noch einige Mißverständnisse zu klären galt. Oktober 1892 war die
Partitur abgeschlossen. Von den Freunden waren ihm damals
Graf Ottolini und der Maler Pagni, die ihn in Torre aufsuchten,
nahe. Es gibt bei »Manon Lescaut«, was die Entstehung angeht,
verschiedene Widersprüche.

Der kompositorischen Arbeit ging die Beschäftigung mit zwei
Instrumentalwerken, zwei Werken für Streichquartett, voraus, die
ihre Spur in der Oper hinterließen. Am 18. Januar 1890 war Amadeo die Savoia, Herzog von Aosta, gestorben, und Puccini widmete dem von ihm Verehrten eine Elegie »Crisantemi«. Der vier-
minütige lyrisch ausdrucksvolle, trauermusikartige Quartettsatz,
der eine Reihe von Themen der Zwiegesänge zwischen Manon
und Des Grieux bereits andeutet, lag zur Zeit der Entstehung der
Oper bestimmt schon vor. Er wurde in Mailand und Brescia vom
Quartetto Campari mit Erfolg uraufgeführt. 1891 folgten die »Tre
minuetti«, von denen das erste in A-Dur, im Umriß geschärft, mit
den ersten kapriziös-leichten Eröffnungstakten der Opernpartitur
übereinstimmt.

Allegro brillante

Offensichtlich hat sich Puccini bei diesem frohen Beginn mit seinem Kunterbunt von Mädchen, Studenten und allerlei Volk um
einen historischen Farbton bemüht, wie wir ihn bei der Gesell-
schaftsmusik des 18. Jahrhunderts im zweiten Akt dann nochmals
begegnen. Geronte hat eine Sängergruppe, einen Mezzo und kleinen Chor, gewonnen, die Manon ein duftiges Madrigal vorträgt.

(Es entpuppt sich als das Agnus-Dei-Thema der Messa). Ein rokokohaft zierliches Menuett folgt; und Manon beschließt das Divertissement mit dem galanten Liedchen »L'ora, o Tirsi«. Aber Puccini legt dieses historisierende Ambiente der zeitweise in Paris lokalisierten Handlung rasch beiseite. Wir kennen solch schmückendes Zeitkolorit von so manch anderer Oper (»Andrea Chénier«, »Tosca«, »Rosenkavalier«) der nachwagnerschen Epoche.

Kehren wir von Frankreich nach Italien zurück. Denn »Manon Lescaut« ist ein Stück südlicher Oper. Über die aufregenden Geschehnisse, von ihm selber aus dem Roman herausgepickt, hat Puccini eine Fülle schwungvoller Liebesmusik ausgeschüttet, die nur einem Vollblutitaliener zu Gebote stand. »Ich werde (den Stoff) mit der Leidenschaft des Italieners erleben – mit der Leidenschaft der Verzweiflung«, so hatte er sich schon zu Beginn der Komposition gegenüber Praga geäußert. Welch erstaunlich unbeirrbarer Glaube an sein Werk beflügelte ihn! Noch entscheidender aber: die musikalische Struktur läßt allenthalben deutlich werden, wie Puccini gerade hier mit großer Selbstsicherheit am Werke gewesen ist. Formal hat er die Partitur nicht im geringsten weniger sorgfältig durchgearbeitet als die späteren Opern, was häufig bezweifelt wird. Schauplätze und Situationen, wie die großartige Dirnendeportation des dritten Aktes und der ins nichtexistierende »öde hügelige Land« Louisianas verlegte Schlußakt, erweisen sich für den Musiker als glänzende Vorgaben. Dieses einheitlich als riesiges Duett gestaltete Finale mit Manons Sterben, so melodienselig und in Puccinis Œuvre einmalig es ist, bedeutet im Gesamtaufbau der Oper keine dramatische Steigerung. So etwas war in siebzehnminütiger Wüsteneinöde nur von Wagner zu schaffen. Singende Menschen? Typen? Kontraste? Kein Zweifel: diese italienische »Manon« hat noch nicht die Stärke der singenden und handelnden Figuren der Meisterwerke. Puccini vermag noch nicht in Charakteren zu denken, die sich präzis voneinander abheben. Viele der musikdramatischen Spannungsfelder scheinen austauschbar. Was sich zwischen den ausweglos Liebenden staut und potenziert, ebnet Konturen des sonstigen Figurenensembles ein. Dafür entschädigt Puccini durch einzelne, mit leichter Hand hingesetzte Episoden: die Edmondo-Szene des Beginns, die Kartenspielerszene, das Lied des Laternenanzünders. Zu bewundern das prächtige Es-Moll-Ensemble, der »Appello delle prostitute«, eine der eindrucksvollsten Theatervisionen Puccinis, die den Aufbruch der Verbannten in grenzenlosem Liebesglück hochreißt. Diese Szene konnte nur dem Kopf Puccinis entspringen. Sie ist Ergebnis eines zermürbenden Kampfes mit dem halben Dutzend von Mitautoren, ganz und gar sein Eigentum.

»Leidenschaft und Melodie« resümierte Alfredo Colombani im »Corriere della Sera« – und dies angesichts des Non-Hero Des Grieux, der als Liebender schwerlich den Willen zum Handeln hat, ein Mitläufer. Irrtum: dieser mit sich selbst beschäftigte, der Geliebten verfallene Mann hat Puccini zu einer Paraderolle der Tenöre inspiriert. Er gibt ihm in seinen »Herzstücken«, mit wenigen Ausnahmen, eine Kette erotisch aufgeladener Duette mit Manon, eine Aura sinnlicher Wärme. Der Lyriker Puccini entzündet sich, gerät in ein vokales Ausgeliefertsein, das alle ästhetischen Vorbehalte über Bord wirft. Spielt Puccini nicht immer Cello, wenn er seinem blut- und glutvollen Tenor die Hand reicht? Diese Beobachtungen gehören zu den sicheren Erfahrungen der »Manon Lescaut«. Die Oper müßte ohnehin eigentlich »Il cavaliere Renato Des Grieux« heißen. Es gibt kein zweites Puccini-Werk, in dem der Musiker seinen Tenor ein solches Pensum trunkener Schönheit und feuriger Attacke singen läßt, nicht einmal Cavaradossi. Das kann kein Zufall sein. Wenn Carner diese psychische Ekstase, auch die depressive »vision fugitive«, nachdrücklich mit der seelisch-körperlichen Beschaffenheit des toskanischen Maestro erklärt, ja, in Des Grieux eine Selbstprojektion des jungen Puccini erkennen will, so tragen solche Untersuchungen manches zur Aufhellung komplizierter psychologischer Vorgänge bei. Puccini fühlt, identifiziert sich nicht nur mit seinen Helden. Er füllt ihn mit seiner expressiven und allgemeinverständlichen Musik aus. Er saugt die Texte, Liebe, Hingabe, Verzweiflung, Tod, in sich hinein und öffnet ihnen die Paradiese brennender Schönheit. Liegt in dieser typisch italienischen »Manon« die Gefahr eines Schwalls übermächtiger Gefühle? Wohliger Sinnenlust, erotischen Schwulstes? Der Vorwurf ist übertrieben. Denn Puccini ist viel zu gesund, um sich aufs Gleis nur-eruptiver Stimmexplosion zu begeben. Er verkörpert einen sensibel-männlichen Typ mit einem Anflug von Eleganz. Sein Schönheitsparadies hat nichts vom Elitedenken der Wagnerschen »Briefe an eine Putzmacherin«, die so vieles aussprechen.

So uniform ist Des Grieux in seinen Gefühlsäußerungen wieder nicht, wie es nach diesem Exkurs scheinen könnte. Er gibt sich zunächst leichtsinnig. Er wendet sich im ersten Akt einigen Hübschen mit dem »con galanteria« und »con grazia« seines »Tra voi, belle, brune e bionde« zu (1). Aber bereits beim unwiderstehli-

chen »Nell' occhio tuo profondo«, Manon im Angesicht, ist er der
feurige Liebhaber »con tutta passione«. Mit diesem starkempfun-
denen Gedanken schließt triumphal der dritte Akt (2). Der gleiche
Ton sinnlichen Taumels berührt beim einfachen und affektiven,
vom Orchester unterstrichenen »Ah! Manon mi tradisce il tuo
folle pensier« (3). Letztes Beispiel (und man könnte sie um viele
vermehren): jenes in Moll getauchte heiße, zuerst von Baßklarinette, Celli und Bässen angestimmte Largo sostenuto, das dann
den Verzweifelten zur leidenschaftlichen tour de force verführt.
»Guardate, pazzo son«! (4). Hier artikuliert Puccini bereits
Wesentliches seiner Melodiebildung. Das für ihn bezeichnende
Auf-der-Stelle-Treten, bis die Linie sich mit Verve in die Höhe
schwingt. Melancholie und Lethargie, die sich vor dem Erschöp-
fen aufrichten. Sensitives, das sich zum Pathos steigert.

Die andere Erfahrung? Manon wird durch Puccini zur jugendsü-
ßen, gefühlsimpulsiven Diva. Nolens volens gerät sie in den
Gestus einer Tosca oder Minnie hinein, eine Vorläuferin von
Mimi und Cio-Cio-San ist sie nun mal nicht. Eingeführt wird sie
durch eine zweitaktige ungemein genau melodisierte Phrase, die
sich fortan auch leitmotivisch als keimfähig erweist: »Manon Lescaut mi chiamo«.

Das Absinken dieses melodischen Gedankens dürfte für Puccini so charakteristisch sein wie die Kunst des fast gleichaltrigen Mähren Janáček, dem gesprochenen Wort knappe melodische Wendungen abzugewinnen. Die Partnerschaft mit Des Grieux hat musikalische Auswirkungen. Manon, als Typ weniger morbid als direkt, wird zur lyrischen Primadonna, die mithalten will. Die Temperatur steigt. Der verschwenderisch verteilte Belcantoglanz erfaßt auch sie. Darum also: die Nivellierung seiner Figuren, auch Lescauts, Ravoirs, mußte Puccini wohl erst noch verlernen. Im quasi angehängten, ermüdenden Schlußakt kommt es zu Manons süßem Sterben, ohne daß die eindringlichen Töne des »Bohème«-Endes erreicht werden. In der Tat laufen das nur langsam voranschreitende Liebesduett und Manons Verlöschen Gefahr, nach der Ensembledichte des dritten Akts wie eine spannungsarme Antiklimax zu wirken. Ob Puccini das wollte? Übrigens hat er wenigstens den Versuch unternommen, seine Manon, die ihm so gefiel, weil sie eine jener Frauen ist, »die nicht klug, sondern viel zu gut lieben«, als Typ im Ansatz zu profilieren. Abrupt kontrastiert er die beiden Seiten ihres Wesens. Die echte Liebe zu Des Grieux und ihren Hang zum Luxus, der dieser Liebe entgegenwirkt, auf eine knappe Formel gebracht.

Allegretto Moderato

Nie wieder war Puccini so zitatenfreudig. Er bezog Selbstzitate von hier und da, kaum eins seiner frühen instrumentalen und vokalen Werke war vor solcher Behandlung sicher. Warum auch? Es gibt dafür genug klassische Vorbilder. Von Puccinis frühem Material, mit dem er oft nur seine Freunde und Freundinnen beglücken wollte, dürfte so manches Schulaufgabe für Kommendes gewesen sein. An einem originellen Fall wollen wir nicht vorbeigehen. Es handelt sich um die Metamorphose der schlichten Prüfungsarbeit am Mailänder Konservatorium, der im graziösen Zeitgeist erfundenen Lento-Arie »È la notte che mi reca«, zur Appassionata des Opernariosos »Donna non vidi mai« des ersten Aktes.

È la not-te che mi re-ca le sue lar-ve, i suoi ti-mo-ri

Puccini weist hier die Melodie dem Orchester zu, die Singstimmen die melodischen Schwerpunkte modellierend und betonend. Auch dieses Verfahren der Funktionsteilung zwischen Gesangslinie und Orchesterbegleitung mit der expressiven Unterstreichung der tiefen Instrumente, mit den für ihn typischen Oktaven, sollte für seine Opern noch bedeutsam sein. In »Manon Lescaut« bestätigt sich das Verdi-Wort über Puccinis Anfänge als Musikdramatiker: »Er ist ein Meister der Orchestersprache.« Die Instrumentation, wie die Landschaft der Toskana, leuchtend und abwechslungsreich. Finesse, Diskretion, Brillanz der Opéra lyrique Massenets – dies Ziel war zu hochgesteckt. Aber verglichen mit den damaligen Mitstreitern Mascagni und Leoncavallo: welcher Gewinn gegenüber dem harten Zugriff dieser Veristen, der knalligen Emotionen, dem simplem Harfenarpeggio. Daß Puccini mehr als nur einen verstohlenen Blick auf die Partituren Wagners, vor allem des »Tristan« und »Parsifal« geworfen hat, drückt sich in so manchem romantischen, von Wagners bohrender Chromatik berührten Melos aus. Ganz deutlich ist das im großen Duett des zweiten Aktes und in Manons Schluß-Lamento zu vernehmen. Unterschwellig hat der Deutsche auch das Intermezzo beeinflußt, mit dem Puccini über den Riß zwischen den Bildern in Amiens und Paris hinwegzuhelfen sucht. Es zerfällt in zwei Teile: »Das Gefängnis« und »Die Reise nach Le Havre«. Das Tongedicht, dem Puccini eine poetische Erläuterung durch ein Zitat (»Sie allein liebe ich! Und ich folge ihr, wohin sie auch geht... bis ans Ende der Welt«) aus Prévosts Erzählung beifügt, enthält sich jeder Illustration. Bei Licht besehen: wie alle sinfonischen Einlagen des Maestro gehört es nicht zum Besten der Partitur. Daß es außerhalb der Opernpraxis gern gespielt wird, besagt in diesem Falle nichts.

Wohl war Puccini ein großer Wagner-Verehrer, aber ein Wagner-Epigone war er nicht. Er verwendet in seinen Opern die Technik des Leitmotivs, wir werden es bis hin zu »Turandot« verfolgen können. Er arbeitet mit Personalmotiven und auch Stimmungsmotiven. Weder verdichtet er diese Motive nach Wagners Auffassung zu einem engmaschigen leitmotivischen Geflecht – davon kann keine Rede sein. Noch wendet er diese Technik konsequent an. Puccini kultiviert Töne lyrischer Verzauberung, um sie, wenn's sein muß, mit heißem Pulsschlag und dunkler Glut zu steigern. Er ist im Kontinuum romanischer Stimmungsmalerei und arioser südlicher Verführungskraft noch immer ein Suchender, der auf seine Weise unbekümmert mit der Atmosphäre des fin de siècle sympathisiert. Er nützt, plündert die Epoche mit seinem Talent aus.

Was stand dem Triumph der »Manon Lescaut« im Wege? Schon früh hatte sich das Teatro Regio in Turin, das alte, 1936 abgebrannte, den neuen Puccini gesichert. Es waren große Tage der italienischen Oper: an Mailands Scala sollte nur acht Tage später Verdis altersweiser »Falstaff« aus der Taufe gehoben werden. Puccini schien dies wenig zu kümmern, er war seiner Sache sicher. Die Uraufführung am 1. Februar 1893, der durchschlagende Erfolg so kurz vor Verdis Abschied von der Opernbühne, hinterließ eine

Die letzten beiden Meno-Takte des Intermezzos von »Manon Lescaut« sind deutlich von Wagners Götterdämmerung angeregt

84

366

P.R.113

tiefe Spur. »Man ruft, man schreit, man verlangt stürmisch nach Puccini«, schrieb eine Zeitung. Das Publikum war »überwältigt von Rührung«. Ein Kritiker bekannte: »Mit mir hat das ganze Publikum geweint«; und der »Corriere della Sera« fand die stolzen Worte: »Puccini ist ein wahrhaft italienischer Geist.« Das konnte keiner überhören. Dirigent war nicht, wie häufig angenommen, Toscanini. Mit ihm trat Puccini erst später in freundschaftlichen Kontakt. Am Pult der Uraufführung stand Alessandro Pomé. Puccini überwachte die Proben. Nicht alles, auch in der Sängerauswahl, war nach seinem Wunsch. Immerhin war er von der Manon der jungen Cesira Ferrani angetan, der er wenige Jahre später seine erste Mimi übertrug. Etwa dreißig Vorhänge wurden für den Maestro registriert. Der Programmzettel verzeichnete einen einzigen Autorennamen: Puccini, und viele wunderten sich.

Die Bühnen Italiens und des Auslandes griffen rasch zu. In Deutschland hat sich die Oper, mangelhaft übersetzt, nach der Hamburger Erstaufführung Ende des Premierenjahres 1893 verhältnismäßig langsam durchgesetzt, eigentlich erst, als der populäre Puccini schon überall zu Hause war. Bernard Shaw, damals anerkannter Kritiker in London, zeigte sich von Werk und Aufführung in Covent Garden 1894 begeistert. Anfang 1907 gab es für »Manon Lescaut« an New Yorks Metropolitan Opera »nie erlebte Ovationen«. Puccini war bei seiner Schiffsreise mit der »Kaiserin Auguste Viktoria« durch Nebel aufgehalten worden und betrat die Direktionsloge erst nach Beginn der Aufführung. »Sechs Verbeugungen aus der Loge nach dem ersten Akt. Nach dem zweiten zeigte ich mich siebenmal auf der Bühne ... Nach dem vierten wieder laute Zustimmung. Die Cavalieri ganz herrlich, Caruso außergewöhnlich ... « (an Ricordi). Jetzt konnte er sich nach Paris, seinem »vollkommenen Triumph« an der Opéra Comique, vorwagen. Er wurde nicht müde, sein Interesse gerade dieser Oper zuzuwenden. Anfang 1923 wurde an der Scala der 30. Jahrestag der Uraufführung unter Toscanini festlich begangen. Nur wenig später reiste Puccini mit Tonio nach Wien, wo er noch während der letzten Proben in dem »großartigen Opernhaus« gegenüber Ricordi »andere gefühlvolle Worte« für die letzte Manon-Arie vorschlug. Tatsächlich übergab er dem Freund Hinweise für eine »Kritische Neubearbeitung«, die durch den folgenden Neudruck belegt sind. Gab es nicht Zeiten, da sich die Publikumsgunst der beiden »Manons« zugunsten von Massenets Werk zu verschieben schien? Dieser Wettstreit wird gewiß anhalten. Bestimmt wird er nicht von den ästhetischen Forderungen der Experten, sondern vom Gusto des Publikums. An der Scala war »Manon Lescaut« erstaunlicherweise zwanzig Jahre auf Eis gelegt. Aber bei der Zweihundertjahrfeier 1979 verbreitete sie mit dem herrlichen Des Grieux Domingos eitel Glanz. In der Pause standen wir mit Simonetta Puccini, der Enkelin, vor der Puccini-Büste im oberen Foyer.

Poesie der Bohème

Die Liebe der jungen Leute unter »les toits de Paris«, die Poesie des Pariser Künstleralltags hat die Welt verzaubert. Wir blicken in die schäbige Mansarde am Montmartre, tauchen in den Weihnachtstrubel des Café Momus an der Rue Saint-Germain-L'Auxerrois ein, erleben die Armut der Ärmsten der Wintersnacht an der Barrière d'Enfer und kehren fröstelnd in die Mansarde zurück. Der Hunger und die Liebe, die Kälte und der Humor (so bitter er auch sei) gehören zum Dasein des Künstlervölkchens, das sich ein besseres Leben vorgaukelt. Wir haben uns über ein Phänomen zu verständigen: als Puccini »La Bohème« schrieb, hatte er Paris noch nie gesehen. Das ist unumstößlich und nachdenkenswert. Wie konnte er trotzdem den spezifischen Pariser Duft, seine Farbe, die »couleur locale« einfangen? Gewiß, das Milieu war in den Seiten des Romans Murgers vorgegeben, und Puccini hat es mit wachen Sinnen erspürt, musikalisch formuliert. Wer würde ernstlich den Impressionismus der »Bohème« bezweifeln, der dem Verismo genau entgegengesetzt war? Impression, zunächst vorwiegend in der Malerei verwendet, dann aber vor allem durch Debussy in die Musik übernommen, bedeutet eine Kunst, in der nicht der Umriß des konkreten Gegenstandes, sondern die zarte Andeutung, das hingetupfte Kolorit, der leise verklingende Akkord einen bestimmten Eindruck im Betrachter und Hörer erwecken sollen.

Das Paris Puccinis lebt von Farbe und Reiz, von poetischen Stimmungen, Charme, darin sicher der Malerei Manets und Toulouse-Lautrecs nahe. Aber es sind nicht erlebte, es sind aufgelesene Bilder der »Hauptstadt des 19. Jahrhunderts« – ein großer Unterschied. Er zieht die literarische Vorlage in sich hinein und entläßt sie als Phantasien. Er lauscht dem Tonfall und gibt ihn mit voller Subjektivität als sinnlich-geistige Erfahrung wieder. Wie Gebirgsmilieu, Zigeunerromantik, Wahnsinnsszene und manches andere die Typik etlicher italienischer Opern prägen, bietet hier die »Stadt« weit mehr als nur ihren Hintergrund. Sie ist auslösendes Moment der Handlungsweise einer Gruppe Menschen. Nur wenn die Atmosphäre »stimmt«, wird alles plausibel, kann sich aus der Begegnung der kleinen tuberkulösen Stickerin Mimi mit dem schwärmerischen Poeten Rodolfo die Handlung entwikkeln. Von Debussy, eine Puccinische »Bohème« durchaus skeptisch betrachtend, ist der Ausspruch gegenüber Manuel de Falla überkommen: »Ich weiß von keinem, der das Paris jener Zeit so gut beschrieben hätte.« Der Puccini der »Bohème« bewegt sich weder auf den Spuren einer Chronik, noch schreibt er ein Reisefeuilleton. Er erzählt mit seiner Musik (vier Jahre vor Charpentiers »Louise«) eine Pariser Liebesgeschichte und einiges mehr. Intuitiv aus Esprit, Passion und Farbe gemischt, ist seine Oper bis heute wunderbar frisch und immer wieder neu. Sein Meisterwerk.

Was bedeutete Puccini diese Geschichte? Natürlich ist es keine zufällige Textwahl, bei diesem so wesentlich an der Gestaltung seiner Libretti beteiligten Komponisten gleich gar nicht. Es mußte ihn locken, jene überlieferten Figuren der Pariser Künstlerszene Murgers in seiner Oper lebendig werden zu lassen. Er identi-

Bleistiftskizze von Giovanni Boldoni (1898)

fizierte sich mit dieser »frechen Bohème, der Bohème des fröhlichen Elends und der Küsse, geraubt den feuchten und rosigen Mündchen der kleinen, zappelnden Modistinnen, die Umarmungen fliehen und suchen« (Fraccaroli). Wir wissen nur zu gut, wie er dies in seiner Mailänder Konservatoriumszeit genoß. Daß er sich quasi auf den ersten Blick in Mimi, Francine, Musette verliebte, konnte nicht ausbleiben. Nach der schwerblütigen, im Milieu noch wenig genauen »Manon Lescaut« witterte er die große Chance, mit dem lockeren, leichten, schillernden Gestus einer Opéra comique Neuland zu erobern. Vielleicht tauchten wirklich hier und da Bilder der vergangenen Zeit auf. Aber das können nicht die Anstöße zu dieser Oper gewesen sein. Es langt nicht aus, es hat für das Werk und sein Klima höchstens anekdotische Bedeutung. So sehr man die Erinnerungsbilder einkalkulieren muß – es hieße die Phantasiewelt, die sich Puccini hier zauberte, verkleinern. Seine soziale Aufmerksamkeit galt sicher der »vie charmante et vie terrible« der Murger-Welt. Aber sie war primär auf die poetische Fixierung jenes »Fluidums der Liebe« gerichtet, das von den gesellschaftlichen Voraussetzungen zu lösen ist. Seine Abbildung des Bohème-Daseins, die er in der Murger-Zeit der Mitte des Jahrhunderts beläßt, sie aber folgerichtig aus der eigenen bürgerlichen Epoche des ausklingenden Jahrhunderts empfindet und erklärt, zielt auf eine Geschichte des Versagens und der Bewährung menschlich anrührender Beziehungen, auf bittersüße Poesie. Puccini will nicht anklagen. Sein Miterleben armseligen kreatürlichen Erlebens möchte helfen. Ein letztes Mal spricht hier das Fühlen und Denken einer Generation, die sich bürgerlichen Ordnungen nicht einfügen, sie jedoch auch nicht zersprengen will.

Vermutlich gibt es nur wenige Opern solch bunter und bewegter Entstehungsgeschichte. Fraccaroli und Pagni haben darüber, jeder nur aus seiner Sicht, so manches erzählt. Eines Tages, Puccini arbeitete noch an »Manon Lescaut«, hielt er Henry Murgers autobiographischen Roman »Scènes de la vie de Bohème« in den Händen und las ihn in einem Zug. Er ließ ihn nicht mehr los. Möglicherweise war auch der literarisch gebildete Ricordi beteiligt, nachdem er vom großen Interesse seines Verlagskonkurrenten Sonzogno für den Stoff erfuhr. Sonzogno hatte Leoncavallo als Komponisten ausersehen. Da traf es sich, daß Puccini am 9. Februar 1893 von einer »Manon«-Reprise in Turin nach Mailand zur Uraufführung des »Falstaff« zurückkehrend, mit dem Advokaten Carlo Nasi und dem Kritiker Berta das Zugabteil teilte.

Völlig unbefangen erzählte er von dem Murger. »Ich will daraus eine Oper machen.« »Und ich werde die Szenen entwerfen«, bemerkte Nasi. »Und ich werde die Verse schreiben«, fügte Berta hinzu. Dem Maestro ging das doch zu schnell. Er entzog sich rechtzeitig den beiden nicht unbedingt Zuständigen. Dafür übergab er den Opernplan Luigi Illica, der in wenigen Tagen einen ersten Szenenentwurf fertigstellte. Das andere, die Ausführung des Textes, die Verse, sollten Giuseppe Giacosa übertragen werden; nur auf *einen* wollte der Vorsichtige sich nicht verlassen. Giacosa bestätigte den Erhalt des Szenars: »Ich habe es gelesen – alle Achtung. Sie waren imstande, einem meiner Meinung nach entzückenden, jedoch kaum bühnenfähigen Roman eine dramatische Handlung abzugewinnen.« Lobend erging er sich über Illicas »toleranten und behenden Geist«. Die beiden paßten merkwürdig zusammen. Der eine mit unerschöpflicher Phantasie begabt, der andere ein praktisch denkender, versierter Literat. Als Puccini mehr und mehr als unentwegter Besserwisser und ständiges kritisches Gewissen in Erscheinung trat, sprach Ricordi gern mit sanfter Ironie von der »Heiligen Dreieinigkeit« des Autorengespanns.

Nun: so einig waren sie sich wieder nicht. Es gab Mißverständnisse, Krachs und Brüche. Man machte sich bei aller Kameraderie das Leben sauer. »Ich mache nicht mehr mit! Das wenige, das mir von meiner Arbeit von Wert erscheint, sende ich Ihnen und dann gebe ich es auf; ich gestehe, daß ich nicht weiter kann ...«, stöhnte Giacosa gegenüber Ricordi. Ein anderes Mal: »Ich gestehe Ihnen, daß ich es gründlich müde bin, ewig zu ändern, zu retuschieren, zu erweitern, zu korrigieren, fallen zu lassen, wieder aufzunehmen und rechts anzusetzen, um links abzuschneiden. Dieses gepriesene Libretto! Jetzt habe ich es schon dreimal von A bis Z umgearbeitet, einige Stücke vier- oder fünfmal. Ich habe dabei schon soviel Papier für ein paar Szenen verschmiert wie noch für keine meiner dramatischen Arbeiten.« Er sollte noch einige Male die Lust verlieren. Höflich und korrekt, sich selbst alle Schuld an Puccinis Unzufriedenheit beimessend, wollte der Sensible von der Mitarbeit zurücktreten. Aber Ricordi verstand es, ihn immer wieder bei der Stange zu halten.

Wer war Illica? Er wurde 1857 geboren, ein Lyriker, Komödienschreiber und Dramaturg, der bereits die »Manon Lescaut« mitverfaßt hatte, in *einer* Person. Verschiedene Stücke seiner Feder hatten Erfolg. Für Franchetti (»Germania«) und Catalani (»La Wally«) schrieb er brauchbare Opernvorlagen. Auch im täglichen

Umgang war der schlanke und agile Illica ein Feuerkopf: Patriot, Polemiker, ständig auf Liebespfaden. Giacosa, zehn Jahre jünger, war anderer Natur: untersetzt, behäbig, ein mit seinem Los zufriedener Bourgeois gemessener Eleganz. Im literarischen Leben Italiens besaß er Achtung und Stimme. Mit Sarah Bernhardt als gefeierter Aktrice ging er auf Amerikatour. Seine immer ein wenig Ibsen nacheifernden Stücke werden heute noch in Italien gespielt. Puccinis drei große Opernwelterfolge der Jahrhundertwende verdanken mit ihren wirkungssicheren Libretti den beiden viel. »Ist Ihnen nicht auch schon dieser seltsame Drang nach französischen Stoffen aufgefallen, die allgemeinen und nachhaltigen Erfolg hatten«, schrieb 1903 Debussy. Es stimmt: das Thema »Bohème« war auf einmal aktuell. Auch Puccinis Busenfreund Leoncavallo griff Murgers reizvolles Sujet auf, ohne daß es einer von dem anderen wußte. Dichtung und Wahrheit haben sich hier wohl verhängnisvoll verbunden. Das Dunkel über der Leoncavallo-Episode der im Entstehen begriffenen »Bohème« läßt sich kaum noch aufhellen. Zu viel gleichsam ausgesparte Information, zu viel Verdrehung der Tatsachen sind im Spiel. Irgendwann 1893 soll Leoncavallo sein eigenes Szenar, vielleicht sogar ein vollständiges Libretto Puccini angeboten haben, der es aber lustlos ablehnte. In der Puccini-Literatur wird dies kolportiert und gelegentlich mit Fragezeichen versehen. Die zuerst von Marotti und Pagni verbreitete Version, die Puccinis Charakterbild beschädigt, dürfte doch wohl auf einem Irrtum beruhen. Jedenfalls waren beide Musiker sehr überrascht, als sie bei einem zufälligen Treff in einem Mailänder Galleria-Café im März 1893 von dem gemeinsamen Vorhaben erfuhren; auch Leoncavallo hatte sich inzwischen seiner »Bohème« zugewandt. Bei Fraccaroli ist der Dialog der Rivalen sehr amüsant nachzulesen. Puccini: »Ich habe ewig ein gutes Opernbuch gesucht, und jetzt habe ich es gefunden...« Leoncavallo: »Was ist das für ein Sujet?« – »Die ›Bohème‹ nach Murgers Roman... aber was hast du denn?« – »Was? Auch du die ›Bohème‹?! Und wenn ich dir nun mitteile, daß ich auch eine ›Bohème‹ schreibe?« – »Vortrefflich«, erwiderte Puccini rasch. »Das heißt eben, daß es zwei ›Bohème‹ geben wird!« Bis dahin waren die beiden unzertrennliche Freunde, sie schieden als Todfeinde. Erst in späteren Lebensjahren kam es zu einer Versöhnung. Vom Caféhaus gelangte der Streit an die Öffentlichkeit. Am nächsten Morgen wurden die Leser des »Il Secolo« (der Leoncavallos Verleger gehörte) von seinem Projekt unterrichtet. Am 21. März kündigte der »Corriere della Sera« Puccinis Opernplan an. Beide machten weiter. Ricordi mußte nun wohl erfahren, was hier eigentlich gespielt wurde. »Leoncavallo soll seine Oper komponieren, ich meine, das Publikum soll sein Urteil fällen.« So geschah es. Leoncavallos »Bohème« kam fünfzehn Monate nach der Puccinis in Venedig zur Uraufführung und ist heute schon fast vergessen.

Aber: sollte Puccinis »Bohème«-Enthusiasmus nach dem Vorgefallenen nicht doch einen Dämpfer erfahren haben? Im Frühjahr 1894 brach er nach Catania in Sizilien auf und traf hier den Schriftsteller Giovanni Verga, Begründer und Haupt des literarischen Verismo, dessen Erzählungen aus dem sizilianischen Bauernleben Aufsehen erregten. Mascagnis »Cavalleria rusticana« hatte eine von ihnen als Textgrundlage benutzt, wie wir wissen, mit ausgesprochenem Erfolg. Kein Zweifel: Puccini war beeindruckt davon und mitten in der Arbeit an »Bohème« neuen Überlegungen zugänglich. Verga hatte eine andere Erzählung, »La Lupa« (»Die Wölfin«), für die Bühne bearbeitet, Puccini schien sich ernstlich dafür zu interessieren. Er besprach den Plan eingehend mit Verga, studierte Land und Leute, fotografierte einzelne Volkstypen und ihre Trachten, hörte sich Volksmusik an, machte sogar schon einige musikalische Skizzen, derer er sich dann bei der »Bohème« erinnerte. Erste Bedenken, ob er für einen so brutal-erdverbundenen Stoff der Richtige sei, waren trotzdem nicht zu unterdrücken. Heimzu, auf der Schiffsreise von Malta nach Livorno, erzählte er der Gräfin Blandina Gravina, Tochter Hans von Bülows und Frau eines sizilianischen Adligen, von »La Lupa«. Sie überzeugte ihn vollends von der Untauglichkeit des finsteren »Dramas der Wollust und des Verbrechens«. Eine solche Oper würde ihm »nichts als Unglück« bringen. Von nun an war von »La Lupa« nicht mehr die Rede. Nur Ricordi, dem engagierten Mitwisser, war er wohl eine Erklärung schuldig. »Ich muß Ihnen gestehen, daß ich, statt mich für die ›Lupa‹ begeistert zu haben, von tausend Zweifeln überfallen worden bin, die mich zu dem Entschluß gebracht haben, die Entscheidung, ob ich sie komponiere, aufzuschieben, bis das Schauspiel in Szene gegangen ist. Die Gründe sind die ›Dialoghaftigkeit‹ des Textes und die unangenehmen Charaktere, das Fehlen jeglicher lichtvollen, sympathischen Figur, die hervorträte… Ich glaube, damit nicht Ihren Unwillen zu erregen. Einzig die verlorene Zeit bedrückt mich, aber ich werde sie einholen, indem ich mich mit Todesverachtung auf die ›Bohème‹ stürze…«

Im gleichen Jahr 1851, als Charles Louis Bonaparte, Napoleons Neffe, mit Hilfe der Militärs, Bankiers und der Großindustrie durch einen Staatsstreich die republikanische Opposition beseitigte und die Voraussetzung für eine bürgerliche Monarchie in Frankreich schuf, erschien in Paris Murgers Roman »Scènes de la Vie de Bohème«. Er verdankt seine Existenz dem Leben. Murger, der seinem ursprünglichen Namen ein romantisches Mäntelchen umgelegt hatte, war der Sohn eines Pariser Portiers. Er hatte sich in den Kopf gesetzt, ein berühmter Maler zu werden. Was ihm fehlte: wirkliches Talent und ein wenig Geld. Vielleicht gelang es ihm als Schriftsteller weiterzukommen? Er lebte mit seinen Freunden wie ein Bohémien – das heißt: in den Tag hinein, mit den anderen Hunger und Kälte teilend. In den Cafés wurde geschrieben, der Winter in eisigen Mansarden oder überfüllten Armenhäusern verbracht. Das muß man wissen, wenn man die Impressionen dieses Außenseiters französischer Literatur des 19. Jahrhunderts betrachtet. Murger gab sich keinen Illusionen hin: nur selten fand ein Maler, Schriftsteller oder Musiker aus den Hinterhöfen des Montmartre den Weg zum dauernden Erfolg. Die meisten darbten und starben, wie Murger selbst bekannte, »an jener Krankheit, welcher die Wissenschaft ihren wahren Namen nicht zu geben wagt, am Elend«.

Da geschah das langersehnte Wunder. Die Redaktion der Zeitschrift »Le Corsaire Satan« wurde auf Murger aufmerksam, machte ihn zu ihrem Mitarbeiter und riet ihm, seine Erinnerungen aufzuschreiben. Die von März 1845 bis April 1849 in zwangloser Folge erschienenen Feuilletons unter dem Titel »Scènes de la Bohème« sind keine erdichteten Blitzlichter des Pariser Künstleralltags. Mit ihnen hat Murger, wenn auch unter stärkerer Betonung der freundlichen Seiten des Bohème-Daseins, seine Erlebnisse festgehalten. Mehr wollte er nicht, war wohl gar nicht fähig dazu. Er schilderte. Bis Murger die Artikelfolge zu dem uns vertrauten Roman formte, sollten noch zwei Jahre vergehen. Bereits 1849 erschien im Théâtre des Variétés eine erfolgreiche Bühnenversion des Stoffes unter »La Vie de Bohème«. 1851 brachte Murgers Verleger den »wohl freiesten Roman seiner Epoche« in einer umgearbeiteten Fassung heraus. Zu den mit seismographischer Genauigkeit erfaßten Bildern von den Existenzsorgen seiner Jugend traten gewisse gemütvoll-melancholische Züge und eine Portion trockene Ironie. Man braucht sich nur den Romanschluß zu betrachten, er ist typisch für die wohlgefällig-augenzwinkernde Haltung: ein Jahr nach Mimis Tod kommt es zur letzten Begegnung von Rodolphe und Marcel. Nach einigen Scherzworten sagt Marcel:»Alter Freund, mit uns ist es aus. Die Jugend kommt nur einmal.«Rodolphe lädt Marcel zum Essen ein.»Nein danke«, antwortete er,»ich bin bereit, das Vergessene zu betrachten, aber mit einer Flasche guten Weins und einem bequemen Sessel. Was willst du? Ich bin verderbt. Jetzt mag ich nur, was gut ist.« Ob er damit die Kokotte Musette, die gerade geheiratet hatte, meinte?

La Bohème ... Murger holt in seinem Geleitwort weit aus, ein wenig redselig und nicht ohne Widersprüche. Will er sein Buch verteidigen oder beschönigen? Beides mag zutreffen. »Die Bohème ist die Probezeit des Künstlerlebens, das Vorwort zur Académie, zum Ruhmestempel oder Leichenschauhaus.« Eine lange Reihe angeblicher Vorfahren jener Pariser Bohémiens wird von Murger aufgezählt. Seiner Meinung nach wäre schon Homer, wären auch die Minnesänger und fahrenden Spielleute des Mittelalters solche Kunstzigeuner gewesen. Er glaubt sogar Männer der französischen Aufklärung wie Rousseau und d'Alembert dazurechnen zu können. Die Bohémiens des 19. Jahrhunderts dagegen waren nach Murger kein eigener Berufsstand, sondern verkörperten eine Gruppe Menschen, die mehr auf das große Glück von außen wartete, als daß sie sich aus eigener Kraft ins gesellschaftliche Leben ihrer Epoche einschalteten. »Sie leben sozusagen außerhalb der Gesellschaft, geschieden, ›kaltgestellt‹. Es sind so sonderbare Menschen, daß man an ihr Vorhandensein fast nicht glauben möchte. Sie stoßen keinen Schrei und keine Klage aus und erdulden ruhig das unrühmliche, harte Geschick, das sie sich selbst schaffen. Wenn sie nur wollten, könnten viele diesem traurigen Ende entgehen, das ihr Leben zu einem jähen Abschluß bringt und zwar in einem Alter, wo gewöhnlich das Leben erst anfängt...«

Dies alles sieht Murger deutlich. Aber er zieht ebensowenig Folgerungen aus seinen konformistischen Betrachtungen wie seine träumerischen und abwartenden »Helden«. Man kann daran eben nichts ändern. Die einen sterben am Wegrand, die anderen erklimmen mühevoll die Sprossen bürgerlicher Wohlanständigkeit der Salons, der Académie und der Ehrenlegion. Dann treffen sie sich eines Tages und erinnern sich wehmütig lächelnd des »fröhlichen und schrecklichen Lebens«, das sie seinerzeit geführt haben. Murger läßt die vier Freunde schließlich doch die Anerkennung der »Philister« finden, die ihnen ein gesichertes Dasein ermöglicht. Man hat sich mit Hilfe von Mäzenen und einer Erbschaft arrangiert. Gut und schön. Das Dilemma der Gratwanderung der Bohème-Außenseiter bleibt dennoch bestehen. Kann Murger eine akzeptable Alternative dazu anbieten? Oder besser: gibt es für ihn die Erkenntnis einer notwendigen Distanzierung von dieser Spielart bürgerlicher Gesellschaft? Davon ist nicht die Rede. Hier liegt seine Schwäche.

Wir fragen uns: wollte Puccini eine lyrische Oper oder einen vertonten Roman schreiben? Gleich sind wir mittendrin. Den Roman Murgers lesend, wurden ihm die »köstlichen Figuren der Jugend und Liebe«, Mimi, Francine, Musette und wie sie alle heißen, lebendig. Gleichzeitig war ihm das pittoreske Milieu des Romans, das Paris der fünfziger Jahre, nahe. Es erregte seine Sinne, inspirierte ihn. Murger hatte in seinen zuweilen etwas weitschweifigen Skizzen und Impressionen seine eigene Welt künstlerischer Bohème eingefangen, ihre Freuden und ihr Leid, ihre Liebe und Verzweiflung, ihren Mut und ihre Reue. Puccini bleibt dicht am Stoff, nimmt wohl auch von der bereits 1849 gemeinsam von Murger und Théodore Barrière vorgenommenen Dramatisierung einer »Vie de Bohème« Notiz, kostet das Milieu aus, hält es mit den »kleinen Dingen«. Er entdeckt für sich die Poesie, das Rührende, Anrührende dieser Menschenschicksale am Rande der Gesellschaft. Daß alle der gleichen Gruppe junger Leute unter den Dächern und Seine-Brücken von Paris angehören, kann ihm nur recht sein. Junge Leute, die sich lächelnd durch die Krise schlagen, mit der Naivität der Jugend umgehen, Stoizismus mit Leichtsinn verbindend. Aber Mimi, für Puccini die Zentralfigur, wäre doch auszunehmen. Sie ist die einzige, die ihren Lebensanspruch aufgibt. Mit ihrem Tod tritt sie aus dem Kreis und ruft Betroffenheit hervor. In einer kurzen Vorrede faßten die Librettisten die Regeln ihrer gemeinsamen Arbeit zusammen. In der Charakteristik der Personen und in lokalen Einzelheiten sei man Murgers Roman treu geblieben, bei der Gestaltung der dramatischen und komischen Episoden habe man jedoch frei verfügt.

Richtig: streng genommen ist »La Bohème« ein historischer Roman, aus dem einzelne Geschichten geschickt herausgeschnitten wurden. Er spielt lange vor Puccini, gewiß. Es ist die Zeit des »Bürgerkönigs« Louis Philippe nach der Revolution von 1830 und eines in ihrem Schatten gedeihenden, von der gesellschaftlichen Realität abgewandten Künstlerproletariats. Daran ist nicht zu zweifeln: Illica und Giacosa haben sich an Murger gehalten, das gilt auch für viele poetische Wendungen. Selbst das einfache »Che gelida manina« war im Italienischen des Jahrhundertwechsels nicht mehr gebräuchlich. Auch die Moral ist zeitgebunden. Wenn Rodolfo gleich am ersten Abend der Bekanntschaft mit Mimi ins Bett gehen will, so scheint ein solches Motiv der Erzählung Murgers entnommen. Unter Zolas Feder wären die Amouren der schwindsüchtigen Stickerin Mimi eine unerquickliche und deprimierende Moritat geworden. Hier bleiben sie im Dämmerlicht, liebevoll betrachtet, lyrisch koloriert. Was wir beispielsweise vom Künstlertum der vier Bohémiens erfahren, klingt kaum ermutigend. Rodolfo opfert das Original seines dreiaktigen Dramas bedenkenlos dem Ofen. (Bei Murger war es wenigstens eine von mehreren Kopien). Marcellos Gemälde vom »Passieren des Roten Meers« findet als Aushängeschild eines zweifelhaften Lokals Verwendung und so fort. Unsterbliche Kunstwerke dürften es kaum gewesen sein. Welch harmloses Völkchen!

Verklärung! Da sind wir an einem heiklen Punkt Puccinischer Opernästhetik, man soll nicht davor zurückweichen. Puccini nähert sich Murger als Musiker des fin de siècle. Er gibt seiner »Bohème« einen sinnlichen Gefühlston, der vieles mildert, sosehr er bei seiner Liebeserklärung an Paris eine dokumentarisch getreue und poetische Atmosphäre anstrebt. Er hat manches der antibürgerlichen Lebensform der Freunde, ihrer oppositionellen Attitüde, ihrer Skepsis in sich aufgesogen. Das schon. Aber Zeit und Gesellschaft sahen doch wohl anders aus. Entbehrungen erscheinen romantisch abgeschwächt. Hunger und Kälte werden mit schwärmerischem Lyrismus angegangen. Das Elend artikuliert sich so wunderschön. Folgerung: eine überzeugende Identifizierung mit der Entstehungszeit ist nur über die (härtere) Interpretation möglich. Man begegnet ihr heute gar nicht selten. Auf eine nachträgliche soziale Aufwertung der Bohème-Welt glaubt Puccini aus guten Gründen verzichten zu können, braucht sie nicht. Aber auch jeder Versuch, die idyllische Verklärung der Bohème ins 20. Jahrhundert hinüberzuretten, ist seine Sache nicht. Eine wirkungsästhetische Lücke zwischen Murger und Puccini bleibt ohnedies. Sie ist nicht groß, aber sichtbar. Dem Werk hat sie nie geschadet. Denn: ist die sinnlich schöne Komponente der Bohème-Kantilenen nicht gerade dem Ideal einer Puccini-Oper immanent? Wir kommen darauf zurück.

»Die Grundlagen einer Oper sind das Sujet und seine Behandlung«. Hier war ein Biographie-Roman auf nur vier Episoden zu reduzieren – schwer genug, aus dem verwirrenden Neben- und Miteinander der Handlungsmotive, die geeignete Auswahl zu treffen. Die Autoren sprechen von »Scènes«. Doch hat Puccini in

Briefen auch häufig von »Akten« geschrieben. Dramaturgisch gesehen, wäre wohl »Tableaux« das Richtige. Allen Vorstellungen von Oper und Drama zum Trotz: Illica und Giacosa ist mehr als eine flüchtig-halbherzige Textmontage gelungen. In stark gerafften realistischen Bildern passiert viel. Die erste Begegnung Mimi – Rodolfo mit dem zarten Erwachen ihrer Liebe, Arien, Duett, dauert keine zwölf Minuten. Man bedenke, welche Dimensionen das bei Wagner oder Strauss angenommen hätte. Wenn überhaupt, dann ist es bei »La Bohème« verfehlt, von einer bloßen Aufreihung von Musikszenen zu reden. Es mag objektiv stimmen, der subjektive Eindruck ist anders. Das Reihungsprinzip beweist nur die Abneigung gegenüber einem Stocken und Zerdehnen der Handlung. Die ineinandergefügten Bilder ergeben ein Ganzes. Beide Eckakte haben nicht zufällig denselben Schauplatz, beginnen mit ausgelassener Turbulenz und hören ernst auf. Die mittleren Akte spielen im Freien. Gleicht der zweite einem lebhaften, grotesk ausgestellten Scherzo, so ist der dritte ein blutwarmes Andante. Heiter? Tragisch? Beides zugleich? Der Text wirkt, so wie er ist, taufrisch und unterhaltsam. Worte und Reime nicht ohne poetischen Glanz. Man muß sich nur an den italienischen Urtext halten und sich nicht durch schlechte deutsche Übersetzungen die Laune verderben lassen. Die ungestüme, chaotische Liebe von Marcello und Musetta steht in Konflikt zur empfindlicheren, wohl tieferen Zuneigung von Mimi und Rodolfo, obwohl auch sie unter Eifersucht und Hader leiden. Colline und Schaunard sind nicht nur Mitspieler. Sie haben ihre bescheidene Funktion, so wenn der Philosoph seinen geliebten Mantel für die Medizin hergibt. Seine im schleppenden Tonfall vorgetragene Abschiedsarie »Vecchia zimarra, senti« hat Puccini nachgetragen. Dagegen erwies sich ein Trinklied des Musikers Schaunard im Schlußakt als überflüssig. Es hielt nur auf und wurde wieder aufgegeben. Übrigens verdankt er seinen Namen einem regelrechten Druckfehler, da er in der Murger-Ausgabe noch Schannard hieß.

Eine Beobachtung: Puccinis Opern, besonders an »La Bohème« abzulesen, zeugen von der Unfähigkeit, in Prozessen zu denken. Seine Bühnenwerke verharren mit wenigen Ausnahmen, von denen »Turandot« die gravierendste ist, in Zuständen. Nichts stößt nach vorn, benennt Zukunft, jede Erscheinung ist von relativ kurzer Dauer, im Moment fixiert. Alles ist vorläufig. Offenbar war ihm die Wirklichkeit, darin Brecht vergleichbar, nicht anders begreifbar. Mimi stirbt ihren süßen Liebestod, sicher von Violettas ergreifender Sterbeszene beeinflußt. Doch eigentlich ohne

Vorbild, denn Violettas glänzender Lebensweg bis zum Verhauchen verläuft ungleich wechselvoller. Puccinis Zeitempfinden beläßt es beim Mitleiden mit Mimi. Er hat nichts mehr hinzuzufügen. Er ist am Ende. Jetzt bei Mimis stillem Hinübergehen müssen wir erschrocken die Ausweglosigkeit der Situation erkennen. Puccini formuliert diesen Schluß als melancholische Frage. Zurück bleibt Resignation, Qual, Hoffnungslosigkeit. Immerhin hat er für sein depressives Opern-Bilderbuch einen Zustand gefunden, der sich als feste Klammer solcher Bestürzung bewährt: den klirrenden Frost des Pariser Winters. Die ersten beiden Akte spielen am Weihnachtsabend in den schneebedeckten Häusern, im dritten, einem Februarmorgen, schneit es, und im letzten verlangt die vor Kälte zitternde Schwerkranke nach einem Muff.

Was Puccini intuitiv zu dieser Oper hinzog, war das Mädchen Mimi. Schon Murger hat sie mit erstaunlich zärtlichen Strichen gezeichnet:»Mimi war ein entzückendes Geschöpf... Sie war 22 Jahre alt, klein, zart. Ihr Angesicht war die Skizze zu einem aristokratischen Bildnis, ihre Züge von außerordentlicher Feinheit und vom Glanz ihrer Augen sanft erhellt... Das Blut der Jugend strömte warm und rasch durch die Adern und verlieh ein zartes Rot ihrer durchsichtigen Haut, die den samtartigen Schmelz einer weißen Kamelie hatte...«(Kamelie? Wer hat hier an den anderen gedacht: Murger an Dumas oder Dumas an Murger?) Als sich Puccini von »La Lupa« trennte, bemängelte er das Fehlen einer »lichtvollen, sympathischen Figur«, einer »leuchtenden Hauptperson«. Nun hat er sie entdeckt. In Mimi kulminiert die Poesie, die er suchte. Ihre »càrica umana«, ihr Bedürfnis nach menschlichem Kontakt, nach Liebe in der Mansarde, entzündet das flackernde Flämmchen Eros. Zwei Menschen finden sich. Käme ihr nicht das Versteckspiel mit dem verlorenen Schlüssel zu Hilfe, sie wäre sicher einsam und unglücklich in ihre Stube zurückgekehrt. Aber Mimi hüstelt, ist schwer krank. Das Leben gewährt ihr nur eine kleine Frist. Was hebt ihr Schicksal aus ähnlich gelagerten Existenzen heraus? Daß sie stirbt, zu früh an Schwindsucht? Nein, das ist nur traurig. Tragisch ist: sie muß die Welt gerade in dem Augenblick verlassen, da ein bißchen Glück ihr kärgliches Dasein erhellt. Sie muß zerbrechen, weil sie in ihrer Lebensgier etwas erhofft, was nicht in Erfüllung gehen kann.

Puccini windet um die Sterbende einen Lichtkreis erotischer Zärtlichkeit.»Ich will die Welt zum Weinen bringen«. Wie Murger und Barrière in ihrem Schauspiel, verschmilzt er zwei Frauenfiguren des Romans, Mimi und Francine, zu einer einzigen. Einmal ist es die grazile, leichtlebige, tuberkulöse Blumenmacherin Ludille Louvet, die sich Mimi nennt und 1848 tatsächlich in ärmlichen Verhältnissen in Paris starb. Zum anderen die grisettenhafte Stickerin Francine als eigentliches Vorbild der Puccinischen Mimi. Weitgehend der Vorlage entspricht der Dichter Rodolfo. Nur eben: begnügt er sich wie Des Grieux, ein passiver Liebhaber zu sein? Oder wird er, von Schuldgefühl gepackt, Mimis mitempfindender Partner, ein in ihre Einflußsphäre gezogener Charakter? Es wird von Puccini nicht klar beantwortet. Am ehesten, wenn er beim Tod des geliebten Mädchens, zu spät freilich, sein Versagen in einem flüchtigen und leichtsinnigen Bohème-Leben begreift. Musette, von der Murger meint, es habe ihr weniger an Koketterie als an Orthographie gefehlt, wird von Puccini liebevoll vorgezeigt. Eine Kokotte der Bouffe parisien, die bürgerliche Moral verlachend und gutmütig zugleich. Sie hat in der Oper ihren von Puccini genau bestimmten Platz, nicht nur im Momus-Bild, auch im Schlußakt. Die übrigen drei Bohème-Kumpel bringen Leben in die Mansarde, vom Humorvoll-Schlendernden ihres Lebenswandels geprägt. Die ganz am Rande bleiben, hat Puccini nicht weniger liebenswürdig gesehen: den kauzigen, um seine Miete bangenden Hauswirt, Musettas ältlichen Galan Alcindor, den Spielzeugverkäufer Parpignol.

Wieso ein so stimmungsvolles, kontrastreiches, leicht überschaubares Libretto den Beteiligten solche Probleme aufbürdete? Lag es nur an der Materialfülle, die es aus dem Roman herauszuschälen galt? Bereitete das Ziel einer engen Verbindung kecken Bohème-Übermuts und erschütternder Tragik, »blitzender Freude und träumender Wehmut« Schwierigkeiten? Jedenfalls zogen sich die Arbeiten an der Oper länger hin. Mehr als zwei Jahre dauerten die gemeinsamen Mühen Illicas, Giacosas und Puccinis (vielleicht kann man sogar Ricordi hinzunehmen) um das Libretto. Gerade acht Monate blieben Puccini für die Vertonung. Aber so genau läßt sich das bei »La Bohème« nicht begrenzen. Schon an Hand des Szenars und kleiner Textlieferungen beschäftigte er sich seit Februar 1893 mit der Musik, ließ sich Melodien einfallen. Wir werden noch öfter sehen, wie er aus der bloßen Stimmung heraus, ohne vorgegebene Worte die Musik einer Oper zu entwerfen wußte. Aber auch: unerschütterlich und unbeirrbar gab er sich mit dem Vorgelegten nie zufrieden, reagierte mit immer neuen Einwänden, neuen Vorschlägen. Kürze des Geschehens, Spannung, keinerlei psychologischer Ballast! Es war meist

Ricordi, der, fest an das Projekt glaubend, die gereizten und überforderten Librettisten immer wieder zu Geduld und Disziplin aufrief. Vor allem im Falle des überempfindlichen Giacosa war das nicht leicht.

Kaum je war Puccini so in eine Arbeit versunken wie in diesen zwei Jahren seines vorläufigen Refugiums in Torre del Lago. Aber als zeitweises Ausweichquartier diente ihm seit Juni 1895 daneben das toskanische Prescia unweit von Montecatini: eine Sommer- »Residenz« mit einer Flucht von Zimmern, um seine Oper möglichst »ungestört« beenden zu können. Seit er »La Lupa« aufgegeben und seit eine mögliche Verbindung mit d'Annunzio ohne praktisches Ergebnis geblieben war, gab es für ihn nur noch: »La Bohème«. Inzwischen sechsunddreißig Jahre alt, brannte er darauf, in dieser Phase seiner Entwicklung etwas Besonderes zustande zu bringen. Er fühlte sich psychisch und physisch der Aufgabe gewachsen. Auch privat war es eine glückliche, sorgenlose Zeit. Freunde, zu denen von Anfang an Ottoloni und Pagni gehörten, kamen und gingen. Ein Bohème-Club mit dem Namen der neuen Oper und ausgefallenen Satzungen wurde gegründet. Er tagte und nächtigte in einer baufälligen, von ihrem Besitzer verlassenen Schenke am See und oft auch im eigenen Haus. Manche Quellen können sich nicht genug tun mit Schilderungen, wie sich der Maestro in diesem feuchtfröhlichen Kreise wohlfühlte und offenbar ungestört an seiner Oper weiterschrieb. Das mag vorgekommen sein, war aber kaum die Regel. Auf Reisen wurde verzichtet – bis auf einen Sprung zur Wiener Premiere der »Manon Lescaut« Juni 1894 und kurze Zeit danach die Begegnung mit Verga in Sizilien. Reich fließende Tantièmen seiner Opern enthoben ihn materieller Sorgen. Noch hatte er eine Stadtwohnung in Mailand, wo er sich häufig aufhielt. Damals konnte er sich einen Lieblingswunsch erfüllen: er erwarb das Geburtshaus in Lucca.

Die Schwergeburt des Librettos, zunächst von Illica in drei Akte aufgeteilt, begann wohl Herbst 1892. Die ersten beiden Akte waren noch als zwei Szenen eines Aktes gedacht, das Quartier Latin nach Illicas Vorstellung an erster Stelle, dann die Mansarde. Zwischen Akt zwei und drei gab es nach der neuen vieraktigen Disposition einen weiteren Akt, den Puccini sogleich als Wiederholung des Momus-Bildes reklamierte: ein flottes Künstlerfest im Hause Musettas. Das war also erstmal erledigt. Kaum ein Verlust. Puccini bestand darauf, den ersten Akt mit der Mansarde zu beginnen, Momus anschließend. Dezember 1893 hatte es den Anschein, als wäre nun auch er mit der Fassung des Quartier Latin

Die drei Autoren der »Bohème«: Puccini, Giuseppe Giacosa und Luigi Illica

und der Barrière d'Enfer einverstanden. Mitnichten. Die Nörgelei ging weiter. »Der zweite Akt – die Barrière – sagt mir wenig oder vielmehr gar nicht zu. Dieser ganze Krimskrams und diese Episoden, die nichts mit dem Drama zu tun haben, langweilen mich. Man müßte ein anderes und wirkungsvolleres Bild finden, sei es dramatisch oder komisch...« Ein anderes Mal, gleichfalls an Ricordi: »Ich soll mit geschlossenen Augen das Evangelium Illicas annehmen? Ich habe jetzt eine Vorstellung von ›Bohème‹, aber mit dem Quartier Latin, wie ich es das letzte Mal sagte...Mit der Szene der Musetta, die ich erfunden habe. Auch den Tod will ich so haben, wie ich ihn mir gedacht habe. Was den Akt an der Barrière betrifft, bin ich unverändert der Ansicht, daß er mir nicht gefällt. Ich finde, die Musik spielt eine zu geringe Rolle: Nur die Komödie läuft weiter, aber das ist nicht genug. Ich hätte mir einige opernhafte Momente mehr gewünscht... Illica soll sich beruhigen, und wir werden wieder an die Arbeit gehen. Aber ich will auch ein Wort mitzureden haben, wo es nötig ist und will von niemandem abhängig sein.«

Jetzt war Illica an der Reihe, verschnupft zu sein. August 1894 lieferte er das überarbeitete vieraktige Buch Ricordi ab, dem ein Stein vom Herzen fiel. Puccini schien vorerst befriedigt. »Nun habe ich hier den Originaltext und wie! Der letzte Akt ist sehr schön. Das Quartier Latin auch, aber sehr kompliziert. Ich habe den Seiltänzer streichen lassen. Man wird aber noch anderes Unnütze entfernen müssen... Was besonders reduziert werden muß, und zwar heftig, ist der dritte Akt – die Barrière...Das ist der schwache Akt, denke ich. Aber derjenige, der mir am besten gelungen scheint, ist der letzte. Der Tod und all das, was ihm vorausgeht, ist wahrhaft rührend...« Noch war nicht das letzte Wort gesprochen, aufs kleinste Detail kam es an. Einmal faßte Puccini seine Wünsche gegenüber dem Versschmied Giacosa sogar in Reimen zusammen. Das streifte das Banale. Die für Puccini typische Selbstironie kam erst später hinzu.

Denk des Aktes Nummer vier,
denn ich will rasch weg von hier.
Such und find, stell um ein wenig,
sei der Librettisten König.
Denkst du auch im Szenenlauf
Höhepunkte zuzuspitzen?
Wenn wir vor dem Ganzen sitzen,
atmen wir erleichtert auf!
Für das Sterben von Mimi
hast du nur eine Idee
und mit den vier Do Re Mi –
sticht die Barke dann in See!

Die Librettisten haben den Akt praktisch viermal konzipiert. Puccini wollte Mimi schon am Anfang des Aktes auf der Bühne haben, und Rodolfo sollte an einem Tisch schreiben. Dem Tenor

103

fehle übrigens die große Arie, wie sie Mimi habe: sein »Che gelida manina« wurde also noch dem ersten Akt eingefügt, als die Oper zum Großteil schon fertig vorlag. Das Liebespaar sollte im Schlußakt nicht bei offener Szene auseinandergehen – beinahe wären wir um Mimis Abschied gekommen. Ihn ließ sich Puccini als Einziges der Oper immer wieder vorspielen, ein Stück von ihm. Nein, Mimi durfte nicht allein sterben. Sie sollte sich in der Nähe des Todes dem Geliebten und den Freunden zuwenden, ohne Ariengefälligkeit ihr Leben aushauchen. »Mehr Gefühl für Mimi!« Schließlich konkret an Ricordi: »Sie haben sicher auf Ihrem Schreibtisch eine Kopie des vierten Aktes. Tun Sie mir den Gefallen, ihn aufzuschlagen und einen Blick auf die Stelle zu werfen, wo Mimi den Muff bekommt. Scheint es Ihnen nicht auch, daß dieser Augenblick des Todes etwas armselig ist? Zwei Worte mehr, ein liebevolles Hinneigen zu Rodolfo würde genügen. Es mag eine Spitzfindigkeit von mir sein, aber in dem Augenblick da dieses Mädchen, das mich so viel Mühe gekostet hat, stirbt, würde ich wünschen, daß es nicht gar so egoistisch aus der Welt geht, daß es ein bißchen dessen gedenkt, der ihr so herzlich zugetan war.« Diese Worte bedeuten viel. Mimi sollte ein Mensch unter Menschen sein. Kein Engel, sondern der Welt zugehörig. Am Ende ihres Elendslebens ein Lichtstrahl reiner menschlicher Empfindungen. Ungewöhnlich viel wurde hier verworfen, wieder hervorgeholt. »Als die ›Bohème‹ erschien, blieben uns im Koffer andere zehn ›Bohèmes‹ übrig«, klagte später Illica.

Wir sind heute kaum imstande, den Mut, die Konsequenz, die Erfindungskraft genügend zu bewundern, die Puccini an Schöpfung und Bildung der musikalischen Sprache seiner neuen Oper gewandt hat. Nie hat er kleine Menschenschicksale in zartere, poetischere Töne und Farben gekleidet. »La Bohème«, bis zum Rande von Lebensglut des Toskaners erfüllt, ist gleichwohl ein Stück Impressionismus. Gewiß: der Griff nach der blanken melodischen Ausdruckskraft, mit wenigen Takten Figuren umreißend und Situationen erhellend, ist vom energischen, hohlen, dem Capriccio sinfonico entnommenen »Bohème«-Motiv des ersten Aktes bis zum leise versterbenden cis-Moll-Akkord des Finales evident. Melodien, die von Massenets »phrase décadente« herkommen, von starker Sensibilität und Schwermut, unterbrochen von jener ganz und gar spontan entworfenen Quadrille der vier Bohémiens und dem flirrenden Boulevardtreiben vor dem Café Momus. Wie all diese Sphären zu poetischem Leben erwachen, ist meisterlich. Mit scheinbar kühler Berechnung inszeniert Puccini den Effekt des Zart-Verwehenden im Umkreis Mimis wie den Kontrast des Leichten, Leichtsinnigen, Übermütigen der Bohémiens. Daß sich beides völlig organisch bindet, läßt erstaunen. In »La Bohème« hat der Musiker den Dramatiker, in jeder musikdramatischen Nuance seiner sicher, eingeholt. Das Milieu wird nun nicht mehr allein von Text und Programmheft vermerkt, es lebt in der Partitur. Wir sind in Paris; und die Phantasie gibt den Impressionen die Wahrheit realistischer Gestaltung.

Dies vorweggenommen, wenden wir uns dem Neuen in »La Bohème« zu. Es ist der von Puccini untrüglich sicher erreichte Wechsel zwischen geschmeidiger Sanglichkeit und Konversation, zwischen Kammermusik der intimen Szenen und kräftiger Prägung der Ensembles. So sehr die Musik in Zartheit und Liebreiz dem Ohr des Hörers schmeichelt, so keck geht sie in den die Handlung vorantreibenden Spielszenen mit dem flüssigen Parlando um. Ein Muster dieses flexiblen Vokalstils ist Mimis Erzählung im ersten Akt. Wenigstens am Verlauf der Gesangsstimme sei der spezifische Zauber dieser Arietta, ein wahres Dichten in Tönen, dokumentiert.

105

Was ist hier geschehen? Puccini will Mimi keine konventionelle Arie in den Mund legen. Er läßt sie erzählen. Wegen ihrer unscheinbaren Lebensführung, ihren Alltagspflichten ein wenig verlegen, stammelt sie zunächst in fast zusammenhanglosen Phrasen:

Ja. Sie nennen mich Mimi,
einst hieß ich Lucia.
Meine Geschichte ist kurz,
auf Leinen oder auf Seide
sticke ich zu Hause oder auswärts.
Still und heiteren Wesens.,

Ihr Bericht wird fließender und gewinnt an Emphase, als sie näher auf ihre Verrichtung zu sprechen kommt. Nun geht sie auch auf Rodolfo und seine Arbeit ein:

Am liebsten sticke ich Lilien und Rosen.
Dann wird die Arbeit Entzücken,
wecket wonnige Triebe,
erzählt mir hold von Lenz und Liebe.
So wieg' ich mich in Träumen und Schimären.
Poesie nennt man's...
Sie verstehen mich?

Broterwerb, Frühling, Träume, Poesie, Liebe, Mimis kleine Welt. Mit diesem minutiösen Figurenaquarell tritt sie lebensnah vor uns hin. Das Mädchen, vom Steigen der steilen dunklen Treppe außer Atem, hüstelnd, bittet den in der Mansarde zurückgebliebenen Rodolfo um Feuer für ihre verloschene Kerze. Hände, die sich im Dunklen finden, das Spiel mit dem Schlüssel, das Aufflackern zärtlicher Liebe, all dies fast schon in der Nähe kleinlicher Kolportage. Es schadet nichts. Die Musik fügt das Entscheidende hinzu. Zu uns spricht eine Schmerzlichkeit des Eros, die demütige Gefühle zu klingendem Leben erweckt. Im Mimi-Porträt dieser

Arietta kombiniert Puccini leichtes melodiöses Parlando mit expressiven Momenten. Melodische Linien frei von jeder Periodizität und schematischer Ordnung, frei von nur-ariosen Absichten schweben im Raum. Mit kurzen, aus der Sprache gewonnenen Melodiefloskeln und fliegenden Achteln zuhauf entsteht ein bezauberndes Dialogisieren zwischen Singstimme und Orchester. Von hier aus hat Puccini den subtil-eleganten Stil seiner »Bohème« entwickelt.

Mimi ist umgeben von Süße, die Einfachheit ist. Das »Si. Mi chiamano Mimi« könnte nicht schlichter und anmutiger anheben. Wenn sie die melodische Phrase »molto e espressivo« wie ein Echo wiederholt, so webt die Musik eine poetische Atmosphäre unvergleichlichen Zaubers um sie. Dagegen wird das »Ma quando vien lo sgelo« der Erzählung schon von heftigeren Gefühlsregungen bewegt. Welch duftiger lyrischer Konversationston mit immer neuen Verflüssigungen des Motivischen! Hier ist Puccini dem quecksilbrigen Gestus und hurtigen cicallecio des Verdischen »Falstaff« nahe. Mimi auf Jungfer Nanettas Spuren! Aber sonst gibt es wahrlich keinen größeren Gegensatz als zwischen einer Verdi-Arie und dem geschlossenen Gebilde einer Puccini-Kantilene.

Warum? Zunächst einmal: Verdis Arien und Duette sind fast immer Aktionen, treiben die Handlung mit verhaltener oder dramatisch pulsierender Emotion voran. Puccini hält bei seinen lyrisch-expressiven Ausbrüchen, ob man sie nun als Arie ansehen will oder nicht, inne. Er schafft Ruhepunkte. Er setzt, »affettuosamente« oder »con grande passione«, auf Schönheit und Wirksamkeit seiner melodischen Phrasen. »Ich will, daß gesungen, daß so viel wie möglich › melodisiert‹ wird!« Nicht nur das: Verdis Arienverlauf mit seinem klarem Umriß ist im Empfindsamen wie Dramatischen, mit Ausnahme der Spätwerke, einer festen rhythmischen Struktur unterworfen. Unnachgiebige Rhythmen, zuckend, gemeißelt oder auch nur monotone Symmetrien, die alles zusammenhalten und überschaubar machen. Erst straffste Zügel (in der Form) können mitreißende Kraft (in der Musik, der Melodie) geben. Puccinis Lyrik hat ihre eigene Phantasie der Phrasierung, ihre eigenen Schwerpunkte, ihren eigenen Drive. Sie fließt von einer melodischen Überraschung zur nächsten, schwärmt aus, das Ende ist nicht abzusehen. Der Reiz seiner »unendlichen Melodie«, die nichts mit Wagner zu tun hat, seiner »Poesie in Prosa« liegt gerade darin, wie sie uns der Musiker als schöpferischen Vorgang miterleben läßt. Dabei könnte man bei Mimis

Stammbucheintragung Puccinis (1916)

Bericht durchaus von der Form eines freien Rondos sprechen – eines nur scheinimprovisierten Verlaufs. Der rhythmische Aspekt, die periodische Ordnung sind daran am wenigsten interessant, oft beinahe amorph. Sie treten oft genug gar nicht ins Bewußtsein des Hörers. Wenn Mimi ihre Arietta mit dem reizenden »Altro di me non saprei narrare« gleich einer beiläufig geträllerten Vignette mit halber Stimme quasi austropfen läßt, bedeutet das für Puccini eine charakteristische Nuance. Schönheit und Reinheit dieser Musikszene sind in Puccinis Opern ohne Vergleich. Da bittet man ihm alle Zweifel ab.

Immerhin ist Rodolfo ein romantisch phantasievoller Poet. Im Gegensatz zum Prototyp Mimi, der in Puccinis Œuvre unwiederholbar bleiben sollte, verkörpert er den allgemeinen Typ des Primo tenore. So zart und rührend Puccini mit seinen Frauengestalten umgeht, mit Vorliebe sozial Niedrigen, Liebesbedürftigen, Gefallenen, so sehr tendiert er bei seinen tenoralen Amorosi zu einer individuell weniger ausgeprägten Italianità. Ob Des Grieux, Rodolfo, Cavaradossi, Pinkerton, Johnson, Calaf – ihre musikalische Charakteristik läuft auf schwärmerisches Liebessehnen, Verstrickung, Leidenschaft hinaus. Ihre Arien sind auswechselbar. Einmal im Liebessog einer Frau, entledigen sie sich ihrer Amouren in einer Haltung süchtiger Hingabe. Puccini stellt schon nach wenigen Takten Rodolfo in der Mansarde mit seinem »Nei cieli bigi« vor, das Künstlermilieu mit einem frei und leichtsinnig sich aufschwingenden Gedanken zeichnend. Er wird zum Leitmotiv von Jugend und Liebe.

108

Puccini hat es neben anderem seinen »Lupa«-Skizzen entnommen. Nur welche Verschiedenheit der szenischen Situation! War dort die Melodie dem strahlenden sizilianischen Himmel und dem friedlich rauchenden Ätna zugeordnet, so gilt sie jetzt dem grauen Dezemberhimmel und den qualmenden Schornsteinen von Paris. Ein kleiner Unterschied. Aber für Puccini ist dies nichts Neues. Es macht ihm nichts aus, die an eine bestimmte musikalische Phrase gebundene Stimmung zu ignorieren und für eine völlig andere zu benutzen. Nicht nur er macht sich darüber keine Gedanken, auch der Hörer nicht. Wir müssen auf Rodolfos Arie, mit der er sich Mimi vorstellt, warten, bis Puccini seinem Helden eine große lyrische Entfaltung gönnt. »Che gelida manina« hebt dolcissimo an

und erklimmt mit Feuer das »Talor dal mio forziere ruban tutti i gioielli«. Noch einmal erfaßt Rodolfo eine ähnliche Gefühlsintensität. An der vielleicht schönsten Stelle der Oper, dem »Lento triste« und dem wie geflüsterten »con massima espressione« im ausladenden Des-Dur des dritten Aktes gewinnt er die Kraft der größten Liebe und tiefsten Verzweiflung für die hoffnungslos Kranke. Rodolfo gerät außer sich, überwältigt von Lebensglut. Das großartige Doppelduett, zwei Paare gehen auseinander, das eine aus Not, das andere im Streit, hat eine melodische Eindringlichkeit, der man sich schwer entziehen kann.

Eine Ensembleoper? Wäre zu fragen: strebte Puccini dies bei »La Bohème« an oder wurde er, den Text vor sich, zu solcher Verfahrensweise gezwungen? Das läßt sich nicht leicht beantworten. Nur beim ersten und dritten Akt der »Manon Lescaut« waren in einigen Momenten größere Ensembles zu bewältigen. In »La Bohème« sind intime Szenen, zu zweit, selten. Die Bühne ist meist mit singenden Menschen voll. Tummeln sich im Mansardenstübchen die Bohémiens, so zeigen die mittleren Akte das Pariser Volk der Studenten, Midinetten, Verkäufer, Gassenbuben, Soldaten, Zöllner, Laternenanzünder, Straßenfeger, Milchfrauen, man könnte das noch beliebig fortsetzen. Es ist was los im quirligen Weihnachtstreiben des Quartier Latin, bei dem die Bohémiens vorübergehend an den Rand gedrängt werden. Nicht weniger Geschäftigkeit am Wintermorgen an der Barrière d'Enfer. Während die Passanten der Zollgrenze zur täglichen Arbeit eilen, zechen andere noch im Wirtshaus oder torkeln nach Haus. Wie sicher wird vor allem beim kunterbunten Momus-Bild mit witzigen Momentaufnahmen der Geist des Pariserischen beschworen! Hier bringt Puccini jenes typische »ballabile«, leicht geschürzte Sechsachtel- und Zweiviertel-Rhythmen ins Spiel. Der Höhepunkt des weihnachtlichen Panoramas: wenn das Luderchen Musetta, den früheren Liebhaber Marcello erblickend, ihren keck dahinschmelzenden Valzer lento »Quando me'n vo'« anstimmt:

Puccini ließ ihn sich vor Jahren bei einer Jagdpartie einfallen. Er hat eine erstaunliche Metamorphose durchgemacht: zuerst in Form eines kleinen Klavierstückes, später als Gelegenheitsopus zum Anlaß des Stapellaufs eines Kriegsschiffs in Genua. Schließlich erinnerte sich Puccini seiner bei der »Bohème«, legte ihn Musetta in den Mund und erbat von Giacosa ein paar zusätzliche passende Verse. Das Finale mit dem an Musettas Walzer anknüpfenden umwerfenden Sextett und der Montage des (zweifellos der »Carmen« nachgebildeten) Wachaufzugs ist seiner schlagenden Wirkung sicher. Auch hier verwendet Puccini vorgeformtes Material. Die volkstümliche Thematik des Marsches mit schmissigen Piccolos und Trompeten hat ihren Ursprung in einem Marsch des »Bürgerkönigs«.

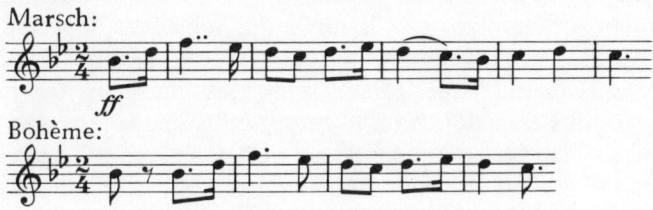

Es gibt grundsätzlich zwei Möglichkeiten, dem Wesen der »Bohème« gerecht zu werden. Die eine besteht in der bedingungslosen Hingabe an die schwermütige Lyrik des Werkes. Die andere bemüht sich, eine Transparenz zu erreichen, die dieser Oper eigen ist. Die vertikale Struktur der Partitur zeigt übermäßige Dreiklänge, parallele Quinten, pikante Ganztonterzen, Septnonakkorde, sequentisch gestaffelte und fauxbourdonähnliche Fortschreitungen. Die trostlos herabtropfenden berühmten leeren Quinten zu Beginn des dritten Aktes fangen die düstere Stimmung des Februarmorgens beklemmend ein. Joachim Kaiser hat für sie eine originale Quelle aufgespürt: das Hauptthema der C-Dur-Sonate Scarlattis.

Trotz ständiger harmonischer Eintrübungen und gelegentlicher impressionistischer Verschleierungen liegt der Musik hypertrophisches Schwelgen in seelischen und körperlichen Qualen fern. Sie bevorzugt die weiche Stimmungslyrik Massenets, die sie gelegentlich mit leidenschaftlichen und eruptiven Spannungen auflädt. Im großen Oktavenunisono werden Gipfel erstürmt. Man kann auch sagen: Sinnlichkeit als zentrales Motiv rechtfertigt zusätzlich Sinnlichkeit der Musik. Erklärt Mimis schmerzliches Los nicht zur Genüge den Charakter des Sensitiven, Gleitenden, Nervösen? Leitmotivische Arbeit verleiht dem Werk über die Einheit von Text und Musik hinaus seine Geschlossenheit. Puccini arbeitet mit Personal- und Stimmungsmotiven. Sie werden von d'Amico »Themenzellen« genannt, wohl um sie unmißverständlich von Wagners Leitmotiven abzugrenzen. Sie erscheinen mehrmals, kaum wörtlich zitiert. Aber weder verdichtet er diese Motive zum engmaschigen Gewebe, noch wendet er die Technik konsequent an. Seine Leitmotive sind entpsychologisiert, in die Realität des Theaters einbezogen. Sie bezeichnen nicht, sie erinnern im Sinne eines Sich-zurück-Träumens. »Der ganze letzte Akt ist aus lyrischen Erinnerungsmotiven aufgebaut«, bekannte Puccini. Das melodische Reihungsprinzip der alten Meister ist noch nicht abhandengekommen. Bevorzugt wird ein lyrisch-schwebender Konversationsstil, der sich vom üblichen deklamatorischen Rezitativ zum eleganten musikalischen Plauderton wendet, den er aus dem klingenden Parlando der italienischen Sprache entwickelt. Der entscheidende Schritt von »Manon« zu »Bohème«! Schwebend, weil er zu Quartsextakkordstellungen greift und das Orchester mit Diskretion behandelt. Ein Beispiel für viele: wie Mimi »mit verhauchender Stimme« stirbt, auf dem einen Ton As sich festklammernd, von jenem melodischen Motiv begleitet, das ihr Rodolfo drei Akte zuvor zu Füßen legte, ein holdes Phänomen. Es rundet die unendlich zarte Poesie dieses Mädchenbildnisses ab.

al cal-do e— dor-mi-re...

Der h-Moll-Götterdämmerungs-Akkord, Mimis Hinscheiden signalisierend, hat in seinem Verebben als Vortragsbezeichnung der Originalpartitur sieben p: ppppppp. Als Ricordi bei Einsicht des Autographs verwirrt »alle möglichen und unmöglichen Arten von Anweisungen« fand, schrieb er entsetzt an Puccini: »Es ist ein Wald von p – pp – pppp – von f – ff – fff – fffff...«. Puccinis Antwort: »Wenn ich mit den pp und den ff in der Partitur übertrieben habe, so nur, weil man, wie Verdi sagt, ppp hinschreiben muß, wenn man ein Piano haben will«. Seine flexible Harmonik der fallenden Quarten und Quinten baut auf der zusammenhaltenden Kraft von Haupttonarten, die mehr oder weniger von den technischen Voraussetzungen der menschlichen Stimme abhängig sind. Das Grundkonzept des klaren C-Dur für den ersten Akt und das leise ersterbende cis-Moll des tragischen Opernendes ist wohlbedacht. Sicher war Puccini ein Anhänger der Tonarten-Charakteristik. All seine Melodien, deren Linien und Valeurs dem Weichen zuneigen, sind in B-Tonarten mit fünf, sechs und mehr Vorzeichen notiert. Kommt es aber in deren Verlauf zu kleinen dramatischen Akzenten, so greift Puccini bei einzelnen Gesangsnoten bedenkenlos zu Kreuzen, oft inmitten einer B-Tonart.

Marcel:

Wir kommen zum Orchester. Puccini geht es nicht um eine konventionelle Untermalung der Singstimme. Kein überempfindliches Reagieren auf jede Nuance des sprachlichen Ausdrucks, wie wir das von Strauss kennen. Er bezieht das Orchester ins Vokale ein. In seltsamer Weise zieht er die Phrasen des Orchesters an den Stimmen entlang, durchtränkt sie, läßt sie durchschimmern. Nur selten sind Gesangs- und Orchestermelodie identisch. Sie lösen sich ab. Sie teilen sich mit schmiegsamer Sanglichkeit in die

Schönheit der Emotion. »Puccini läßt das Wort laufen, gibt ihm einen leichten akkordischen Untergrund, ist aber bereit, es voller zu begleiten und in seine Melodie überzuführen« (Weißmann). Aus dieser harmonisch und stimmig reizvollen Technik bezieht er seine Steigerungen: Ablauf und Verbrauch wirken ineinander, gegeneinander. Damit erreicht er zweierlei: für den Text eine besondere Art von Eindringlichkeit, für die Lyrik eine schlanke sinfonische Bewegung, deren Erregungsmoment aufgespart wird. Delikatesse, Poesie und Einfallsreichtum des Orchesterklanges? Wie die Mehrzahl der nachwagnerischen Komponisten wählt Puccini ein kontinuierlich durchlaufendes Instrumentarium. Es ist in Pastellfarben gehalten, zeichnet sich durch satte Farben wie impressionistische Facetten aus. Einzelne Instrumente treten gelegentlich hervor, Cello, Harfe und andere. Seine Vorliebe für die tiefe Flöte ist unüberhörbar. Trotz typischer Oktavenverdoppelungen und -verdreifachungen der Melodiestimme hat der Klang nichts Wattiges, Fettiges, Übersättigtes. Süffige Süße statt dynamisch aufgeladenem Espressivo. Doch sind bei den schmetternden Trompeten-Quinten vor dem Quartier Latin, erst recht bei der Leierkastenweise und der Walzerturbulenz auch feste und groteske Töne auszumachen, Strawinskys viel später entstandene »Petruschka« hautnah beschwörend.

Wie lange hat man diese glänzende Instrumentationskunst des Italieners kaum zur Kenntnis genommen! Der erste, der auf sie hinwies, war Verdi: »Er ist ein Meister der Orchestersprache«. Später bemerkte Schönberg Ähnliches. Hochentwickelte Klangsensiblität ist in jedem Moment gezielt eingesetzt, in ihrer Verbindung von Inspiration und Ökonomie nur Strauss, Debussy, Ravel und Respighi vergleichbar. Der Schmelz der Streicher für Mimi und Rodolfo, brillantes Holz für Musetta, alle Mann für den farbsprühenden Momus-Akt, endlich mildes Dämmerlicht und Kammermusik für Mimis Tod. Das Orchester der »Bohème«, raffiniert in der Behandlung von Licht und Schatten, ist von fabelhafter Geschmeidigkeit und subtiler Durchsichtigkeit. Puccinis vierstimmiger Satz kann auf jede prononcierte Gegenstimme verzichten. Nur müssen wir sehen: gerade »La Bohème« verlangt eine leichte, geschmeidige, nervige Dirigentenhand. De Sabata, Beecham, Serafin, Karajan, Solti, Carlos Kleiber, Levine, Suitner haben hier Maßstäbe gesetzt. Man muß diese Musik ernst nehmen, dann ist sie ernst. Der Opernalltag schaut bekanntlich meist anders aus. Wer nur auf die schöne Stimme und nicht auf die Instrumente lauscht, macht es sich zu leicht.

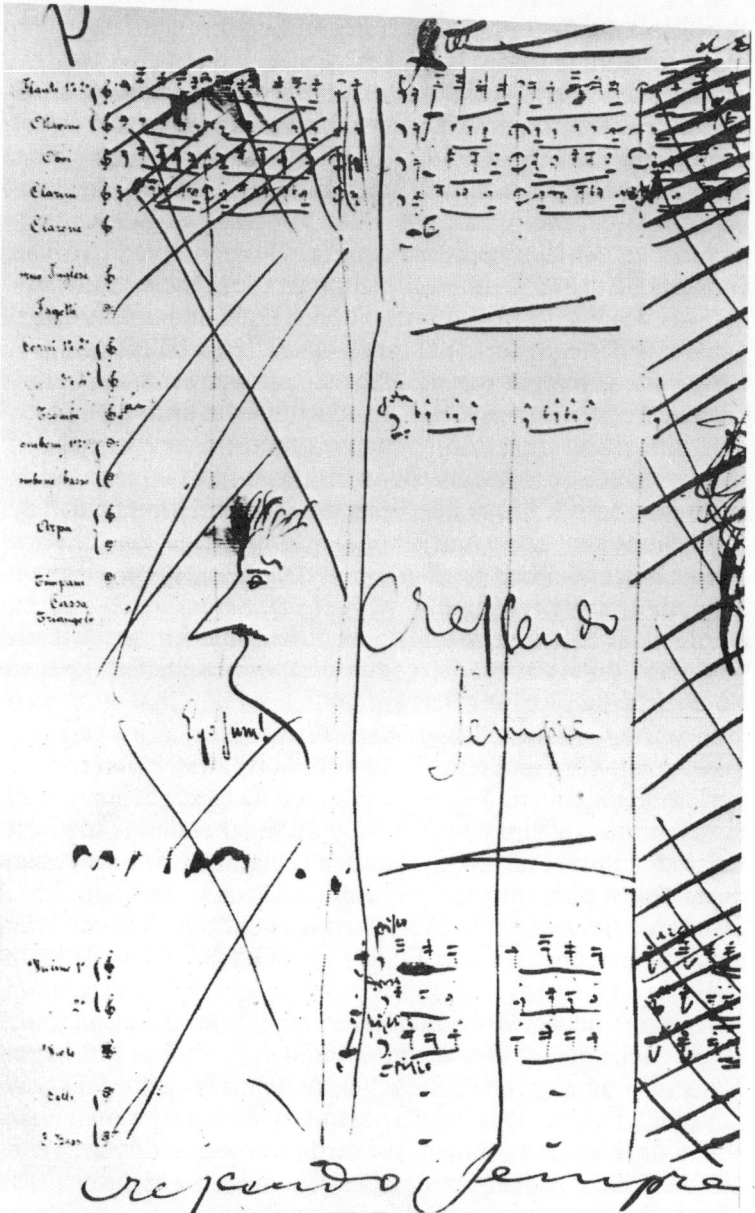

*Eine Partiturseite der »Bohème« in Puccinis charakteristischer
Handschrift mit seinem Selbstporträt*

In »La Bohème« liegt das Beispiel eines Werkes vor, dessen Dramaturgie für eine Reihe anderer Opern des Maestro Vorbild ist. Puccini sammelte Erfahrungen und Kenntnisse, auf die er weiterhin zurückgreifen konnte. Dazu gehört sein neugewonnenes Verhältnis zum genauen Lokalton, zum Umriß der Figuren. Dazu gehört das Modell eines Mosaiks leicht überschaubarer Musikszenen, die in lockeren Variationen gereiht sind und in solch perfekter Machart den Eindruck des organisch Gewachsenen erwecken. Dazu gehört sein Sinn für starke Kontraste, sentimentale und dramatisch belebte, Bewegung und Stille, heitere und tragische Szenen. Auffallend im einzelnen: dem ersten Akt wird generell eine Ouvertüre vorenthalten, sie hält nur auf. Im Falle »Bohème« begnügt Puccini sich mit dem sich über dreizehn Takte erstreckenden, hier schon zitierten, frisch und leichtfüßig anspringenden, später oftmals wiederkehrenden Bohème-Thema. Dies »geladene«, knisternde Motiv liegt der ganzen ersten Szene zugrunde, hält sie in Spannung, bis der Bewegungsimpuls ausläuft und etwas Neues beginnt. Wir finden diesen »Anlauf« gestauter Szenen-Miniaturen mit oft zahlreichem Personal bei fast allen Puccini-Opern. Der Musiker will mit dem Wesentlichen, das auf uns zukommt, noch warten, hält es zurück, nimmt sich Zeit. Das erste Finale ist, wie so häufig, das große Liebesduett. Man geht nicht fehl, wenn man diese ersten Akte als die musikalisch stärksten bezeichnet. Vom zweiten Akt an werden lange Strecken von früherem melodischem Material bestritten. Die überdehnten Ostinati und satt ausgebreiteten Schwerpunkte haben dann in den letzten Akten ihren Platz. Meist werden sie eröffnet von mit großer Genauigkeit ausgeführten Naturschilderungen: bei »Bohème« dritter Akt das Karge und Leere eines frostklirrenden Wintermorgens mit dem über hundert Takte langen Orgelpunkt auf D. (Weiterblickend: »Toscas« Schlußakt mit der von Glocken eingeläuteten sommerlichen Morgendämmerung auf der Engelsburg, die Nachtwache der auf Pinkerton wartenden Butterfly.) Mit diesen Naturstimmungen schafft sich Puccini Raum für seine depressiv-betörenden Abschieds- und Todesarien. Es hat, wie man sieht, Methode. Kein Schlußduett à la Verdi! Keine überflüssigen Längen dem Ende zu. Darüber noch ein Hinweis an Ricordi: »Illica kann sich nützlich machen, indem er noch ein paar Striche in dem noch immer zu langen vierten Akt vornimmt – und dann, offen gestanden, fühle ich mich auch ermüdet, und der raschere Ablauf des Aktes ist besser für mich, auch fürs Publikum, glaube ich.« Nicht nur Mimi verhaucht ihr Leben. Die Musik sinkt im letzten

116

bleischweren, von Oktaven verdoppelten Grave-Nachspiel, der genial-simpel absteigenden melodischen Molltonleiter, in sich zusammen.

Dezember 1895. Der Bohème-Club, diese schrullige Erinnerung an die Mailänder Studentenbohème, war in Puccinis Haus versammelt. Es ist spät am Abend. Cecco, Pagni, Angiolini und Tommasi, Literaten und Maler, spielen Karten, schlagen sie klatschend auf den Tisch, rufen einander laut zu und achten nicht auf den Maestro, der am Klavier mit seiner neuen Oper beschäftigt ist. Plötzlich, um Mitternacht, dreht sich Puccini um und ruft: »Ruhe, ihr Burschen! Ich bin fertig!« Sie werfen ihre Karten zusammen, blicken sich an. Er spielt ihnen die letzten Szenen der »Bohème« vor, und die Trauer des sanften Verscheidens eines unbekannten kleinen Mädchens breitet sich über ihre Herzen aus wie die heraufziehende Nacht. »Als die zerreißenden Akkorde ihres Todes

Die Hütte, in der sich der Bohème-Club traf

erklangen«, schreibt Pagni, »überlief es uns wie Schauer, und keiner von uns konnte sich der Tränen enthalten. Auch Giacomo weinte. Wir umringten ihn und umarmten ihn stumm. Dann sagte einer: ›Diese Blätter werden dich unsterblich machen!‹« Diese Szene, oft beschrieben, darf hier nicht fehlen. Nur noch kurze Zeit, und die Partitur war mit allen Korrekturen fertiggestellt. Mit einem Sektgelage wurde das Weihnachten im Hause Giacosas in Mailand gefeiert. Aber vor allem müßten die Freunde nach Torre del Lago zusammengerufen werden. »Die Oper ist beendet, kommt!«, telegrafierte Puccini an seinen Jugendfreund, den Drogisten Alfredo Caselli in Lucca. In den abenteuerlichsten Verkleidungen brachen die Mitglieder des Bohème-Clubs zu einer turbulenten Siegesfeier auf. Puccini, im Kostüm eines alten Römers mit Toga, erhielt einen Lorbeerkranz überreicht. Vermutlich hat nie ein Komponist den Abschluß seiner Arbeit ausgelassener gefeiert. Auch dies ein Stück »Bohème«, unwiederholbar.

Eine merkwürdige Vorahnung befiel Puccini, als Ricordi sich entschloß, die Uraufführung der »Bohème« schon sechs Wochen nach Abschluß der Komposition wieder an das Teatro Regio in Turin zu vergeben. Zweifellos hatte man es mit den Dispositionen eilig: wer wußte schon genau, wie weit Leoncavallo mit seiner »Bohème« war! Deren Uraufführung erfolgte erst am 7. Mai 1897 in Venedig. Ein Vergleich mit Puccinis Werk machte die Schwächen rasch offenbar. Vor allem fehlte bei der Konkurrenz der so glückliche Kontrast zwischen ernsten und heiteren Szenen, Musetta und Marcello, hier Tenor, waren nun die Hauptpersonen. Ein Brief an Ricordi weist auf neue Probleme hin. »Turin, so lese ich, wird die erste Stadt sein. Ich bin damit nicht übermäßig zufrieden; erstens hat das Theater eine schlechte Akustik, zweitens non bis in idem, drittens ist es zu nahe bei Mailand. Neapel, Rom müßten die ersten Städte sein...« Außerdem war Puccini zu abergläubisch, um das Schicksal zweimal am gleichen Ort zu versuchen. Viele Jahre später erzählte er: »Zur ersten Vorstellung begab ich mich denn auch in der nämlichen fröhlichen Seelenverfassung eines Verurteilten, der zur Hinrichtung geführt wird.« Als Dirigent wollte er den renommierten Leopoldo Mugnone haben. Aber Ricordi schätzte mehr den kürzlich nach Turin berufenen neunundzwanzigjährigen Arturo Toscanini und setzte sich durch. Inzwischen suchte das Theater wenigstens das Schlimmste der miserablen Akustik zu beheben. Anfang Januar 1896 fuhr Puccini zu den ersten Proben nach Turin. Alle »schufteten wie die Hunde«. Die Proben zeigten die typischen Merkmale Toscaninischer Fron, dauerten meist fünf Stunden und länger. An Illica schrieb Puccini:»Toscanini finde ich sehr freundlich... Der Bariton ist schauerlich... Alles andere (mit Ausnahme von Colline, den ich nicht zu hören bekommen habe) ist in Ordnung.« Vier Tage darauf an einen anderen Freund:»La Bohème wird mit Hochdruck einstudiert. Leider wird die Premiere wohl wegen der Unzulänglichkeit einiger Sänger verschoben werden müssen.« Der Bariton wurde durch einen anderen ersetzt. Von Mimi war Puccini höchst befriedigt. Es war Cesira Ferrani, die schon seine erste Manon gewesen war. In einem Anflug von Euphorie schrieb er an Elvira, er »sehe einen großen und sensationellen Erfolg voraus«, und Toscanini sei »außerordentlich«.

Wie war das also? Am 1. Februar 1896 ging »La Bohème« erstmals in Turin in Szene. Genau auf den Tag drei Jahre vorher hatte dieselbe Bühne seine »Manon Lescaut« zum triumphalen Erfolg gebracht. Aber an diesem Abend wollte die Glücksgöttin durchaus nicht so eindeutig lächeln wie bei jener früheren Premiere. Das Publikum spendete zwar freundlichen Beifall, aber der Erfolg war doch eher lau. Nur fünf Vorhänge für Puccini, der Fraccaroli bekannte: sein »Herz sei völlig gebrochen«. Er verbrachte eine »äußerst qualvolle Nacht... in mir war Trauer, Melancholie«. Am schlimmsten trafen ihn wohl die Kritiken. Der führende Rezensent Turins, Bersezio, fügte ihm argen Schaden zu. »La Bohème macht nicht nur auf das Gemüt der Zuhörer geringen Eindruck, sondern sie wird auch in der Geschichte unserer Oper kaum eine Spur hinterlassen. Der Komponist sollte sie als vorübergehenden Fehltritt betrachten und getrost den rechten Weg weitergehen«. Noch strenger war Berta: »Man fragt sich, was Puccini in die beklagenswerten Niederungen dieser Bohème treiben konnte«. Ein anderer sprach von Puccinis »Abdankung«. Die »Atmosphäre der Hinterhöfe und Mansarden, der Schwindsucht und Prostitution« paßte der Kritik gar nicht in ihr Konzept, das auf Verschleierung miserabler gesellschaftlicher Zustände eingepegelt war. Ein völlig schwarz gemaltes Bild wäre jedoch irreführend. So schrieb Colombani: »Puccini hat einen großen Schritt vorwärts getan... Die Struktur hat sich deutlich verbessert. Die Musik fließt lebhaft dahin, bald überschwenglich, bald herzzerreißend, verweilt niemals und sucht keine Effekte zu haschen...«.

Es mochte manchen Grund für diesen begrenzten »Bohème«-Erfolg geben. (Immerhin wurde das Werk innerhalb der Stagione lirica vierzehnmal gespielt – von einem Debakel kann also keine Rede sein.)

119

Noch waren die Leute mit ihren Gedanken bei den weltanschauli-
chen Schwergewichten der »Götterdämmerung«, mit der Toscanini die Saison eröffnet hatte. Auch gestattete der unerbittliche
Maestro seiner Mimi nicht, vom freundlichen Applaus beflügelt,
zum zweiten Mal zu sterben... Einen weiteren Umstand könnte
man anführen: das Stück war zu voreilig auf die Bühne gebracht
worden. Die Besetzung keineswegs optimal. Vor allem hielt Puccini nachträgliche Verbesserungen am Momus-Bild für nötig. »Ich
möchte gern in der Mitte des Aktes noch ein paar ariose Stellen
haben«. Und im selben Brief an Ricordi, dem solche Revisionen
im nachhinein nichts Neues waren: »Wir brauchen (am Schluß
des Aktes) etwas Lautes, ein Ensemble. Nur dann macht der fallende Vorhang einen Effekt. Aber dann muß man den allgemeinen Abgang streichen...« Also doch wohl noch einige Unsicherheiten! Auch im Teatro Argentina in Rom kam nur ein halber Erfolg zustande. Schon besser gingen die Aufführungen in Neapel.

Da endlich, zwei Monate nach Turin, am 13. April, auch noch
einem Freitag, brachte Palermo das Werk heraus und erreichte
eine Wirkung, die Puccini schon nicht mehr erwartet hatte. Drei-
tausend Hörer wollten am Ende, eine Stunde nach Mitternacht,
das Haus nicht eher verlassen, bis Mugnone mit dem noch anwesenden Teil des Orchesters und den überwiegend schon umgeklei-
deten Sängern das ganze Finale wiederholte. Ada Giachetti, Carusos erste Frau, sang die Mimi. Noch im gleichen Jahr spielte Manchester »The Bohemians« in englischer Sprache. Erstmals überquerte der Maestro den Kanal. Berlins Hofoper folgte kurz darauf
mit der deutschen Erstaufführung im Neuen Operntheater bei
Kroll. Ende April 1898 dann die längst fällige Begegnung mit Paris,
wo Puccini in Begleitung Ricordis die letzten Proben an der Opéra
Comique überwachte und sehr gefeiert wurde. Aber die Sehnsucht nach der Stille von Torre del Lago war groß. Was hätte »La
Bohèmes« Siegeslauf noch aufhalten können? 1900 eröffnete
New Yorks Met dem Werk mit Nellie Melba als Mimi ihre Tore.
Von einer Jahrhundertproduktion ist noch zu sprechen: die Aufführung Karajans und Zeffirellis, die mit Mirella Freni und Gianni
Raimondi zuerst 1963 in Mailand und dann in Salzburg, Wien,
München und Moskau gezeigt wurde. Fazit: »La Bohème« ist
nach den Schöpfungen Verdis das bedeutendste Werk der italienischen Oper. Thomas A. Edison, der berühmte amerikanische
Erfinder, schrieb 1920: »Menschen sterben und Regierungen
wechseln, aber die Gesänge aus ›La Bohème‹ werden immer
leben«. So wahr so gut.

Torre del Lago

Im Garten, der Puccinis Landhaus in Torre del Lago vorgelagert ist, erhebt sich seine Gestalt in Bronze. Sie wächst aus dem Grünen empor, den verschlafenen, schilfumsäumten Lago di Massaciuccoli und die Hügel von Lucca im Hintergrund. Die Gemeinde hat das Standbild nach Puccinis Tod gestiftet. Da steht er: den Hut verwegen und schief auf dem Kopfe, die Zigarre im Mundwinkel, das Gesicht vielleicht schon von Krankheit gezeichnet. Kein erhabenes Kunstwerk, gewiß nicht. Die große Mantelfläche mit dem modisch hochgeschlagenen Kragen lenkt wohl zu sehr von Kopf und Gesicht ab. Der Plastik fehlt bei aller Porträtähnlichkeit die innere Spannung. Man vermißt das Genialische, das die beiden bekanntesten Ölbilder des jungen und reiferen Puccini der Maler Giorgio Lucchesi von 1884 und Arturo Rietti von 1906 auszeichnet. Aber das Standbild erfüllt seinen Zweck. Seine ehemaligen Mitbürger, meist Bauern, wollten »ihren« Maestro so haben, wie sie ihn von seinem romantischen Künstlerheim kannten und im Gedächtnis bewahrten. Tausend von Torre-del-Lago-Pilgern, die sein »Königsschloß, Eden, Olymp, seine Elfenbeinburg, höchste Lust und Paradies« aufsuchen, betrachten das Standbild mit Respekt und Liebe. »Allen Pomp und Prunk der großen Welt wogst du mir auf. Beglückender Ort, fern vom Chaos der Städte.« Es gehört hierher.

Die Puccini-Villa, zweistöckig im flachen toskanischen Landhausstil, liegt am Ufer des kleinen Binnensees, jetzt weit und breit als Puccini-See bekannt. Nur wenige Kilometer vom exklusiven Seebad Viareggio und dem Ligurischen Meer entfernt, unweit des heutigen Städtchens Torre del Lago, ein reizvolles Fleckchen Erde. Dem Besucher vermittelt es freilich nur noch wenig vom Frieden der Welt Puccinis. Er findet bloß eine Ahnung jener melancholischen Dorfeinsamkeit, die der Ort einst besessen haben mag. Von der Villa hat man keinen freien Blick mehr auf den See. Eine breite Promenade mit den üblichen Andenkenbuden, Erfrischungspavillons und Bootsanlegestellen versperrt ihn. Noch schlimmer: Touristenbusse machen sich breit, verdecken selbst das bescheidene Denkmal. Im Hochsommer kommt, wie wir erfahren, das breite Podium der Puccini-Freilichtspiele hinzu. Wenn auch für den flüchtigen Blick noch unsichtbar, wird Puccinis See von Jahr zu Jahr kränker. Die Umweltverschmutzung schreitet voran. Immer mehr von den rund zweihundert Arten von Wasservögeln verschwinden, der Versandungsprozeß setzt sich fort. Woher die Stimmung einer bukolischen Idylle nehmen und nicht haben? Torre, im 19. Jahrhundert dem Nichtitaliener nicht einmal dem Namen nach bekannt, ist heute ein international frequentierter Touristenplatz.

Schwer zu begreifen: Puccini soll, dem Vernehmen nach, das Dörfchen Torre del Lago mit seinem Festungswall, mit seinen damals nur zwölf weißen Häuschen und 120 Einwohnern am reizvollen See Massaciuccoli erst in den achtziger Jahren für sich entdeckt haben. Ausgerechnet diese verwunschene sumpfige Salzwasserlagune, nur zwanzig Kilometer vom heimatlichen Lucca entfernt, sollte er bei seinen jugendlichen Exkursionen (die ihn nach Pisa und weiter führten) übersehen haben? Wie es auch sei:

Die Statue im Garten

1889, mit »Manon Lescaut« beschäftigt, fand er in Torre ein bescheidenes Quartier am See und gab sich dem Fischen und Entenjagen hin. Zwei Jahre später erwarb er ein eigenes Haus, in dem ein großer Teil der »Bohème« entstand. Hatte er sich 1895 daneben eine große Zweitwohnung im nahen Prescia eingerichtet, so wich er bei »Tosca« nach dem dreißig Kilometer entfernten Chiatri aus. Eine geräumige und komfortable Villa, die ihm viel Annehmlichkeiten bot. Um so weniger fühlten sich seine Familie und Freunde in diesem einsam liegenden Haus wohl und inszenierten sogar einen nächtlichen Spuk, um Puccini zur Rückkehr zu veranlassen. Chiatri blieb in seinem Leben immer nur Episode. Heute gehört das Haus einem Arzt aus Livorno, dem es zwei Monate im Jahr Erholung bietet, das sonst aber leer steht.

Der Maestro liebte die anmutige und sanft gewellte Landschaft von Torre, seine blumenübersäten Gärten, das Ufer, die weit glitzernde Wasserfläche, die Wälder und Berge. Man muß sich schon Zeit nehmen, den Ort am sinkenden Spätnachmittg aufzusuchen, die Schönheit der Naturstimmung, die Atmosphäre der Einsamkeit zu fühlen. Hier war Puccini zu Hause. Hier konnte er komponieren. Hier entstanden von seinen insgesamt zwölf Opern allein neun. Sein Land – denn bald schon pachtete er den See mit allen Vorrechten und das anschließende Waldgebiet. Mit den Bauern im Dorf stand er auf freundschaftlichem Fuß. Sie waren stolz auf ihn. Aber im Gegensatz zu Verdi, dem bäuerischen Menschen und Gutsherrn von Sant'Agata, war er nur Ansiedler, Mitbürger, Zivilisationsmensch auf dem Lande, dem man so manche weltmännisch-urbane Extravaganz nachsah. Nicht lange dauerte es, und Puccini wurde zum Mittelpunkt eines geselligen Kreises von Malern und anderen Künstlern, die sich gleichfalls in Torre del Lago ansiedelten. Die Freunde trafen sich abends in ihrem Bohème- und Gianni-Schicchi-Club. Es ging mit Zechereien und Kartenspiel, aber auch mit hübschen Mädchen hoch her. Polizeistreifen wegen nächtlicher Ruhestörung und manches entrüstete Gerede im Dorf blieben nicht aus. Von der alten Schenke, dem Treffpunkt der Korona, zogen die Beteiligten nach Mitternacht zum Puccini-Haus und feierten weiter. Für Elvira, die dieser Art »Künstlerleben« keinen Geschmack abgewinnen konnte, eine harte Geduldsprobe! Offenkundige Einsicht dürfte Puccini bald zu einem weniger aufregenden Lebensstil veranlaßt haben. Man wurde älter und vernünftiger. Der Meister der »Turandot« befragt, warum er seine letzte, Sommer 1922 in Viareggio errichtete feudale Villa in einem Pinienhain vorm Meer versteckt hatte, antwortete Ojetti: »Zuviel Wind und zuviel Lärm. Entweder das Meer oder ich. Ich aber muß in Ruhe arbeiten können.« Das klang schon anders.

Das neue Haus, das sich Puccini kurz vor der Jahrhundertwende nach seinen Plänen in Torre del Lago erbauen ließ, ist heute als Museum, nicht als Weihstätte eingerichtet. Mit Elvira, dem nunmehr dreizehnjährigen Tonio und Elviras Tochter aus erster Ehe, Fosca, wurde es bezogen. Es zeigt sich heute unter liebevoller Betreuung Simonetta Puccinis, als ob die Räume gerade eben verlassen wurden. Im Stil der Zeit eher bürgerlich schlicht als luxuriös, sieht man von den kostbaren Kassettendecken, dem Lüster und dem einer römischen Villa entstammenden Mosaikfußboden ab. Die Menschen, die hier lebten, haben sich eine ihnen angenehme Behaglichkeit geschaffen. Vom Garten hat man durch hohe Flügeltüren direkten Zugang zum geräumigen Arbeitszimmer. Darin das Klavier, der kleine Schreibtisch, der Kompositionsbereich. Am Kamin zwei gemütliche Holzbänkchen, davor zwei bequeme Ledersessel mit Tisch. An den Wänden zahlreiche Erinnerungsstücke, Fotos, Autographen, Theaterzettel, verwelkter Lorbeer. Ein Autogramm Rossinis in einem Mahagonirahmen, eine Abbildung der Totenmaske Beethovens – aber auf dem Klavier auch ein Foto Lehárs mit verehrungsvoller Widmung (»Meinem allertreuesten Anhänger«). Im Hintergrund des Raums ist der aus Japan mitgebrachte Wandschirm zu sehen, der zum Symbol Butterflys wurde. Auch die chinesischen Gongs, die, zwölf an der Zahl, in der letzten Oper »Turandot« eine große Rolle spielen, haben ihren Platz. Das alles hat sich der Weltbürger in sein engumzirkeltes Refugium geholt. Anschließend die Bibliothek mit den Büchern; auch die Jagdkluft hängt noch an der Wand. Hinter dem Klavier ist seit Frühjahr 1926 der Sarg Giacomos in die Mauer eingelassen. 1930 wurde an gleicher Stelle seine Frau Elvira und 1946 Antonio beigesetzt. Der Sohn hat nach des Vaters Tod die würdige Grabkammer dem Arbeitszimmer angefügt. Die drei Särge sind gedeckt durch ein Marmorrelief, das die trauernde Göttin Musica zeigt, umkränzt von Lorbeer, in dessen Bändern die Titel aller Opern eingezeichnet sind. Auf der gegenüberliegenden Seite erscheint das gleiche Relief eines erhobenen Hauptes: Puccinis Werk lebt. Der kleine Hausaltar mit nie verlöschendem blauen Licht ergänzt den Raum. Ganz sicher: Puccini hätte der Lösung von de Carolis, Maraini und Pilotti zugestimmt. Sie ist weder pompös noch sentimental.

Die Seeseite des 1900 erbauten Hauses

Es mag Einwände gegen den Menschen Puccini geben, sein häufig depressives Weltbild, seinen Feminismus, seine Egozentrik gegenüber allem, was die Sujets der Opern betraf. Wir wollen es in unserer Darstellung nicht ausklammern. Wer kennt schon einen schöpferischen Menschen, seine Motive und Handlungsweisen ganz, vermag historische »Wahrheit« und »Dichtung« völlig zu trennen. Das gilt primär Musikern des romantischen Zeitalters, sagen wir Wagner, Liszt, Chopin, Tschaikowski und in begrenztem Maße auch Puccini. Nur eins wissen wir bei neueren Erscheinungen der Musikgeschichte, vor allem seit Erfindung der Fotografie sicher: wie die Großen aussahen. Von den überlieferten Bildnissen Mozarts oder Schuberts auf das »Richtige« zu schließen, ist erwiesenermaßen gar nicht so einfach. War es nicht oft genug nur ein von Natur dürftiges Modell, dem der Porträtist noch das Signum der Unsterblichkeit mitzugeben hatte? Wie Puccini aussah, wissen wir genau, wie die Antlitze von Caruso, Furtwängler oder Albert Schweitzer für jeden zum Inbegriff geworden sind. Das Empirische deckt sich mit der Realität.

Also, wie schaute er aus? Wie kennen wir ihn? Worauf gründet sich sein Zauber? Auf Hunderten von Schnappschüssen, Dutzenden von Gemälden und Zeichnungen, ja, sogar auf verblaßten Filmstreifen zeigt er sich uns, wie er sich gab, wie er auf die Menschen wirkte: ein Romane suggestiver, stark gefühlsbetonter Männlichkeit, Eleganz und Courtoisie. Der mondäne, weltmännische Zug seines Wesens ist so unverkennbar wie eine gewisse Allüre des in seinem Denken begrenzteren, vertrauenerweckenden Provinzlers. Auf den gängigen Fotos erscheint er als eine Mischung von Bohémien und Gentleman, als südlicher Bonvivant, als Dandy, modisch gekleidet, den Hut leichtsinnig auf dem Kopfe balancierend. Künstler, Bürger und Sinnenmensch in einem. Mindestens zwei Generationen sahen in ihm den »schönen« Mann, von den Frauen umschwärmt, angehimmelt. Alma Mahler, deren Kompetenz in diesem Bereich kaum zu bezweifeln ist, schrieb in ihrem »Mein Leben« gleich zweimal: »Puccini war einer der schönsten Männer, denen ich je begegnet bin«. Das war in der Zeit der »Fanciulla del West« in New York, Puccini war also nicht mehr jung, Anfang Fünfzig. Dabei war der elegante Maestro mit gesund gerötetem Gesicht und kühn geschwungener Nase als Typus kein Mann des neuen Jahrhunderts. Zu viel von Schmerz und Lust sinkender Romantik war um ihn. Ob hier nicht ein bißchen Schönfärberei im Spiele ist? Der Weltberühmte als unwiderstehlicher Beau in Permanenz? Jedenfalls gibt es von ihm auch Aufnahmen aus einer privat-bürgerlichen Sphäre. Da wäre bei dem so ansehenswerten Komponisten der »Manon Lescaut« und der »Bohème« zum Beispiel ein wenig Bauch zu bemerken. Gertenschlank war er nicht.

Ojettis Schilderung von seinem Besuch in Viareggio September 1923 hat dokumentarischen Wert. Denn sie sagt mehr aus als die landläufigen publizistischen Blitzlichter, sie blicken tiefer. Er schreibt:»Heute morgen im Zug, als ich im Begriff war, Puccini in seiner Villa aufzusuchen, entdeckte ich drei Beweggründe: der erste ist, daß er sich nicht wie ein Genie kleidet, nicht wie ein Genie spricht und weder die finstere Miene noch die Mähne eines Genies hat. Er ist der bekannteste Italiener auf dieser Welt, von Schottland bis Argentinien: ich meine, bekannt nicht nur dem Namen nach, sondern auch durch seine Werke. Wenn man ihn jedoch noch niemals gesehen hat, auch nicht auf einer Künstler-postkarte, und ihn plötzlich in einem Café oder in einem Eisen-bahnwagen neben sich erblickt, dann wird man ihn nur für irgend-einen eleganten, vornehmen Bürger halten, der etwas verärgert und verdrossen ist, weil er mit dem ersten besten in Berührung kam. Der zweite Grund ist der, daß dieser empfindsame Mensch sich seiner Zuneigungen und Leidenschaften schämt. Als Toska-ner oder vielmehr Luccheser verbirgt er sie hinter einem spötti-schen Lächeln wie jemand, der mit der Hand eine Flamme schüt-zen will vor dem Wind... Und der dritte Grund, der mich ver-anlaßte, Puccini aufzusuchen, ist die Atmosphäre von Einsamkeit und Land, die dieser schwierige, schweigsame, breitschultrige Musiker mit sich bringt, auch in die warme Garderobe einer mit Puder und Schminke parfümierten Primadonna, auch in die Vor-halle eines großen Hotels, wo die Zwergpalmen wie lackiert erscheinen... Heute ist er grau gekleidet ohne einen störenden Farbton: graue Haare, tiefliegende stahlgraue Augen, schwarze Augenbrauen, eine etwas höher als die andere, eine schwarz-weiße Krawatte, schwarz-weiße Handschuhe, Socken aus grauer Seide, desgleichen das Taschentuch. Sein Gesicht von lebhafter Farbe ist eckig, von kräftigem Knochenbau und wie gemeißelt; es erinnert an das Antlitz seines Landsmannes Ferdinando Martini. Sein Mund jedoch ist kleiner und halbgeschlossen unter einem Schnurrbärtchen, das ebenfalls meliert ist. Nur der über der linken Schulter hochgeschlagene Rock gibt ihm etwas Kühnes und Unruhiges...«

Was es an Anekdoten über Puccini gibt, kreist um dieses Flair seines gepflegten, männlich bestechenden Aussehens. Puccini wußte es. Mochte er ein wenig eitel sein. Das Exklusive wurde ihm zur Gewohnheit. Nicht genug: er galt lange Zeit als einer der best-gekleideten Männer seiner Zeit. Man hat beobachtet: oft zog er sich am Tage fünf-, sechsmal um. Daß er in seinem elegant geschnittenen Jagdhabit eine Stadtfahrt im Auto angetreten hätte – undenkbar. Ein Fehler im Anzug, eine falsche Farbe machte ihn nervös; und doch gibt es auch Schilderungen, daß er die Etikette kühn übersprang. Wie wenig er darauf Wert legte, sich als attrak-tiver Mann in Szene zu setzen, ist aus vielen Aussprüchen überlie-fert. Publicity, um die ihn heute so mancher Filmstar beneiden würde, bedeutete ihm wenig. Als man ihn bei der New Yorker Uraufführung der »Fanciulla del West« wie »einen Fürsten« feierte und 1923 (nun schon anachronistisch) »wie den Kaiser behandelte«, nahm er die Ehrungen und Huldigungen gelassen

Porträt II von D. Fischetti (1970 entstanden)

hin. »Ich bin für das Leben in Salons und auf Empfängen nicht
geboren. Warum soll ich mich dem aussetzen, wie ein Kretin, wie
ein Idiot herumstehen?« oder »Macht bloß keinen Klimbim um
meine Person«, liest man in seinen Briefen immer wieder. Manchmal schwingt wohl stolze Ironie mit, so in dem Brief an Adami
über den Pariser »Schicchi«-Erfolg. »Man ist sehr liebenswürdig
zu mir. Gestern ging ich nach der Aufführung ins Café de Paris, wo
ich von allen aufs freundlichste empfangen wurde, einschließlich
des Maître d'Hôtel. Die Kapelle spielte ›Butterfly‹. Ich mußte das
Publikum begrüßen. Auch in den Geschäften, wo ich meinen
Namen angebe, bittet man mich entweder um Autogramme oder
man stellt sich in Reih und Glied auf, um mich zu grüßen, wenn
ich hinausgehe. Kurzum... man ist populär geworden, aber ...
alt«.

Waren gesellschaftliche Verpflichtungen gar nicht zu vermeiden, fühlte er sich todunglücklich. Er war kein smarter Causeur wie so viele seiner Landsleute. Auch über Schaffenspläne bewahrte er vor weniger Vertrauten, vor allem vor Journalisten, Einsilbigkeit. Große Worte im voraus waren ihm zuwider. Öffentliches Reden war ihm gleich gar nicht gegeben. Bei dem Abendessen nach der ersten »Bohème« mußte er wohl oder übel auf die vielen Trinksprüche antworten. Er erhob sich. Alle blickten gespannt auf seine Lippen – aber er schaute gequält vor sich hin. Endlich nahm er einen Anlauf. »Ich danke allen!« rief er aus und begleitete diese Worte mit einer weitausholenden Geste, die alle Gläser und Flaschen im Umkreis vom Tisch fegte. Solch einer Lage wollte er sich nicht noch einmal aussetzen. Seitdem vermied er offiziöse Festlichkeiten, wenn es nur irgend ging. Leider wurde er in späteren Jahren öfter, als ihm lieb war, vom Staat als Statist seines Ruhmes herangeholt. Gegenüber den Gesprächspartnern war er dann häufig mit den Gedanken abwesend, unbeteiligt. Vielleicht hatte er auch nur seinen Spaß daran, sich ausgesprochenen Alltäglichkeiten zuzuwenden. Eines Tages sah man ihn bei der lokalen Premiere einer seiner Opern im Foyer engagiert mit einem Freunde sprechen. Natürlich hatte man eine bedeutende ästhetische Diskussion erwartet und bedrängte hinterher neugierig den Vertrauten. Große Enttäuschung! Puccini hatte ihm das Rezept einer seiner Lieblingsspeisen erklärt, ein Gericht von Seemuscheln, angerichtet mit einer Sauce von Tomaten und Öl.

Ein Naturmensch! Wer Puccini wirklich kennenlernen wollte, durfte ihn nicht bei Gala oder Society suchen. Er liebte die Weltabgeschiedenheit Torre del Lagos, dessen Künstlerheim ihn zum glücklichen Schaffen anregte. Hier lebte er als leidenschaftlicher Jäger, einsamer Angler und unermüdlicher Seefahrer gleichsam zwischen zwei Zeitaltern. Man nahm sich frühmorgens die Flinte vom Haken, pirschte mit dem Boot durch Schilf und Moos nach Schnepfen, Enten, Rebhühnern, die in langen Ketten aufflogen und dann dutzendweise seine Beute wurden. Zehn Monate im Jahr verbrachte Puccini in diesem Landstrich zwischen Meer und Lucca. Bis zum letzten Schlupfwinkel hatte er die Wälder erkundet. Solch innige, kindhafte Naturliebe verband ihn mit dem mährischen Zeitgenossen Janáček. Als Sonntagsjäger auf Wasserwild mußte er sich sogar einmal wegen Wilddieberei verantworten. Kurz vor der Jahrhundertwende stöberte er einen alten Turm in der südlicher gelegenen Maremma im Dickicht auf, den er sich als

Unterkunft erwählte und von dem er noch jahrelang sprach. »Da bin ich wieder, zurückgekehrt von der seltsamen und faszinierenden Maremma«, schreibt er Adami mitten an der Arbeit an »Gianni Schicchi«: »Eine wilde Landschaft, primitiv, weit abgelegen von aller Welt, in der sich der Geist wahrhaft ausruhen kann und der Körper neue Kräfte sammelt (aber nur im Winter). Ich habe mich auf der Schnepfenjagd in diesen Räuberwäldern herrlich unterhalten«. So sehr es Puccini immer wieder zu den großen Plätzen der »Welt« hinauslockte, auf der Suche nach Impressionen, Anregungen, sicher auch Abenteuern, so geborgen fühlte er sich in seinem Hause in Torre della Tagliata. Die letzte Bahnstation war Orbetello südlich Florenz. Dann ging es mehrere Kilometer auf entlegenen Straßen ins »Land der Bären«, in das Puccini, von großen Reisen zurückkehrend, so gern untertauchte.

Ausgerechnet in Paris, Mai 1898, mit Sardou in heißem Dialog über »Tosca«, entschlüpfte Puccini gegenüber seinem Luccheser Freund ein Bekenntnis, das über den leichten Ton der meisten Puccini-Briefe hinausweist. Es handelt sich um eine der anrührendsten Passagen seiner Briefe, weil sie, fern jeder Schreibroutine, auf etwas ihm Heiligen eindringlich verweilt. Dieser Brief, ein fesselndes Psychogramm, oft zitiert, lautet: »Lieber Caselli, ich bekomme nicht jeden Tag einen Brief von Dir, und das ist schlecht. Verläßt Du mich in diesem mare magnum? Ich bin krank von Paris. Ich sehne mich nach den Wäldern mit ihrem herben Duft. Ich sehne mich nach der Bewegungsfreiheit meines Bauches in den weiten Hosen, ohne Weste. Ich sehne mich nach dem Wind, der frei und süß vom See herüberweht, ich möchte aus vollen Lungen die salzige Luft atmen!

Ich hasse das Pflaster!

Ich hasse die Paläste!

Ich hasse große Städte!

Ich hasse Säulen!

Ich liebe die herrlichen Säulen der Pappel und Tanne, die schattigen Lichtungen, wo ich, wie ein junger Druide, meinen Tempel, mein Haus, mein Studierzimmer haben möchte. Ich liebe die grünen, kühlen Laubdächer eines alten oder jungen Waldes. Ich liebe die Amseln, den Dompfaff, die Grasmücke, den Specht! Ich hasse das Pferd, die Katze, den Spatz und das Schoßhündchen! Ich hasse den Dampfer, den Seidenhut und den Frack!« Noch drastischer die Sprache fünf Tage danach gegenüber Ricordi: »Ich wünschte, ich wäre schon fort bei meiner Arbeit. Hier komme ich zu nichts. Meine Nerven leiden unter der ständigen Aufregung, und ich

Puccini als Trambahnfahrer in Alexandria (1908)

habe nicht die Ruhe, die ich brauche. Eine Einladung zu einem Essen macht mich für eine Woche krank«.

Wie verträgt sich solch romantische Naturliebe mit der begeisterten Hingabe an das technische Zeitalter? Mit Puccinis Leidenschaft für Autos und Motorboote? Nichts davon ist aus seinen Opern ablesbar. Selbst Kriegsschiff und Fernglas der »Madame Butterfly« sind für ihn bloße Utensilien von Reise, Milieu, Konsum. Was ihm technischer Fortschritt bedeutete, läßt sich nicht unbedingt auf seine Anschauung vom gesellschaftlichen Fortschritt anwenden, damit würde man es sich zu leicht machen. Aber die unaufhaltsame Technifizierung seiner Epoche konnte keinen glühenderen Bewunderer als Puccini finden. Die Technik bestimmte weitgehend sein Leben, darin nur mit dem genau ein halbes Jahrhundert jüngeren Dirigenten Karajan vergleichbar. Es muß Puccini eine tiefe Befriedigung bedeutet haben, von den Errungenschaften der Technik nicht nur zu profitieren, sondern sie auch im Bereich des Möglichen zu beherrschen. Nur: mindestens zehn Jahre hat er zu früh gelebt. Die Chance des Flugzeugs, in wenigen Stunden von einem Kontinent zum anderen zu

131

gelangen, blieb ihm in seinem Alter verschlossen. (Strauss war mutiger: noch mit 83 Jahren nahm er das Abenteuer einer Flugreise von Genf nach London auf sich.) Details aus Puccinis Leben betätigen das Gesagte. An seinem Klavier, seinem Schreibtisch mochte er gar nicht gern fotografiert werden. Auf dem Deck eines seiner raschen Boote, am Steuer eines seiner Wagen, an der Kurbel einer altmodischen Trambahn in Alexandria – da stellte er sich nicht ungern in Positur. Der Alltagsmensch hatte nur dann etwas gegen intime Einblicke in seinen bürgerlichen Erlebnishaushalt, wenn sie eine Traumsphäre um ihn spannen. Puccinis technische Begabung war so evident wie sein Eifer, sich die Technik für seine Zwecke anzueignen. Sein Sohn Tonio erbte übrigens die technische Veranlagung des Vaters und wurde mit dessen Einverständnis Ingenieur.

Zum Glück wird heute keiner mehr ernstlich behaupten: dieses Musikerleben sei in seinem Antagonismus von Natur und Technik, seinem Kontrast von Einfachheit und Raffinesse verdächtig. Der Mann legte ein Œuvre vor, das die Welt erobert hat. Er hat sich ausgewiesen. Was Puccini in seiner Freizeit beschäftigte, was ihn ablenkte, ist seine Sache. Heute darf längst jeder im Leben Arrivierte ein privates »Hobby« für sich in Anspruch nehmen. Als sich Puccini 1893 in Mailand seiner Manon in die Arme warf, fuhr er zwar noch auf einem in Monatsraten erstandenen, damals hoch-

Puccini mit seinem ersten Automobil (1900)

modernen Zweirad. Aber immerhin: welcher junge Musiker tat es ihm gleich! Wenige Jahre später wurde er zum ersten Autofahrer des Bezirkes Lucca. Das läßt sich an seiner Zulassung Nr. 118 des Touring Club Italiano nachweisen. Er fuhr damals einen komfortablen Buire. Wenige Jahre später bei seinem gefährlichen Autounfall in Lucca, der ihn zwang, acht Monate lang an Stöcken zu gehen, avancierte er zum ersten musikgeschichtlich beglaubigten Verkehrssünder. Auf einem Foto sieht man, wie der Automobilist von den Bäuerinnen Torres bestaunt wird. Die ersten Fahrten ins Ausland wurden angetreten, bald bereits mit zwei eigenen Wagen quer durch Afrika.

Die Freude an seiner »Flotte« war nicht weniger groß. Teils in seinem kleinen Privathafen am See, teils in Viareggio am Meer vor Anker liegend, zählte sie bald drei Jagdkähne, die Jacht, die Motorboote. Eins von ihnen, das er nach seiner mit allerlei Autorensorgen belasteten »La Rondine«, »Die Schwalbe«, taufte, liebte er wegen seiner Schlankheit und Wendigkeit sehr. Als er Anfang 1907 zur Aufführung seiner »Manon Lescaut« nach New York reiste, war der erste Einkauf, den er sich leistete, ein Motorboot neuesten technischen Standes, obwohl er doch bereits zwei besaß. Wenige Jahre später bei der Met-Premiere der »Fanciulla« »ergaunerte« er sich durch das Honorar für ein größeres Autograph ein besonders flottes Exemplar. Noch 1923 wurde dem überraschten Adami aus Viareggio mitgeteilt: »Ich habe vorgestern in Varezza ein Motorboot erworben, das über vierzig Kilometer in der Stunde macht. Es ist dasselbe, das in dem Rennen in Monte Carlo gesiegt hat, und ich bekomme es in zehn Tagen. Wenn Sie hierherkommen, werden wir Ausflüge machen und in ferne Nebelländer eindringen.« Puccini war auch 1920 einer der ersten Radiobastler seines Landes. Nichts Technisches entging ihm. In seinem Garten stolzierte er in den heißen Sommertagen mit dem Schirm unter einer künstlichen Regenanlage. Wie konnte es anders sein: bei seinen zahlreichen Ozeanüberquerungen standen die technischen Einrichtungen der Liner im Mittelpunkt des Interesses. Man sah ihn mehr im Maschinentrack als auf dem Luxusdeck. Überhaupt regten ihn alle Erfindungen an. Er suchte in Amerika Edison auf, ließ sich das Neueste vorführen. Dem Film konnte er absolut nichts abgewinnen – merkwürdig genug. Mit dieser Aversion war er bis zu seinem Tode konsequent. Er wich dem Film, wo er nur konnte, aus.

Puccini und die Frauen... Ein weites Feld, um mit Fontane zu sprechen. Er nannte sich in einer scherzhaften Briefformulierung einmal einen passionierten Jäger auf Wasservögel, gute Texte und schöne Frauen. Bei den Frauen lohnt es sich, zu verweilen. Welche Konsequenzen haben sie für sein Werk? Was den erotischen Untergrund seiner Opern anbetrifft: eine ganze Menge. Was die Gestalten präzis angeht: keine. Warum? Es gibt keinerlei biographische Verschlüsselungen in seinen Opern wie bei Wagner und Strauss, keine Mathilde, Judith und Pauline. Seine Opernfiguren stehen (wie vorher bei Verdi) für sich. Das ist bei Behandlung dieses Exkurses wesentlich. Wohl bleiben Schaffenskrisen nicht aus, die sich nur mit privaten Problemen erklären lassen; wir werden es bei der »Fanciulla del West« am konkreten Fall erwähnen müssen. Aber Stil und Substanz des einzelnen Werkes erheben sich, wie so häufig in der Musikgeschichte, über die Miseren des Privaten, schaffen sich ihren eigenen Raum.

»Ich bin immer verliebt, verliebt wie ein Zwanzigjähriger. An jenem Tag, da ich es nicht mehr sein werde, könnt ihr mich begraben.« Das hat Puccini einem Freund gesagt. Wenn die meisten seiner Opern Titelheldinnen haben, so ist das kein Zufall. Das Berückende, ja Verführende seiner Musik ist Ausdruck eines eminenten Kenners weiblicher Psyche. Daß der junge Giacomo für die nur ein Jahr jüngere Elvira Bonturi in großer Leidenschaft entbrannte, steht außer Frage. Allen jugendlichen Eskapaden in Mailand und später Torre del Lago zum Trotz war sie ihm treue Gefährtin, guter häuslicher Geist seines ungezügelten Lebens. Was konnte Puccini für seinen Ruf eines »homme des femmes«? Er sträubte sich nicht dagegen; und eigentlich ging ja alles ganz gut. Aber nach achtzehn Jahren eines gewiß nicht leicht zu tragenden, aber immer wieder durch Puccinis Kunst idealisierten freien Lebensbündnisses heiratete Elvira Anfang 1904 in Torre den geliebten Mann, als ihr Gatte, der Großkaufmann Geminiani gestorben war. Erst jetzt konnten die italienischen Gerichte die Trennung legalisieren. Aber die verspätete Heirat erleichterte die Sache nicht. Elviras gesellschaftliche Stellung geriet durch Giacomos Liebesaffären und Ehebrüche ins Gerede. Immer mehr fühlte sich der Maestro einer bürgerlichen Ehe entfremdet und suchte meist flüchtige Liebesbeziehungen zu jüngeren Frauen, wo immer sie ihm begegneten. Sollen wir außerordentliche Menschen mit den Maßstäben bürgerlicher Moral messen? Natürlich nicht.

Hätte Elvira die Ehe in andere Bahnen lenken, retten können? Das ist leicht gesagt. Puccini war zu Hause launisch, seinen Vergnügungen und Neigungen hingegeben. Im Kreis der Familie wurde nicht gefachsimpelt. Das Arbeitsklima blieb auf Zusammensein mit Ricordi und den Librettisten beschränkt. Es war wohl Elviras Fehler, sich zusehends in ihre eigene enge Sphäre zurückzuziehen. Eine tiefergehende innere Übereinstimmung war, was künstlerische Fragen betraf, je länger die Ehe dauerte, immer schwieriger. Am wirklichen Verständnis fürs Schaffen ihres Mannes mangelte es ihr. Man lebte sich auseinander. Von Jahr zu Jahr traten neben entschuldbaren Regungen wie Bitterkeit, Eifersucht, Mißtrauen auch solche zutage, die Puccinis Ehemisere verständlich machen: Elviras Neigung, persönliches Leid nach außen zu tragen, publik zu machen. Schon wenige Jahre nach der Eheschließung brach die Krise offen aus. Es kam zu einer häßlichen, den Maestro empfindlich treffenden Affäre. Puccini verließ monatelang Torre, reiste nunmehr meist allein, nachdem ihn noch 1905 seine Frau nach Buenos Aires, 1908 nach Ägypten und nochmals 1919 nach London begleitet hatte. »Glaube mir, mein lieber Tonio, die Zukunft sieht schwarz für uns aus. Ich möchte nicht zu ihr zurückkehren, aber ich kann nicht wollen, mich selbst zu begraben!« Welch verzweifelter Ausbruch gegenüber dem zu seiner Mutter haltenden Sohn! Erst am Ende seines Lebens schien etwas Milde und Güte die Resignation aufzuhellen. Puccinis letzter Gedanke auf dem Sterbebett galt »Turandot« und Elvira.

Carners Deutung einer »Liebe als Vernichtung der Existenz«, einer Vorliebe für »einigermaßen obskure und sozial tiefer stehende Frauen«, zu Partnern, »die ihn durch ihre Unterwürfigkeit anzogen«, läßt sich nicht verallgemeinern. Puccini sah in einer Frau immer die Liebende, sich Aufopfernde. Aber er hatte nichts gegen ein weibliches Wesen, das neben ihrem erotischen Fluidum auch noch feminine Klugheit und künstlerischen Nerv ins Treffen führen konnte. Beweis: Sybil Seligman. Warum wird sie bei dem Thema Puccini und die Frauen meist so peripher oder auch gar nicht behandelt? Alles das, was Elvira seit Mitte ihres Lebens nicht zeigen wollte und konnte: Einfühlungsvermögen, vielleicht sogar Einflußnahme auf das Lebenswerk ihres Mannes – all das besaß Sybil Seligman in hohem Maße. Puccini lernte die dreißigjährige, schöne und kapriziöse Frau eines Bankiers Oktober 1905 im Hause seines Jugendfreundes Francesco Paolo Tosti, der als Gesangslehrer in England lebte, in London kennen. Puccini war auf den ersten Blick heftig entflammt. Schon bald muß er jedoch die Grenzen dieser Liebe erkannt und in die Bahnen einer engen und dauernden Freundschaft gelenkt haben. Bestimmt war Sybil

Sybil Seligman

die Frau, die das Leben des damaligen Mittvierzigers am nachhaltigsten beeinflußt hat. Puccini sprach es 1906 in einem Brief an die Freundin ohne jede Einschränkung aus: sie sei der Mensch, der dem Verständnis seines Wesens am nächsten gekommen sei. Ihre Bildung, besonders auf dem Gebiet der Literatur, war umfassend. Unermüdlich trug sie Puccini Anregungen zu neuen Opernsujets zu. Sie besaß dafür ein feines Gespür, davon wird bei einzelnen Opernplänen zu reden sein. Mit Puccini verband sie aber auch eine heiße Liebe zur italienischen Oper, zur Glut der Melodie. Wir sehen Sybil fortan häufig in der Nähe des Maestro. Von Elvira und ihren Launen hielt sie respektvollen Abstand. Ein von ihrem Sohn Vincent edierter Briefwechsel ist Ausdruck dieser sich über ein amouröses Abenteuer erhebenden menschlichen Verbundenheit. (Dagegen fehlt uns jeder Einblick in die Ehekorrespondenz Elviras.) Puccinis Freundschaft mit Sybil währte lebenslang. Noch kurz vor seinem Tode besuchte sie ihn in Viareggio. Betroffen von seinem Zustand, riet sie, endlich einen wirklich erfahrenen Arzt zu konsultieren.

War Puccini glücklich? Für jemanden, der diesem Musiker die stimmige Lebensbilanz zieht, kann es nur heißen: ja, er konnte mit all dem, was er erreicht hatte, Popularität und Weltruhm fast aller seiner Opern, zufrieden sein. Ein entwürdigendes, armes, enges Erdendasein wie so manchem anderem schöpferischen Musiker ist ihm erspart geblieben. Aber glücklich? Wir wissen von Mozart, Schubert, Schumann, Tschaikowski, wie schwer dies von Fakten und Briefstellen abzulesen ist. Es gibt nichts Niederdrückenderes, als die von Sorgen und Not beschwerten Lebensläufe dieser Musiker zu verfolgen und es mit dem Schöpferischen in Relation zu bringen. Solange Puccini jung war, unterschied er sich in seinem Bohème-Leichtsinn kaum von anderen Musikern seiner Generation, obgleich ihn schon früh gewisse Stimmungen der Verlassenheit überfielen. Für das Weltschmerzliche, Melancholische, Depressive, das wir als wesentliche Merkmale des späten komplexen Puccini-Bildes zu akzeptieren geneigt sind, mag es einzelne Konfliktsituationen, früher Tod der Mutter, Familie, Krankheit, Librettosuche, als Erklärung geben. Aber es reicht als Begründung der Zweifel und lähmenden Niedergeschlagenheit vor allem in den reiferen Lebensjahren nicht aus. Liegt nicht näher, Puccinis grenzenlose Einsamkeit aus der seelischen Beschaffenheit, seinem Mitempfinden mit dem »Leid der Welt« zu deuten? Fühlte er sich, immer nach leicht eingängigen Melodien suchend und in schönen Klängen schwelgend, ins Abseits der Musikentwicklung gerückt? Empfand er gegenüber Mahler und Schönberg ein schlechtes Gewissen? Wir können es nur ahnen, denn Puccini, leicht verletzlich, hat sich darüber nicht ausgesprochen. Unleugbar: es gab eine Zeit, da lehnte sich in Italien der beste musikalische Nachwuchs gegen Puccini auf. Ein Mann vom hohen musikalischen Rang Gian Francesco Malipieros hat sich in diesem Kampf verzehrt; und auch Alfredo Casellas scharfe Attacken erlebten erst in späten Jahren eine versöhnliche Rücknahme. Sie warfen Puccini eine verbürgerlichte Mentalität vor. Als intellektueller Führer dieser Kampagne ist Fausto Torrefranco mit seinem Buch »Giacomo Puccini e l'opera internazionale« von 1912 anzusehen. Puccini hat, soweit wir sehen, mit keinem Wort dazu Stellung genommen.

Seine Depressionen entstammen einer übersensiblen seelischen Konstitution. Verunsichert durch Elviras Launen und durch den Krieg, überfiel ihn resignierende Trauer: »Meine Einsamkeit ist unendlich wie das Meer, flach wie die Oberfläche des Sees, schwarz wie die Nacht und grün wie Galle.« Da sind wir beim

Thema: wir wehren uns dagegen, die dunklen Schatten, die sich so bedrückend über das Leben legten, als unabänderliche Symptome eines romantisch-tragischen Künstlerschicksals zu bewerten. Hatte nicht auch Verdi seine nachdenklichen, schwermütigen Augenblicke? Italiener sind nicht immer nur unbeschwert sonnige Gemüter. Puccini gab seinem Schaffen zwar das Credo des »Nun sterb ich in Verzweiflung« aus »Tosca«, gewiß hat er mit diesen Cavaradossi-Worten sein Innerstes bloßgelegt. Aber er konnte auch lachen, ausgelassen sein. Man denke nur an die Stunden, in denen er mit den Freunden die Nacht zum Tag machte, an den tollen Kostümulk der »Bohème«-Feier. Daß sich der von so trüben Stimmungen gequälte Maestro am Ende des Weltkrieges den grandiosen Spaß des »Gianni Schicchi« einfallen ließ – wer vermag das zu erklären? Wie stimmt es mit den Sätzen eines nur zwei Jahre später an Adami gerichteten Briefes überein, der einen tiefen Blick in den Kern seines Wesens vermittelt? »Glauben Sie, ich bin glücklich gewesen? ... Ich habe stets einen großen Sack Melancholie mit mir herumgeschleppt. Ich habe gewiß keinen Grund dafür, aber so bin ich nun einmal, und so sind alle Menschen, die Herz haben und denen auch die geringste Dosis Leichtlebigkeit abgeht.« Hieraus folgert manches. Doch in Bezug auf ernst und heiter, schwer und leicht, dunkel und hell ist es zu subjektiv gesehen. So einfach verhält es sich nicht. Der Wechsel von »blitzender Freude« und »träumender Wehmut«, so rasch er sich oft vollzieht, ist der Musik immanent. Also der Leichtsinn der Jugend in »La Bohème«, die Todestraurigkeit der »Tosca«, das Fluidum weiblicher Hingabe in »Butterfly«, der Triumph des Eros in »Turandot«. Puccini selbst liebte beide Reiche, aber er unterschied sie. Nie ist seine Opernmusik auf nur einen Ton gestimmt.

Wie ungeheuer Puccini in seinen letzten Jahren von nervöser Lebensangst geschüttelt wurde, wie er diesem Dasein psychisch kaum noch gewachsen war – davon zeugt ein sonderbares Gedicht vom März 1923. Es besitzt mit seiner Signatur des Trivialen keinen literarischen Wert. Zu viel sagt es auf einmal und zu direkt aus. Immerhin: das erotische Moment bleibt bei diesem Ausbruch eines Verzweifelten ausgespart. Psychoanalytiker haben es leicht, einen Minderwertigkeitskomplex zu diagnostizieren. Welcher konkreten Situation die Verse (die wir in Marggrafs deutscher Übersetzung übernehmen) ihr Entstehen verdanken, wir können es nur ahnen. Es genügt zu wissen: Puccini fühlte sich krank.

Ich habe keinen Freund
und fühle mich einsam,
auch die Musik macht mich traurig.
Wenn der Tod
kommt, mich zu rufen,
werde ich glückliche Ruhe
finden.
Oh, wie hart ist
mein Leben!
Doch vielen
erscheine ich glücklich.
Aber meine Erfolge?
Sie sind vergangen...
und wenig blieb.
Sie sind vergänglich:
das Leben geht weiter
zum Abgrund.
Wer jung ist,
freut sich der Welt.
Aber wer bemerkt
dies alles?
Schnell vergeht
die Jugend,
und das Auge ergründet
die Ewigkeit.

Ein Nachzügler der belle époque in Konnex mit nationaler und
gesellschaftlicher Entwicklung, geglückten und gescheiterten
sozialen Reformen, Weltkrieg, Entfaltung von Wissenschaft,
Technik, Industrie? Sicher ist es schwieriger als bei anderen großen Musikern des anbrechenden Jahrhunderts, Puccini in diesem
Zusammenhang gerecht zu werden. Er fühlte sich als unpoliti-
scher Künstler, als ob eine Isolierung von Zeit und Gesellschaft
auch für ihn ernstlich in Betracht kommen konnte. Die tägliche
Zeitungslektüre genügte ihm zur Information. Die politischen
Tagesgeschehnisse haben ihn, selbst im Vorfeld seiner Opern und
deren Uraufführungen, immer nur flüchtig erreicht. Zu den Großen des Geisteslebens stand er in Verbindung. Am königlichen
Hof war er gern gesehener Gast. Politische und künstlerische Fragen suchte er, soweit es ging, zu trennen. Wie konnte es anders
sein: der Ausbruch des »abstoßenden« Weltkriegs lähmte ihn.
Selbst sein liebgewordenes Torre del Lago war nun kein Idyll

mehr, die Erholung dahin. Daß Tonio zum Militär einberufen wurde, mußte ihn beunruhigen. Eine der vielen Klagen und Beschwichtigungen dieser Jahre, an Adami 1916 gerichtet: »Was für ein klägliches Leben führt man doch! Ich habe diese Monate in einem schrecklichen Zustand verbracht! Was für eine zwecklose Sache ist doch die Kunst! Aber für uns ist sie eine Notwendigkeit, für Geist und Körper...« Als Puccini Anfang des Krieges die Uraufführung der »La Rondine« für Wien plante, zog er sich die Mißgunst seiner Landsleute und besonders der Franzosen zu, die ihm Deutschfreundlichkeit vorwarfen. Der Angriff Léon Daudets in der »Action française« nötigte ihn zur einzigen öffentlichen Erklärung seines Lebens. Nun war er doch mitten in der Politik! Er handele jederzeit nur als Italiener. Ein seltenes patriotisches Bekenntnis!

Es sah nicht gut aus. Die heile bürgerliche Welt, an die sich Puccini mit seiner idealistischen Kunst wandte, war endgültig aufgerissen. Kriegsende, Wirtschaftskrise, Wechsel der Regierungssysteme, Oktoberrevolution. Hatte es überhaupt noch Sinn, Opern zu komponieren? Mußte man nicht eigentlich ganz von vorn anfangen, Neues hinzulernen? Puccini hatte sich für den »Trittico« entschieden und betrat mit diesem Einakterzyklus inhaltliches und dramaturgisches Neuland. Mochte man ihn im Vergleich zu anderen einen »Konservativen« nennen, ein »Reaktionär« war er nicht. (Von der Untauglichkeit der Methode, politische Begriffe und ästhetische Wertungen zu verquicken, war er überzeugt.) Vielleicht dies: »Bohème« und »Butterfly« zeigen soziale Aufmerksamkeit, zeichnen das Milieu mit realistischer Genauigkeit, appellieren ans Mitgefühl des Hörers. »Il Tabarro« bezieht Stellung, fragt nach sozialer Herkunft und Perspektive. Keinesfalls können wir uns entschließen, jene »marxistische« Passage des Werkes, die Carner so störte, als zufällig hinzunehmen. Die Klage des Kohlenlöschers Luigi über das harte Los der sozial Unterdrückten vom Seine-Kai fand sich nicht im Drama Didier Golds. Puccini hat sie hinzugefügt. Eine Ahnung von der Kraft des Pariser Proletariats verbirgt sich dahinter. Zehn Jahre früher hätte Puccini die erstaunlichen Worte nicht gewagt.

Nachkriegszeit. Die Unzufriedenheit der Arbeiter, vor allem in den Industriezentren des Nordens, führt zur Krise des Kapitalismus. Wie Deutschland, erlebt Italien unruhige Jahre, Zerissenheit, Inflation, Streik. Hieraus entsprang auch für Puccini eine gewisse Verbitterung über die mangelnde Kontrolle des Staates, der alles treiben ließ. Nach seiner Rückkehr aus London, Juni 1919, wo ihm englische Prosperity und Ordnung imponierten, schrieb er an Gilda Dalla Rizza: »Wie trauere ich den Tagen in London nach! Hier ist alles morsch, man lebt schlecht, ohne Ordnung, ohne einen staatlichen Schutz. Man sagt, Giolitti wird es schon schaffen, bis jetzt ist alles jämmerlich.« Noch fühlt sich Puccini in Torre del Lago geborgen. Aber er spielt mit dem Gedanken, den bedrückenden Verhältnissen zu entfliehen. »Wie gern würde ich im Auslande leben.« Die Reisen sind weiterhin mit großen Schwierigkeiten verbunden. Nicht einmal an der Uraufführung seines »Trittico« Ende 1918 an der Met in New York kann er teilnehmen. Am besten gefallen ihm noch die Reden des Senators Luigi Albertini, des Direktors des »Corriere della Sera«, eines glühenden Konservativen, der mit den Faschisten abrechnet und gegenüber den Sozialisten nichts verschweigt. »Mir hat die Rede von Albertini im Senat sehr gefallen«, heißt es als Postscriptum in einem Brief an Simoni vom 21. Juni 1921. Puccinis konservative Haltung ist unverkennbar.

Die Lage spitzte sich zu. Radikale Elemente gingen auf die Straße. Wie reagierte Puccini auf die nicht zu übersehenden Anfangserfolge der Schwarzhemden? Er wurde aufmerksam, sprach mit Freunden darüber. Er verhielt sich voller Neugier und Hoffnung wie der Großteil des italienischen Bürgertums, der sich von Mussolinis Machtübernahme Festigung der innenpolitischen Situation erhoffte. »Und Mussolini?«, schreibt Puccini wenige Tage nach dem Einmarsch des »Duce« Oktober 1922 in Rom an Adami. »Möge er der sein, den wir brauchen. Es wäre gut, wenn er gegen die alten Schäden vorginge und unserem Land ein wenig Ruhe schenkte.« Der gleiche Ton unbekümmerter Zuversicht ein Jahr später, gleichfalls an Adami: »Wer weiß, vielleicht wird Mussolini etwas Ordnung in unsere Wirtschaft bringen? Ich hoffe es.« Die Gefährlichkeit von Ideologie und System zu durchschauen, war ihm nicht gegeben. Er ließ sich, wie so viele, von der mächtigen Fassade blenden. Selbstzufriedenheit? Umweltblindheit? Zwar vermochte er sich der unmittelbaren Einflußsphäre der Faschisten zu entziehen, wird nicht Mitglied der Partei – jedoch Ehrenmitglied. Mussolini log, freilich mit einer gewissen Geschicklichkeit, als er den Worten der »Ergebenheit, der Bewunderung und des Schmerzes« nach Puccinis Tod Ende November 1924 im Abgeordnetenhaus hinzufügte: der Maestro hätte vor einigen Monaten die Mitgliedschaft der P.N.F. erbeten. Wahr ist nur die Ehrenmitgliedschaft, die ihm im Frühjahr des Jahres von der Federation in Viareggio angetragen wurde. Das war peinlich, aber offenbar nicht zu verhindern. Denn Elvira und einige Freunde zeigten sich um die Unklugheit einer öffentlichen Verweigerung besorgt. Diesem Kompromiß zu entgehen, fehlte Puccini wohl schon die gesundheitliche Kraft. Noch September 1924 hatte ihm Mussolini den Titel eines »Senatore del Regno« vom König besorgt, den der Maestro gegenüber Freunden respektlos als »Sonatore del Regno« quittierte.

Puccinis »Faschismus«, wenn man überhaupt von einer solchen Neigung sprechen darf, entsprach dem Anpassungsbedürfnis und Temperament eines wohlhabenden Bürgersohns aus Lucca. Was sollte eine vaterländische Hymne »Inno a Roma«, Frühjahr 1919 auf Anregung des Fürsten Prospero Colonna als Gelegenheitswerk nach Fausto Salvatoris Text komponiert und der Prinzessin Jolanda von Savoyen gewidmet? Sie floß ihm nicht leicht aus der Feder. In einer Mischung von Respektlosigkeit und Unlust bezeichnete er die Hymne in einem Brief an Elvira als eine »schöne Schweinerei«. Als hätte Puccini die weitere Bestimmung dieses Unisono-Festchores geahnt: die Faschisten erklärten ihn drei Jahre später zu einer ihrer offiziellen Hymnen.

Nichts Trüberes und Deprimierenderes als die einzige persönliche Begegnung mit Mussolini! Ein tiefes Bedürfnis, in Fragen größerer künstlerischer und gesellschaftlicher Tragweite nicht abseits zu stehen, verbot es Puccini, sich einer schwierigen Mission zu entziehen. Den Mann der Macht wollte er für den Plan eines nationalen Fonds gewinnen, der den neu erscheinenden Werken zugute kommen sollte und dessen Quoten auch nach Erlöschen der Privatrechte auszuzahlen wären. Ein faschistischer Journalist, Davanzati, interessierte sich für den naiven Plan und versprach, sich für eine Audienz bei Mussolini verwenden zu wollen. Noch einen alten Lieblingsgedanken wollte Puccini bei dieser Gelegenheit ins Gespräch bringen: die Idee eines staatlichen Operntheaters, das für erstklassige Produktionen italienischer Opern, auch im Auslande, garantieren würde. Aber der Stiernacken zeigte nur Hochmut und Kälte. Der Mann kann sich gegenüber dem ersten Musiker seines Landes nicht einmal benehmen. Als sich Puccini in dem riesigen Arbeitszimmer im Palazzo Chigi in Rom befand, tat Mussolini so, als ob er ihn gar nicht bemerke, ließ ihn an seinen Schreibtisch herankommen, blätterte weiter in seinen Papieren, bis er dann endlich aufschaute: »Und Sie? Was wollen Sie?« Puccini erschrak. Das folgende »Gespräch« war eher ein »Monolog«. Er kam gar nicht dazu, die neuen Autorenrechte darzulegen. Die Idee eines staatlichen Opernhauses fegte Mussolini mit einer Handbewegung vom Tisch: »Nein, nein, das geht nicht! Dafür haben wir noch kein Geld. Eine solche Initiative müßte würdig sein, den Namen Roms zu tragen.« Entlassen. Verstimmt und mißmutig kehrte der Maestro nach Torre zurück, begreiflich. Wagner hatte es mit seinem König leichter gehabt.

Wem Puccinis Leidenschaft für Jagd, Technik und vielleicht auch Frauen suspekt erscheint, der wird wohl vorsorglich nach seinem sonstigen Zeitvertreib Ausschau halten. Wie stand es mit seiner Bildung, seiner Aufgeschlossenheit gegenüber Literatur, Malerei? Puccini besaß keine umfassende »klassische Bildung«, Goethe, Verdi, Wagner oder Strauss vergleichbar. Seine Kenntnisse von Geschichte und Mythologie hielten sich in Grenzen, auch fremde Sprachen beherrschte er nur unvollkommen. Dagegen interessierte er sich zeitlebens für fremde Kulturen, für das Exotische, wovon seine Opern profitieren. Er war auch kein »Bildungsmusiker« im Sinne eines Essayisten, Kommentators oder Briefschreibers literarischer Diktion. Aber er war insofern ein typischer Italiener, als er mit der Kultur seines Vaterlandes, vor allem der Toskana, von Haus innig vertraut war. Er liebte seinen Dante, Gozzi, Goldoni (wenn auch diesen aus spürbarer Distanz) und bewunderte die Großen der italienischen Malerei und Plastik, Michelangelo, Tizian, Raffael, ohne darüber große Sprüche zu machen. Italiener sind keine Bildungsprotzen. Ihr Verhältnis zu den Zeugnissen ihrer nationalen Kunst ist einfach und natürlich. (Man vergleiche nur die schlichte Würde Verdis in seinem Verhältnis zu seiner künstlerischen Umwelt mit der heroischen Pose Wagners.) Puccini verstand es in hohem Maße, diesen kulturellen Besitz seinem Opernschaffen nutzbar zu machen. Ob ihm der mit Liebhabereien und Neigungen randvoll angefüllte Alltag überhaupt Zeit für systematische Buchlektüre ließ? Man könnte es bezweifeln. Nicht immer verspürte er das Bedürfnis, sich neben einer neuen kompositorischen Arbeit einem anderen geistigen Gegenstand zuzuwenden. In enge Beziehung zu seinem Leben rückte der Jugendstil des ausklingenden Jahrhunderts, an der Einrichtung seines Hauses in Torre del Lago abzulesen. D'Annunzio und seine dekadente Geisteswelt fesselten ihn, den aufkommenden Realismus Frankreichs und Rußlands nahm er zur Kenntnis wie die Wiener Literatur, Kunstgewerbe, neuen Städtebau, Sezessionismus, kaum Marx und Freud. Eine geistige Stimulanz benötigte er nicht unbedingt. Fassen wir diese Abschweifung zusammen: Puccini, gegenüber den geistigen Phänomenen seiner Zeit eher naiv als kompliziert, war die südländische Einfachheit einer Kunstanschauung eigen, wie wir sie häufig bei den Romanen finden. Er war in erster Linie Musiker.

Schon der junge Puccini verband einen Zug mondäner, chevalresker Männlichkeit mit einer weichen, zarten Seele. Diese gewinnende Haltung wandelte sich mit zunehmender Reife in die eines rustikal-urbanen Grandseigneurs. Sein Fühlen und Denken darf man in seinem Verhältnis zu den Mitmenschen, und zwar zu den gebildeten wie einfachen Ständen, eher scheu als selbstbewußt, eher empfindsam als bestimmend, nennen. Aller Lebenskomfort, der ihn mindestens seit dem »Bohème«-Erfolg umgab, hat daran nichts geändert. Dabei wußte Puccini sehr genau, was er konnte, was er im Reich der Oper verkörperte. Falsche Bescheidenheit lag ihm gar nicht. Er kannte keine Eitelkeiten, keine Unehrlichkeit. Bis an sein Lebensende war er sich seiner selbst und der Stellung bewußt, die er mit seinem Schaffen in der Musikgeschichte einnahm, und war deshalb fähig, die Distanz nach »oben« (Beethoven, Wagner, Verdi), aber auch nach links und nach rechts und nach »unten« realistisch abzuschätzen. Zu politisch-gesellschaftlich Avancierten verhielt er sich zwanglos. So überraschte er bei einem Besuch am königlichen Hof in Rom mit der Bitte, man möge ihm doch alle hübschen Prinzessinnen vorstellen, die denn auch herbeigerufen wurden. In der Theaterpraxis stellte er seine Forderungen, griff in die Proben ein, vermied aber laute Probeneklats. Im Gegensatz zu Verdi war er bei der Vorbereitung seiner Werke nicht »gefürchtet«, geizte nicht mit Lob. Übrigens wollte Puccini seine Erfahrungen und Einsichten dem gesamten Opernwesen seines Landes zugute kommen lassen. Genauer: seine Anregungen zielten auf allgemeine musiksoziologische Notwendigkeiten. Den Ehrgeiz, sich aktiv an einer Opernproduktion, vor allem als Dirigent, zu beteiligen, besaß er nicht. Vermutlich konnte er nicht dirigieren.

Provinzielle Züge? Gewiß gab es auch sie. Puccini handelte zuweilen eng und egozentrisch. Jedenfalls war er gegenüber Komponistenkollegen, die ihm mit ihrem Opernsujet zuvorkommen wollten, nicht eben zimperlich. Hier reagierte Puccini keineswegs nach normalen bürgerlichen Moralanschauungen »fair«. Franco Zeffirelli, dessen Vorfahren noch mit dem Maestro befreundet waren, nennt ihn »sehr provinziell, einen Ignoranten, völlig intuitiv. Er wußte immer, was wichtig ist. In seinen Opern hat er nie etwas gemacht, was ihm nicht nützlich war, er war ein genialer Praktiker...« Das liest sich nicht angenehm. Aber vielleicht gehört es zu einem so komplexen, nicht eigentlich harten Charakter. Puccini hat zeitig erfahren müssen, wie schwer es ist, sich als Komponist durchzusetzen. Seit »Manon Lescaut« zeigt er diese »Rücksichtslosigkeit«, wenn es um sein Werk geht. Es gibt nur wenige Musiker, die so zielbewußt alles auf den eigenen Erfolg (und nur auf diesen) gesetzt haben.

Sicher war Puccini selbst mimosenhaft, überempfindlich, leicht erregbar. Genauer: er fühlte sich oft indisponiert, gar krank, ohne daß er es in streng medizinischem Sinne war. Seine Sensibilität hatte zuweilen etwas Überreiztes. Er hielt nichts davon, in seinen Briefen seine Stimmungen zu bagatellisieren. »Ich bin maßlos abgespannt und müde« oder »Ich habe Nerven, so lang wie Schlangen«, hieß es in der Zeit der Arbeit an der »Fanciulla«. Denkt man an andere große Komponisten, so sind es freilich keine ausgesprochenen »Schicksalsschläge«, die ihn aus der Bahn bringen. Es sind Disparates, Stimmungen, Krisen, die das Kreative hemmen. Die ersten Anzeichen von Diabetes, die ihm den geliebten Wein verboten und den Kaffee nur mit Sacharin gesüßt gestatteten, mögen etwa 1910 zu datieren sein. Nur der Zigarettenkonsum erhöhte sich. Eine gewisse Ungeduld und Gereiztheit in vielen brieflichen Äußerungen war unverkennbar. Als das bedrohliche Halsleiden in den letzten Lebensjahren sogar dies Tabaklaster verbot, entstand für Puccini eine bedrückende Situation. Er glaubte einfach nicht, aufs tägliche Rauchen verzichten zu können. Er quälte sich durch den Tag. Blieb ihm noch Zeit, sein neuerbautes Haus in Viareggio zu genießen? Es wurde trotz der Freundesbesuche zur Einöde eines alternden Mannes. Es gibt wenig schöpferische Musiker, die wie er die Einsamkeit und Stille suchten. Aber der gleiche Künstler war zu anderer Zeit auch gesellig, umgab sich mit Freunden. Wie er das eine mit dem anderen verband, in Beziehung setzte, ist bezeichnend, erklärt manches seines jähen Stimmungswechsels. Der gleiche Tag, an dem Puccini seiner Lebensangst in beklemmenden Briefaussagen Ausdruck verlieh, konnte ihn im Kreise der Freunde von »Leben« sprühen sehen. Es ist, als ob er bei solcher Gelegenheit seiner psychischen Erschöpfung ein Schnippchen schlagen wollte. Die vielen Berichte von Freundeshand, die ihn in dieser Weise beschreiben, widersprechen sich nicht: er konnte als Mensch völlig gelöst sein. Er liebte das heitere Gespräch, das Lachen, das Kartenspiel. Daß von ihm nur wenig amüsante Episoden, Späße überliefert sind, fällt wohl auf. Er hatte nicht die Gabe zu witzig pointierten Formulierungen. Man hat ihm zum Glück auch keine nachträglich in den Mund gelegt.

Freundschaft ist ein Geschenk, und Puccini hat es genossen. Er hat sich seine Freunde nie aussuchen müssen. Je reifer er wurde, desto mehr Menschen meist bedeutenden Ranges gewann er für sich. Es sind Maler, Schriftsteller, Verleger, Ärzte, mit denen er, wie mit Sybil und seinen Schwestern, auf vertrautem Fuße stand. Zu seinen früheren Freunden gehören Alfredo Caselli in Lucca, Pietro Mascagni und Ruggiero Leoncavallo in der Mailänder Zeit. Die Librettisten Marco Praga, Luigi Illica und Giacomo Giacosa stießen bald hinzu. Vielleicht war ihm der weiche Giacosa, der schon 1906 starb, der liebste. Mit Illica hatte er sich seit geraumer Zeit überworfen, aber sein Tod 1919 berührte ihn tief. Schon verhältnismäßig früh traten der Jurist und Ricordi-Mitarbeiter Carlo Clausetti, der Dirigent Arturo Toscanini, der ihm über alle Höhen und Tiefen ihrer Freundschaft bis zu seinem Tode die Treue hielt, die Maler Guido Marotti und Ferrucio Pagni und der Musiker Francesco Paolo Tosti in seinen engeren Kreis; später sollte noch der junge Guido Menotti hinzukommen. Intime Freundschaftsbande draußen in der »Musik-Welt« wurden nicht geknüpft. Nur einer stand ihm bis in die letzte Lebenszeit sehr nahe: Franz Lehár. Über diese eigenartige Freundschaft äußerte sich Lehár 1940 in einem Wiener Radiointerview: »Uns verband eine wirklich tiefe, aus innerem Herzen kommende Freundschaft. Sie war begründet auf völlige Übereinstimmung unseres musikalischen Empfindens, auf gegenseitiges Verstehen dessen, was wir in Tönen ausdrücken wollten, ja mußten.« Gegenüber Sängern legte sich Puccini, auffallend am Beispiel Carusos, eine gewisse Reserve auf, er wußte wohl warum. Nur eine Ausnahme: Maria Jeritza. Die attraktive, in ihren großen Puccini-Rollen umwerfende Wiener Primadonna verehrte er über alles. Die Jeritza hat Puccini zu seiner »Turandot« inspiriert. Ihr Bild, blond, herausfordernd und mit Sex, stand auf seinem Arbeitsplatz in Torre und Viareggio.

Wir kommen zum Schluß des Kapitels, das Puccini und seinem Lebenskreis gewidmet ist. Von zwei Männern ist noch zu spre-

146

chen, die ihm, rückschauend, in besonderem Maße verbunden waren. Seine Briefe an den zweiundzwanzig Jahre jüngeren Schriftsteller, Filmregisseur und Journalisten Giuseppe Adami, den er 1912 durch Ricordi kennenlernte, und mit dem er rasch Freundschaft schloß, schlagen einen neuen Ton an: persönliche Bekenntnisse mit einem Anflug des Emotionalen, gemischt von Frohsinn und Nachdenklichkeit, immer aufs eigene Werk reduziert. Es sind die wertvollsten Briefe, die wir von Puccini kennen. An den »lieben Adamino« war auch Puccinis letzter Brief aus Brüssel, zwei Tage vor der unheilschweren Operation, gerichtet. »Jetzt beginne ich zu hoffen…« Kaum zu ersetzen das enge Bündnis mit Giulio Ricordi. Er war schon früh auf Puccini aufmerksam geworden und auch unbestritten im Mailänder Verlagsbüro der Wortführer, als die »Bohème« skizziert und besprochen wurde. Während des heftigen Disputs geriet Puccini in solche Aufregung, »daß er hinterher seine Hände maniküren lassen mußte, da er am Nachmittag seine ganzen Nägel abgekaut hatte«. Giulio war ein ungewöhnlicher Mann: Musiker, Schriftsteller, Theatermann, Editor in einem. Sein Vorfahre Giovanni hatte bei Breitkopf & Härtel in Leipzig das Verlagsgeschäft gelernt. Bereits 1838 umfaßte sein Katalog über 10000 Werke; viele Opern wurden in seinem Haus geboren. Heute enthält der Ricordi-Katalog ein paar hundert Opern. Giulio führte »Aufführungsrechte« für seine Autoren ein und hat seitdem die Bedingungen diktiert, unter denen die Werke angenommen werden müssen. Die Casa Ricordi verstand es, ohne Hektik von Verdi auf Puccini umzuschalten. Der Maestro wiederum konnte sich jederzeit auf seinen guten Geist verlassen. Musisch empfindend, folgten beide den gleichen künstlerischen und praktischen Zielen, besaßen die gleiche Antenne nach innen und außen. Liebevoll-vertraulich nannte Giulio den Freund »Il Doge«. Sein Tod im Jahre 1912 war für Puccini ein unermeßlicher Verlust. »Zur Kunst gehören zwei«, hat Bartók gesagt.

Roma, 17. Juni 1800

Die Welt klang 1900 nicht mehr so harmonisch, wie Puccini sie hören mochte. Aber »Tosca« war nicht aufzuhalten, sie lag gleichsam in der Luft. Der Stoff, das Sardou-Drama, hatte Puccini schon im Frühjahr 1889 sofort und stark gepackt. Als er die zwei Jahre früher erschienene überaus erfolgreiche »La Tosca« mit der berühmten Sarah Bernhardt im Mailänder Teatro Filodrammatica sah, stand sein Entschluß fest. Das Stück wurde im französischen Original gespielt. Doch auch ohne der französischen Sprache mächtig zu sein, vermochte er ihm Szene für Szene zu folgen – für Puccini das wichtigste Kriterium! Wir haben allen Grund, seinen literarischen und dramaturgischen Spürsinn zu bewundern. Er war sich über die theatralischen Wirkungsmöglichkeiten, den »effetto« einer noch zu komponierenden Oper klar. Das Wesentliche erkannte er: »In dieser Tosca sehe ich die Oper, die mir auf den Leib geschrieben ist, eine Oper ohne übermäßige Längen, die wirkungsvolles Theater ist und Gelegenheit für eine Fülle von Musik bietet« (an Giulio Ricordi). Dennoch gingen sechs Jahre ins Land, bis er sich wieder dem verlockenden Projekt zuwandte. Er fühlte sich 1889 für die heißblütige Sprache, die explosive Hochdramatik noch nicht reif, nicht fähig des großen »Wurfs«. Wie mag Sardou auf den Vorschlag einer italienischen Tosca-Oper reagiert haben? Eine Antwort erhielten weder Ricordi noch Puccini. Man war wohl noch nicht berühmt genug, in Frankreich jedenfalls so gut wie unbekannt. Das sollte sich bald schon ändern.

Herbst 1894, an der Schwelle zum Weltruhm, war die Situation völlig anders. Die romantische Emphase der »Manon Lescaut« und die poetische Wärme der »Bohème« wurden von den jähen Leidenschaften und härteren Konturen des aufbrechenden Verismo aufgehoben. »Cavalleria rusticana«, »Pagliacci«, vor allem aber der historisch üppig ausstaffierte »Andrea Chénier« Giordanos blieben bestimmt auf Puccinis Denken und Handeln nicht ohne Einfluß. Bestimmt? Der Verismo war von verhältnismäßig kurzer Dauer, verflüchtigte sich im neuen Jahrhundert bald und sollte in Puccinis Œuvre nur noch in »Il Tobarro« aufflackern. Es ist schon so: jede Puccini-Oper hat ihre eigene Welt. Ein Sujet von der Schlagkraft der wohlklingenden Folter einer »Tosca« entspricht der Vorstellung eines Stücks Oper, das in seinen Affekten von Blut und Bravour, Schrecken und Schönheit, Leidenschaft und Leid, Grandezza und Glut »aufs Ganze geht«. In Wahrheit weist die genau auskalkulierte Verbindung von Eros, Weihrauch und Sadismus beträchtlich über das hinaus, was Zola, Flaubert oder Mérimé in die französische Literatur eingeführt und was dann Verga und Capuana in Italien aufgenommen haben. Sie ist Sardou mit allem erhöhten Blutdruck des Eros. Sie greift dessen Schauspiel beim Schopfe, reißt es für ihre musikdramatischen Zwecke hoch.

Das Resultat? Das schöne und wilde Schaustück »Tosca«, die südliche Theateroper schlechthin. Sicher erfüllt sie bestürzend die Zeitforderung, eine »grausam verkettete Wirklichkeit« auf die Bühne zu bringen. Welch ungeheuerliche Oper! Es gibt nach Ponchiellis »La Gioconda« nur wenige Beispiele solcher Extreme von Gut und Böse, Schönheit und Schrecken. Vor allem Cavaradossis Folterung, die im zweiten Akt nicht dem Beschauer, wohl aber dem Hörer kraß vorgeführt wird, verlangt gute Nerven. Das gilt insbesondere für die Schmerzensschreie des Gepeinigten, welche die Musik zum Schweigen verurteilen. In einer Zeit, die noch von Wagners hochromantischer Phantasiewelt zehrte, war das kaum nach jedermanns Geschmack. Sprach Mahler wenigstens noch von einem »Meistermachwerk«, so nannte Strauss in seinen alten Tagen »Tosca« bedenkenlos einen »notorischen Kitsch schlechter Sorte«. Noch Oscar Bie denunzierte das Werk als »Schlächterarbeit im Kleide des Liebenswürdigen, lächelnder Mord«. Das mag genügen. Man fragt sich, was es nun eigentlich mit dem so »peinlichen« Opus auf sich hat. Die Antwort fällt leicht, weil wir heute auf Grund gesicherter gesellschaftlicher und kulturhistorischer Entwicklungslinien des 19. Jahrhunderts sagen können: die Jahrhundertendzeit drängte auf Schonungslosigkeit der Zeichnung von Milieu und Stimmung. Ein perfekter Opern-Schocker, der sich freilich nach Götz Friedrichs einleuchtender Interpretation nicht als Ansammlung historischer Fakten, sondern als artifizielle Historik artikuliert. Entfesselt, gesteigert und überhöht durch den flammenden Ton einer großartigen Partitur. »Nur der Schönheit weih' ich mein Leben« und »Nun sterb' ich in Verzweiflung«, der Musiker konnte es nur so und nicht anders verkünden, um was es ihm in seiner Oper ging. Vielleicht spüren wir heute sogar mit Beklemmung, wie hier manches vorgeführt ist, was später als grauenvolles Inferno über Europa hinwegraste. Die Bewährung des Menschen gegen die Macht des Bösen ist gestaltet. Kann das

Puccini in der »Tosca«-Zeit

schon Zuversicht sein? Wir haben es bei »Tosca«, so betrachtet, mit Puccinis einheitlichstem, dramatischstem und sicher bekenntnisstärkstem Kunstwerk zu tun.

Noch einmal: die »Tosca« mußte kommen. So sehr auch Puccini dem Stoff vertraute, die Initialzündung war vermutlich die ungewöhnliche Reaktion des von ihm grenzenlos verehrten Verdi. Der greise Maestro hatte schon seit »Le Villi« sein Interesse an dem damals vierunddreißigjährigen Toskaner bekundet. Eine Begegnung, durch Boito vermittelt, verstärkte noch die Gefühle freundlicher Sympathie. 1889 fand auch »Edgar« in Verdi einen klugen Ratgeber und Förderer. Das alles mußte Puccini stark berühren und anspornen. Als sicher gilt: Verdi, mit der Regie seines »Otello« an der Grand Opéra beauftragt, hielt sich Herbst 1896 zu gleicher Zeit in Paris auf, als Illica in Franchettis Begleitung Sardou seine erste Opernversion der »Tosca« vorlas. War Verdi,

Freund und Altersgenosse des Dichters, dabei anwesend? Fraccaroli behauptet es, aber von der rührenden Szene erwähnt er kein
Wort, sie ist auch unwahrscheinlich. Verdi habe bei der Stelle, an
der Cavaradossi Abschied vom Leben und seiner Kunst nehmen
muß, Illica erregt das Libretto entrissen und dies Bekenntnis mit
zitternder Stimme wiederholt... Dagegen ist folgendes verbürgt.
Sardou hatte Verdi sein Schauspiel »La Patrie« zur Vertonung
angeboten, und dieser antwortete: wenn er nicht zu alt wäre,
würde er sehr gern von ihm komponieren – die »Tosca«! Verdi war
damals dreiundachtzig! Die Wirkung auf Puccini konnte nicht
ausbleiben. Auf solche Impulse reagierte er blitzschnell. Kurzum:
»Tosca« trat in seine Werkstatt. Als Verdi davon erfuhr, soll er zu
Ricordi gesagt haben: »Puccini hat ein gutes Libretto. Glücklich
der Komponist, der es in den Händen hat.«

Ein egoistisches Motiv kam hinzu. Puccini wollte den Stoff, dessen Operntauglichkeit er als erster erkannt hatte, nicht seinem
Konkurrenten Alberto Franchetti überlassen. Der 1942 verstorbene Zeitgenosse war ihm mit dem Werk zuvorgekommen, und
Puccini zeigte sich betroffen. Illica hatte dem anderen das Libretto
geliefert, wahrlich keine Freundschaftsgeste. Da aber Verträge
den Sinn haben, eingehalten zu werden, gab es nur die eine
Chance, an das so glühend begehrte Sardou-Drama heranzukom-
men: Franchetti zum freiwilligen Verzicht zu bewegen. Vom
gemeinsamen Verleger Ricordi wurde der Bedauernswerte regelrecht in die Zange genommen, vorhandene Zweifel an der
Eignung des blutrünstigen Stoffs wurden genährt und gemehrt.
Wer tat hier wem unrecht? Franchetti besaß Kenntnis von
Puccinis Opernplan und hatte rasch zugegriffen. Puccini war auf
seinen eigenen Vorteil bedacht, wir müssen es hinnehmen. Jedenfalls wußte der alte Fuchs Ricordi genau, wer ihm die bessere Oper
schreiben würde, und fügte sich seiner undankbaren Mission. Die
Entscheidung der Librettojagd fiel Sommer 1895. Franchetti trat
von seinem Vertrag zurück, wie er es kurioserweise schon einmal
einige Jahre vorher bei »Andrea Chénier« zugunsten Giordanos
getan hatte. Puccinis endgültiger Triumph spricht aus dem an
Clausetti gerichteten Telegramm vom 9. August: »Die Tosca
werde ich machen, Libretto von Illica hervorragend, drei Akte,
Sardou vom Libretto begeistert.«

Vor dem Hintergrund der napoleonischen Zeit rollt die Hand-
lung der Oper binnen vierundzwanzig Stunden in Rom ab. Neun
Monate sind seit dem Sturz der Republik vergangen. Scarpia, der
Chef der römischen Polizei, hat ein Terrorregime errichtet, das

jede republikanische Regung im Keime ersticken soll. Was geschieht? Ein Gehetzter, der Widerstandskämpfer Angelotti, flüchtet in die Kirche. Der Maler Cavaradossi liebt eine schöne Frau, von der man kaum mehr erfährt, als daß sie eine große Sängerin namens Floria Tosca ist. Scarpia läßt den Maler in Gegenwart der auch von ihm begehrten Diva foltern. Sie erdolcht Scarpia, da er sie selbst als Rettung für den Geliebten fordert. Der Maler wird wirklich erschossen, nicht nur, wie versprochen, zum Schein. Tosca, bereits von den Schergen verfolgt, stürzt sich von der Engelsburg in die Tiefe. Dies in knappen Zügen die Handlung, die Puccini dem Stück von Sardou entnahm und wie sie ihm für seine Oper genügte. Daß man sie nur im großen historischen Konnex sehen kann, ergibt sich zwangsläufig. Darauf wäre zurückzukommen.

Jahre des Übergangs. Jahre immer neuer Überlegungen, Bedenken und Einsichten, wie es weitergehen soll. In seinen Briefen hat Puccini »Tosca« seit ihrem ersten Anlauf von 1889 mit keinem Wort mehr erwähnt, was viel heißen will. Er wandte sich zunächst anderen Opernplänen zu, erst »Manon Lescaut«, dann »Bohème«. Mehr als hundert Libretti dürfte Puccini in seinem Leben gelesen und aussortiert haben. Nur die wenigsten gediehen zu einer gewissen Ausarbeitung. Rasch war er bereit, sie wieder fallenzulassen. Warum? Die Gründe sind differenziert. Erste Begeisterung für die ausgewählten Sujets hielt meist bei genauerer Prüfung der dramaturgischen Kriterien eines Opernentwurfs nicht an. Der Musiker stieß bei den Figuren und ihrem Spiel auf schwache Punkte, stellte Fragen, stockte. Es fehlte ihm der Glaube, mit seiner Musik etwas Eigenes hinzufügen zu können. Er fühlte sich verunsichert. Diese Zweifel an sich und der Sache wiederholten sich, lassen sich durchs ganze Leben verfolgen. Gleich gar nichts hielt er von Experimenten. An seine Librettisten meldete er die Ansprüche eines sinnlichen, wirkungsvollen und klar überschaubaren Theaters an. Ein so schwaches Gebilde wie »La Rondine« steht in Puccinis Werkliste ziemlich allein. Seine Auffassung: zunächst einmal muß der Text in seinem Wahrheitsgehalt »stimmen«. Sich mit »Literatur«, gelösten und ungelösten psychologischen Problemen herumzuschlagen, war seine Sache nicht. Ein schöngeistiges symbolbefrachtetes Stück Dichtung wie Hofmannsthals »Frau ohne Schatten« hätte er nicht komponieren können. Wie er denn auch in seinem weiteren Leben nur schwerlich Zugang zu d'Annunzios blutarmem Ästhetizismus fand.

Schon eher konnte er sich mit der von Rätseln umwitterten, sich in eine Liebende verwandelnden Prinzessin Turandot mit ihrem exotischen Background befreunden.

Ein noch während der Arbeit an »Manon« geplanter »Buddha« war typisch für die schwankende Haltung dieser Jahre. Was mochte ihn daran interessiert haben? Der geistige Gehalt? Die Fabel? Rechtzeitig sah er wohl seinen Irrtum ein. Dafür wurde »La Lupa« in Erwägung gezogen, blieb aber gleichfalls auf der Strecke. Wie viele Opernprojekte tauchten für kurze Zeit auf und verflüchtigten sich nicht weniger rasch! Die Ratschläge Ricordis werden in zahlreichen Briefen des Verlegerfreundes geäußert. Mit beredten Worten appelliert er an ein »menschliches Drama von tiefer Lyrik ... Elementen der Lebenswahrheit und Wirksamkeit«. Eine »große« historische Oper wird erörtert: »Notre Dame« nach Hugos Roman, für die Illica das Libretto geschrieben hatte. »Aber ›Notre Dame‹ scheint mir nicht das Entsprechende zu sein... der Text ist nicht von echtem lyrischem Schwung belebt. Es ist eine Vorlage für Inszenierungskünste und nichts anderes. Ich wiederhole, das Sujet muß gut sein.« Damit war Illica erst mal abgefertigt. (1914 hat Franz Schmidt den Stoff aufgegriffen.) Noch mehr zog es Puccini zu Zolas »La Faute de l'Abbé Mouret« hin, deren ersten Entwurf er selbst verfaßte. Er entwarf einige Skizzen, legte bald die Arbeit beiseite. Wieder einmal war ihm ein anderer, Alfred Bruneau, zuvorgekommen. Wie Zola, so suchte Puccini den damals schon schwerkranken Daudet sogar in Paris auf, um wegen eines »Tartarin de Tarascon« bei ihm anzupochen. Das erste heitere Sujet – wenige Jahre nach Verdis altersweisem »Falstaff« kein geringes Wagnis. Immerhin entwarf Puccini selbst eine Szenenfolge. Vergebliche Mühen! Schon ernster stand es um den Plan einer »Maria Antonietta«, über die letzten Tage der unglücklichen französischen Königin, die ihn bis in die »Butterfly«-Zeit beschäftigte. Illica hatte wieder ein breit disponiertes Szenar geliefert, dreizehn oder vierzehn Episoden eines historischen Panoramas der Revolution von 1789. Mittlerweile wurde es von Sitzung zu Sitzung »dünner und schmächtiger«, bis am Ende nur noch sechs, fünf, vier und schließlich drei Bilder übrigblieben. Spätestens da merkte wohl auch Puccini: seine Maria Antonietta war gewissermaßen unter den eigenen Händen verstorben... Dann August 1900: »Auf ›Maria Atonietta‹ zurückgreifen? Wenn nur nicht das gar zu alte und abgenützte Kolorit der Revolution wäre!«

Ob Puccini der Geeignete für das geheimnisvolle clair-obscur des Schauspiels »Pelléas et Mélisande« Maurice Maeterlincks gewesen wäre? Ein innerer Zwang zog ihn zu der nervenzarten, apsychologischen Bühnendichtung, deren Handlung sich quasi zwischen den Zeilen vollzieht. Er besuchte den Dichter Mitte der neunziger Jahre in Gent, fand auch Gehör. Nur: Maeterlinck hatte die Rechte der Vertonung bereits 1893 an Debussy vergeben. Dem jungen eleganten Schöpfer von »La Bohème« hätte er gar nicht so ungern sein Werk anvertraut. Als Puccini nach »Tosca« wieder einmal auf dem Trockenen saß, unternahm er einen neuen Anlauf, den Dichter umzustimmen – vergeblich! Maeterlinck hielt sich an seine Zusage. Merkwürdig genug: in seinem Unverständnis gegenüber Debussys »Pelléas«, dessen Bekanntschaft er Anfang 1907 in Paris machte, traf sich Puccini mit Strauss. Bei allem Respekt vor der Musik des französischen Impressionismus, vor »L'Après-midi d'un faune« und »Nocturnes« wußten sie mit der Oper nichts anzufangen. Puccini: »… außergewöhnliche harmonische Qualitäten und eine äußerst durchsichtige Instrumentation«, aber gleichzeitig eine »düstere Farbe, die in ihrer grauen Einförmigkeit an ein franziskanisches Mönchsgewand erinnert«. Strauss: »Keine Logik … keine Entwicklung … einige interessante Harmonien«. Der gleiche Tenor. Hier war sich der Italiener mit dem Deutschen über alle Gegensätze einig.

»Bohème« beruht auf einer romantisch milieugerechten Story. »Tosca« ist Historie. Schon bald erwies sich: kein geringer Vorzug dieser Oper, bei der Puccini aus der Sphäre des erotischen Rührstücks in die Tragödienwelt grausamer Wirklichkeit eintritt. Sein Blut kam ins Wallen, Sardous Feueratem entwickelte in ihm neue Fähigkeiten. Kaum besser als in einem Brief an Giacosa konnte er sein Vorhaben umreißen. Dies seine Worte: »Das Drama stellt uns vor eine ganz andere Aufgabe als La Bohème. Die Stimmung der Tosca ist nicht romantisch und lyrisch, sondern leidenschaftlich, qualvoll und düster. Hier haben wir es nicht nur mit liebenswürdigen, guten Menschen zu tun, sondern auch mit abgefeimten Schurken, wie Scarpia und Spoletta. Und unsere Helden werden diesmal nicht weichherzig sein wie Rodolfo und Mimi, sondern entschlossen und tapfer … Mit einem Wort, wir brauchen hier einen anderen Stil. Mit La Bohème wollten wir Tränen ernten, mit Tosca wollten wir das Gerechtigkeitsgefühl der Menschen aufrütteln und ihre Nerven ein wenig strapazieren. Bis jetzt waren wir sanft, jetzt wollen wir grausam sein.«

Welche Sprache! Es ist, als reiße Puccini den Menschen die Maske vom Gesicht. Als stelle er die Figuren seines Geschichtsausschnitts in ihrer Nacktheit bloß. Heiße Liebe im Banne von Eifersucht, Terror, Mord? Ein Krimi? Kino ohne Leinwand? Nur sind Tosca und Cavaradossi in erster Linie Menschen, die sich unter den Bedingungen eines unbarmherzigen Schreckenssystems zu bewähren haben. Ein Künstlerschicksal, wenn man so will. Das Besondere daran: die Primadonna selbst als Primadonna. Es ist raffiniert erdacht. Aber es ist, das »Gewissen aufrüttelnd«, viel mehr: die erste und zugleich entscheidende revolutionäre Begegnung einer Frau, die ihr Leben allein der Schönheit zu weihen glaubte, mit der Welt realen politischen Kampfes, der Widerstandsbewegung gegen die napoleonischen und österreichischen Unterjocher Italiens. Zugegeben: an den Menschen stellt dies Forderungen.

Muß noch betont werden, mit welcher Leidenschaft sich Puccini der Härte dieses Konfliktstoffes zwischen brutal ausgespielter Staatsmacht, Kirche und weiblichem Zauber unterwarf? Gewiß wird sein angebliches Desinteresse an dem historisch-politischen Urgrund des Dramas vorgeschoben. Davon kann keine Rede sein. Puccini ging es um die ursächlichen Hintergründe des Dramas. Cavaradossis Feuerglut ruft in ihm den Geist des italienischen Risorgimento wach, ist ohne die Lebensgeschichte des André Chénier, des Dichters der französischen Revolution, undenkbar. Überall sind die Nachwirkungen der großen historischen Ereignisse, an denen das 19. Jahrhundert in Frankreich und Italien reich waren, evident. Nie war der Ruf Puccinis als Erbe Verdis berechtigter als hier, wo wahrhaft »große« geschichtliche Geschehen in das Schauspiel hineinblitzen. Man kann wohl auch sagen: in keinem anderen Werk hat Puccini den Bruch, den Zwiespalt, die Wende der Epoche in diesem Maße verspürt und signalisiert. In »Tosca« gab er ein erschöpfendes Bekenntnis über sich und seine Zeit, ihr Auftrumpfen im Strudel des Kapitalismus und Imperialismus, ihre Verklärung einer bürgerlichen Welt. Und doch ist sie schon Anachronismus. Denn bei ihrem Erscheinen befand sich die bürgerliche Welt, deren Produkt das »dramma lirico« in dieser Entwicklungsphase war, bereits in Auflösung. Machtgeschützte Schönheit und Innerlichkeit neigten sich dem Ende zu, nahm es auch eine müde und verwöhnte Gesellschaft noch nicht wahr. Dennoch spinnen sich vom Luxus der Metropolen zur gekonnten, sinnbetörenden Hochdramatik à la »Tosca« Fäden. »Tosca« wurde neben »Salome« zum Prototyp der Oper des neuen Jahrhunderts. Zwischen den Extremen teuflischer Gewalt und dionysischer Ekstase das Meisterwerk zeitgeschichtlicher Bedingtheit und Zielsetzung.

155

Woher Sardou den Anstoß zu seinem Drama »La Tosca« gewonnen hat, blieb bis heute ungeklärt. Er wurde mehrfach des Plagiats beschuldigt, darunter auch von Ernest Daudet, dem Bruder des berühmteren Dichters. Er behauptete, sein Stück »La Saint-Aubin« hätte als Anregung gedient. Angeblich soll sogar die Bernhardt als Zwischenträgerin fungiert haben. Eine andere mögliche, ja wahrscheinliche Quelle ist Ponchiellis »La Gioconda«. Auch die Nähe gewisser Motive und Situationen von Giordanos »Andrea Chénier« (die Frau zwischen Schöngeist und Ungeheuer, der gemeinsame Tod mit dem Geliebten) läßt sich nicht übersehen. Sardou erklärte beharrlich, er habe den Stoff seines Theaterrenners in einer Geschichte der französischen Religionskriege des 16. Jahrhunderts gefunden. Schauplatz sei Toulouse gewesen, wo der katholische Polizeioffizier de Montmorency in ähnlicher Weise an einer protestantischen Bäuerin gehandelt habe. Das mag alles stimmen. Das Entscheidende sollte die konkrete historische Wahrheit sein, die Sardou keiner Sekundärliteratur zu entnehmen brauchte, die ganz einfach da war. Ein belesener Mann wie er kannte sich in der Geschichte aus, benötigte keine Hilfsmittel.

Die Ereignisse der »Tosca« spielen im Jahre 1800, und zwar (nach Sardou) am 17. Juni, beginnend am Mittwoch und endend im Morgengrauen des darauffolgenden Tages. Die geschichtlichen Aktionen, die zu diesem Tosca-Tag hinführen, beginnen vier Jahre zuvor. Ihr großer Regisseur ist Napoleon, der Welt-Degen der französischen Revolution. Die Jahre der Wende des alten zum neuen Jahrhundert sind erfüllt von politischen und geistigen Auseinandersetzungen der Epoche. Namentlich unter den ihre Einheit und Unabhängigkeit erstrebenden Provinzen und Städten Italiens, die Österreichs Herrschaft immer drückender zu empfinden beginnen, fallen die neuen Ideen über Staat und Gesellschaft auf doppelt fruchtbaren Boden. In den Koalitionskriegen muß sich die junge französische Republik der heftigen Angriffe der alten europäischen Königreiche erwehren. Bonaparte wird zum Symbol der jungen Republik. Als Heerführer ihrer Armeen verlagert er den Krieg nach Oberitalien, um von hier aus Österreich zum Frieden zu zwingen. Die Siege des jungen Generals sind die Siege der Italiener. Die Reihen der Revolutionäre erstarken. Unter dem Eindruck der glorreichen Siege der Franzosen kommt es 1796 in Reggio zum Aufruhr gegen die Este, der sich rasch über das ganze Herzogtum ausbreitet. Wie Sturmwind fegt der Krieg übers Land.

156

Napoleon erobert die Lombardei, diktiert den folgenreichen Frieden von Campo Formio und läßt, während er sich in sein ägyptisches Abenteuer stürzt, in Italien französische Tochter-Republiken errichten. Trotz des ausgesprochenen Besatzungscharakters, den die französische Verwaltung bald annimmt, trotz hoher Kontributionen, der Verschleppung von Kunstschätzen und anderem, stehen die Italiener zu Frankreich. Es bietet gegenüber Österreich Garantie für die Erringung der nationalen Freiheit. Nur die Bauern, von Adel und Klerus aufgeputscht, kämpfen erbittert gegen die Franzosen. Die Folge sind heftige Kämpfe um Rom, in deren Vorlauf die französische Gesandtschaft gestürmt wird. Die Armee nimmt dies zum Anlaß, einzumarschieren. Sie erklärt mit der Verhaftung des Papstes, der nach Avignon gebracht wird, die weltliche Herrschaft der Päpste für beendet, den Kirchenstaat für aufgelöst. An seine Stelle tritt die Römische Republik. Zwar versucht das Königreich Neapel, Rom für den Papst zu erobern. Aber das Glück ist auf Seiten der Franzosen, die mit Unterstützung der Bürgerschaft Neapel zurückgewinnen und zum Haupt der neuen Parthenopeischen Republik machen.

Napoleons erbitterte Gegenspielerin ist Maria Carolina. Dem Namen nach ist König jener schwächliche Ferdinand IV., den sein Volk den »Lazzaroni-König« nennt. Regiert wird das Land von seiner Gemahlin Maria Carolina, einer häßlichen und lüsternen Tochter Maria Theresias. Für eine Regentin aus dem Wiener Kaiserhaus konnte ein Ereignis wie die französische Revolution ohnehin nur verabscheuungswürdig sein. Wie mußte sie erst der Tod der königlichen Schwester Marie Antoinette unter der Guillotine treffen! Die Schwester zu rächen, die Machthaber der Revolution zu bekämpfen, das bestimmt fortan ihr Leben. Die Folge? Diese erbitterte Feindin Napoleons blieb unter den Fürsten Europas die einzige, die sich seiner Macht nie gebeugt hat. Der Kampf gilt nicht nur dem militärischen Gegner. Alles, was sich an republikanischer Begeisterung, an Voltaire-Geist in ihren italienischen Untertanen regt, wird von ihr gnadenlos unterdrückt. Seit 1796 befindet sie sich im Rahmen der österreichisch-britisch-russischen Allianz auch offiziell mit Napoleon im Kriegszustand. Wenige Jahre später wird sie gezwungen, mit dem Hofstaat nach Sizilien zu fliehen.

Wie weiter? Im Schutz von Napoleons Ägypten-Feldzug sammeln sich die Kräfte der europäischen Reaktion zum Gegenschlag. Ein österreichisch-russisches Heer unter dem Oberbefehl Suworows dringt in Oberitalien ein. Die Republiken werden niedergeworfen. Die Franzosen ziehen sich in die ligurische Republik zurück, die französischen Tochter-Republiken können nicht mehr gehalten werden. Im September 1799 fällt Rom nach schweren Kämpfen in die Hände der königlich-neapolitanischen Truppen. Maria Carolinas große Stunde ist angebrochen. Sie kehrt nicht nur wieder nach Neapel zurück. Als Pius VI. stirbt, übernimmt sie auch die Regentschaft von Rom. Sie annektiert es. Sie rechnet ab. Es beginnt wie üblich eine grausame »Säuberung«, die Jagd auf »Verräter« und »Kollaborateure«. Zehntausende schmachten ohne Urteilsspruch in den Kerkern. Tausende werden nach schrecklicher Folterung durch Maria Carolinas Chef-Schergen umgebracht, darunter führende Künstler, Wissenschaftler, Philosophen der Zeit. Wichtigster politischer Gefangener ist Cesare Angelotti, der bereits die Parthenopeische Republik in leitender Funktion mitverwaltete und von den Franzosen dann zum Konsul von Rom ernannt wurde. An jenem 17. Juni 1800 ist er aus der Engelsburg geflohen. Als erste schützende Zuflucht erreichte er die Privatkapelle seiner Schwester, der Marchesa Attavanti. Es ist ein Seitenraum der mächtigen Kirche Sant'Andrea della Valle, wo ein Maler gerade an seinem Magdalenen-Bildnis arbeitet...

Aber auch damit ist unser Historienfilm von der Wende des 18. zum 19. Jahrhundert noch nicht abgedreht. Im Frühsommer 1800 überschreitet Napoleon mit seiner Armee die Alpen und steht plötzlich in Oberitalien im Rücken der Österreicher. Bei Marengo treffen die Heere aufeinander. Um das Dorf wird lang und hart gekämpft. Am Vormittag des 14. Juni gelingt es der österreichischen Übermacht, den Ort zu nehmen. Der Sieg des habsburgischen Heeres unter dem General Mélas scheint schon sicher. Die Siegesnachricht wird bereits im Lande verbreitet. Da vermag Bonapartes Unterfeldherr Desaix, der selbst den Tod findet, das Steuer herumzureißen, die sichere Niederlage in einen grandiosen Sieg der Franzosen zu wandeln. Am Abend des gleichen Tages ist die Schlacht entschieden. Wir sind am Beginn der »Tosca«. Es dürfte kaum eine zweite Oper geben, die sich in ihrem Ablauf zeitlich und lokal so genau fixieren läßt. Die Oper spielt in der kurzen Zeitspanne zwischen dem vermeintlichen österreichischen Sieg, der Meldung vom wahren Ausgang der Schlacht nach der Folterung Cavaradossis und dem blutigen Ende. Sind neben Napoleon, Mélas und Maria Carolina auch die Diva Floria Tosca, der Maler Cavaradossi und der Baron Scarpia identifizierbare Personen der Zeitgeschichte? Sardou will es uns wohl glauben machen; und eifrige Kommentatoren klammern sich nur zu gern an diese Fiktion. Die berühmte »Tosca«-Trias hat der Dramatiker frei erfunden, mag sein, er hat sie gewissen Vorbildern nachgeformt.

Das Nachspiel der Historie, an dem wir nicht mehr teilnehmen, soll nicht verschwiegen werden. Die freiheitsliebenden Italiener sehen sich bitter enttäuscht. Napoleons Zickzackpolitik verläuft in eine andere Richtung, die sich schon andeutet, als er wider alle Verträge die von ihm selbst gegründete Venezianische Republik kaltblütig den rachedurstigen Österreichern ausliefert. Er verständigt sich mit dem neuen Papst, Pius VII., und gibt ihm, als er im Juli 1800 wieder in Rom einzieht, seine Länder zurück. Auch die zunächst freudig begrüßte Verfassung wirkt sich als diktatorisch gehandhabte Fessel italienischer Unabhängigkeitsbestrebungen aus. Am 26. Mai 1805 setzt sich der Kaiser der Franzosen die italienische Königskrone aufs Haupt. Noch viele Dezennien müssen verstreichen, bis Italien aus eigener Kraft den Weg zur Freiheit und Einigung findet.

In der Tat: diese Dramaturgie einer »nachahmenden Wirklichkeit« ist gekonnt. Weder Verdis penibel ausgebreiteten Operndramen von »Nabucco« bis »Aida«, gleich gar nicht Rossinis, Donizettis und Bellinis Vestalinnen, Puritanerinnen, Nachtwandlerinnen und Wahnsinnige, lassen sich mit diesem präzisen Umgang mit Ort und Zeit vergleichen. Der vielgelästerte Victorien Sardou, in seinen etwa hundert Bühnenwerken, von denen die Komödie »Cyprienne« noch heute gern gespielt wird, vertraut mit geschliffenem Dialog und Theaterspannung, besaß ein hervorragendes Gespür für sensationelle Themen. Für die Bernhardt schrieb er Anfang der achtziger Jahre eine Folge von Tragödien, die sich gegenseitig überbieten mußten: »Fédora«, »Théodora«, »La Tosca« und »Gismonde«. Kein Scribe, gewiß nicht, aber ein ausgekochter Theatermann. Wenn einer über ein souverän beherrschtes Handwerk verfügte, dann er. Gewichtige Gründe sprechen dafür, in ihm, bereits in jungen Jahren Mitglied der Académie française, mehr als einen »Verfasser blutrünstiger Schauerdramen« zu sehen. Verdis hohe Meinung über »La Tosca« und nicht minder den Operntext sollte zu denken geben. Folterung, ohne Skrupel vom Grand Guignol bezogen, gehört längst zu den unmenschlichen Ingredienzien der Musikbühne, nennen wir nur »Elektra«, »Josephslegende«, »Turandot«, »Spartacus«, »Teufel von Loudun«. Daß sie dem »Tosca«-Stoff integriert ist, haben wir eben ausgeführt. Von Shaw stammt das kritische Wort eines »Sardouismus in x-ter Potenz«. Carners Formulierung scheint die bessere: eine zwingende Mischung von historischem »Charakterdrama und intelligentem psychologischen Thriller«. Sardou baut auf einer reißerisch-furiosen Fabel, auch in seinem Schaffen ein Glücksfall. Sie behauptet sich als gesungenes und musiziertes Drama wie eine uneinnehmbare Festung.

Nichts hat Sardou ausgelassen, sein Schauspiel in aller Milieutreue vorzutragen – ein Moment, das Puccinis besonderes Interesse beanspruchte. Aber natürlich wußte der erfahrene Musiker nur zu gut: ein Libretto ist kein Sprechstück. Es untersteht anderen Gesetzen. Ohne Straffungen des zwar sehr geschickt gebauten, aber außerordentlich weitschweifigen Stücks geht es nicht ab, will er seine ansehnliche Menge Noten unterbringen. Man wird erwidern: hat nicht schon Sardou seine »Tosca« als perfektes Melodramma angelegt? Die Verbindung der Intrige mit den Kirchenvorgängen im ersten Akt, die Siegesfeier in Nachbarschaft von Folterung, Erpressung und Mord im zweiten Akt, das Hirtenlied im Vorfeld der Hinrichtung – alles typische Arrangements des Melodramas. Den letzten Akt hatte Sardou noch in zwei (den vierten und fünften) zerlegt: der eine spielte in der Todeszelle, der andere auf der Plattform der Engelsburg. Auch hier gehörte das Geläute der Morgenglocken bereits zu dem geplanten Effekt. Gestrichen wurde in der Opernversion ein ganzer Sardou-Akt: das Fest, das Maria Carolina zu Ehren des vermeintlichen Siegers von Marengo, mit Floria Tosca als gefeierter Sängerin, im Palazzo Farnese veranstaltet. In dies Fest platzte bei Sardou die Schreckenskunde von Napoleons Sieg. Bei Puccini macht die verfrühte Siegesmeldung die Chorsänger in der Kirche übermütig. Ihr munteres Treiben bricht jäh ab, als Scarpia vor ihnen steht. Wirkungsvoller konnte die unheimliche Gestalt des Kavaliers und Schurken, vor dem »ganz Rom zittert«, nicht eingeführt werden. Reißt die Meldung von Napoleons Sieg Cavaradossi nicht zur frenetischen »Vittoria«-Stretta hin, mit der er Tosca zur Hingabe oder zum Mord an Scarpia zwingt? Puccinis Kunst im Zusammenschweißen der Kontraste, die wir schon in den vorhergehenden Opern beobachten konnten, offenbart sich in vielen Szenen. Ohne auf den »effetto« zu verzichten, suchte Puccinis feiner Theaterinstinkt doch wennmöglich nachzuhelfen. Während Scarpia in seinem Amtszimmer Scheußlichkeiten ausheckt, klingt aus den unteren Gemächern eine anmutige Gavotte. Während Cavaradossi brutal verhört wird, präsentiert sich seine gesangstüchtige

Geliebte der Königin in der Solopartie einer Kantate, für die Puccini ursprünglich ein Stück Paisiellos vorgesehen hatte. Dagegen schien ihm eine Arie, von Cavaradossi bei der Folterung angestimmt, »unwahr«. Er strich auch Illicas Text eines Quartetts mit den Stimmen Spolettas und des Richters.

Man sieht: Puccini hat keinen Augenblick gezögert, den Sardou für seine Zwecke zu amputieren, sagen wir ruhig, zusammenzustreichen. Aus fünf Akten werden drei. Statt dreiundzwanzig sind es nur noch neun Personen. Im Vordergrund die berühmten Drei: Tosca, Cavaradossi, Scarpia, in denen das Drama kulminiert. Daneben die Studie des skurril-komischen Mesners und, ohne schärferen Umriß, Angelotti, man hat ihn nach dem ersten Akt vergessen. Tatsächlich liegt der schöpferische Antrieb nunmehr bei Puccini. Illica brauchte nicht lange umworben zu werden, er hatte sich bereits im Auftrage Franchettis mit dem Stück befaßt. Würde auch noch Giacosa mitmachen, wäre die bewährte »Heilige Trinität« der »Bohème« komplett. Aber Giacosa, dessen Aufgabe es war, Puccini die gewünschten poetischen und kantablen Verse zu liefern, tat sich nach Kenntnis des Illica-Szenars schwer. Seine Bedenken waren grundsätzlicher Natur und konnten von dem Musiker nicht so ohne weiteres ignoriert werden. Giacosa schrieb August 1896 an Ricordi: »Je mehr man die Handlung jeder Szene studiert und lyrische und poetische Momente herauszuziehen versucht, desto mehr wächst die Überzeugung von der absoluten Unübertragbarkeit auf die Musikbühne. Ich bin froh, daß ich Ihnen das nun gesagt habe … Der erste Akt besteht aus nichts als Duetten. Nichts als Duette im zweiten Akt (ausgenommen die kurze Folterungsszene, in der aber nur zwei Personen auf der Bühne zu sehen sind). Der dritte Akt ist ein endloses Duett … « Er beklagte die Überfülle an Aktion wie den Mangel an Poesie, bedauerte Scarpias lange Tiraden. Das war harte Kritik. Zu fragen wäre, ob nicht Puccini gerade mit solchen formalen Mitteln das romantische Klischee überwinden wollte. Es kam, wie es kommen mußte: man verständigte sich.

Daß viel historisches Rankenwerk fallen müsse, daran ließ Puccini keinen Zweifel. So sehr ihn das historische Panorama des ehrwürdigen Roma fesselte: er behielt von Sardous historischen Fakten nur so viel bei, wie es zur Erläuterung der Handlung nötig war. Er begnügte sich mit dem blutroten Kolorit des bewegten Zeitbildes. Durch seinen Zugriff verlagerte sich das Geschehen auf eine infernalische Begebenheit des »éternal feminine«, auf Scarpias dämonische Gelüste, die schöne Frau zu besitzen, die ihn haßte.

Sardou reicht das Porträt der verwöhnten »römischen Heroine« zwischen Caprice und Laune, Tändeln und leidenschaftlichem Aufbegehren nicht aus. Er verschweigt uns nicht die Herkunft seiner Heldin. Sie war, so will er es, in jungen Jahren eine Ziegenhirtin, die ihrer schönen Stimme wegen in ein Benediktinerinnen-Kloster aufgenommen und dort ausgebildet worden war. Als sich ihr die Möglichkeit einer Opernkarriere bot, erteilte ihr der Heilige Stuhl Dispens. Fortan konnte sie ihr Leben der Schönheit und der Kunst weihen. Das verdeutlicht so manches, was die Oper nicht plausibel macht: die an Bigotterie grenzende Frömmigkeit Toscas, Emotionen, mit denen sie Intellekt ersetzt. Auch Cavaradossi wird von Sardou genauer gesehen. Er ist bei ihm ein aus wohlhabender Patrizierfamilie stammender Intellektueller, dessen Vater mit Voltaire befreundet gewesen sein soll. Vergeblich versucht er der politisch-weltanschaulich wenig gebildeten Geliebten seine liberalen, antimonarchistischen Ansichten nahezubringen. Gewiß sind solche Details in einem Libretto nicht unbedingt nötig, ja, sie halten nur auf. Immerhin beweisen sie, mit welcher Akribie Sardou an die Personnage seines Schauspiels heranging. Sollte Puccini mit seinem Bekenntnis zu einem dem blanken Effekt verpflichteten, psychologisch vereinfachten Theater recht behalten? Eins ist sicher: er hat eine von höchster Spannung getragene Verdichtung erreicht. Daß der Dichter später sogar das verblüffende Kompliment ablieferte: die Oper »Tosca« übertreffe das ursprüngliche Drama, klingt aus seinem Munde unglaublich. Aber er sagte es; und es hat sogar eine Perspektive. Seine »La Tosca« ist längst gestorben.

Mit dem in Paris residierenden alten agilen Herrn zurechtzukommen, sollte allerdings schwieriger sein, als sich das Puccini vorgestellt hatte. Sardou war wohl des Verkehrs mit Musikern, die sich seine Sujets unter die Nägel reißen wollten, müde. Milde gesagt: seine finanziellen Forderungen waren entsprechend. Er verlangte von Puccini für die Rechte der Ausarbeitung des Dramas die enorme Summe von 50000 Francs. Erst nach längerem Hinhalten begnügte er sich mit den üblichen 15 Prozent der Tantième. Puccini begann mit der Komposition Januar 1899 in der Nähe von Monsagrati, es war also eine Menge Zeit verstrichen. Aber schon vorher dürfte er einiges skizziert haben. Er wartete jetzt nicht mehr, bis das ganze Libretto vorlag, sondern nahm gleich nach Abschluß eines Aktes die Arbeit auf. »Heiß! Heiß! Heiß! Ich bin in einer häßlichen und hassenswerten Gegend, zwischen Wäldern und Pinien, die jede Aussicht nehmen. Man ist zwischen Bergen eingesperrt, bestrahlt von der Sonne, die ohne jeden geringsten Luftzug erbarmungslos brennt. Die Villa ist groß, und ich fühle mich wohl... «, ließ er Ricordi vernehmen. Im April 1898 reiste er nach Paris, um die Proben für »La Bohème« zu überwachen. Bei dieser Gelegenheit besuchte er endlich Sardou, mit dem er bisher nur in brieflicher Verbindung stand. Der »Zauberer« hatte den Wunsch geäußert, an der Adaption seines Dramas mitzuwirken. Als er etwas von der Musik hören wollte, geriet Puccini in Verlegenheit. Was nun? Dann spielte er dem Alten ein veritables Potpourri aus »Le Villi« und »Edgar« vor. Er merkte nichts.

Seinen Eindruck von den wiederholten Visiten hat Puccini Fraccaroli amüsant geschildert. »Dieser Mensch ist ein Wunder. Er war mehr als siebzig Jahre alt, und doch pulsten in ihm Energien und Flinkheit eines Jungen. Er war ein unermüdlicher, sehr interessierter Plauderer. Oft sprach er ganze Stunden, ohne jemals müde zu werden oder andere zu ermüden. Wenn er eine Geschichte zu erzählen begann, war er wie ein Wasserfall, eine sprudelnde Quelle. Manche unserer Sitzungen bestanden bloß in einfachen Monologen Sardous. Trotzdem zeigte er sich nachgiebig und bekannte sich leicht zur Notwendigkeit, einen Akt zu unterdrücken und das Bild des Kerkers mit der Erschießung zusammenzulegen. Auch gefiel ihm ganz gut die Einrichtung, die ihm Giacosa und Illica in den schematischen Linien zeigten. Aber auf einem Punkt wollte er unbedingt bestehen, auf der Möglichkeit, daß Tosca, sobald sie sich von der Engelsburg herabstürzt, in den Tiber fällt...« Das war nun freilich recht komisch. Denn natürlich hatte Puccini recht: das Kastell lag ein ganzes Stück vom Tiber entfernt, und der Strom konnte nicht, bloß weil sich Sardou darauf versteifte, umgeleitet werden... Sardou mußte nachgeben. Als es Januar 1899 nochmals um den Opernschluß ging, dachte der Musiker an ein weniger dramatisch geballtes, weniger »hartes« Ende. »Heute morgen war ich eine Stunde bei Sardou, und er hat mir wegen des Finales Dinge gesagt, die nicht angehen. Er will die arme Frau unbedingt sterben lassen, koste es, was es wolle! Er möchte, daß sie ganz verschwindet... « Puccini schwebte ein lyrischer Abschied von dem ermordeten Geliebten vor, ein schwermütiges Verklingen. Diesmal traf Sardou mit seiner Ablehnung einer »weichen« Variante ins Schwarze. Noch wäre einzuschränken: bei allem Familienstreit um den »Tosca«-Text, bei dem es ganz und gar nicht zimperlich zuging, stellten sich auch etliche Fragezeichen ein. Wie eigentlich konnte Angelotti bei hellem Tageslicht aus der Engelsburg entkommen? Warum wohl wird

Die Villa in Chiatri, wo Puccini den dritten Akt komponierte

Cavaradossi zum Tode verurteilt, obwohl ihm das Geheimnis des Verstecks entlockt wurde? Wieso die schwache Reaktion auf Scarpias Tod? Warum diese gedämpfte Freude bei Toscas überwältigendem Bericht von dem Kommenden? Ahnt der Maler die schreckliche Täuschung? Hier wie in anderen Passagen ist die Motivierung durchaus nicht so sonnenklar, wie es Puccinis Opernfassung für sich in Anspruch nehmen möchte.

Der letzte Akt war in der Abgeschiedenheit des neubezogenen Hauses in Chiatri entstanden. Auch in Torre del Lago, noch nicht in seinem endgültigen Domizil, arbeitete Puccini zeitweise. Ende September 1899 wurde der Schlußstrich unter die Partitur in Chiatri gezogen. Was nicht spätere Retuschen, von denen Puccini nie lassen konnte, ausschließt. Dieser dritte Akt wurde in seiner verhaltenen Glut und Todesbeklemmung nochmals zur Zerreißprobe. Angefangen mit dem Pastoral-Idyll im Morgengrauen bis zu Toscas Todessturz: welche Summe von Wirkungen, die gleichwohl nicht einer tieferen Dramatik entbehren. Hier hat Puccini alles gegeben, was er als Musikdramatiker vermochte. Wie groß seine Enttäuschung, als Ricordi davon wenig begeistert war, ja, den letzten Akt geradezu unmöglich fand! »Der dritte Akt, wie er jetzt vorliegt, ist in bezug auf Anlage und Ausführung ein schwerer

Irrtum... er würde den glänzenden Eindruck des ersten Aktes zunichte machen... und ebenso die überwältigende Wirkung des zweiten, der ein wahres Meisterstück von dramatischer Kraft und tragischem Ausdruck ist.«Dann resumierend:»Wo ist der Puccini der edlen, warmen und starken Inspiration?«Das war nicht wenig.

Puccinis Antwort ist in mehrfacher Hinsicht bemerkenswert. Einmal als sachliche Replik eines seiner Arbeit Sicheren, zum anderen als document humain gegenüber dem befreundeten Berater und Experten. Er schrieb zurück:»Ihr Brief war für mich eine große Überraschung. Ich stehe immer noch unter seinem Eindruck. Alles in allem: ich bin sicher, daß Sie Ihre Meinung ändern würden, wenn Sie den letzten Akt noch einmal läsen. Es ist kein Stolz von mir, nein, es ist Überzeugung, dem mir vorliegenden Drama Leben eingehaucht zu haben, so gut ich es vermochte. Sie wissen, wie gewissenhaft ich bin, wenn es um die Interpretation der Situation oder der Worte geht, und wie wichtig es ist, hier der Sache auf den Grund zu gehen. Ihr Vorwurf, ich habe ein Stück (wie das Duett im Anschluß an Cavaradossis Todesarie) dem ›Edgar‹ entnommen, kann von Ihnen oder den paar Leuten, die fähig sind es wiederzuerkennen, beanstandet werden. Man sollte es als arbeitssparendes Prinzip ansehen. Wo es jetzt steht, scheint es mir erfüllt von jener Poesie, die von den Worten ausstrahlt. Was den fragmentarischen Charakter angeht, so war es Absicht: diesem Liebesduett liegt keine einheitliche und ruhige Situation zugrunde, wie es in anderen Liebesduetten der Fall ist... Wegen des Schlusses des Duetts (der Hymne) habe auch ich meine Zweifel – aber ich hoffe, daß es im Theater herauskommt – vielleicht sogar sehr gut.«

Vermutlich konnte ein Mann wie Ricordi gar nicht begreifen, warum Puccini nicht an dieser Stelle zu einem ganz großen, empfindungsstarken Abschiedsgesang zu zweit, wie ihn Verdi fraglos geschrieben hätte, ausholte. Aber gerade das wollte Puccini nicht. Ihm ging es letztlich um jenen von Feuer und Elan bewegten, ekstatisch a cappella und unisono gesungenen Stretta-Hymnus, der das Drama gegen Ende nicht aufhält, sondern ihm einen entscheidenden Stoß nach vorn versetzt. Dafür genügten die acht Verszeilen des aufrüttelnden »Trionfal die nova speme«. Möglicherweise ahnte Ricordi wenigstens etwas von Puccinis unerbittlichem Konzept. Er fügte sich. Nichts wurde geändert.

Der Wunsch Puccinis, ein Musikdrama zu schreiben, konnte nicht besser als mit »Tosca« erfüllt werden. Aber er wählte den hier mehr als berechtigten Terminus eines Melodrammas. Der Begriff muß wohl nur deutschen Opernfreunden erklärt werden. Jenseits der Alpen versteht man unter Melodrama gemeinhin einen gesprochenen, meist balladenhaften Text mit Klavier- oder Orchesterbegleitung. Also eine musikalisch-deklamatorische Mischform, die deutlich nach der Allüre hochdramatischen Theaters und Großer Oper drängt. Das Melodrama des Schauspiels im späten 19. Jahrhundert ist nicht zu trennen von theaterwirksamen, meist historisch gebundenen Sujets. Die Stücke der Melodramatiker Hugo, Dumas Vater und Sohn und natürlich auch Sardou, die noch für längere Zeit nicht ihre Beliebtheit bei Akteuren und Publikum einbüßten, wurden zum Anstoß der bürgerlichen Heldentaten und Katastrophen von »Traviata« bis »Fanciulla«. Puccini war sich völlig klar: das Melodrama erfordert vollsinnliche, überrumpelnde Musik. Dabei sind die Grenzen zwischen Oper und Melodrama fließend, sicherlich. Für ein italienisches Musikdrama, das sich vom landläufigen Verismo absetzt, die rechte Bezeichnung. Warum man wohl in der Theaterpraxis kaum davon Notiz nimmt?

Ein Melodrama ... Hartnäckig wird versichert: »Tosca« sei im Grunde eine heimliche Verbeugung vor dem Verismo. Ein Kompromiß mit dem Stil von »Cavalleria« und »Chénier«. So betrachtet, eine Konzession. Daß solche abschätzig gemeinten Überlegungen an der Musik vorbeizielen, ist offenkundig. Dies in der Sonne des Südens gereifte Musikdrama trägt die Merkmale eines Werkes, das die Wirklichkeit nicht als krassen Naturalismus, sondern mit vitalem, realistischen Impuls angeht. Fast könnte man es als letzte Kraftanstrengung einer aussterbenden Gattung blutvoller Oper bezeichnen. Denn was danach (Puccinis eigene Spur ausgenommen) kam, ist Epigonentum. Kein Takt darin, der sich nicht Wort und Szene entgegenschmiegt, keine Seelenzustände reflektiert und keine Gebärde nachzeichnet. Theatermusik in kunstvoller Machart! Die atemraubende römische Liebestragödie enthüllt den Faltenwurf düster-feierlicher Pracht, blühenden Wohlklanges, hitzigen Pulses, diabolischer Gewalt. Aber dem Grellen und Häßlichen ist die Schönheit zugesellt. Der Antagonismus zwischen der nervenzerreißenden Handlung und der melodientrunkenen Musik wird aufgehoben. Das ist viel.

Sagt man dem Maestro nicht gemeinhin ein »feminines Element« nach? In diesem Zusammenhang wird wohl an die subtilrührenden Lyrismen Mimis, Cio-Cio-Sans und Liùs erinnert. Sie sind von einer »angekränkelten zarten Schönheit«, einer »maladie de siècle« verhaftet. Tosca ist die erste Frauengestalt Puccinis, die nicht nur leidet, sondern mithandelt. Die leidenschaftlich Liebende, deren Gefühl von Roms Polizeichef mit dem »frommen Faunsgesicht« terrorisiert und so zur unmenschlich-übermenschlichen Tat getrieben wird. Mit welcher Raffinesse inszeniert der Musiker die kantablen Bögen und gewagten dramatischen Kurven ihres Lirico-Spinto-Soprans! Wieviel drückt ihr Gesang in Leid und Qual aus! Wenn Tosca im ersten Akt Sant' Andrea betritt, stimmen die Soli von Flöte und Cello das »dolcissimo e con tutta l'espressione« ihrer süß fließenden Liebesmelodie an, von der sich Puccini dann nur schwer trennen kann. Aber Tosca ist angesichts der Folter des Geliebten auch anderer Töne fähig. Ihr explosives, in den Spitzentönen B und C gipfelnder Ausbruch »Ah! Più non posso« bedeutet eine Herausforderung. Die Primadonna entlarvt sich.

Die Arie »Vissi d'arte« ist ein Beispiel für ein lyrisch-episches Ausruhen in der an erregenden Höhepunkten reichen Partitur. Sie erklingt im ungünstigen Moment, wirkt wie eine Fermate. Man wird aus dem elektrisierenden Spannungsfeld herausgerissen. Dafür erfüllt sie, nachkomponiert, in Oper und Konzertsaal ihre Aufgabe als erklärter Publikumsschlager, meistgesungene Sopranarie Puccinis neben Butterflys »Un bel di, vedremo«. Der eindringliche Arienbeginn wird vom Liebesthema des ersten Aktes abgelöst, das sich durch die Instrumente in die Singstimme emporklimmt. Ein Wurf Puccinischen Vokalschnitts und zugleich ein Exempel, wie Ästhetik und Wirkung der Oper häufig genug auseinanderlaufen.

Scarpia gehört der Schluß des ersten und der ganze zweite Akt. Das heißt: er ist gleich bei den fulminant hingesetzten Anfangsakkorden präsent. Zum ersten Mal und nur noch wieder in »Turandot« wählt Puccini einen solchen wuchtig und gewaltsam harmonisch konzipierten Auftakt.

Das Motiv, das in seiner Starre die Fratze des Scheusals zwingend herzeigt, besteht aus einer Folge von drei in schneidenden »fff-tutta forza« hingeblockten Akkorden in der Grundlage E-Dur, As-Dur, E-Dur mit Baßtonvorwegnahme von eins und drei. Der

Erste Seite der gedruckten Partitur

168

TOSCA

di

G. PUCCINI

ATTO PRIMO

LA CHIESA DI SANT'ANDREA DELLA VALLE.

A destra la Cappella Attavanti. A sinistra un impalcato: su di esso un gran quadro coperto da tela. Attrezzi vari da pittore. Un paniere.

Zusammenstoß von harmonischen und dynamischen Gestalten hat den Charakter einer Explosion. Nicht nur jener eruptive Ausbruch: auch das folgende »Vivacissimo con violenza« mit seinen synkopischen und metrischen Rückungen umreißt blitzschnell das Geschehen, hier also Angelottis Flucht. Staunenswert, was Puccini aus dem kaum entwicklungsfähigen Scarpia-Thema an immer neuen Stimmungsnuancierungen herausholt. So wenn er beim Erwähnen des Brunnens, in dem sich Angelotti verbergen soll, eine sanft ansteigende Dreiklangkette in geheimnisvolles Zwielicht eintaucht. Oder wenn der vom Blut Gezeichnete unter Toscas Händen sein Leben aushaucht und in einer Umformung nach fis-Moll, das stolze und herrische Motiv nunmehr stockend abwärtsgleitend, noch einige Takte in den Instrumenten unheimlich weiterlebt ... Man kann eine Kurzfassung des Scarpia-Kopfmotivs im vierten Akt »Bohème« aufspüren. Scarpia bei der sterbenden Mimi! Ist Puccini mit seinen Gedanken bereits bei »Tosca«? Makaber.

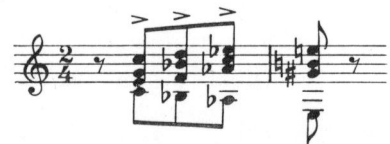

Es war der Bariton Battistini, der Puccini nachdrücklich bat: dieser Scarpia darf keine Kopie des unentwegt zwischen revolutionärer Pflicht und privater Liebe schwankenden Gérard Giordanos werden. Er muß als Kavalier Contenance und Schrecken verbreiten. »Un tal baccano in chiese? Bel rispetto!« – mit einem Satz erstickt er den fröhlichen Tumult in der Kirche. Der Mann, eine römische Institution, ist finster, gibt nichts Menschliches her. Ein so fest umrissenes Charakterbild bleibt Cavaradossi zunächst versagt. Sein schmelzendes Arioso »Recondita armonia« fesselt ihn noch an die konventionelle Tenorallüre italienischer Oper. Erst in den Liebesduetten, in der Vorbereitung seines die Freiheit rücksichtslos ausrufenden »Vittoria« des Scarpia-Aktes gewinnt er als männlich aktiver Typ Boden. Als einziger erhält Scarpia keine Arie, nicht einmal ein mit potentieller Energie herausgeschleudertes Duett mit Tosca. Er übernimmt von Wagner einen Sprechgesang, der, kein trockenes Rezitativ, das Untergründige zwingend formuliert. Das Paradoxe: der Verzicht auf bewährte Belkantohaltungen wird durch Steigerung des prägnanten vokalen Ausdrucks wettgemacht. Mit Scarpia sprengt »Tosca« die goldene Schale von Gefühl und Schönheit.

Eine kurze Momentaufnahme: das Tedeum, erster der drei großartigen Aktschlüsse der Oper. Er steht und fällt mit Scarpia, wäre
ohne ihn eine klerikale Dekoration. Durch den Polizeichef erhält
es seine harten Akzente, seine pompöse Aggressivität. Puccini hat
auf den vertrauten sakralen Gegenstand mit hallenden Glocken,
Orgelspiel und Salutschüssen eine geradezu wissenschaftliche
Sorgfalt verwandt. Er holte sich von dem befreundeten Pietro
Panichelli von der römischen Ricordi-Filiale und mehreren Prie-
stern Auskunft über die Prozession des Kardinals zum Hochaltar.
Von Panichelli erhielt er auch die Fassung des Cantus firmus, der
in Roms Kirchen gesungen wird. Für die Liturgie wählte er die
Worte der Benedictio pontificalis. Er suchte auch nach einem
geeigneten Gebet, das während des Hochamtes von der Menge
gemurmelt wird. Wie leicht hätten es sich andere mit solchen religiösen Details gemacht! Scarpias heftiger Endkampf mit den
Posaunen, der so manchem Sänger dieser Partie das Leben schwer
macht, stört nur empfindliche Gemüter. Puccini wußte genau,
warum er die ursprüngliche a-cappella-Version bald fallen ließ. Sie
nähme diesem Bilderbuch-Finale viel von seiner Stoßkraft.

Der Schlußakt ist die Krone. Puccini muß ihn wie eine Vision
vor sich gesehen haben. »Der dritte Akt wird in der Tat erstaunlich
werden«, schrieb er bereits November 1896 an Ricordi. Der Vorhang hebt sich über den Zinnen der Engelsburg. Es ist sternklare
Nacht. Die Sterne funkeln. Die Musik beginnt mit einem der poetischen Situation entsprechenden pathetischen Bläsersignal, das
später als Thema der großen Unisono-Hymne wiederkehrt. Man
hört die Glöckchen einer irgendwo vorbeiziehenden Herde mit
der Stimme eines Knaben. Für die kleine Pastorale, die auf einer
Volksweise beruht, besorgte Puccini sich von dem römischen
Lyriker Luigi Zanazzo acht Verszeilen im Stile der Campagna. Die
Musik malt die Stimmung eines heraufdämmernden Morgens.
Eine Ruhe greift um sich, die in dieser Idyllik, Naturnähe, diesem
Abwartenkönnen (und dies bei einer Oper mit lauter Toten) bei
Puccini ohne Vergleich ist. Roms Glocken läuten den heißen
Sommertag ein. Ihr vielstimmiger Klang, ein zauberisches Bild
impressionistischer Miniaturmalerei, ist von den Dolce-Melo-
dien der Streicher durchwirkt. Man weiß, wie liebevoll sich Puc-
cini in diese Stimmung einer Todesromanze zwischen Nacht und
Tag eingehört hat. Um das Morgengeläut der »ewigen Stadt« aus
erster Hand zu erleben, unternahm er eigens eine Reise nach Rom
und erkletterte vor Tagesanbruch das Plateau der Engelsburg. Vor
allem wollte er die genaue Tonhöhe der Glocken von St. Peter wis-

171

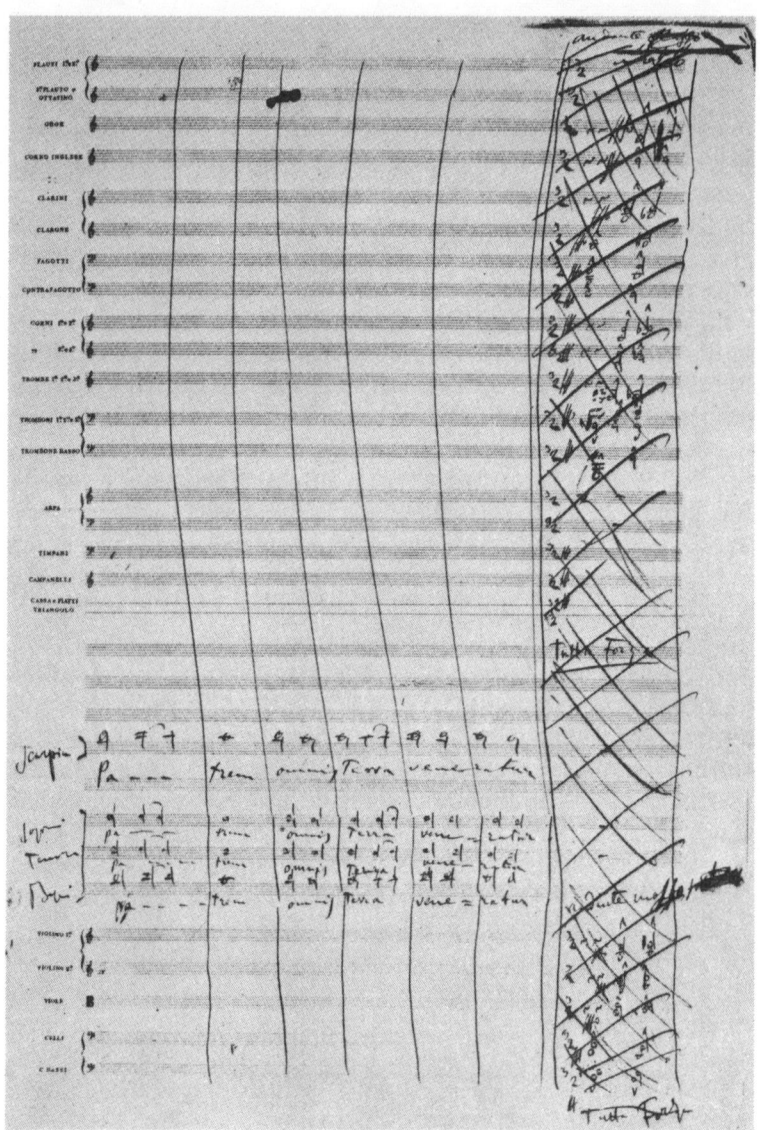

*Schluß des ersten Aktes (Tedeum) nach dem Autograph in der
a-cappella-Fassung*

sen. Die der größten, des berühmten Campanone, stellte ihr Chor-
meister Maluzzi nicht ohne Schwierigkeiten als abgrundtiefes E
fest. Ihr Klang ist in Puccinis Partitur eingegangen. Nur zaghaft
entwickelt sich die Aktion. Der Schließer steigt mit seiner Laterne

die Treppe zur Plattform empor. Cavaradossi wird gebracht, der Schließer überreicht ihm ein Blatt, er liest es. Das Protokoll wird eröffnet. »Noch eine Stunde!« sagt der Schließer. Des Malers letzter Wunsch: »Ich habe auf Erden einen geliebten Menschen. Gerne schrieb ich noch an ihn ein paar Worte...« Er setzt sich an einen Tisch und greift zur Feder. Der Tag bricht an, St. Peter taucht am Horizont auf. Wie träumend beginnt Mario zu singen.

»E lucevan le stelle« wird von Puccini als erstes komponiert, als er sich den Akt vornimmt. »Und es blitzten die Sterne« – wirklich eine Sternstunde seiner Operndichtkunst. Was geschieht? Eine bloße dankbare Tenorarie? Eine Musikszene, eine bestimmte: Melancholie der Leere, des bevorstehenden Todes? Es sollte eine glühende Hymne von der Liebe zur Kunst und zum Vaterland werden. Aber Puccini spürte instinktiv, etwas anderes gehöre hierhin. Es war ihm für eine solche Situation zu rhetorisch, zu plakativ. Ein Verzweiflungsausbruch des Todeskandidaten erschien ihm, der nie seine Melancholie verleugnen konnte, das einzig Mögliche: »Vorbei ist alles, ich sterbe in Verzweiflung! Noch nie hab ich so geliebt das Leben.« In Erwartung seiner Hinrichtung gedenkt Mario der letzten Begegnung mit der Geliebten, des Knarrens der Gartentür, der näherkommenden Schritte, der leidenschaftlichen Umarmung und Küsse. Es ist einer der ergreifendsten Momente Puccinis, in denen er starke menschliche Gefühle ohne heldisches Sterbepathos ausspricht. Längst sind die von ihm selbst gefundenen Worte zum Schlüssel des Werkes geworden. In der Tiefe und Weite des Empfindens, in der Sicherheit und Vielfalt des Ausdrucks, in der Mischung des Lichten und Dunklen ist diese Arie als individuelles Zeugnis der Reife einmalig. Sie wird motivisch vorbereitet, holt weit aus. Toscas und Cavaradossis großes Liebesthema des ersten Aktes weist unmittelbar auf »E lucevan le stelle« hin.

Das e-Moll des präzisierten Themas ertönt erstmals bei Cavaradossis Erscheinen. Noch immer unendliche »Ruhe«. In schleppend strömender Kantilene kosten die Celli die Dolce-espressivo-
Stimmung aus. Marios Inneres ist schmerzlich bewegt. Aber nicht

Skizze der Todesarie Cavaradossis

er greift die schwermütige Melodie auf – die Soloklarinette. Wie
hier Einsamkeit und Lebensangst zum »Ton« wird, ist ganz Puccinis Erfindung. Leise und zaghaft tasten sich die übrigen Instrumente heran. Die Arie selbst besteht aus zwei Strophen mit je vierzehn Takten. Erst mit dem »O! Dolci baci, o languide carezze« der
zweiten Strophe zieht Cavaradossi die Melodie mit ihren fallenden Quarten an sich. Da fordert Puccini von dem Sänger »starke
Emotion und Phantasie«. Der Höhepunkt des Crescendos ist
erreicht, wenn er vom Sterben in Verzweiflung spricht. Auch in

174

der Struktur erweist sich die Arie als ungewöhnlich: enspricht sie doch dem Prinzip der Reihung, also der Suite. Ein Hans Pfitzner, dessen Manie es war, musikalische Einfälle nach ihrer »Länge« zu messen, hat diesen wie andere sich über fünfzehn, zwanzig und mehr Takte erstreckenden Tongedanken Puccinis vermutlich nie zur Kenntnis genommen. Oder doch? Jedenfalls sind die stimmlichen Anforderungen der Todesarie nicht größer als bei anderen Arien und Duetten des Maestro, verlangt wird nicht mehr als ein hohes A. Nur ein Tenor ohne Seele und Glut, ein reiner Schöne-Töne-Produzent, wird daran scheitern.

Das Melodrama vollendet sich, für Puccini ist das Entscheidende gesagt. Toscas bestürzender Auftritt und Bericht verheißt Hoffnung. Das Duett, gerafft, wie es der Komponist wollte, die flammende Hymne, scheint nur dies auszudrücken: die Liebe bezwingt den Tod. Mit den Glockenschlägen der vierten Stunde trifft das Exekutionskommando mit geladenen Gewehren ein. Der Tod betritt in beklemmender Trauermarschrhythmik die Bühne, das letzte Mal. Die Salve fällt genau in jenem Moment, da ganz einfach etwas »passieren« muß. Eine musikalische Zerreißprobe! Noch ahnt Tosca nicht das Schreckliche. Dann nach der Stille des Aktbeginns das Naturereignis: die Diva, den Betrug erkennend, von der Ausweglosigkeit ihres Lebens überzeugt, wächst zum rasenden Racheengel auf. Mit welch schneidender Quintfolge schreit sie ihr triumphal-loderndes »Ah morto, morto, morto« heraus!

Der Schluß überstürzt sich förmlich. Verzweifelt wirft sich Floria über Marios Leiche, wird aber durch die nahenden Schergen Scarpias aufgeschreckt. Sprung in die Tiefe als letzter Ausweg. Der Musiker Puccini schlägt zurück: das volle Orchester bricht mit geballter Kraft und skandierendem Rhythmus aus, das Thema von Marios Abschiedsarie unter sich begrabend.

Über zwei Attribute der »Tosca«-Musik mit ihrem großen römi-

175

schen Leuchten und schattenhaften Verdunkelungen sei noch gesprochen: das Leitmotiv und das Orchester. Man hat nicht weniger als fünfundvierzig verschiedene Motive und Themen in der Partitur gezählt. Die große Zahl verdeutlicht die Geschlossenheit des Formbaus, das Zurückdämmen eines »Mosaiks«, von dem so gern gesprochen wird. Die Faktur ist teils vokal, teils instrumental. Ergebnis: eine Fülle von Material im Bereich von Melodie, Harmonie und jetzt auch Rhythmik, was für Puccinis Musiksprache einen Zuwachs bedeutet. In Bezug auf Plastizität der Erfindung, Stileinheit, technische Meisterschaft stellt »Tosca« eine neue Stufe musikdramatischen Wachstums dar. Nicht immer drückt sich der semantische Bezug so eindeutig wie im Falle Scarpias aus, dessen scharfgeprägtes Motiv ihn ein für alle Mal als Gestalt umreißt. Tosca und Cavaradossi werden freier behandelt. Ihre Motivik gewinnt ihren Gehalt vorwiegend aus ariosen Partien, vor allem den Duetten. Bei Puccini leitmotivische Stringenz und Konsequenz vorauszusetzen, wäre verfehlt. Wie denn dem Werk eine Kantilenensüße und auch dekorative Pracht eigen ist, die aufs ästhetische Ambiente des Melodramas zielt, davon ist Puccini nicht frei. Er hat ein Dutzend stark dem Erotischen verhafteter betörender Urmelodien anzubieten, die über Sein oder Nichtsein des Operntyps entscheiden. Für diese Technik bildet das Orchester den festen Halt. Es klingt farbig, sensibel und süffig wie je, ob es sich nun um das dumpfe Schaugepränge des Tedeums, Scarpias düsteres Verröcheln, Roms poetische Morgenstimmung oder die Provokation des Finale handelt. Dem »Tosca«-Orchester sind die weitgehend deklamatorisch geführten Gesangsstimmen eingebettet, wir kennen das schon. Seine Aufgabe: den vokalen Verlauf instrumental zu durchpulsen und mitzuvollziehen. Wichtig die für Puccini bezeichnenden Überleitungen von einem »Ereignis« zum anderen. Dieser rigorose, auf den Punkt genaue Puccini (im Nachhinein von »La Bohème«, aber in Perspektive auf »Fanciulla«) gewinnt seine Wirkungen aus dem Kontrast von blühendem lyrisch-dramatischem Tonvorrat und unbeugsamer Klangmacht, von Stille und Spannung. Die Farbskala neigt dazu, die einzelnen Instrumentalgruppen weniger raffiniert zu »mischen«, als sie unter Bevorzugung der Streicher und den tiefen Blechs so kraftvoll wie sensibel zu »profilieren«. Nur Celesta und einiges Schlagwerk kommen in diesem seit »Manon« erprobten Klangbereich hinzu, hier war Puccini durchaus der Tradition verbunden. Schließlich überträgt er auch dem Chor dankbare, wenngleich begrenzte Aufgaben. Das sich aus dem Flüstern der

Stimmen mächtig emporreckende Tedeum, die von Toscas Sopran durchwärmte stilreine Kantate sind Elemente des Dramas, Gewalt und Zärtlichkeit. Diese effektvolle, flammende und furchtbare Oper hat sich längst ihren Platz als Kunstwerk erobert.

Die Uraufführung nimmt sich wie ein vierter Akt »Tosca« aus. Sie erfolgte bereits am 14. Januar 1900 im Teatro Costanzi in Rom, wo auch Mascagnis »Cavalleria rusticana« zum ersten Mal erklungen war. Ricordi hatte sich früh für Rom, dem Ort der Handlung, entschieden. Nervosität, Aufregung, Furcht – nicht anders als bei Sardou – Puccini. Aber die Chronik ist nicht ohne Widersprüche. »La Gazetta musicale« gab einen Vorbericht von der knisternden Spannung in Erwartung der neuen Puccini-Oper. »Eine ungeheure Menschenmenge drängte sich seit elf Uhr mittags vor den Eingangstüren des Theaters«. Am Abend kam es zum Tumult, als immer wieder Menschen Einlaß in das völlig überfüllte Haus erzwingen wollten. Ein Gerücht lief um: eine Bombe sollte während der Vorstellung geworfen werden. Kein Wunder, wenn der Dirigent Leopoldo Mugnone bei wachsender Unruhe vom Pult flüchtete und die Aufführung erst nach Wiederherstellung der Ruhe fortgesetzt werden konnte. Was steckte dahinter? Eine solche Oper zu solchem Zeitpunkt war offenbar ein Wagnis. Die allgemeine politische Lage, der verlorengegangene abessinische Krieg, die verschiedenen Attentatsversuche auf König Umberto I., deren letzter im Juli 1900 erfolgreich war, Klassenkämpfe und Unruhen in den oberitalienischen Industriezentren – es gärte. Königin Margherita hatte sich für die Premiere angesagt, was nicht jedem schmeckte. Offensichtlich war auch jene Clique alarmiert, der Puccinis Aufstieg überhaupt ein Dorn im Auge war. An der Aufführung beteiligte Sänger hatten Drohbriefe erhalten, die sie zur Absage zwingen sollten.

Nun gut. Das war bestimmt kein ideales Premierenklima. Aber spricht nicht der weitere Verlauf dieser ersten »Tosca« für die »Zündkraft« des Werkes? Eine gerechte und besonnene Beurteilung griff um sich. Ovationen erzwangen Wiederholungen von Cavaradossis erster Arie und (ein Unikum) des ganzen Tedeums. Auch Toscas Gebet wurde stürmisch noch einmal verlangt, ebenso Marios Todesarie und die Hymne. Zwanzig Hervorrufe am Schluß. Es besteht kein Anlaß, von diesem »Tosca«-Debüt zur Unzeit enttäuscht zu sein. Auch so mancher unfreundliche und gar gehässige Kommentar in Presse und Fachwelt änderte nichts an Puccinis beträchtlichem Erfolg. Einundzwanzig Aufführungen hatte die Stagione vorgesehen, eine ansehnliche Zahl. Der Maestro schien wohl ein noch stärkeres Echo erwartet zu haben. Zweifel an dem Erreichten überkamen ihn, bei ihm nichts Neues. Wer sang? Hariclea Darclée, glänzend als Iris und La Wally in Rom eingeführt, verkörperte die Titelrolle – eine Heroine romantischer Oper, die sich eng ans erklärte Idol der Bernhardt hielt. Auch sonst gute Sänger, der Tenor De Marchi, der Bariton Giraldoni. Schon im März folgte Mailands Scala mit zahlreichen Reprisen, die Bühnen des Landes schlossen sich an, bald das Ausland, Buenos Aires, London, Paris. Hier »kommandierte Sardou für alle; er benahm sich, als ob er die Musik geschrieben hätte«. Gefeiert wurde Puccini. Die erste deutsche Aufführung hatte sich 1902 Ernst von Schuch, der dem Komponisten das bewundernde Wort eines »maître incomparable« abnötigte, für Dresdens Semperoper und zwar in der wenig glücklichen Kalbeck-Übersetzung gesichert. Wenn »Tosca« erst in den zwanziger Jahren für würdig erachtet wurde, an den Staatsopern von Wien und Berlin gespielt zu werden, so lag das gewiß nicht an dem Werk. Weltberühmte Toscas waren später Maria Jeritza, Maria Callas, Magda Olivero, Leonie Rysanek, Leontyne Price, Anna Tomowa-Sintow. Bis heute bezeichnet jeder exzeptionelle Sopran die römische Diva als seine Paraderolle, obwohl sie rein stimmtechnisch ihre Tükken hat. Überliefert ist der Bericht von einer Wiener »Tosca«, bei deren Generalprobe die Jeritza kurz vor »Vissi d'arte« ausglitt und hinfiel. Sie sang die Arie auf dem Boden liegend. Der anwesende Maestro war hingerissen. Nicht anders wollte er es in Zukunft sehen.

Nachtarbeit

Es mag stimmen: wer sich auf künstlerischem Gebiet betätigt, hat für sich den schönsten Teil des Lebens gewonnen. Beschäftigung mit Kunst, vor allem wenn sie produktiv ist, verschafft Beglückung. Ist es immer so? Wir dürfen nichts verallgemeinern. Wir wissen von quälenden Stunden Beethovens, Donizettis, Schumanns, Wagners, Verdis, Mahlers, von solchen van Goghs und Munchs, von Kleists, Hölderlins, d'Annunzios, Stefan Zweigs und vielen anderen; und wir müssen sehen: viele von ihnen waren anfällig, krank oder bedrückenden Lebenssituationen ausgeliefert. Aber wir erfreuen uns am Bild des unermüdlich schaffensfrohen Bach, am sprudelnden Einfall Rossinis, an Schuberts ungebrochenem Melodiestrom. Ja, auch an Wagners und Strauss' penibler Arbeitsweise, die von großer innerer Harmonie bestimmt ist. Falsche Schlüsse liegen auf der Lauer. Tatsächlich ist Komponieren ein hartes Stück geistiger und manueller »Arbeit«. Ohne Strenge und Härte gegen sich selbst, Konzentration und Ausdauer geht es nicht. Deutlicher: es gehört eine tüchtige Portion Energie und Durchhaltevermögen dazu, eine abendfüllende Oper sich vorzunehmen und abzuliefern. Ein Lied, auch ein Quartettsatz, sind rasch entworfen und aufgezeichnet, sicherlich. Eine Oper bildet (normalerweise) Pflichtaufgabe mehrer Lebensjahre. Die Suche nach dem Stoff, die Librettisierung, die dramaturgische Einrichtung, Skizzierung der Musik, Ausführung der Partitur, das alles erfordert Muße. Eine Oper enthält seit Wagner ein Vielfaches an Noten. So mancher Musiker mit der Sehnsucht nach der Oper im Herzen hat nie den großen Atem dafür gefunden. Andere mußten erleben, als »Vielschreiber« nach einem durchschlagenden Anfangserfolg immer mehr in Routine abzusinken: Mascagni, Leoncavallo, d'Albert.

Wohin gehört Puccini? Sein Weg führte, wie es Heinrich Mann formulierte, »von der Seligkeit zur Bitternis, von der Macht des Wohllauts bis an den Tod...« Zehn Opern, nimmt man den »Trittico« als eine, in reichlich vierzig Schaffensjahren – so viel ist das nun wieder nicht. Kein üppiges Werkverzeichnis, denn die dazwischengeworfenen Gelegenheitsstücke, Vokales und Instrumentales, spielen in der Summe keine Rolle. Es ist genau so viel, wie Puccini in mühevoller Beschäftigung mit jedem neuen musikdramatischen Werk bewältigen wollte und konnte. Wie lehrreich, die Planmäßigkeit dieses Œuvres zu verfolgen! Der Maestro war sich der besonderen Aufgabe und Aussicht bewußt, das jeweilig neue Werk mit Vor- und Umsicht anzuvisieren, langsam zur Reife zu bringen und endlich in die Werkstatt zu nehmen. Eigentlich nur bei »La Rondine« überließ er sich der Laune des Augenblicks, auf falsche Ratgeber hörend, selbst im Verkehr mit den Verlegern unsicher. Daß er bei seinem Erstling »Le Villi« durch den frühen Wettbewerbstermin in Zeitnot geriet und bei »Madama Butterfly« durch den unduldsamen Ricordi schließlich zur Eile getrieben wurde, ist beiden Werken schlecht bekommen. Bei »Fanciulla« traf ihn ein bedrückendes privates Schaffensklima. Warum schreibt er eigentlich? Warum macht man das? Nun: im allgemeinen achtete er auf ein kontinuierliches, von Neigungen und Reisen beeinflußtes Arbeitspensum. Seltsam genug, ausgerechnet der »Trittico«, der Puccini in seinen Einzelstücken so »lang wie ein transatlantisches Kabel« schien, floß ihm erstaunlich leicht aus der Feder. Die Schaffensmühen der »Turandot« sind komplex. Mit jugendlichem Schwung begonnen, verlangte sie ihm immer neue Überlegungen, Anstrengungen und Zweifel ab. »Ich arbeite wie ein Proletarier im Altertum. Es ist verdammt schwer; aber ich komme weiter«. Der dies 1921 schrieb, nahm seine Arbeit bitterernst.

Hat nicht schon Milhaud das kluge Wort geprägt: »Genie – das ist ein Prozent Inspiration und neunundneunzig Prozent Transpiration«? Puccini hatte immer Angst, sich mit der Wahl seines Textvorwurfs zu vergreifen. Er hat viel Zeit mit Sujets vertan, von denen er sich früher oder später trennte. Er hat meist lange mit der Komposition gezögert; nur bei »Butterfly« konnte es ihm gar nicht rasch genug gehen. Wenige haben so dezidierte Anschauungen gehabt, wie ein Libretto, das sich zur Vertonung eignet, aussehen muß. Um jeden Satz, jedes Wort wurde gerungen, wir können es bei seinen Werken verfolgen. Wenn ein solcher Mann des Theaters, dieser Erfolge immer kritischer und unnachgiebiger in der Beurteilung des ihm vorliegenden Textes wurde, wenn er ungebetene Sendungen gar nicht oder nur kurz beantwortete – kann es wundernehmen? Das meiste spielte ihm ohnedies der Zufall ins Haus, Lektüre, Theaterbesuche, Hinweise. »Ich empfange täglich Skizzen und Texte. Lauter Trödelkram...« schreibt er an Ricordi.

Was sollte ein Musiker wie er von einer schöpferischen Pause halten? Nicht viel. War eine Oper abgeschlossen, und zwar meist ohne größere Terminverzögerung, fehlte es nicht an Äußerungen innerer Befriedigung. So: »Die Arbeit ist beendet, und wir sind mit ihr zufrieden, sogar sehr zufrieden« (»Butterfly«), oder: »Gestern wurden die Akten über Minnie und Genossen geschlossen. Gelobet sei Gott!« (»Fanciulla«). Vor einer Oper, die nie fertig wurde, einem Torso, fürchtete er sich und konnte sie bei seinem tragischen letzten Dokument doch nicht vermeiden. Immer wieder die Angst vor dem erbarmungslosen: »Wie weiter?« Was sich hier bei fast jedem Werk aufs Neue ergab, zerrte an den Nerven. Puccini »arbeitslos«, ohne produktive Tagesaufgabe – ein für alle Beteiligten peinigender Gedanke. Anders gesagt: unbefriedigter Schaffensdrang, eingeschobene Zwangspausen waren Ursache so mancher körperlich-seelischer Verstimmung. Schon mit dem Blick auf »Butterfly« schrieb er an Ricordi: »Alles schön und gut, aber einstweilen bin ich arbeitslos! Ich weiß wahrhaftig nicht, was tun; und die Zeit verrinnt... Mit der Arbeit wird hoffentlich mein Geist wieder erleuchtet werden.« Nach Abschluß der Oper in gleicher Tonart: »Ich brauche dringend ein Libretto, es mag komisch oder seriös sein. Aber finden muß ich eins!« Die Klagen reißen nicht ab. Es lohnt sich schon, diese für den Menschen Puccini bezeichnenden Stellen aus den Adami-Briefen herauszupicken. »Ich genieße den Frieden und die Ruhe, aber mein Geist rebelliert und quält mich mit der gewohnten ewigen Sucherei...« (1907). »Ich sitze hier ohne Beschäftigung. Denken Sie daran! Was soll ich tun!« (1916). »Ich hasse das Arbeitsfieber, aber ich habe kein Libretto...« (1920). Als es bei »Turandot« nicht rasch genug ging, stöhnte er: »Bedenken Sie, daß ich ohne Arbeit bin... und daß diese mir eine Lebensnotwendigkeit ist. Ich bitte Sie: schicken Sie mir die Verse... So untätig herumzusitzen, liegt mir nicht...« Eine Lebensnotwendigkeit! Wie gereimte Prosa eines von seinem Lebensquell abgeschnittenen, verzweifelten Künstlers klingen die späteren Briefworte: »Ich lege die Hände aufs Klavier, und sie werden schmutzig von Staub! Auf meinem Schreibtisch türmt sich eine Flut von Briefen – keine Spur von Musik«... Es ist kein dämonischer Fleiß, den wir hier im Sinne haben. Es ist Puccinis heißer Wille, mit etwas Lebensvollem fertig zu werden, etwas Gültiges zu schaffen. Es kostete ihn nur Mühe, zu seinen »Resultaten« zu gelangen.

Das Bild des komponierenden Maestro, der sich an seinem Klavier Melodien und Harmonien wie ein Dilettant »zusammensucht«, wollen wir rasch beiseitelegen. Es ist so naiv wie läppisch. Das Klavier konnte ihm nur dazu dienen, seine Phantasie anzuregen, die Melodien, die in ihm sangen, auf ihre knappe Form zu bringen oder auch, wenn nötig, zu verlängern. Aber der Satz »Warum soll ich mich mit Klangvorstellungen belasten, wenn ich ein Instrument zur Hilfe nehmen kann« stammt nicht von ihm, sondern von Strawinsky. Er machte es nicht anders. Auch beim Instrumentieren benutzte Puccini das Klavier. Er besaß in Torre del Lago ein Klavier von August Förster in Löbau in Sachsen mit einem dritten Dämpfungspedal, um die Hausbewohner nicht im Schlaf zu stören. Die Mitbewohner waren Elvira, Tonio, Fosca. Auf seinem kleinen Drehsessel sitzend, genügte ein kleiner Schwung nach links, das eben Gespielte in seiner sinnlichen Wirkung Erprobte am kleinen, querstehenden Schreibtisch zu Papier zu bringen. Puccini war diese Arbeitspraxis in Fleisch und Blut übergegangen. Er behielt sie auch in seinen Ausweichquartieren in Prescia, Chiatri, Torre della Tagliata und Mailand bei. Erst in der luxuriösen Villa in Viareggio, Heimstatt der pompösen »Turandot«, ersetzte er das Klavier durch den Flügel.

Was meist übersehen wird: es ging ihm gar nicht um die bloße Fixierung betörender Melodien. Er entwarf am Instrument das Particell ganzer Musikszenen, größerer Ensembles. »Heute abend habe ich am Klavier gesessen, um das Terzett für den dritten Akt (von »La Rondine«) zu finden«, schrieb er an Adami, und viel später bei »Turandot« noch ohne Kenntnis des genauen Textes: »Ich habe mehrere Notenblätter mit Notizen und Stichworten, mit Akkorden und allerlei Einfällen zur Durchführung (der ersten Akte) vollgeschrieben.« Aber die planmäßige Ordnung des Vielfältigen war nicht am Klavier zu machen. Das Klavierpensum konnte nicht der eigentliche »schöpferische Prozeß« sein. Der liegt allemal vor dem Griff in die Tasten. Selbst wenn man sich einer solchen »digitalen Inspiration« überläßt, laufen die Finger ja nicht planlos dahin. Etwas ist schon im Gehirn vorgeprägt. Die Melodien, die in Puccini lebten, brauchten nur durch einen Funken entzündet zu werden. Daß es so häufig noch ohne Einblick in den Text, ohne Worte geschah, ist eine Eigenart von ihm, die nur das Spontane seiner schöpferischen Reaktion auf eine konkret vorgegebene Aktion beweist. »Ich möchte arbeiten und kann nicht, weil ich (noch) keine Unterlage für meine Noten habe«, lautet ein Zitat aus der »Tabarro«-Zeit. Puccini erspürte das Fluidum, erschuf die Figuren des Theaters. Um dies zu verstehen, muß man seine mit Ernst, Witz und Leichtsinn, ganz sicher »sub specie aeternitatis« geschriebenen Briefe aus der Werkstatt lesen. Was sie auch an Nebensächlichkeiten enthalten, man liest es mit Vergnü-

Bei der Arbeit in Torre del Lago

gen, wie man jene letzter schwerer Lebenszeit mit Erschütterung
zur Hand nimmt.

Die Arbeit am Klavier ist bei ausgesprochenen Klavierkompo-
nisten verständlich. Sie »dichten«, wie Schumann, Chopin und
Rachmaninow in das Instrument. Die Frage liegt nahe: hat die
Anordnung der Tasten, die Griffmöglichkeit der Hand, der besondere Klang des Instrumentes nicht doch auf den Satz Einfluß?
Wird gar die schöpferische Phantasie davon eingeengt? Schumann hat das Problem erkannt, wandte sich später von dieser Praxis ab. Bach nannte die am Klavier Komponierenden herablas-
send »Klavierritter«. Für Puccini bestand die Frage offenbar nicht
– ein Klaviersatz war nicht sein Ziel. Er sprengte ihn. Immerhin
gibt es die Beobachtung, die man hier nicht übergehen sollte: die

183

auffallend leichte Spielbarkeit und Handhabbarkeit der von anderen verfertigten Klavierauszüge Puccinis. Was man auch aus seinen Opern auf dem Klavier spielt – der Satz stimmt, bietet sich dem Pianisten an.

Nachtarbeit ... Mag Puccini einen großen Teil des Tages für seine Liebhabereien verwandt haben – das von ihm bewältigte Arbeitspensum ist eindrucksvoll. Er war ein Nachtmensch, ein Nachtarbeiter. Am sonnenhellen, heißen Tag fand sich für ihn keine schöpferische Stunde. So ein Puccini-Tag verlief sommers wie winters ohne jede Fessel. Der Maestro war unfähig, Zwang zu ertragen, gleich gar nicht den Zwang kompositorischer Tätigkeit. Daß er von Stimmungen abhängig war, haben wir gesehen. Die Geschichte von den Festgästen, die mit ihm den Abschluß der »Bohème« feierten, ist sicher wahr. Aber die Party konnte nicht gut drei Jahre dauern, ganz sicher nicht. So kontaktfreudig Puccini im Umgang mit Menschen war – bei seiner Arbeit bevorzugte er die nächtliche Stille, die Einsamkeit der Toskana. Sein Leben war weder ein feudales »Privatleben« noch ein bürgerliches »Heldenleben«. Es war Arbeit. »Ich arbeite bis vier Uhr morgens, von zehn Uhr (abends) ab«, schrieb Puccini, in Monsagrati mit »Tosca« beschäftigt, seinem »Signor Giulio«. Die Nacht gehörte dem Schaffen, seinem Sensorium entsprechend bei farbigem Licht. Nur wäre es natürlich glatter Nonsens, sich Puccini in seiner »Freizeit« in völliger Abwesenheit von seinen Werkideen vorzustellen. Am Klavier sitzend, waren es lediglich wenige Schritte zu den offenen Glastüren und von hier zum Ufer des Lago. In früher Morgenstunde mag der Kettenraucher und Konsument riesiger Kaffeemengen ins Freie hinausgetreten sein, frische Luft eingeatmet haben. Auch vom offenen Kaminfeuer, wo sich Puccini in der kalten Jahreszeit inspirieren ließ, war es nur ein Katzensprung zum Klavier. Auf dem Notenständer der Text. Mit der Linken die Tasten berührend. Puccini, kaum etwas vorher notierend, zeichnete es unmittelbar darauf auf. Die Blätter sind mit Tinte beschrieben, erst seit dem »Trittico« gibt er dem Bleistift mit seinen Radiermöglichkeiten den Vorzug. Alle Werke von »Butterfly« bis »Schicchi« sind hier entstanden.

In seinem Essay von 1923 hat Ojetti mit dem Blick des geübten Journalisten diese Schaffenssphäre beschrieben. Er befragt Puccini, wie er komponiert. »Ich habe nur Ideen, wenn ich vor dem Klavier sitze, vor meinem Klavier. Manchmal werde ich auch andernorts zu einem Motiv angeregt, aber selten. Einmal ging es mir so im Arbeitszimmer Montessis, vor vielen Jahren. Er schil-

Abendstimmung am Lago di Massaciuccoli

derte mir das Jammern eines Irren: ein ununterbrochenes, herz-
zerreißendes Jammern ... Ich zeichnete es auf einem Blatt Papier
auf: es ist das Finale des dritten Aktes von ›Manon‹. Aber ich wiederhole Dir, ich kann nur am Klavier schreiben«. Und dabei deu-
tete Puccini nach Ojettis Schilderung auf die »Schmierereien« des
Notenblatts »zur Verzweiflung des Kopisten«. Wir lesen weiter:
»Es ist mir gestattet, diese Notenblätter zu betrachten und anzu-
fassen. Sie sind mit Bleistift beschrieben, mit ungestümen, großen
und malerischen Zeichen, die auf dem Papier den Eindruck einer
kühn angelegten Landschaft machen; die Striche zwischen den
Takten wirken wie Baumstämme; die wirren Linien der ausgestri-
chenen Noten scheinen Laub zu sein, und die runden Noten gleichen Blüten auf einer Wiese. Wenn man diese Bleistiftstriche
ansieht, nur wenige auf einer Seite, schnell und nervös hin-

gehauen, dann kann man sich mit Leichtigkeit den Musiker vorstellen, wie er, die Hände auf den Tasten, sich plötzlich unterbricht und die eine Hand erhebt, um so schnell wie möglich zu schreiben. Alles um ihn herum ist so angeordnet, daß nicht einen Augenblick die glühende Phantasie in ihrer Entfaltung aufgehalten wird. Bleistifte zum wechselnden Gebrauch, weich wie Kohle, zwei Bleistiftspitzer, Schachteln und Päckchen mit Zigaretten und Feuerzeugen aller Art in Griffweite...«

Diese Notenschrift ist ein vulkanischer Ausbruch. Welch interessantes Phänomen: ein in seinem Verhältnis zum Musiktheater so klar und praktisch Denkender tobt sich mit Feder und Bleistift auf dem Notenpapier förmlich aus. 1898 entschuldigte sich Puccini bei Ricordi:»Ich schicke Ihnen bereits instrumentiertes Material (der ›Bohème‹), aber ich bitte Sie, es nicht durchzuschauen, weil es mit der Kalligraphie sehr hapert. Ich begreife nicht, aber je älter ich werde, desto mehr verliert sich die Genauigkeit meiner Handschrift, die eine meiner ausgeprägtesten Eigenschaften war.« Das wäre tunlich zu bezweifeln. Schon der junge Mailänder Musikstudent zog sich einen Tadel zu. Warum sollte er auch seine Notenköpfe akkurat malen und seine Taktstriche mit dem Lineal ziehen? Die Partiturblätter der »Bohème« sind überzogen von übermütigen Zeichnungen, eine Selbstkarikatur, ein Totenkopf bei Mimis Ende... Kleckse und Austilgungen störten ihn in seinem Schaffenseifer keineswegs. Zahlreiche Noten sind radiert, darübergeschrieben, ausgestrichen, wieder eingefügt und ein weiteres Mal verbessert. Nicht ganz so kraus, aber ungebärdig genug, die Autographen von »Tosca« und »Butterfly«. Einmal versah Puccini seine letzte Verbesserung vorsichtshalber mit der beruhigenden Bemerkung:»Ultima correggione giuro«(Ich schwör's, das ist die letzte Korrektur!). Nur Janáčeks zeitlebens schwer zu entziffernder Notenwirrwarr läßt sich damit vergleichen. Dabei benutzte Puccini solides Notenpapier mit eingeprägtem Signum GP und vorgedrucktem Instrumentarium. Ricordi war es gar nicht anders gewohnt. Bei der Entschlüsselung der Handschrift gab es keine ernsten Probleme.

»Ein Werk, auch wenn es fertig, also beendet ist, ist nichts Vollkommenes.« Rodin hat es gesagt, und fragen wir uns also, ob es nicht auch für Puccini gilt. Jeder Verdacht, er habe sich bei seiner Komposition auf schlüpfrigem Boden bewegt, kein klares Ziel vor Augen gehabt, ist natürlich abwegig. Innere Selbstsicherheit gehörte zu seinen Tugenden. Aber im Gegensatz zu Strauss, der nur ungern einmal Notiertes antastete, war er jederzeit zu Korrekturen bereit. Noch während der Proben wurden Änderungen vorgenommen, »dicke« Stimmen aufgelichtet, Spitzentöne kassiert, Striche angebracht. So manches Detail erschließt sich dem Publikum erst, wenn es die Musik vom Orchester gespielt gehört hat, Puccini gab es ganz offen zu. Wie schnell kommt der Vorwurf: demnach besaß er nicht die unfehlbare Klangvorstellung der großen Meister? Bei solcher Denkweise wird manches übersehen. Puccinis Gestaltungsvermögen offenbart sich primär in der Ensemblekunst. Er entwarf untrüglich sicher seine vokale Konzeption, die Aufteilung in variabel abgestufte Stimmen, genau abgegrenzte Singtypen, in meisterlich beherrschten Ensembles gipfelnd. Die bewegliche Schaffensweise zeigte sich schon in der Partitur von »Le Villi«, die zahlreiche Kürzungen und mehr oder minder lesbare Retuschen in allen Stimmen aufweist. »Manon Lescauts« Werkgeschichte wurde bis kurz vor Puccinis Tod von immer neuen Änderungsvarianten begleitet. Mit den dramaturgischen Eingriffen in die ursprüngliche »Butterfly« werden wir uns noch zu befassen haben. Ein Sonderfall.

Unzufriedenheit? Nicht so, wie man sich das vorstellt. Puccini konnte sich maßlos über ein erreichtes Ergebnis freuen, gab sich gern dem Glücksgefühl des Erreichten hin. Um so größer dann die Ernüchterung, wenn es bei einzelnen Opern nicht ganz so glatt zuging, wie er sich das gedacht hatte. Sieht man von einzelnen Irritationen, Aversionen und Gegenströmungen irgendwelcher Parteigänger ab, die einige seiner Werke bei ihrer Uraufführung und kurze Zeit danach hervorgerufen haben – so sind seine Opern vom Volk geliebt worden, weit seltener von der Kritik. Hier war Puccini wohl gelegentlich ernüchtert. Daß er seine Gunst sehr unterschiedlich auf seine Werke verteilte, liegt auf der Hand. »Manon Lescaut«, »Madama Butterfly«, »Suor Angelica« und die nicht mehr von ihm vollendete »Turandot« liebte er über alles. Gegenüber der fatalen Popularisierung seiner Trias der Jahrhundertwende zeigte er bald Reserve; er fühlte sich von der Erfolgsspur dieser Werke verfolgt. Offenbar enttäuscht von der New Yorker »Butterfly«, schrieb er 1906 an Tito Ricordi: »Die ganze Welt erwartet von mir eine neue Oper... Genug jetzt mit ›Bohème, Butterfly & Co‹.« Bei Verdi waren es die Leierkästen, bei Puccini die Kaffeehauskapellen, die den Maestro peinigten. Verbarg sich noch mehr dahinter? Puccinis rastloser Trieb, aus der bürgerlichen Enge seiner schönen Melodien (nicht so sehr seines komfortablen Landlebens) herauszukommen?

187

Unermüdlich war er bemüht, das Beste aus seiner Begabung zu machen. Er strebte weiter. Er war kein Verächter jener veristischen Werke, die sich in den Opernhäusern seines Landes eingenistet hatten. Er anerkannte die Verdienste Mascagnis, Giordanos und Cilèas, später auch Zandonais mit seiner »Francesca da Rimini«. Nur hatte er sich für andere künstlerische Ziele entschieden. Eine schöpferische Unruhe bewegte ihn. Wohin sein Weg führen sollte, sein Suchen nach neuen Ausdrucksmöglichkeiten, sein Wissen vom kompositorischen Handwerk – das vermochte er nur zu ahnen. Am imponierendsten dokumentieren »Fanciulla«, »Trittico« und zuletzt »Turandot« sein Streben nach neuer Qualität des musikdramatischen Stils. Stoff und dramatische Gestaltung waren für ihn dabei die Grundlagen, bereits die Arbeit am Text eine schöpferische Aufgabe. Von hier aus erschloß er mit seinen Partituren neue Räume des Melodischen und Harmonischen, überwand er die Tradition der veristischen Werke der »Giovane Scuola italiana«, griff er schließlich zur monumentalen Choroper. Wie ungeheuer selbstkritisch Puccini war, beweist ein Brief, den er ein halbes Jahr vor seinem Tode Freund Adami schrieb: »Ich denke jede Minute an ›Turandot‹ und alle Musik, die ich bisher geschrieben habe, kommt mir wie im Scherz vor.« Das muß man zweimal lesen.

All das, was hier über Puccinis Schaffensdrang gesagt wurde, kann man nur in Verbindung mit seinem emsigen Fleiß sehen. Kein Lebensweg, der den »ernstesten und heiligsten künstlerischen Willen unserer Zeit« (Thomas Mann über Mahlers »Achte«) aufs Panier schrieb, damit wäre Puccini überfordert. Ein Fleiß mit allen Freuden und Leiden schöpferischer Hingabe. Ein Fleiß, der Wirklichkeit nahe, kein Entgegen-Träumen, in engem Bündnis mit vorgezeichneten historischen Milieus, Folklore, Literatur, bildender Kunst. Eine Produktivität, die sich aus Stimmen und Stimmungen, immer neuen Erlebnissen, Erfahrungen ergibt. Was wir erleben, sind keine Resultate eines überanstrengten, mit theatralischer Geste ausladenden, vielmehr eines leicht beweglichen Geistes, so intensiv, mit großer Sorgfalt er auch zu Werke geht. Was wir erfahren, ist keine sublimierte, weltanschaulich aufgeplusterte Überkunst, sondern eine Kunst der Überredungskraft und Allgemeinverständlichkeit. Wir sind Zeugen der Confessio eines Mensch und Natur verbundenen Musikers, für den es nur eine Macht gibt: die Melodie. Diese Melodien entströmten ihm. Er löste sie mit ihrer punktuellen Schönheit und Steigerungsfähigkeit aus Stoff und Handlung heraus, um mit

Arbeitszimmer in Torre del Lago

ihnen das von der Musik geschaffene Potential in Gang zu setzen.
Er sah sie vor sich...

Wer gab sie ihm? Puccini hat sich darüber immer mit einer
gewissen Scheu geäußert, da er keine großen Worte liebte. Aber in
einem schönen Bekenntnis seines ursprünglichen Schöpfertums
knüpfte er an eine Stelle aus Goethes »Götz« an, in der es heißt:
»Nun weiß ich, was den Dichter macht: ein volles, ganz von einer
Empfindung volles Herz.« »Ein volles, ganz von seiner Empfindung volles Herz macht auch den Musiker«, fährt er fort. »Ich
kann nur arbeiten, wenn ich wirklich die Inspiration in mir fühle;
ich kann mich zu keiner Arbeit zwingen. Ich glaube, daß sich die
Musik vor allem an die Seele wendet. Empfindung, Umstände,
Ereignisse wechseln unablässig im Leben, und diesen Wechsel
muß die Oper in ihren Melodien widerspiegeln.« Auch ohne biographischen Zusammenhang, bei Puccini nur ganz vereinzelt
erkennbar, ist die Verbindung von Realität und Phantasie für Puccini sehr typisch. Nur von hier aus können wir zu einer Tiefensicht
seines Werkes gelangen. »Ein Rest Mysterium bleibt immer –
selbst für den Schöpfer«, sagte Mahler.

Wir sind an einen Punkt angelangt, der in unserem Zusammenhang vielleicht zugedeckt werden könnte, weil er uns von den Fragen des eigentlichen Schaffensprozesses fortführt. Puccini war
Katholik, erzogen in einem der Kirche dienenden Vaterhaus. Sich

189

sein Empfinden und Denken losgelöst von idealistischen Ideen vorzustellen, wäre schlechthin absurd. Nichts spricht gegen Puccinis Gläubigkeit, gegen seinen Glauben an eine göttliche »Eingebung«. Seine Messe, sein »Tosca«-Tedeum, die »Angelica«-Mystik sind Kern seines religiösen Wesens. Die Frage nach Puccinis wahrem Verhältnis zu Kirche und Religion würde uns in geringerem Maße beschäftigen, hätte er sich nicht eines Tages gegenüber Arthur M. Abell (»Gespräche mit berühmten Komponisten«) erstaunlich offen über sein Verhältnis zu den Geheimnissen der Inspiration geäußert. In der Tat lassen diese Ausführungen aufhorchen. Man kann sie nicht übergehen, was meist geschieht.

»Das große Geheimnis aller schöpferischen Genies liegt darin, daß sie die Kraft besitzen, sich die Schönheit, den Reichtum, die Größe und die Erhabenheit ihrer Seele als Teile der Allmacht anzueignen und diesen Reichtum anderen mitzuteilen... Ich lasse zuerst die ganze Kraft des Ichs in mir. Dann spüre ich das brennende Verlangen und den starken Entschluß, etwas Würdiges zu schaffen. Dann bitte ich die Macht, die mich schuf, inbrünstig um Kraft. Diese Bitte, dieses Gebet muß sich mit der Erwartung paaren, daß diese höhere Hilfe mir gewährt wird... Die inspirierten Ideen sind geboren... Gott tut für den Menschen nichts, was er aus sich selbst heraus schaffen kann. Wir Sterblichen auf dieser Erde sind Partner des Schöpfers, aber wenige erkennen dies. Gott läßt zum Beispiel den Baum wachsen, wenn aber der Mensch ein Haus bauen will, muß er ihn fällen und in Bretter sägen. Bei einem Komponisten verhält es sich ebenso. Durch mühevolles Studium und durch Fleiß muß er die technische Beherrschung seines Handwerks erlernen; aber er wird nie etwas von dauerhaftem Wert schreiben, wenn ihm nicht die göttliche Hilfe zuteil wird. Eine riesengroße Menge Notenpapier wird von Komponisten verschwendet, die um diese tiefe Wahrheit nicht wissen. Wir haben es auf diesem Gebiet mit höheren geistigen Grenzen zu tun... Dante, Raffael, Stradivarius schöpften alle aus derselben allmächtigen Kraft. Die Inspiration von oben regt den Verstand und die Gefühle an. Jemand, der inspiriert ist, sieht alles in einem anderen Licht. Die Eingebung ist ein Erwachen, eine Aktivierung aller menschlichen Fähigkeiten und offenbart sich in allen hohen künstlerischen Leistungen. Es ist eine überwältigende, zwingende Kraft. Kurz, sie ist der Einfluß Gottes.«

Puccinis Lebensweg nimmt sich wie eine Bahn der Zucht, Verantwortung und Selbstkritik aus. Es ist eine Erkenntnis des Nie-mitsich-Fertigwerdens. Bis ins hohe Alter gilt es, hinzuzulernen. Er war kein Neuerer im Sinne der Revolutionen der Tonsprache. Er sammelte das musikalische Idiom, Ausdruck und Grammatik, der vorangehenden und seiner Generation. Während Strauss, Mahler, Debussy, Ravel, Bartók, Janáček bereits an die äußersten Grenzen der Tonalität gelangt waren, Schönberg und seine Schule radikale Konsequenzen aus der »Tristan«-Harmonik gezogen hatten, schien Puccini nichts wichtiger, als schöne Melodien zu erfinden. Aber sein Blickfeld war nicht verstellt. Er kapselte sich nicht ab. Er wollte wissen, was um ihn herum geschah. Deshalb verschloß er sich nicht den musikalischen Strömungen der Zeit, studierte Partituren, verfolgte die Ergebnisse der Musikfeste und besuchte Opernaufführungen. Mit großem Interesse nahm er die Musik von Naturvölkern und exotischen Völkern auf, versuchte sie (wie bei »Butterfly«) seiner Italianità anzupassen oder auch (wie bei »Turandot«) originaliter nachzuformen. Das alles macht uns Puccini so liebenswert: er schob sich nicht vor andere. Seine Selbstsicherheit schlug nicht in Selbstherrlichkeit um. Immer war er ein Lernender, und dies beanspruchte ihn ganz. »Man kann nicht zwei Dinge zugleich machen«, hatte Mahler in seiner Doppelfunktion als Komponist und Operndirektor gesagt. Puccinis Welt war sein Schaffen, dessen Verbreitung, nicht sein Ruhm.

Wir sehen Puccini wiederholt nach Bayreuth reisen und sich, später meist incognito und seine Partner verleugnend, unter die Festspielgäste auf dem »grünen Hügel« mischend. Wir begegnen ihm in Oberammergau bei den Passionsspielen und noch wenige Monate vor seinem Tode schwerkrank in Florenz, wo Schönbergs »Pierrot Lunaire« aufgeführt wurde... Die Episode ist für Puccinis Aufgeschlossenheit besonders charakteristisch und verdient festgehalten zu werden. Eine merkwürdige innere Unrast trieb ihn zu dieser beschwerlichen Autofahrt, die einem Werk galt, von dem er viel vernommen, das ihm aber innerlich fremd bleiben mußte. Er hörte es sich, begleitet von Casella, dem noch jungen Dallapiccola und Marotti, mit der Partitur auf den Knien aufmerksam an. Schönberg, den mit dem »großen Mann« eine eigenartige Zuneigung verband, begrüßte ihn sichtlich erfreut nach dem Konzert. Puccini wandte sich in französischer Sprache an den bedeutenden Kopf der Moderne: »Ich danke Ihnen, daß Sie mich über Ihre Theorie des ›Pierrot Lunaire‹ aufgeklärt haben..., der mir ein sehr interessantes und starkes Werk scheint«. »Interessant«? Es besagt als ästhetische Wertung wenig. Es weicht in Verlegenheit aus. »Wie es auch sei«, äußerte hinterher Puccini zu seinen

Gefährten, »ich bin zufrieden, die Gelegenheit genutzt zu haben, die Realitäten, wie sie heutzutage (in der Musik) sich darstellen, berührt zu haben. Ich bin weder ›Snob‹ noch ein ›Neubekehrter‹«. Überliefert ist auch der Ausspruch: »Wer sagt uns daß Schönberg nicht ein Ausgangspunkt für ein entferntes zukünftiges Ziel ist? Gegenwärtig verstehe ich entweder nichts, oder wir sind wie der Mars von der Erde von einer konkreten künstlerischen Verwirklichung entfernt«. Auch hier eine Mischung von Respekt und Skepsis, mehr war nicht zu erwarten.

Da wußte er schon mit Strauss mehr anzufangen. Beeindruckt hat ihn der um sechs Jahre Jüngere gewiß – aber hat er ihn wie etwa Busoni geliebt? Strauss seinerseits nannte den Maestro einen »trefflichen Musiker« und einen »lieben Menschen«, und zwar als Reaktion auf einen faux pas, der ihm bei der Einladung zu einem gemeinsamen Empfang unterlaufen war. Das klingt nach persönlicher Vertrautheit. Doch nichts bestätigt eine innere Harmonie, eine engere Bindung. Erst nach Puccinis Tod gab Strauss zu erkennen, wie genau ihm Puccinis Opern bekannt waren. In einem Werkverzeichnis, das er Karl Böhm testamentarisch für den Wiederaufbau der Wiener Oper übergab, nahm er sie nicht auf… Der Brief, den Puccini 1900 nach einer Aufführung von »Tod und Verklärung« in Brüssel Strauss ins Hotel sandte, ist nur Ausdruck der üblichen Höflichkeit, die dem zufällig am gleichen Ort weilenden Kollegen gilt. »Lieber Maestro, erlauben Sie mir, Ihnen zu sagen, wie entzückt und voller Bewunderung ich über die gestrige Aufnahme Ihrer schönen Werke gewesen bin.« »Salome« und »Rosenkavalier« hat Puccini wiederholt gehört, die Tragödie 1910 in Kairo, als sie gleichzeitig mit »Butterfly« vom Komponisten selbst einstudiert wurde. Puccini hielt sich mehr bei der Prinzessin von Judäa als bei Cio-Cio-San auf und hat die Begegnung mit dem sechs Jahre Jüngeren, der dem Orchester das »Brüllen eines ganzen Zoos« abverlangte, mit Charme und Witz geschildert. In einem Brief, den Plan der später von Alexander Zemlinsky komponierten »Florentinischen Tragödie« betreffend, nahm Puccini auf »Salome« Bezug: »Diese Oper (gleichfalls nach Wilde) wäre ein Gegenstück zu ›Salome‹, aber viel menschlicher, wahrhafter, viel ansprechender für uns alle.« Mit »La Rondine« beschäftigt, spielte er mit dem Gedanken eines italienischen »Rosenkavalier«. Dem Baron Eisler in Wien schrieb er: »Eine Operette werde ich nie schreiben, eine komische Oper, ja: siehe ›Rosenkavalier‹, jedoch viel unterhaltender und organischer.« Also vorwiegend Distanz. Erst beim prunkenden Orchesterkolorit der »Fanciulla«

Porträt von Luigi de Servi (1902)

ergaben sich mancherlei Berührungen mit Strauss' raffinierter Musikpsychologie. Mit Salomes Tod vor allem. Eine Oper, für die Puccini bei seinem Wien-Besuch 1920 gegenüber Schalk großes Interesse bekundete, nach der ihm »der Mund wässerte«, war die neue »Frau ohne Schatten«. Seine Reaktion fiel einigermaßen lakonisch aus. »Das sind Logarithmen«, sagte er nur.

Der Fall Strawinsky verdient insofern Aufmerksamkeit, als Puccini von Haus aus ein kritisches Verhältnis zu ihm besaß, die frühen Partituren von »Feuervogel« und »Petruschka« ausgenommen. Schon »Sacre du Printemps« bildete die Grenze. »Ich war zum ›Sacre‹: ein lächerliches Ballett. Die Musik eine Kakophonie ohnegleichen. Trotzdem merkwürdig mit einem gewissen Talent gemacht. Aber alles in allem eine verrückte Angelegenheit. Das Publikum pfiff, lachte und ... klatschte«. Das war deutlich. Doch kam der spätere Puccini dann wirklich ungeschoren an Strawinsky vorbei, war ihm das möglich? Nicht nur die verstimmte Drehorgel der »Petruschka« hat es ihm angetan. In »Turandot« findet sich ein wörtliches Zitat aus »Sacre«, kaum zu glauben, keineswegs zu spät. Wir stoßen in den Partituren von »Rondine«, »Tabarro« und »Schicchi«, wohin man blickt, auf die von Strawinsky ausgeklügelten klanglich-rhythmischen Finessen. Auch so etwas gibt es: die Polyrhythmik der Komödienmusik, gegen den Strich gebürstete Akkorde, mit denen Puccini im einzelnen Fall das Concerto mit Klavier und Bläser 1924 geradezu vorwegnimmt.

Heute wird keiner widersprechen, den eminenten Opernmelodiker Verdi und den auf anderer nationaler Grundlage wirkenden, auf gesteigerten dramatischen Ausdruck gerichteten Musikdramatiker Wagner als eigentliche Väter Puccinis zu benennen. Im Schaffen Verdis hat die italienische Oper die Erfüllung jahrhundertelangen Strebens nach einem gesangsbetonten Stil gefunden. Alles, was die italienische Oper nach Verdi geschaffen, ist bei ihm schon vorgebildet, etwa »La Bohème« in »La Traviata«, »Tosca« in »Luisa Miller«. Mit Wagner gewann das Orchester leitmotivische Kraft und sinnliche Klangfreude hinzu. Musik, Wort und Bild ergänzten sich zum sogenannten »Gesamtkunstwerk«. Auch ohne daß sich Puccini Verdi in die Arme warf, auch ohne daß er je »Wagnerianer« wurde, blieb er der Kunst beider Großer in vielen Einzelzügen verbunden. Dennoch bleibt zu sagen: als Vordermänner Puccinis sind drei französische Musiker des ausgehenden 19. und beginnenden 20. Jahrhunderts anzusehen.

Welche sind hier gemeint? Es sind der Schöpfer des »charme mélodieux« Massenet, dessen lyrischem Parfum man sich nur schwer entziehen kann, und es ist der impressionistische Farbkünstler und spätgeborene romanische Klassizist Claude Debussy. Daß wir hier Georges Bizet mit hereinnehmen, bedarf keiner Begründung: er hat in Puccinis Opernlyrik das leuchtend Mediterrane eingebracht. Ein Leben lang huldigte der Maestro dem Stilideal der drei, in mehr oder weniger starker Bindung. On revient toujours à ses premiers amours. Dem zarten, umrißscharfen, nie aufgeschwemmten Lyrismus von Massenets »Manon« und »Werther« ist Puccini erst bei Tosca und Minnie entronnen, um dann bei Angelica und Liù reuig zu ihm zurückzukehren. Müssen wir nicht immer wieder erkennen, wie sehr sich Puccini gerade an Massenet geschult hat? Debussys subtiler Nervenkunst war er stets nahe; er stellte die Orchesterwerke allerdings über den ihn als Drama ermüdenden »Pelléas«. Vergleicht man den Zweivierteltaktbeginn des Tosca-Gebets mit zwei beiläufig ausgewählten Dreivierteltakten des »Pelléas«, so sind allerdings Tonfall, Melodie und Akkordfolge nahezu identisch.

Lehár... Vielleicht will mancher ihn in diesem Zusammenhang nicht sehen, empfindet ihn als Fremdling. Mindestens seit der großen schmelzenden Liebesmelodie des »Grafen von Luxemburg« (nicht der »Lustigen Witwe«) hat sich Puccini ungeniert zu diesem ungarischen Könner der Trivialmusik bekannt und sogar mehrfach idiomatisch seine Nähe gesucht. Daß ihm das Sympathisieren mit dem leichten mondänen Genre bei »La Rondine« schließlich zu schaffen machte – es wurde gleichermaßen Puccini wie Lehár angelastet. Lehár war mit dem Puccini-Ambiente seiner tragischen Operette überanstrengt. Amüsant, zu verfolgen, wie er einen der schönsten melodischen Einfälle der »Bohème«, das As-Dur-Lento triste des dritten Aktes, Note für Note folgend ins Operettige des romantischen Künstlerromans »Paganini« umbiegt. Ein Kuriosum bedenkenlosen Umgangs mit einem dem Operettenmacher sich anbietenden Puccini-Zitat.

Puccini:

Lehár:

Als Lehár 1923 mit seiner »Gelben Jacke«, der Vorstufe zum »Land des Lächelns«, zu seiner tränenschweren Spätmuse ansetzte, konnte er sich nur auf das exotische Kolorit der »Butterfly« berufen. Alles andere ist Fama. Die 1926 postum erschienene »Turandot« war zur Zeit der »Jacke« und ihrer Neufassung noch unbekannt. Aber das Puccini-Idiom, die Bemühungen um eine Vertiefung des trivialen romantischen Operettenmelos sind präsent.

Längst wissen wir: jede Puccini-Oper hat ihr eigenes Milieu, ihr eigenes Klima, ihren eigenen Gestus, das Werk bestätigt es. Diese Atmosphäre »schöner Traurigkeit«, die jedes Stück von dem vorhergehenden absetzt, mußte immer wieder neu gefunden, entdeckt werden. Viel trug dem Musiker seine großartige Phantasie zu – Puccini war niemals im Fernen Osten, erst später in Paris. Aber wieviel erfühlte er auf seinen Reisen, in ferne Kontinente, Länder und Metropolen. Man reist, die Welt aus praktischen, erzieherischen und allen möglichen Gründen zu erforschen. Man sieht und wird gesehen. Man erkennt wieder, was man oft träumend in sich getragen hat. Puccini hielt überall, sei es per pedes, Auto, Eisenbahn oder Schiff, die Augen offen, fand Berührung mit Land und Leuten, verfolgte aufmerksam neue Talente. Inwieweit ihm gesellschaftliche Widersprüche, Armut und Not des Proletariats bewußt wurden, sei dahingestellt. Seine Reisen, später meist in Begleitung des praktisch veranlagten Sohnes, führten ihn in fast alle Musikzentren Europas, Paris, London, Wien, Berlin, mehrmals nach Süd- und Nordamerika, nach Spanien, Ägypten, Ungarn, Rußland. Meist handelte es sich um lokale Erstaufführungen der Opern; und meist wurde er Zeuge der abschließenden Proben. Hier war nicht mit ihm zu spaßen. Luigi Ricci, der lange mit Puccini eng zusammenarbeitete, hat es geschildert: »Der

Maestro war überaus empfindlich in bezug auf Tempobezeichnungen und rhythmischen Fluß seiner Musik. Auf eine ausgewogene Orchesterpalette wandte er alle Aufmerksamkeit, und von den Künstlern forderte er vollkommene Hingabe – er konnte tyrannisch sein. Absolute Notentreue, präzises Orchesterspiel, den vollen Einsatz aller stimmlichen und schauspielerischen Mittel seiner Solisten, Textverständlichkeit und echtes Erfassen der Rolle: er war eigentlich gar nicht zufriedenzustellen. Wer würde da nicht an Verdi denken?

In den letzten Lebensjahren suchte Puccini gern kleine süddeutsche Städte wie Fulda und Ingolstadt auf, meist gemeinsam mit einer Freundesschar, der Kleinstadtidylle auf der Spur. Welch harter Kontrast zur glänzenden Fassade der Weltstädte New York und Buenos Aires, die nicht ihren Eindruck auf den Globetrotter verfehlten! Drei Ereignisse heben sich heraus. Zunächst die Einladung 1905 in die Hauptstadt Argentiniens, wo das Teatro Colón eine Serie seiner Opern von »Edgar« bis »Butterfly« spielte. Als Gast einer großen Zeitung residierte er mit Elvira im exklusivsten Hotel. Ein großes Appartement stand ihm mit Kellner, Köchin und einer täglichen Tafel für zwanzig Personen zur Verfügung. Das ließ er sich schon gefallen. Ähnlich bei der ersten USA-Reise Januar 1907, mit einer kurzen Zwischenstation in Paris, die ihm Gelegenheit bot, endlich Debussys »Pelléas et Mélisande« zu hören, dann fünf Wochen New York mit »Manon Lescaut« und »Butterfly«. Die zweite Reise galt der illustren Met-Premiere der »Fanciulla«. Nie wieder erlebte er einen solchen »Bahnhof«, einen vergleichbaren Aufwand an »publicity«. »Preis 8000 Lire allein für die Überfahrt. Riesige Fenster mit Seidenvorhängen wie beim Kaiser. Eine wahre Pracht! Gepriesen sei die Metropolitan!«

Eins ist sicher: Puccini genoß diese Abstecher von Torre del Lago und den anderen Refugien sehr. Hat er sie für seine Komposition genutzt? Kaum. Es war ihm (ganz anders als Strauss) nicht gleich, wo seine Skizzenblätter und Partiturseiten vor ihm lagen. Er war an seine heimische »Umgebung«, an Klavier und Schreibtisch, wohl auch das andere Mobiliar, an Garten und See gebunden. Nur »Turandot« wollte er noch in der Klinik in Brüssel vollenden ... Eine Ausnahme. Die »Kleinigkeiten«, die er von seinem ersten USA-Besuch mit nach Hause brachte, sind nur Späne der Werkstatt: ein Foglio d'album, ein Albumblatt, und ein Piccolo Tango, offenbar von amerikanischer Tanzmusik beeinflußt, beides für Klavier. Es sind nur peripher die musikalischen Eindrücke, die Puccini auf seinen Überseereisen fesselten. Nach seinen Briefen zu schließen, richtete sich sein Interesse primär auf die technischen Errungenschaften der »Neuen Welt«, auch der Bühnentechnik. Was die New Yorker aus seiner »Pferdeoper« aus dem Goldenen Westen gemacht hatten, begeisterte ihn.

In einem Brief an Caselli in Lucca verlieh der Weltreisende seinen Gefühlen Ausdruck. »London – sechs Millionen Einwohner (es waren ihrer tatsächlich so viele), riesiger, höllischer, unbeschreiblicher Verkehr – Paris nichts dagegen. Unmögliche Sprache, herrliche Frauen, glänzende Schauspiele und Zeitvertreib im Überfluß. Wenig schöne, aber faszinierende Stadt... Paris – schöner und lustiger, aber weniger belebt oder bewegt – wie sagt man? – und weniger charakteristisch. Man lebt dort glänzend. Ich habe eine wahnsinnige Lust, mich dort, wenn ich hinkomme, zwei, drei, vier, fünf Monate aufzuhalten. Ich bin mit Zola, Sardou und Daudet befreundet. Wer hätte das vorausgeahnt? ... Manchester – die Stadt des qualmenden Rauches, der kalten Niederschläge, des Regens, der Baumwolle und des Nebels. Eine wahres Inferno! Schrecklicher Aufenthalt... Brüssel – schöne Häuser, Paläste, Monumente, herrliche Straßen, aber doch ein Provinznest im Vergleich zu London und Paris... Mailand – die ursympathische Stadt, die einzige in Italien, wo man leben kann und... die wichtigste für mein Geschäft... Torre del Lago – höchstes Juwel, Paradies, Eden, Olymp, Elfenbeinburg, geistiger Springbrunnen, Königsschloß... Einwohner 120, Häuserzahl 12.« Das liest sich wie ein Reisetagebuch, von genauer Beobachtungsgabe zeugend, und ist dennoch mehr als ein Bündel Impressionen eines sich von seinen Pflichten Zurückziehenden, Ausspannenden. Auch hier ließen Puccini die Geschöpfe seiner Phantasie nicht los, arbeiteten in ihm weiter.

Japanische Tragödie

Ein Bild bleibt zurück. Ein Bild prägt sich ein. Das Geschehen wird zur Vision: Cio-Cio-San wartet mit ihrem Kind, festlich gekleidet, auf den heimkehrenden Pinkerton. Mit dem Fernrohr sucht sie den Hafen nach den einlaufenden Schiffen ab. Die Nacht senkt sich, das Kind schläft längst. Eine Vision von Glück und Leid, Traum und Wirklichkeit, im Pianissimo des Orchesters und in den Vokalismen der Chorstimmen verhauchend. Es ist eine der anrührendsten Musikszenen Puccinis. Wie simpel doch das vorgegebene thematische Material, nur eine schlichte Cellomelodie über auf- und abgleitenden Dreiklang-Pizzikati! Welch schlechthin ideale Vereinigung von Phantasie und Realität! Puccini war gut beraten, sich in seiner Neufassung eine Pausenzäsur zu gönnen. Angesichts der Vision verflüchtigen sich Bedenken gegen den Stoff und seine Verarbeitung. Gegen die Härte, die Poesie aus einem Meer von Tränen holt. Gegen das Rührstück als Folge eines widrigen Geschäftsvorgangs mit der Ware Butterfly. Belascos Geisha-Tragödie gewinnt poetischen Umriß. An Stelle blanker Sentimentalität tritt Gefühlszartheit. Ein halbes Jahrzehnt Opernarbeit hat das arios durchblutete, nervös-schmiegsame Melos einer »Japanischen Tragödie« erzeugt.

Aber hier beginnt bereits eins der Mißverständnisse, an denen dies Werk so reich ist. »Tragödie einer Japanerin« heißt es beharrlich auf den Programmzetteln deutschsprachiger Aufführungen. »Tragedia giapponese« verzeichnet das Original. Das ist etwas anderes. Kein Einzelschicksal wird erzählt, sondern was sich begibt, hat einen historischen und sozialen Hintergrund. »Butterfly« ist ein Stück Japan des anbrechenden Jahrhunderts – die Liaison zwischen dem Navy-Lieutnant Pinkerton und der gerade Fünfzehnjährigen mußte einfach so enden. »Butterfly« erfordert eine genaue Lokalisation. Puccini betont ausdrücklich, daß sich seine Operngeschichte »wirklich zugetragen« habe. Romantisches Fabulieren genügt ihm nicht. Er will bei der Wahrheit bleiben; und sie ist in Treue und Untreue gar nicht süß. Erst der Realismusgehalt macht, höheren ästhetischen Ansprüchen genügend, das Stück zur »Japanischen Tragödie«. Man hat mit Cio-Cio-San nicht nur Mitleid – man versteht sie.

»Madama Butterfly« ist keine bessere oder schlechtere unter

den anderen Puccini-Opern, sondern ein Fall für sich. Bei »Butterfly« ist alles ganz anders. Puccini hat über weite Strecken rascher und wohl auch flüchtiger an ihr gearbeitet; sie wurde eigentlich (wie »Carmen« und »Les Contes d'Hoffmann«) nie fertig. Er hat sich bei ihrer Endversion von 1906 durch die Verhältnisse »überrumpeln« lassen, nachdem ihn das Debakel der Mailänder Uraufführung zu einer Neufassung zwang. Mehr noch: der nunmehr vom Komponisten autorisierten Oper gebricht es an Logik des Aufbaus, sie ist kopflastig mit einem vollkommenen ersten und einem episch aufgeschlüsselten zweiten Akt, gleich gar nicht kann der Potpourri-Charakter des Schlußaktes mithalten. Tatsächlich, dramaturgisch betrachtet, ein großes »Aufräumen«. Vieles ist Puccini bei der Arbeit an »Butterfly« entglitten. Eine als lyrische Kammeroper konzipierte Partitur wurde mit Familienepisoden aufgeschwemmt, von denen man sich soziale Farbe versprach, aber das Gegenteil erreichte: Comprimarii-Blässe. Auch Cio-Cio-San, als porzellanzarter lyrischer Sopran entworfen und mehr in den Bereich des Lirico spinto hineinwachsend, ist in ihrem Wechsel von Liebeshingabe und tragischem Schmerz stimmpsychologisch unscharf. Von Pinkerton, diesem nur im ersten Akt präsenten, im zweiten Akt abwesenden und im Schlußakt spärlich bedachten Tenor gar nicht zu reden. (Daß ihn die deutschen Übersetzer Linkerton umbenannten, hat an seiner Unerheblichkeit nichts ändern können). Das Schlimmste aber: Kate, Pinkertons zweite amerikanische Frau, darf nur herumstehen. Mit ihr hat Puccini schon in der Urfassung nicht viel anzufangen gewußt. Sie ist als Figur so schwach geprägt wie ihre Musik der Individualität entbehrt. Die Crux der »Japanischen Tragödie«: jene unbefriedigenden Lösungen der Musikdramaturgie, Aktdisposition, Stimmcharaktere. Wann immer wir »Butterfly« hören, müssen wir unterscheiden zwischen ihren musikalischen Schönheiten und der anfälligen Konstitution des Dramas. Nur wer das vermag, wird dem Werk gerecht.

Wen wundert es: Puccini hatte mit »Tosca« Blut geleckt, nichts lag ihm ferner, als sich nach diesem Theatererfolg auszuruhen. Warum auch? Man war zweiundvierzig, auf der Höhe der Schaffenskraft, bislang gesund. Jedes Puccini-Werk bestätigte die ungelöste Spannung, auch ohne Reaktion auf die Wechselfälle des Lebens gleich das Nächste hervorbrechen zu lassen. Diesmal war die Zahl der Stoffe, die Puccini fesselten und die er an Ricordi herantrug, besonders groß. Mißgelaunt, nervös und unzufrieden, betrachtete er seine Lage. Das Geborene interessierte ihn nicht, nur die Geburt, das Werdende.

D'Annunzio? Der bedeutende Repräsentant italienischer Literatur im Bündnis mit dem Meister der »Bohème« – sollte das so abwegig sein? Viele Jahre bemühte sich Puccini mit einer gewissen Hartnäckigkeit darum. (Von der fruchtbaren Zusammenarbeit Strauss' mit Hofmannsthal konnte Puccini damals noch nichts wissen.) Ein gemeinsamer Freund, der Komponist Tosti, vermittelte die Verbindung. Eine Oper nach des Dichters »L' Alchemiste« erschien ihm verlockend. Doch war er sich wohl schon im ersten Stadium gegenseitiger Fühlungnahme der Schwierigkeiten bewußt. An Illica schrieb er am 15. Mai 1900 in einer Mischung von Bedauern und Selbstbewußtsein: »Wunder über Wunder! D'Annunzio mein Textdichter! Nicht für alle Reichtümer der Welt! Zu rauschhaft und betörend – ich möchte auf den Beinen bleiben.« Sechs Jahre später wurde ein neuer Versuch gewagt. Der Vorschlag ging diesmal von d'Annunzio aus: eine gemeinsame Oper »Parisana«. Zwar hatte Puccini zunächst Vorbehalte, willigte aber bald ein. Sogar ein Vertrag wurde im Frühjahr 1906 geschlossen. Wer weiß, warum der Dichter sich plötzlich vom Projekt zurückzog! Dafür plädierte er für eine »Rosa di Capo«, die Puccini gutwillig gleichfalls in Erwägung zog. »Gestern war ich in Pietrasanta bei d'Annunzio«, berichtete er im August des Jahres Ricordi, »er hat mir eine Geschichte erzählt, die mir gut gefällt. Gewiß schwebt er immer ein bißchen in den Wolken, aber er hat sich diesmal ziemlich weit auf die Erde herabgelassen. Es handelt sich um ein etwas romantisches Sujet, zwischen Legende und Fabel, mit tragischem Ende... Das Stück spielt auf Cypern während der Blütezeit der Insel, als die Menschen aus aller Welt dort zusammenströmten.« Wieder nichts! Puccini hatte inzwischen mit diesem »Schwierigen« seine Erfahrungen. Übers Jahr ein neuer Vorstoß. »Von ihm (d'Annunzio) habe ich heute früh einen Brief erhalten, in dem er sagt, seine alte Nachtigall sei wieder erwacht mit dem Ausbruch des Frühlings und möchte für mich singen...« Nach all diesen Fehlschlägen gab es noch Ende 1912 den letzten Versuch mit d'Annunzio »La Crociata degli Innocenti«. Puccini scheint sich mit dem Gedanken einer Oper mit dem Thema der mittelalterlichen Kinderkreuzzüge stark beschäftigt zu haben. Tito Ricordi trat als Vermittler auf; und Puccini besuchte den Dichter auf einer Frankreichreise in seinem Exil nahe Bordeaux. Nur: als das Libretto im Januar 1913 in Torre del Lago eintraf, war die Enttäuschung groß. Er hatte sich etwas anderes vorgestellt. Mit dem mystischen Hintergrund d'Annunzios wußte er beim besten Willen nichts anzufangen.

Wir kehren ins Jahr 1900 zurück. »Madama Butterfly« im Blickfeld. Der Weg zu dieser Oper führte »krank vor Untätigkeit« über eine Fülle von Überlegungen und Plänen. Noch einmal fiel der Blick auf Maeterlincks »Pelléas« und Zolas »La Faute de l'Abbé Maurat«. Auch »Maria Antonietta« war noch lange nicht gestorben. »Le dernier Chouan« nach Balzac, »La Tour de Nesle« von Dumas d.Ä., die »Misérables« Hugos, ja, selbst Gerhart Hauptmanns »Weber« wurden erwogen. Aber war dieser sozial terminierte deutsche Naturalismus etwas für Puccini? »Lieber Herr Giulio, unter den tausend Vorschlägen, mit denen man mich überschwemmt, habe ich nichts für mich Passendes gefunden. Targioni bietet mir die ›Tessitori‹ (Hauptmann) an, andere die ›Miserabili‹, wieder andere den üblichen ›Cirano‹ (Rostands »Cyrano von Bergerac«) und so fort bis zur ›Lea‹ von Cavallotti. Ich habe den ›Adolphe‹ (das Leben der Margareta von Carona nach dem Roman Constants) gelesen und finde ihn höchst armselig – keinerlei in die Augen fallende Handlungsmomente, höchstens die von Illica erdachte Szene des polnischen Tanzes mit dem dazugehörigen Klagelied und der Liebesszene; der ganze Rest ist eine schlichte Beschreibung des inneren Kampfes eines liebenden Mannes, der indessen müde ist, eine Frau zu lieben, die älter ist als er und die er nicht achtet... Das Ende läßt sich unmöglich modifizieren, das heißt: neuartig gestalten. Entweder im Bett wie Mimi oder im Lehnstuhl wie Violetta. Das Sujet ist mit dem der ›Traviata‹ verwandt und ohne den Hauch der Jugendlichkeit, der um Violettas Haupt versöhnlich weht... Je mehr ich an ›Butterfly‹ denke, desto mehr begeistere ich mich für sie.«

Das wurde am 20. November 1900 in Torre del Lago geschrieben. Langsam, aber sicher war seit Sommer des Jahres Puccinis Denken und Fühlen auf die neue verheißungsvolle Aufgabe »Madama Butterfly« gerichtet. Nur zu gut war ihm die allgemeine Schwäche der Zeit für das Exotische bekannt – eine mitteleuropäische Modeströmung, die mit der Bewegung des »stile floreale«, des Jugendstils, zusammenfiel. Japanische Farbholzschnitte, Kunstgegenstände, Möbel, Porzellan, Kimonos waren en vogue. Die Sammlung »Le Livre de Jade« mit japanischer und chinesischer Lyrik, vom Französischen ins Italienische übersetzt, ging von Hand zu Hand. In der Musik griff der neue Exotismus, neben Verdis für die neue Oper von Kairo geschriebener »Aida«, vor allem in Frankreich auf Bizets »Perlenfischer«-Ceylon, Meyerbeers »Afrikanerin«, Massenets »Thais«-Ägypten und Delibes' »Lakmé«-Indien zurück. Sicher blieb auch Mascagnis »Iris«, die von Illica inspirierte erste japanische Oper, auf Puccini nicht ohne Einfluß. Das fernöstliche Lokalkolorit fand in ihm ein Echo. Es war die Zeit eines unverkrampften Internationalismus: alle Menschen sind gleich. Immer größer wurde die Assimilierung der Musik des nahen und fernen Ostens, Rußlands, des angloamerikanischen Jazz in Mittel- und Westeuropa. Eins scheint gewiß: Puccini besaß von dieser Kunst keine intime Kenntnis. Er erfühlte diese Kultur mit den Nerven des Zivilisationsmenschen. Daß ihm die billigen Geisha-Schmarren, die in unvorstellbarem Maße New Yorks Broadway überschwemmten, bekannt waren, ist nicht gut möglich, denn er bereiste erstmals 1907 die USA. Aber das Schicksal der Geishas hatte bereits in der japanischen Literatur, vorwiegend in der Dramatik, Verbreitung gefunden, bevor es zum beliebten Thema der Trivialliteratur der europäischen Hauptstädte wurde. Schon wartete das Kino auf diese ergiebige Stoffzufuhr.

Wie steht es um die Butterfly-Wirklichkeit? Kann sie mit einem Blick alles erfassen, was sich an politischen und gesellschaftlichen Problemen im Japan der Jahrhundertwende auftut? Ist sie ein Spiegel von Land und Leuten dieser Zeit? Blühende Kirschbäume und Ausblick auf den Hafen von Nagasaki, eine vordergründig rührende Story oder eine Geschichte im Spannungsfeld sorglosen Yankeetums und geschäftiger Geishamentalität? Jede gute Aufführung des Werkes wird sich dem Blütenzauber mit trippelnden Püppchen, der Gefühlsmassage entziehen und den sozialen Aspekt des Stoffes suchen. Das sind wir dem poetischen Realismus Puccinis schuldig. Er hat für die menschliche Tragik seines Opern-Japan einen bestimmten Hintergrund gesucht und gefunden. Die Kenntnis historisch-gesellschaftlicher Zusammenhänge konnte er (nicht anders als Verdi bei seinen Geschichtsbildern) voraussetzen. Man muß schon etwas von der Rolle der rechtlosen, versklavten Frau im damaligen Japan wissen. Was Puccini von Frauendiskriminierung in Japan erzählt, ist dem Leben nahe.

Das Inselreich war um 1900, etwa zur Zeit der Opernhandlung, ein Land voller Gegensätze. Westliche Zivilisation begann die alte japanische Kultur mit ihren festumrissenen Lebensformen, religiösen Anschauungen und sittlichen Normen zu durchdringen. Die Entwicklung zum modernen Industriestaat wurde gewaltsam eingeleitet. 1867 vertrieb in einer Art von Aufstand die Kaste des Kaisers, der bis dahin nur ein gottähnlicher Monarch gewesen,

Porträt von Arturo Rietti (1906)

den amtierenden Shogun. Die Folge: das alte Feudalsystem mit Landesfürsten und Samurais verschwand. Japan wurde eine konstitutionelle Monarchie. Den Europäern, denen bislang das Betreten des Landes außer Nagasaki bei Todesstrafe verboten war, wurden Freihäfen und Handelsrechte eingeräumt. Ein Wettlauf der europäischen Länder und Amerikas um den wirtschaftlichen Einfluß in Japan begann. Die westliche Welt spielte ihre Machtmittel aus. Amerikanische und europäische Geschwader kreuzten in japanischen Gewässern, um notfalls mit Kanonen zu antworten, sollten die Japaner Widerstand leisten.

Wenn sich auch auf dem Gebiet von Industrie, Handel, öffentliches Leben, Schule und Kleidung wesentliche Neuerungen zeigten, der Familie blieben die traditionellen Lebensformen, Zeremoniell und Höflichkeit erhalten. Die Frau als Dienerin des Mannes. Sie hatte ihm treu, geduldig, still und arbeitsam in allem zu gehorchen. Sie lebte mehr oder weniger rechtlos und schutzlos dahin. Als Verheiratete war sie dem Mann, als Witwe dem ältesten Sohn untertan. Die Hochzeit vollzog sich nach strengem Ritus. Nicht die Brautleute trafen die Wahl, sondern ein von den Eltern bestimmter Vermittler, ein Nakodo. Nur einmal durften die einander Erwählten sich vorher sehen und sprechen.

Zunächst ist dies zu sagen: Geishas sind keine Freudenmädchen, Kokotten im europäischen Sinne. Sie sind feingliedrige Mädchen, die in Teehäusern bei Zusammenkünften, Gastmahlen, Vergnügungen die Männer mit Liedern und Tänzen erfreuen. Meist waren es arme Mädchen, die als Kinder von geschäftstüchtigen Unternehmern gekauft und auf die Schule geschickt wurden, wo sie eine strenge Ausbildung erfuhren. Es waren hübsche Mädchen, glänzende Gesellschafterinnen voller Charme. Aber der Aufstieg in eine sozial höhere Klasse blieb ihnen fast immer verwehrt. Sie wurden von der Gesellschaft als Ausgestoßene betrachtet und behandelt. Die kapitalistische Entwicklung erniedrigte die Geishas noch mehr. Daß sie als liebeserfahren galten, war nicht Zweck, höchstens Folge ihres Berufes. Ein solches fünfzehnjähriges Geisha-Mädchen hohen Liebreizes will der Lieutnant der U.S. Navy F. B. Pinkerton durch Vermittlung des abgefeimten Goro in das von ihm gekaufte Häuschen auf den Hügeln von Nagasaki nehmen. Wie geht das zu? Eine zivilrechtliche Trauung, nach japanischem Brauch eine auf 999 Jahre geschlossene Ehe, wird anberaumt. Aber diese nur des Vergnügens willen eingegangene Verbindung kann für einen amerikanischen Mariner nicht viel bedeuten. Sie besitzt für ihn nur so lange Wert, wie er Gefallen an seiner Madame Butterfly findet. Überdies weiß Pinkerton nur zu gut: sein Aufenthalt in Japan kann nur von begrenzter Dauer sein. So nimmt das Verhängnis seinen Lauf.

Chronologisch beginnt unsere Darstellung der Entstehung, Vorgeschichte und vierjährigen Beschäftigung mit dem 1887 erschienenen Roman »Madame Chrysanthème« des französischen Schriftstellers Pierre Loti. Es ist die erste literarische Gestaltung des Butterfly-Stoffes. Als junger Marineleutnant in Nagasaki schloß er eine »japanische Ehe« auf Zeit mit dem Mädchen Ki-Hou-San, die er nach der Trennung mit einer Geldsumme abfand. »Nur zum Spaß, wie zwischen Marionetten« fühlte sich der Offizier mit Chrysanthème verheiratet, auf jegliche tiefere Empfindung verzichtend. Jedenfalls entnahm der wohlsituierte schriftstellernde Rechtsanwalt John Luther Long in Philadelphia das Grundmotiv seiner 1898 als Fortsetzungsroman im amerikanischen »Century Magazine« veröffentlichten »Madame Butterfly« dem Loti-Roman, nach dem 1893 André Messager eine gleichnamige Oper schrieb. Long war nie in Japan gewesen, hatte jedoch durch seine Schwester, die Frau eines Missionars in Nagasaki, Kenntnis von Gebräuchen und Gewohnheiten Nippons. Diesmal war es ein Yankee, der ein japanisches Mädchen auf Zeit heiratete und von dem es ein Kind bekam. Diese sentimentale, auf einer wahren Begebenheit beruhende Geschichte fand weite Verbreitung. Der Wunsch nach Dramatisierung wurde laut. Zwei Damen, Maude Adams und Julia Marlowe, witterten Morgenluft und bemühten sich als erste darum, vergebens. Mehr Glück hatte der routinierte Schauspieler und Theaterdirektor David Belasco, Hauptlieferant der New Yorker Unterhaltungsszene, der bereits mit einem im Chinesenviertel San Franciscos spielenden Reißer beträchtliche Einnahmen für sich verbucht hatte. Belasco brauchte ein kurzes Stück, das nach dem nicht abendfüllenden »Naughty Anthony« gegeben werden sollte. Noch ehe der Vertrag festgelegt war, konnte er in vierzehn Tagen das kleine einaktige Drama, auf das er sehr stolz war, in engem Kontakt mit Long fertigstellen. Am 5. März 1900 wurde »Madame Butterfly« im Harold Square Theatre in New York erfolgreich uraufgeführt. Mit sicherem Instinkt hatte Belasco aus der Erzählung ein wirkungssicheres Melodram gemacht, das mit der Rückkehr des Geliebten beginnt und erstmals mit einem tragischen Akzent, dem Selbstmord Cio-Cio-Sans, endet.

Es hätte schon wunderlich zugehen müssen, wenn nicht der Erfolg von Belascos Geisha-Tragödie bis zu Puccini gedrungen wäre. Den direkten Hinweis erhielt der Maestro von Frank Nielson, dem Manager der Covent Garden Opera, der damals gerade die Londoner »Tosca«-Premiere vorbereitete. Er solle sich doch gleich das Stück Belascos schicken lassen, von dem er in New York so beeindruckt war. Puccini besprach den Plan mit Ricordi, der sofort hellhörig wurde. Briefe wurden nach Amerika gesandt. Doch zuvor hatte Puccini die glückliche Gelegenheit, anläßlich seiner zweiten London-Reise den Einakter Belascos selbst kennenzulernen. Im Anschluß an Jerome K. Jeromes »Miss Hobbs« wurde »Madame Butterfly« im Duke of York Theatre in London gegeben. Puccini konnte kein Wort Englisch. Das Schicksal der kleinen Japanerin ergriff ihn, der auf das bloße Durchschauen der

Handlung angewiesen war. Auch das exotische Milieu scheint ihn sofort fasziniert zu haben. Nach Schluß der Vorstellung traf er sich mit Belasco und bat ihn ohne viel Umschweife um die Vertonungsrechte, die ihm angeblich sogleich gewährt wurden. Da kamen dem Maestro wieder Zweifel. Mit Freunden besuchte er, um ganz sicher zu gehen, eine weitere Vorstellung. Der Entschluß stand fest: ich schreibe die Oper. Jetzt war es Belasco, der sich mit der Übersetzung des Originaltextes der »Butterfly« Zeit nahm. (»Ach, wenn ich sie nur schon hier hätte, um daran zu arbeiten!«) Es war inzwischen März 1901. Noch immer keine Abmachung. Aber Puccini hatte sich längst die Oper vorgenommen, ließ sich Melodien auch ohne Libretto einfallen. Ende September 1901 lag der Vertrag auf dem Tisch.

Belasco hat später das Hin und Her der »Butterfly«-Zusage mit bemerkenswertem Humor geschildert. »Puccini war unter den Ehrengästen und kam zu mir hinter die Bühne... Ich sagte sofort zu, er könne damit machen, was er wolle – denn wie ist es möglich, mit einem impulsiven Italiener, der dir mit Tränen in den Augen und beiden Armen am Halse hängt, auch nur irgendwelche geschäftlichen Dinge zu diskutieren! Ich glaube kaum, daß er das Stück wirklich *gesehen* hat, er *hört* nur die Musik, die er dazu schreiben wird. Später lernte ich ihn näher kennen und fand in ihm den angenehmsten und treuherzigsten Mitmenschen, einen großen Künstler ohne jede übliche Angeberei.«

Ein Neuanfang und eigentlich keiner: mit Illica und Giacosa, den »siamesischen Zwillingen«, traten wahrlich vertraute Mitarbeiter in die Werkstatt. Sie beide eingeschlossen, besaß Puccinis »Butterfly« nun auch schon fünf literarische Väter. Illica, dem die dramatische Formung zufallen sollte, erhielt die italienische Übersetzung des Stücktextes als erster vorgelegt. »Lies ihn und sage mir, was Du denkst. Ich bin davon eingenommen.« Wir kennen nicht seine Antwort, aber seine Meinung gegenüber Ricordi: »Glaube mir, ›Butterfly‹ ist das strengste Werk Puccinis, streng und neu, aber nicht leicht... am tauglichsten für seinen Ehrgeiz!« Auch Giacosa, für die poetische Diktion zuständig, wurde in die Arbeit eingeweiht. Das Resultat? Puccini zeigte sich vielleicht noch »schwieriger« als sonst, hatte seine ganz eigenen Vorstellungen; und diese waren in ihrem Verlauf nicht immer glücklich und praxisnah. Er wollte ein kurzes, intimes, kleines Stück. Er kämpfte um die Logik des gefühlsbetonten Sujets, ganz auf die vier Hauptdarsteller gerichtet, ohne das Ganze fest in den Griff zu bekommen. Bald neigte er einem breiter ausgeführten Zweiakter zu. »Ich denke, man könnte aus einem Akt zwei und schöne, lange machen. Der eine in Nordamerika, der zweite in Japan. Illica würde die nötigen romanhaften Zutaten gewiß schon finden«, 1900 an Ricordi. Daß Illica das tragische Kammerspiel, das Puccini vorschwebte, mit so viel Episodenrollen aus dem Leben der Familie belastete, wollte und konnte er nicht verhindern. Später marterte ihn die Ungewißheit, ob es richtig sei, ein Bild im Konsulat von Nagasaki spielen zu lassen. Gleich gar nicht wollte sich Giacosa (den Puccini leider schon wenige Jahre später als Intimus verlieren sollte) mit Puccinis Idee befreunden, den zweiten Teil ohne Unterbrechung durchspielen zu lassen, nur um die Einheit des Ortes und der Zeit zu wahren. Er blieb hartnäckig bei seinem Vorschlag eines Dreiakters. Wie schwer taten sich alle Beteiligten, die nur das Beste wollten! Wie liebte Puccini, in dessen Arbeitszimmer der Kopf einer kleinen Japanerin, gezeichnet von Metlikovicz, hing, gerade dieses Werk, der populärsten eines! Für Puccini war es seine »innigste und erfüllteste«, zugleich seine »modernste« Oper.

Noch ein Brief, er bedeutete für den Komponisten ein Ultimatum. Jetzt war auch mit ihm nicht mehr zu spaßen. Es heißt da am 16. November 1902 an Ricordi: »Ich bin in sehr schlechter Laune gewesen, und wissen Sie warum? Weil das Textbuch, so wie es vorliegt, vom zweiten Akt ab (das heißt nach dem zweiten Akt) unmöglich ist... Jetzt aber bin ich überzeugt, daß die Oper zweiaktig sein muß! Erschrecken Sie nicht! Die Szene auf dem Konsulat war ein schwerer Fehler. Das Drama muß ohne Unterbrechung zu Ende gehen, knapp, wirkungsvoll und furchterregend! Wenn wir es bei den drei Akten lassen, gehen wir einem sicheren Fiasko entgegen... Sorgen Sie sich nicht wegen der Zweiaktigkeit. Der erste dauert eine gute Stunde, der zweite eine Stunde und mehr, vielleicht sogar anderthalb Stunden. Aber welche Fülle von Wirkungen!... Wir werden auf diese Weise eine neuartige Opernform haben, die dennoch abendfüllend ist. Ich bin meines Entschlusses ganz sicher und komme mit meiner Arbeit voran...« Was besagt das? Puccini irrte. Der von ihm vorgeschlagene Zweiakter führte bei der Mailänder Uraufführung wirklich zu einem »Fiasko«. Er hatte seinem Publikum einfach zu viel zugetraut.

Die Partitur war zur Hälfte fertig, als Puccini seine Arbeit unterbrechen mußte: der schwere Autounfall vom 23. Februar 1903 auf der nächtlichen Heimfahrt von Lucca warf ihn fünf Monate

zurück. Der Wagen überschlug sich auf der gefrorenen Landstraße in einer Kurve. Schenkelbruch, schmerzhafte Prellungen,
es hätte noch schlimmer ausgehen können. Im Haus eines in der
Nähe wohnenden Arztes wurde er versorgt, von hier ins Haus
eines Freundes, des Marchese Ginori Lisci, auf der Inlandseite des
Lago di Massaciuccoli gebracht. Da Puccinis Diabetes (diese
»verdammte Diabetes«) die Heilung verzögerte, mußte der
Beinknochen nach einiger Zeit neuerlich gebrochen werden. Die
Folge: eine langwierige, sich bis Anfang 1904 hinziehende Rekon-
valeszenz. Aus Bosolungo gab Puccini Ende August 1903 an
Ricordi einen Zwischenbericht: »Es geht mir leidlich, aber gehen
kann ich nur mit größter Anstrengung und immer an zwei
Stöcken... Ich konsultierte Codevilla in Bosco; er hat mir den Verband abgenommen und leider immer noch eine gewisse Beweg-
lichkeit im Knochen gefunden... Bleibt nur die Sorge um das
kleine japanische Fräulein, aber ich werde in Paris in meiner freien
Zeit den zweiten Akt instrumentieren. An der Komposition fehlt
mir jetzt nur noch sehr wenig. Ich habe das vielbesprochene Intermezzo (zwischen den Bildern des zweiten Aktes) beendet, das mir
gut gelungen zu sein scheint.« Und schon wenige Tage später an
Illica: »Ich habe das Wiegenlied beendet und bin bei dem Terzett
Sharpless-Pinkerton-Suzuki... Wird der (zweite) Akt zu lang? Ich
habe mir noch nicht die Zeit genommen, aber ich fürchte, er
dauert mehr als eine Stunde...« (In Wahrheit erstreckte er sich
nun über fünfzehn Minuten darüber.) Inzwischen war es Herbst
1903, und Puccini nahm die Strapaze der Reise zur Pariser »Tosca«
auf sich. Von hier: »Mit meinem Bein geht es langsam besser.
Diese Woche in der Opéra Comique ist mir gewidmet: Dienstag,
Donnerstag, Samstag: ›Tosca‹ und Freitag ›Bohème‹. Ich kann's
nicht erwarten, wieder in Torre zu sein, um mich ernstlich an die
Arbeit zu machen. Hier kann ich absolut nichts tun...« (an
Ricordi). Noch vor Jahreswende, am 28. Dezember, konnte er
Clausetti melden: »Ich teile Dir mit, daß ich gestern ›Butterfly‹
beendet habe.«

Das Jahr 1903, soviel ist gewiß, brachte in Puccinis Leben viel
Unruhe. Erst der Unfall, der ihm physisch und psychisch arg
zusetzte. Dann der Tod von Elviras Ehemann Narciso Gemignani,
der Puccini vor die Entscheidung einer Heirat der langjährigen
Lebensgefährtin stellte. Aber eine neue Liebesaffäre verzögerte
wohl seinen Entschluß. In einem (in Marchettis »Puccini
com'era«) publizierten Brief zeigte sich Elvira über die »üble Person« entrüstet. »Ich habe mich zur Trennung entschlossen.« In

Torre del Lago scheint dann in das flackernde Zusammenleben dieser zwei Menschen wieder Ruhe eingetreten zu sein. Man legte die Hochzeit auf den 3. Januar 1904 in Torre fest. Die Frage nach dem wahren Verhältnis zwischen Giacomo und Elvira bleibt durch diese verspätete Eheschließung unberührt. Er hat sich nicht darüber ausgesprochen.

Was ist in Puccinis Oper aus Cio-Cio-San, was aus Pinkerton geworden? Butterfly träumt, in der denkbar ungünstigen Position einer sozial Deklassierten, von der Freiheit zu leben, Frau zu sein, Mensch zu sein – nicht etwa von der Freiheit, an Pinkertons Freiheit zu zerschellen. Das heißt aus ihrem engen Blickfeld, Amerikanerin zu werden, Mrs. Pinkerton und nicht mehr Cio-Cio-San, die Geisha. Sie träumt von Zärtlichkeit, Glück, Zivilisation. Noch erkennt sie nicht das Klischee, die Gefährlichkeit dieses Wunschbildes. Ihr Verhalten, Preisgabe der Heimat und Religion, entspringt dem fragwürdigen Ideal eines Landes der unerschöpflichen Möglichkeiten. Ihr Irrtum: die Zuneigung, die sie nach Besatzerwillkür durch einen jungen Amerikaner genießt, ernst zu nehmen. Ihr Verhängnis: diesen skrupellosen Burschen in Uniform aufrichtig zu lieben. Ist es nicht eine ganz triviale Geschichte: das Mädchen, das arglos liebt und sich in gleichem Maße geliebt glaubt, während der Mann nichts anderes als eine vom Zauber des Augenblicks bedingte Liebschaft im Sinne hat?

Cio-Cio-San stellt gesellschaftliche Strukturen in Frage, ihr Tod ist ein »Mahnmal«. Aber ihr Tod ist sinnlos, es mangelt ihm der bittere Schmerz der »Bohème« und das jähe Entsetzen der »Tosca«. Alles ist nach Thieß »von einer wehmütigen Hoffnungslosigkeit getragen, das sanfte Hinwelken einer Blume«. Sie war ja fast noch ein Kind; und daß Puccini von Frauenemanzipation erzählt, ist wohl wahr, läßt sich jedoch kaum aus der Mentalität einer »Japanischen Tragödie« begründen. Die Schuld, die Butterfly zu tragen hat, ist mehr als die der schutzlosen, rechtlosen Frau dieses Landes. Über das Schicksal dieser jungen Japanerin hinaus verkörpert sie die Tragödie jeder verlassenen Frau... Was für eine Rolle! Von der kindlich demütigen, glücklichen Braut des ersten Auftritts, der Zartheit des Hochzeitszeremoniells, des großen Liebesbekenntnisses bis hin zum tragisch gesteigerten Ausbruch eine Skala großer Gefühle, wie sie der Musiker Puccini bisher in einer einzigen Partie noch nie vorgezeigt hat. Nur liegen hier auch die Hürden stimmpsychologischer Programmierung und Bewältigung, die vom Jungmädchenschmelz bis zum Dramatischen der gereiften Frau ausgreifen. Der Bruch mit der lyrischen Sensibilität des ersten Aktes ist unverkennbar. Die Namen einiger prototypischer, unvergessener Vertreterinnen der Butterfly seien hier festgehalten: Destinn, Lotte Lehmann, Tebaldi, de los Angeles, Cebotari, Lorengar.

Pinkerton? Ein fieser Kerl, kaltschnäuzig, ganz gewiß. Nur eben mit der Tenue eines Verführers ausgestattet. Er ist noch jung, kommt wohl aus kleinbürgerlicher nordamerikanischer Provinz und markiert nun in Japan den Weltmann. Dollars helfen, alles ist käuflich. Wenn er sich nach Militarybrauch die junge hübsche Geisha einhandelt, ist die »Ehe auf Zeit« erst einmal unter Dach und Fach. Entlarvt sich Pinkertons Strohfeuerleidenschaft nicht gleich anfangs, mit dem kupplerischen Vermittler Goro sein schmutziges Geschäft betreibend? Die Beste seines Stalles soll der Marineleutnant haben, das ist ausgemacht. Für Puccini sonnenklar, wie dieser schäbige Yankee zu zeichnen ist. »So amerikanisch wie irgend möglich«, meint er und hat dafür gleich eine ganze Palette smarter Stars-and-Stripes-Colours bereit. Wenn Pinkerton seine erste Arie »Dovunque al mondo« losläßt, in der Recht und Moral des Amerikaners verkündet wird, lautet die wörtliche Übersetzung: »Überall in der Welt, wo der vagabundierende Amerikaner hinkommt, genießt und handelt, Gefahren nicht achtend« – und dann erklingt die USA-Hymne als Motiv des Leichtsinns, des frevelhaften Übermuts. Sie verläßt Pinkerton von nun an nicht mehr. Rücksichtsloser Egoismus und Lüsternheit sind Triebfedern seines Denkens und Handelns. Auffallend sein merkwürdiger, den Jahren vor dem Ersten Weltkrieg entsprechender Merkantilismus. Er läßt die kleine Frau mit ihrem Kind vergebens auf sich warten, er ist feig und drückt sich. Für ihn war die überstürzte Hochzeit nur ein »Spaß«. Das wird so recht deutlich, wenn er gleich zu Beginn mit dem Konsul auf seine zukünftige Ehe mit einer echten Amerikanerin anstößt.

So stark und tief die Dialektik menschlichen Verhaltens in der tragischen Butterfly-Figur ausgemessen wird, subtile seelische Bezirke berührt werden, so leicht und locker hält es Puccini mit Pinkertons Hallodri-Gefühlen. Es gibt weit und breit keinen unsympathischeren Opernliebhaber als ihn, auch keinen, der als Rolle so mangelhaft und holprig aufgebaut ist. Fast zwei Akte glänzt er durch Abwesenheit, zum Schweigen verurteilt. Mag sein, ihn überkommt bei seinem letzten Auftritt, seinem einigermaßen unsicheren »Butterfly! Butterfly!« Betroffenheit, gar Reue. Zu spät! Sie verblutet im Beisein ihres Kindes hinter einer spani-

Particell des Liebesduetts erster Akt

schen Wand. Man hört, wie der Dolch zu Boden fällt. Wollte Pinkerton zu Butterfly zurück? Wollte er seine arrogant-verständnis-
lose Frau Kate in die Staaten heimschicken? Vielleicht. Welche
Brutalität, dem armen Weibe die neue Gattin vorzuführen! Erst
die allerletzten Akzente der Musik reißen die volle Tragik des
furchtbaren Geschehens auf. Puccini beendet die Partitur bewußt
unbefriedigend, indem er den dissonanten Ton Fis in den Schluß-
akkord mischt. Bezeichnenderweise hat man im Klavierauszug

diesen Schluß »gemildert«, das störende Fis »gelöscht«. Was gab es hier zu beschönigen?

Die ganze dramaturgische Kalamität zwischen Cio-Cio-San und Pinkerton offenbart sich in dem großen, über dreizehn Minuten ausgedehnten Liebesduett »Viene la sera« des ersten Finales. Kein zweites hat Puccini so ausführlich und emotional gesteigert geschrieben. Was geschieht? Ein Klang gleichgestimmter Seelen jedenfalls nicht. Denn Butterfly empfindet völlig anders als Pinkerton. Sie passen gar nicht zusammen. Bei ihr Hingabe, bei ihm sexuelle Gier. Musik hat zu »stimmen«. Diese stimmt nur in der Preisgabe des Genußdenkens. Butterflys Liebesempfindung wird von Pinkerton keineswegs erwidert, er täuscht Liebe vor und hat nur ein fatales »fare l'amore« im Sinne. Er möchte möglichst rasch zur Sache kommen, was sich in einem schon penetrant begehrlichen »Vieni, vieni ... sei mia« artikuliert. Damit muß der Hörer dieses »schönen«, expressiv ausladenden Duetts fertigwerden. Wenn im letzten Teil doch noch ein Liebesduett herauskommt, dann aus einem einfachen Grunde: es herrscht zwischen beiden musikalische Harmonie. Das Duett beginnt ruhig im Sechsachteltakt und gleitet, ein Muster kurzer, biegsam und sensibel aufgereihter Partikel von einer lyrischen Melodie zur anderen.

Ein Stück Italianità in exotischer Umgebung auch Cio-Cio-Sans ungemein wirkungsvoll plazierter erster Auftritt. Mit ihren Freundinnen kommt sie singend den Hügel herauf. Solostreicher, geteilt in neun Parts, und Frauenchor bilden den Background für Butterflys in hohem Maße süßes »Ancora un passo«. Die seit Wagner und Debussy oft verwendeten übermäßigen Dreiklänge mit halbstufenweiser Erhöhung der Quinte stellt Puccini isoliert gleichsam auf dem Präsentierteller dar und zeigt ihre formgerechte Auflösung in aller Deutlichkeit. Er wiederholt diesen Vorgang mehrmals, er hämmert ihn dem Hörer ein. Obwohl die Tonfolge überaus treffend erfunden erscheint, hat sie das Mißfallen des

unfreundlich gestimmten Premieren-Auditoriums gefunden.
Man bedachte sie mit Zurufen »Bohème! Bohème!« Unleugbar:
eine Familienbeziehung mit Mademoiselle Mimi, eine Abhän-
gigkeit von früherem melodischem Material Schaunards und
Musettas ist vorhanden. Puccini hat es nicht bestritten und bei der
Neufassung für Brescia entschieden prägnanter gefaßt. Dennoch:
eine inspirierte Stelle, wenngleich man Hughes beipflichten muß,
der die Tonfolge zu den Allgemeinplätzen der Völker rechnet. Sie
findet sich quasi überall zwischen Tschaikowski und Sibelius.
Nur: wie so oft, kommt es weniger auf das Was als auf das Wie an.
Die zweite Fassung ist der ersten weit überlegen – erst hier wird
das Thema zum Leitmotiv der »Butterfly« und läuft durch das
ganze Werk. Der honigsüße Einfall entspringt Butterflys blumen-
zarter Existenz, ihrer Hilflosigkeit, ihrem Liebesaufbegehren.
Nicht die melodische Nuance – ihr Melos, ihr Fluidum bildet den
Schlüssel. Daß das in As-Dur, D-Dur, Es-Dur und schließlich Ges-
Dur eine Ganztonleiter bildet, ist von Puccini genau auskalkuliert
und von großem strukturellen Reiz. Es ist in seiner Art meisterlich.

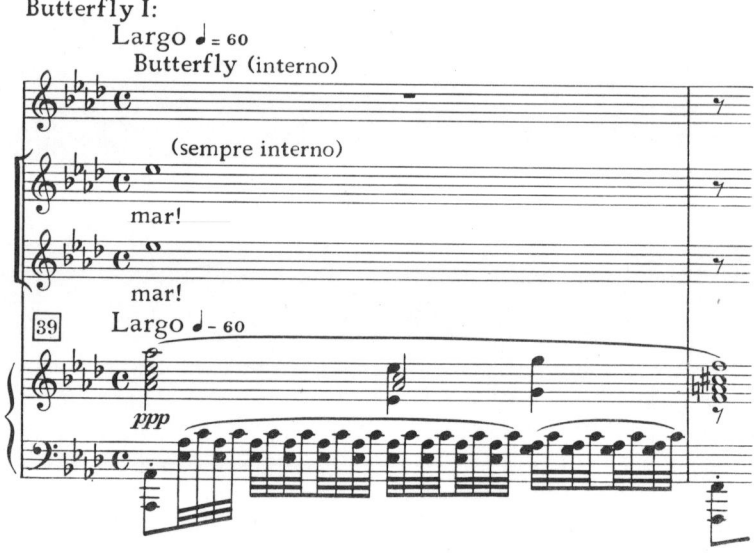

Butterfly II:

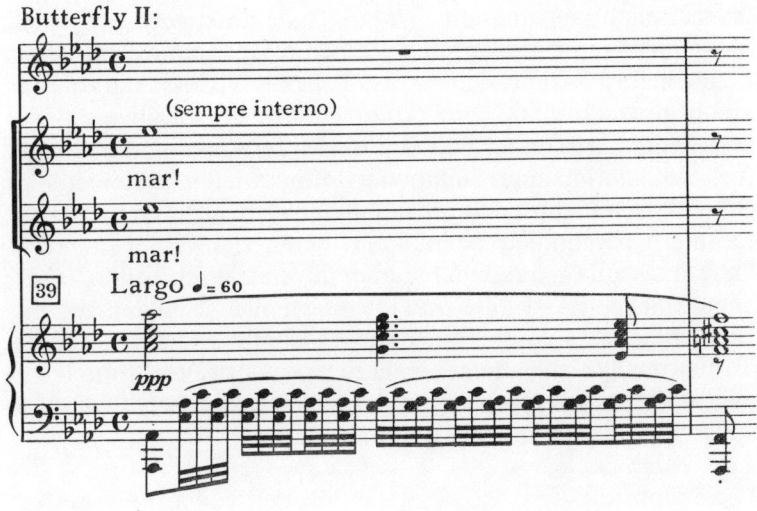

(sempre interno)

mar!

mar!

|39| Largo ♩ = 60

ppp

Bohème Schaunard:

ff

Musetta:

Die biegsame, sensitive Melodik der Butterfly-Partie, ihre gefühl-voll-geschmeidige Linie erreicht ihre populärste Formulierung im visionären »Un bel di, vedremo« (»Eines Tages sehen wir ein Streifchen Rauch«) des zweiten Aktes. Inniges Fühlen, seelische Befriedigung und verklärender Ausblick finden in dieser Arie ihren lapidaren Stil. Man muß in ihrer »Haltung« zwischen Ver-zweiflung und Hoffnung, auch in der kammermusikalischen Aus-arbeitung, ein Gegenstück zu Cavaradossis nicht weniger belieb-ter Todesarie sehen.

Andante molto calmo

Butterflys Aussprache mit Sharpless? Sie weist dem gegenüber Cio-Cio-San und Pinkerton nüchtern temperierten Konsul die unangenehme Aufgabe der Aufklärung der Verlassenen zu. Puccini begibt sich aufs Gebiet des psychologischen Konversationsstils. In der Tat ist die große Szene des Mittelaktes, in der Sharpless den Absagebrief seines Schützlings immer wieder umdeutet, weil Butterfly seinen brutalen Inhalt einfach nicht glauben kann, eine raffinierte psychologische Studie. Dies innerhalb einer südlichen Oper unterzubringen, möchte man für unmöglich halten. Aber: gerade hier zeigt sich die Kunst Puccinis, einfache Fakten und seelische Regungen durch bescheidene Melodiefloskeln, durch den Tonfall der Sprache überzeugend zu charakterisieren. Eine genau gehörte Melodisierung der Sprechweise kontrastiert mit der sich sonst üppig anbietenden Arienmelodik.

Die Spannungs- und Farbreize der »Butterfly«-Partitur beruhen auf dem feinsinnig erfühlten, klug berechneten Nebeneinander von mitteleuropäischer und exotischer Melodik und Harmonik. Beides befindet sich in ständigem Wechsel. Damit nicht genug: an Dutzenden von Beispielen sucht Puccini die Verbindung japanischer Motive und Themen mit der eigenen Tonsprache. Doch ist es weniger die Echtheit der Themen als das Streben, im eigenen Erleben fremder Kunst ein typisches Idiom zu finden. Puccini sammelte und verwertete japanische Originalmelodien nicht im philologischen Sinne, sondern das Bewundernswerte ist gerade, wie er diesen Melodien Tonfall und Kolorit zu entnehmen und seinem italienischen Belcanto einzuverleiben verstand. Er hatte sich in die uns tonlich wie bedeutungsmäßig fremde Weise völlig eingelebt. Zum ersten Mal in seinem Œuvre wird die exotische »Milieu«-Zeichnung überdies gleichzeitig als lyrische Haltung und dramatischer Ausdruck aufgefaßt und angewandt. Erst in seinem Spätwerk »Turandot« hat Puccini das fernöstliche Kolorit einheitlich durchgeführt und nicht mehr der Zeichnung des westlichen Menschen und seiner Welt entgegen gestellt. »Butterfly« ist, so betrachtet, in ihrer freien folkloristischen Behandlung ein Kompromiß. Diesmal war die ihm gestellte Aufgabe schwer. Japanische Kenntnisse, japanisches Tonmaterial – woher nehmen? Ein Japan-Experte war Puccini nicht, nicht einmal ein Japan-Fan. Von der Frau des japanischen Botschafters in Italien, die sich im nahen Viareggio aufhielt, ließ er sich 1902 ausgiebig von der Kultur des Landes erzählen. »Ich habe jetzt Besuch gehabt von Frau Ohyama, der Gattin des japanischen Gesandten. Sie hat mir viele interessante Dinge gesagt und mir Lieder aus ihrer Heimat vorgesungen. Sie versprach mir Noten von der Musik ihres Heimatlandes schicken zu lassen. Ich habe ihr in Kürze das Libretto erzählt; es hat ihr gut gefallen, um so mehr, als sie, wie sie sagt, eine Geschichte kennt, die der Butterflys ganz ähnlich ist und die sich wirklich zugetragen hat…« Er traf im gleichen Jahr in Mailand mit der japanischen Schauspielerin Sado Jacco zusammen, die er bat, mit ihm in der Muttersprache zu reden. Puccini besorgte sich eine Menge Schallplatten und Noten japanischer Volksmusik, beschäftigte sich eingehend mit der Musik des fernen Landes. Auch Bücher wurden herangeholt. Luigi Alberto, der Kritiker der »Stampa«, berichtete von einem Besuch in Torre del Lago, wo er auf dem Schreibtisch des Maestro neben zahlreichen Büchern ein Heft der »Collection of Japanese Kôto Music by Tokyo Academy« entdeckt habe. Mit enormer Geduld habe sich Puccini in die schwierige Notation der fremden Klangwelt versenkt.

Wir finden bei Carner die übernommenen Originalmelodien angegeben. Es sind weniger als vermutet, nur sieben. Ihre Verarbeitung erfolgte durchweg im Kontext der eigenen Tonsprache, also übermäßige Dreiklänge, Quintenparallelen, »unechte« Pentatonik. Merkwürdigerweise macht sich die bereits im Scarpia-Thema erprobte Ganztonleiter bei »Butterfly« rar. Puccini brauchte nur an die Handschrift seiner letzten Opern anzuknüpfen. Zur folkloristischen Einfärbung des meisterlich behandelten Orchesters genügten der japanische Gong, Glocken, und im Umkreis Goros das exotische Metallophon. Wie geschieht im einzelnen diese delikate melodische Metamorphose fremder Motive? Drei Beispiele. So die kleine Soldatenmelodie japanischer Gebirgstruppen, unter deren Klängen Sharpless beziehungsreich den steilen Weg zu Butterflys Häuschen erklimmt (1). Dann bruchstückhaft die japanische Nationalhymne, die den Auftritt des Regierungskommissars begleitet (2). Schließlich das zur Charakterisierung des Fürsten Yamadori im zweiten Akt benutzte Lied »Mein Prinz« (3).

1
Japanisches Soldatenlied:

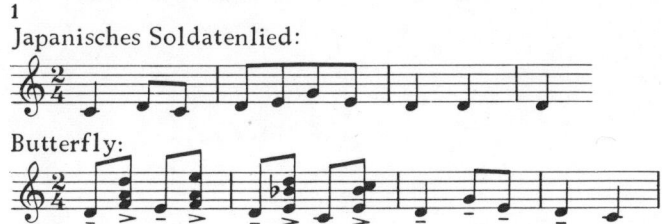

Butterfly:

Die Kunst, mit der Puccini diese Motive des alten Japan mehr oder weniger frei für die Milieuzeichnung seiner »Butterfly« assimiliert, ist bewundernswert. Alles, was er im ersten, wie aus einem Guß geformten Akt an melodischem Zauber und Innig-Verhaltenem, im zweiten an Nostalgisch-Epischem und im dritten an Pathetisch-Klagendem einbringt, verleiht der Musik Halt und Geschlossenheit. Tritt hier nicht ein poetisches Moment hinzu, in dem mit größeren Komplexen von Lyrik und Dramatik, das »Mosaik« sprengend, eine neue Qualität der Gestaltung angestrebt wird? Vor allem vereinigt »Butterfly« in einer vorher kaum gekannten Weise knappe, gedrängte, fließende, fein gegliederte und auch auf bewußt kargen Akkorden ruhende Form mit aparter Farbigkeit. Wie unendlich trostlos-einfach singt Cio-Cio-San ihr »Tu, Suzuki«, erkennend, daß Pinkerton sie verlassen, ein Exempel für viele.

Auch das melodisch überaus zartfühlend geprägte, freudige Blütenduett »Scuoti quella fronda« zwischen Butterfly und Suzuki gehört hierher. Noch einmal: der Musiker zeigt sich dem Dramaturgen überlegen. Neben melodischer Erfindungskraft geben Poesie, psychologische Einfühlung und technisches Können den Ton an – nicht das Drama, das zu spät beginnt und sich im Schlußakt schwertut. Als »Rückfall« empfindet man in diesem Zusammenhang stets das zunächst als Orchesterintermezzo komponierte spätere Vorspiel zum dritten Akt. Es kündigt in düsterer Tonsprache die tragische Lösung an. Die Motive lassen Glück und Leid von Gegenwart und Vergangenheit vorüberziehen. Aber es drückt in seiner sinfonischen Machart auf den Stil, es ruft in seinem Mittelteil den Wagner des »Ring« und den Strauss von »Tod und Verklärung« herbei. Es fällt als eigener Wurf ab, hat auch nie Eingang in das populäre Opernkonzert gefunden.

Überaus merkwürdig der Beginn der Oper. Nicht vielstimmig, nicht kompakt setzt die Musik ein. Dagegen ist die kurze Orchestereinleitung der Oper, völlig anders als in seinen übrigen Werken, im kontrapunktischen Stil, ein Paradigma Puccinischer Charakterisierungskunst in nuce. Man glaubt in Japan zu sein, wie der Titel verspricht, ohne sich über den Anlaß solcher Empfindung klar zu werden. Vielleicht sind es die trippelnden fugierten Sechzehntel, die den japanischen Gestus wachrufen. Puccini durchsetzt sie mit einer fünftonig akzentuierten Melodie, die von den Violinen zu den Kontrabässen herabgleitet.

Später, wenn die Episoden der herankommenden und meist rasch enteilenden Verwandtschaft Butterflys einbezogen werden, erreicht Puccini die musikalische Synchronisation ähnlich bündig. Nur, müssen wir einschränken: diese Auftritte entbehren der dramatischen Konsolidierung. Sie bleiben (ganz anders als bei ähnlichen Episodenrollen in »Bohème« und »Tosca«) flüchtige Erscheinungen, in der Substanz zerbröckelnd. Yamadori, Yakasudé, Mutter, Base, Tante sind austauschbar, höchstens Goro und Onkel Bonze haben eigene Atmosphäre. Sie sind zum Teil entbehrlich, Puccini hat es wohl zu spät bemerkt. Völlig peripher bleibt in der Endfassung Kate, obwohl sie etwas zu dem Dilemma zu sagen hätte. Puccini kehrte zu dem zurück, was er ursprünglich ins Auge gefaßt hatte: ein lyrisches Kammerspiel, dessen Reize nicht im Zugriff aufwendig-bewegten Theaters, sondern im seelisch Differenzierten, in den subtilen Zwischentönen liegen. Das geistige Klima von Puccinis rührender Tragödie ist die eines exotischen Seelendramas. Stillstehende Innenspannungen, Poesie des Leisen, es gibt einen Liebreiz dieser Musik, von dem man sprechen muß. Dirigenten wie Beecham, Barbirolli, Karajan haben sich mit Vorliebe der melodischen Diskretion und des nervösen Pointillismus der Partitur angenommen. Gefühlsinhalte weichen bei ihnen nie auf. Mußte ein besessener Pultstratege und Präzisionsfanatiker wie Toscanini in seinem Puccini-Glauben hier nicht Vorbehalte haben? Tatsächlich konnte er sich nie recht mit dem Werk befreunden.

Ein schwarzer Tag im Leben des Maestro! Die Uraufführung der »Butterfly«, für die diesmal ernstlich nur das Teatro alla Scala in Mailand, das erste Haus Italiens, in Frage kam, war für Puccini ein schwerer Schlag. Dieser 17. Februar 1904 wurde zum Fiasko. Man kann ihn nur mit den Debakeln der Aufführungen von »Barbiere di Siviglia«, »La Traviata« und »Tannhäuser« vergleichen. Erst nach vielen Jahren künstlerischer Bestätigung des Werkes verlor diese Uraufführung den Charakter eines Skandals. Bestand Anlaß, dafür eine ungenügende Vorbereitung durch den Dirigenten Cleofonte Campanini und den Regisseur Tito Ricordi, dem Verlegersohn, verantwortlich zu machen? Sicher nicht. Schon eher konnte man sich wundern, wie unkritisch diesmal der an den Proben teilnehmende Puccini gegenüber seinem in spürbarer Eile abgeschlossenen Werk war. Mit »Butterfly« setzte Puccini sein Vertrauen in das Publikum der Scala, die wenige Monate vorher Giordanos »Siberia« erfolgreich herausgebracht hatte. Die Gestirne standen günstig, bestimmt nicht auf Sturm. Bereits in der Probenzeit sickerten begeisterte Nachrichten nach draußen. In der Generalprobe erhob sich spontan das Orchester und applaudierte langanhaltend dem Komponisten, ein seltener Fall. War Puccini zu arglos? Alles spricht dafür. Erstmals ließ er seine ganze Familie, Elvira, Tonio, Fosca, die Schwestern, zur Uraufführung einer seiner Opern kommen; sie sollten Zeuge seines Erfolges sein. Noch wenige Stunden vor der Premiere (mit Giovanni Zenatello und Giuseppe de Luca als männlichen Protagonisten) sandte er seiner ersten Butterfly, Rosina Storchio, ein Briefchen. »Meine guten Wünsche sind völlig überflüssig! Ihre Kunst ist so echt, so zart, so eindrucksvoll, daß das Publikum gewiß von ihr

alle prove di
" BUTTERFLY „

Auf der Probe: Puccini, Zenatello, Storchio und de Luca

begeistert sein wird. Und ich hoffe, mit Ihrer Hilfe dem Sieg entgegenzugehen...«

Dem Siege? Das Nichtgeglaubte, Unwahrscheinliche trat ein: »Madama Butterfly« wurde von einem illustren Publikum, unter dem sich Theaterfachleute und Kritiker der ganzen Welt befanden, ausgepfiffen. Ein entfesseltes Haus tobte. Puccini war in Ungnade gefallen. Nach dem ersten Akt konnte er sich trotz des Protestes noch zweimal verbeugen. Die Unruhe wuchs im zweiten Akt, besonders beim Erscheinen von Butterflys Kind. Ganz schlimm wurde es beim Orchesterintermezzo, das die beiden Teile des zweiten Aktes verband und bei offener Szene gespielt wurde. Hatte das Publikum recht oder er, der mit »Butterfly« sein persönlichstes Werk geschaffen? Welche Qual bereitete ihm der Abend. Er flüchtete in einen einsamen Raum hinter der Bühne, eilte ins Hotel, schloß sich in sein Zimmer ein. Er fühlte sich gedemütigt, als die Zeitungsjungen vor dem Fenster mit schriller Stimme sein Fiasko ausriefen.

Von den überkommenen Berichten des Unglücksabends ist der von »Musica e musicisti« vielsagend, er soll von Giulio Ricordis Hand stammen. »Grunzen, Grölen, Gebrüll, Lachen, Schreien, Hohngelächter, dazwischen Bis-Rufe, um die Menge noch mehr anzuheizen. Das also ist die Aufnahme, die das Publikum dem neuen Werke des Maestro Puccini bereitet. Nach diesem Höllenlärm verlassen die Leute seelenvergnügt das Theater, selten sah man so viele freundliche und befriedigte Gesichter eines gemeinsam erstrittenen Triumphes. Im Vorraum des Theaters ist die Freude auf dem Höhepunkt. Händeschüttelnd mit den betonten Worten: ›Es ist vollbracht, das Werk ist gestorben...‹.« Nicht weniger aufschlußreich eine kurze, einem Brief an Camillo Bondi vom 18. Februar entnommene Äußerung Puccinis: »Mit traurigem, aber unerschütterlichem Gemüt teile ich Dir mit, daß ich gelyncht wurde! Diese Kannibalen hörten sich keine einzige Note an. Welch eine schrecklich haßtrunkene Orgie des Wahnsinns! Aber meine ›Butterfly‹ bleibt, was sie ist: die gefühlteste, ausdruckvollste Oper, die ich geschrieben habe.«

Natürlich wäre es das leichteste, zu sagen: das Publikum hatte unrecht, versagte. Aber das Werk wurde überarbeitet und – gefiel. Das ist die Realität. Wie also? Kein gewöhnlicher Durchfall, sondern ein kollektiver Haßausbruch von seltenen Ausmaßen. Hier Klarheit zu schaffen, ist schwierig. Wir müssen die einzelnen Fakten zusammentragen. Daß das Publikum nach »Bohème« und »Tosca« ganz und gar nicht auf die individuelle Tragödie der kleinen Japanerin eingestellt war, ist wohl wahr. Puccini neigte später zu der Ansicht, die Abneigung gegen das Sujet, die falschen Erwartungen an eine neue Puccini-Oper müßten in Mailands konservativer Operngesellschaft mehr oder weniger tief verwurzelt gewesen sein. Eine Oper mit einem Prolog und einem einzigen viel zu langen Akt, noch dazu ohne Pause – unmöglich. Eine Oper, in der dem Tenor keine dominierende Partie zugewiesen war – indiskutabel. Eine Oper mit einem Schlußbild, das, obwohl voller bitterer Tragik, mit seinen Blitzaufnahmen von Kate, Pinkerton, Sharpless nicht leben und sterben kann – unbefriedigend. Es hatte schon seinen Grund, wenn das Publikum bei der ersten Episode mit dem Butterfly-Kind erbost reagierte. Hier wird ein Fakt von den Biographen verschwiegen. Toscanini, der an diesem Abend abwesend war, hatte im vergangenen Jahr intime Beziehungen zu der Storchio gehabt, die bekannt wurden. Ein Sohn wurde geboren. Als Cio-Cio-San ihr Kind dem Konsul vorstellte, riefen prompt aus den oberen Rängen Stimmen: »Das ist das Kind von Toscanini!« Ob es berechtigt war, zu protestieren, nur weil man bei Butterflys »Ancora un passo« »Bohème«-Anklänge herauszuhören glaubte? Harte Opernbräuche!

Puccini soll nicht gepriesen und nicht verklagt werden. Nachdrücklich wäre nur zu fragen: haben gesellschaftliche oder gar politische Momente zur Ablehnung der »Butterfly« beigetragen? Sicher war es ungeschickt, das Werk noch kurz vor der Premiere feierlich der Königin Elena zu widmen. Warum diese Huldigung an den Königshof? Aber ungerecht wäre es, an ein vorgeplantes Ränkespiel des konkurrierenden Sonzogno-Verlages zu denken. Wenn es neben Puccini-Schwärmern Puccini-Gegner gab, so war das nur natürlich. Abwegig auch die These einer antikolonialen, antiamerikanischen Oper, die man Puccini nicht abnehmen wollte. Warum sollte er sich auch mit einer solch harten Thematik festlegen? Puccini interessierte die schmählich in Stich gelassene Japanerin, und er brachte seine Kritik an Recht und Moral vor. Verallgemeinerung des miserablen Verhaltens des Aussteigers Pinkerton lag ihm fern. Tiefere Einsichten in gesellschaftliche Wiedersprüche, wie sie sich in den Machtkonstellationen der imperialistischen Welt schon damals zeigten, blieben dem bürgerlichen Künstler versagt. Puccini richtete nicht, ihm war wohl in Fülle und Zwiespalt seiner Gegenwart. Vieles klang unnachgiebig, feindselig. Aber mehr als Aktion denn als Motiv; und Puccini distanzierte sich bald von einzelnen Schärfen. Er bemühte sich gemeinsam mit Giacosa, Details der Pinkerton- und Kate-Rollen abzuschwächen. »Scheint Dir der vorliegende Text nicht zu grausam oder besser, zu grausam gesagt?«, monierte er die Szene Kate-Butterfly, die später ganz gestrichen wurde. Es ist sehr unwahrscheinlich, daß er die Oper dazu benutzte, den USA eins auszuwischen. Er hat Nordamerika zeit seines Lebens mit Sympathie betrachtet, war von den technifizierten Lebensformen des Landes, von den gleißenden Lichtern der Riesenstadt New York fasziniert. Waren die Amerikareisen nicht Höhepunkte seines Lebens? »Butterfly« in seiner Anwesenheit mit Geraldine Farrar und Caruso in der Met, noch einmal in der Urfassung. (Zu Ehren des Werkes kaufte er sich an Ort und Stelle eine Jacht, die er Cio-Cio-San taufte.) »Fanciulla« als erste Auftragsoper der Met. Amerika war kein Land, zu dem man »aufblicken« konnte, sicher nicht. Aber Puccini hat nie den Versuch gemacht, sich von ihm »abzuwenden«. Es gehörte zum Weltreich seiner Opern.

Am Vormittag nach dem schmerzlichen Abenteuer »Butterfly« trafen sich alle Beteiligten in Puccinis Wohnung an der Via Verdi, unweit der Scala: der Maestro, Ricordi Vater und Sohn, Illica, Giacosa und Rosina Storchio. Sie waren sich einig: die Oper zurückziehen. Verlag und Autoren würden ihre Honorare (die beträchtliche Summe von 20.500 Lire) der Scala zurückzahlen. Und Puccini sollte das Werk ändern. Noch am 22. Februar zögerte er und schrieb einem Mailänder Bekannten: »Nun sagt man, ich sei im Begriff, die Oper zu überarbeiten, und ich brauche sechs Monate dazu! Nichts daran ist wahr! Ich arbeite die Oper nicht um oder höchstens ein paar Einzelheiten – ich werde ein paar Striche machen und den zweiten Akt teilen – was ich schon während der Proben wollte...« Man hat von dem Abend des 28. Mai 1904 im verhältnismäßig kleinen, mit Bedacht ausgewählten Teatro Grande von Brescia als der »eigentlichen« Uraufführung der »Butterfly« gesprochen. Das stimmt so nicht. Das war erst 1906 in Paris. In Brescia erschien Butterflys Auftritt melodisch neu belichtet, die überflüssige Szene des betrunkenen Onkel Bonze neben anderem Beiwerk entfernt. Motive des Orchesterintermezzos, dem nunmehrigen Vorspiel zum dritten Akt, wurden der veränderten melodischen Konzeption angepaßt. Im nach wie vor ungelösten neuen dritten Akt, mit dem veränderten erweichenden Terzett und Kates nichtssagendem Kurzauftritt, kam Pinkertons schwärmerisch ausgreifende Canzone »Addio fiorito asil« hinzu, die schon ursprünglich vorgesehen war und dann aufgegeben wurde. »Das neue Stück des Tenors macht sich gut und füllt ein bißchen, das war auch nötig. Wir haben einen Strich gemacht: Morgendämmerung, Allegro – von dem Adagio nach den Stimmen im Hintergrund geht es sofort zu Suzukis ›Schon Morgen?‹«(an Ricordi). In Summa wurde »Butterfly« I um immerhin dreihundert Takte oder dreißig Klavierauszugsseiten gekürzt. Sie errang, wieder unter Campanini, diesmal aber mit Salomea Kruszelnika in der Titelrolle, fern aller Intrigen und Kabalen einen durchschlagenden Erfolg. Fünf Nummern wurden wiederholt, am Schluß mußte sich Puccini zehnmal vor dem Vorhang zeigen. Auch diesmal führte Buenos Aires, hier erstmals mit Toscanini am Dirigentenpult, den Reigen der ausländischen Bühnen an. Mit den Stars Destinn, Caruso, Scotti erschien das Werk Juli 1905 in London, wo zu dieser Zeit Puccinis Freundschaft mit Sybil Seligman begann. November 1905 konnte er melden: »Butterfly setzt ihren Triumphzug fort: Washington, Baltimore, Boston, gestern New York«, in englischer Sprache. »Butterfly« war gerettet.

Endstation Paris ... Am 2. Juli 1906 teilte Giulio Ricordi die Änderungswünsche des designierten Direktors der Opéra Comique, Albert Carré, für die Pariser Premiere Puccini mit. Er beschwor den Freund, keinen gefährlichen Präzedenzfall zu schaffen und seine Würde als Komponist ernstlich zu überdenken. Anderseits war ihm sicher daran gelegen, von »Butterfly« nach so vielen Eingriffen und Versionen nun endlich eine Letztfassung für die Drucklegung und die Bühnenpraxis zu erhalten. Überprüft man heute die Umstände der Prozedur der Pariser »Butterfly«-Vorbereitung, so sind sie, meinen wir, abenteuerlich. Puccini willigte in Striche ein, wollte aber nicht die Partitur ändern. Es kam anders. Carré meinte, daß »Butterfly« in der jetzigen Form nicht dem Geschmack der Franzosen entsprechen würde, veränderte ununterbrochen die Struktur des Werkes, eliminierte vieles des japanischen Hintergrunds, nahm die Szene mit Kate ganz heraus. Ergebnis: Puccini und Ricordi gaben den Widerstand auf, willigten nolens volens ein. Damals schrieb Puccini aus Paris an den zurückgebliebenen Verleger: »Die Partitur liegt hier fast fertig vor mir ... Carré hat nahezu alles abgeändert, und zum Vorteil ... Alles ist gründlich geprobt, und ich rechne mit einer ausgesprochen guten Aufführung. Der dritte Akt gefällt mir so, wie ihn Carré macht, ausgezeichnet. Sehr gut auch die Schlußszene...« Also vermutlich allseitiges Einvernehmen! Die Pariser Produktion, deren Premiere sich wegen Erkrankung Madame Carrés bis nach Weihnachten 1906 verzögerte, wurde praktisch zur »Butterfly«, wie wir sie heute kennen und spielen. Es dauerte noch einige Zeit, bis 1907 das gedruckte Ricordi-Material vorlag – die vom Komponisten autorisierte Endfassung mit gegenüber Brescia weiteren 474 gekürzten Takten. So erklang auch »Butterfly« maßgerecht bei der deutschen Erstaufführung 1907 mit Geraldine Farrar an der Berliner Lindenoper und kurz darauf unter Mahler (seiner letzten Einstudierung am Opernring) in Wien und in Petersburg. Der unglückliche deutsche Untertitel »Die kleine Frau Schmetterling« erwies sich als verfehlt, wurde nie akzeptiert. Auch die unsägliche deutsche Übersetzung Alfred Brüggemanns, der für so manche Platitüde des Textes verantwortlich zu machen ist, hatte glücklicherweise keinen Bestand. Hat sich Puccini, der noch bis 1911 Retuschen in der Partitur anbrachte, auch in späteren selbstkritischen Lebensjahren mit der Pariser Werkalternative abgefunden? Es gibt keinen Hinweis einer prinzipiellen Meinungsänderung. Es sei denn, man argumentiert mit der neueren Entdekkung der Casa Ricordi: einer in den zwanziger Jahren für das winzige Teatro Carano in Mailand geplanten Partitureinrichtung. Sie enthält mehrere nachträglich eingefügte Stellen des ersten Aktes, ohne Bedeutung fürs Ganze. Genaueres weiß man nicht.

Vollständigkeit mag bestechen, ein Zauberwort ehrgeiziger Dirigenten und Regisseure vor allem heutzutage. Ihr ästhetisch-praktischer Wert ist fragwürdig. Denn das letzte Wort des Komponisten rechtfertigt eine nachträgliche Komplettierung *alles* Vorhandenen nun gerade nicht. Was soll die »Butterfly«-Urfassung, um die man sich neuerdings gelegentlich bemüht, wenn sie Puccini längst beiseitegelegt und revidiert hat? Was ein Original, das man selbst den Großen nur in ihren unsicheren Stunden zuerkennen kann? (Leider hat Berlins Komische Oper 1978 versäumt, wirklich das Uraufführungsmodell von Mailand zu rekonstruieren, stattdessen benutzte man überwiegend die Brescia-Fassung, ein Konglomerat.) Warum wohl das Werk noch immer und immer wieder als Quasi-Zweiakter mit dem jetzigen Orchestervorspiel als Zwischenspiel dargeboten wird, gehört zu den Lässigkeiten des Opernalltags. Skepsis vor dem Schlußakt im Alleingang? Angst vor einer zweiten Zäsur? Wie auch immer: keine Puccini-Oper ist mit Tränen, Blütenduft, Kimono-Erotik und Geisha-Getrippel so der Abnutzung, den Klischees und der Routine ausgesetzt, wie das »Rührstück« »Butterfly«. Mit seinen weniger hörbaren als sichtbaren Schwächen kann es sich nur schwer dagegen wehren. Erst neuerdings wittern die Matadore des Regietheaters hier ihre Chance. Puccini hat gerade diese zarteste und tragischste seiner Opernheldinnen mit den Augen der Liebe begleitet. Von der Scala-Premiere 1904 nach Torre heimkehrend, schrieb er auf die Rückseite eines kleinen Butterfly-Bildes die Worte: »Verstoßen und glücklich«.

Konsum und Genuß

»Ich schreibe für sämtliche Rassen der Erde, einschließlich der Neger, wenn sie sich erst entwickelt haben«, bekannte Puccini gegenüber Adami. Etwas später, mit »Bohème« beschäftigt: »Wir müssen den halben Erdkreis unterhalten, lieber Adami. Gelingt uns das nicht, so gibt es einen Reinfall, und das darf nicht passieren.« Sucht nicht jeder Komponist, der große wie der kleine, den breiten Erfolg? Bei Puccini ist es ein Trieb des Um-den-Erfolg-Ringens. Es hat trotz des Lebenskomforts, mit dem er sich seit »Manon Lescaut« umgeben konnte, nur wenig mit materiellen Wünschen zu tun. Es ist eine Schaffensglut, die man nicht von Luft und Fluidum glänzender Operntriumphe trennen kann. Immer verbarg sich hinter dieser Suche und dieser Sucht nach dem maximalen »effetto« seiner Opern schöpferische Unrast. Er wollte um jeden Preis gefallen. Nicht so sehr beunruhigen als verzaubern, man muß es so sehen. Puccini-Opern vermochte jeder zu verstehen, sie verdeutlichen die Gefühle des Alltagsmenschen. Ein Stück für alle. Mehr als dies: Puccini-Opern konnte jeder aufführen, auch die kleineren Theater, die den szenischen und orchestralen Apparat der großen Musikdramen nicht aufbieten konnten. Komponieren ist für Puccini ein Prozeß des Reagierens nach außen. Er spekuliert auf das Publikum, das mit seiner Musik etwas anzufangen weiß. So gab er dem Hörer der Jahrhundertwende, was er verlangte: Modernität und Rückflucht, und beides in allgemeinverständlicher Form. Er liebte die »schöne« Kunst als Ausgleich zum häßlichen Alltag, wird ihm vorgeworfen. Der Tadel sagte ihm nichts. Denn er wollte mit dem subjektiven Erlebnis seiner Opern auf alle Menschen, ohne Unterschied von Stand, Bildung, Herkunft, Nationalität, Rasse wirken, die ihm durch menschliche, echte Gefühle verbunden schienen. »In der Musik wie in der Liebe muß man vor allem aufrichtig sein ... Die Inspiration liegt notwendigerweise im Einfachen ... Musik für uns, für das Volk, für die Welt.« Dies Puccinis Credo.

Es wird Zeit, danach zu fragen, welchen schöngeistigen und dramatischen Vorstellungen Puccini seine Opern entlehnte, worauf er seine unbestrittenen Dauer-Erfolge gründete. In allen ästhetischen Meinungsverschiedenheiten über seine Kunst ist eins sicher: die innige Verknüpfung von Haltung und Stil mit dem Begriffspaar Konsum und Genuß. (Nur wenige haben diese wichtigen Ansätze seines Werkes genauer betrachtet: Thieß, Schreiber, Oppens, Kesting, auf deren Einzelstudien wir uns hier beziehen). Sehen wir, wie zwischen beiden eine Dialektik besteht, die gefährlich sein konnte, hier aber zum Schlüssel der Erkenntnis wird. Bei Puccini stimmt die Korrespondenz von Konsum und Genuß, der direkte Bezug von Verbrauch und Sinnlichkeit. Die Wechselwirkung schlägt, hier läßt sich Goethe anwenden, aufs Theater zurück. Das Moment der »Wirkung« einer Puccini-Oper, ihr Wahrheitsgehalt und sozialkritischer Stand sind gleichbedeutend mit der Erwartungshaltung des Publikums, ihr großer Vorzug. Die Melodien überreden, ja, überrumpeln. Der Einbruch der Emotion erlaubt keine Traumprojektion, auch keinen lyrischen Kommentar, sondern äußert sich als wesentliches Ingrediens einer Konsumhaltung. Puccini nahm die Impulse seiner Zeit auf, kannte sich in seiner spätbürgerlichen Welt aus, ließ sich von ihr anregen, ohne freilich die Kraft zu besitzen, sie und ihre Ideologie zu verändern. Er blieb der Wirklichkeit auf der Spur, immer anschaulich, volksnah, direkt, praxisverbunden – und immer Italiener. Er zeichnete in rührenden Bildern »kleine Menschenschicksale«, die man früher keiner Erwähnung für wert gehalten hatte, bevor sie Puccini für die Opernbühne entdeckte. Aber er warf sich auch so heroisch-liebesfähigen Frauen wie Tosca und Turandot in die Arme. Alles Elitäre, jede psychologische Abschweifung und Verklärung lag ihm fern. Er schuf sich eine Ästhetik des schönen Seins, auf das historische und gegenwärtige Konkrete bezogen. Wie der Mensch nach guter Speise, nach Komfort und Wohlergehen verlangt, wollen Puccinis Melodien im Theater, im populären Konzert, in den Medien, im Café »konsumiert« werden. So wie Puccini konsumiert, indem er komponiert, so verbrauchen auch seine Melodien den gesellschaftlichen Komfort, der sie trägt.

Hat er uns nicht auch sonst den Umgang mit Konsum jeglichen Bereiches gelehrt? Geschäftliches, Geld spielt in seinen Opern eine große Rolle, das läßt sich aus »Manon Lescaut«, »Butterfly«, »Fanciulla« leicht ablesen. Es wird ausgiebig verhandelt, gekauft, verkauft, gepokert. Im »Schicchi« sind Habgier und Betrug das Grundmotiv. Man ißt und trinkt in seinen Opern ziemlich viel, und es läßt sich von Puccinis Konsumdenken nicht trennen. Reisen in ferne Städte und Länder, immer neue Milieus. Das alles könnte man beiläufig registrieren – aber es gehört zu Stoff, Ort und Zeit. Von hier aus gesehen, entpuppen sich Puccinis Werke als eine ungemein »praktische« Form der Begegnung mit Epoche und Gesellschaft. Zum ersten Mal in der italienischen Oper erscheinen solche Informationen, in Liebesromanzen und Intrigenhandlungen verpackt, nicht als szenische Staffage, sondern der konsumierenden Gesellschaft immanent. Oper als Widerspiegelung der Wirklichkeit. Wäre es anders, wäre sie in ihrem Erscheinungsbild lebensfern und steril. Was müssen wir beobachten? Die Berühmtheiten unter den Opernhelden von einst waren Kaiser und Könige, Feldherren und Eroberer, Sagengestalten und Götter. Sie entfernten sich also zusehends aus dem Bereich des historisch Nachprüfbaren ins Mythologische. Eine Welle der Demokratisierung und Entmythologisierung tat der Oper unseres Jahrhunderts gut. Puccini hat sich in seinen Zeitdokumenten konsequent darum bemüht. Nicht nur hierin unterscheidet sich seine Stoffwahl grundsätzlich von Mythe und Historie Monteverdis, Rossinis, Donizettis, Verdis. Nicht weil er dies nationale Erbe aufhebt, sondern im Gegenteil: weil er es für seine Zwecke zusammenrafft, an sich reißt, oder will man schon wieder sagen, konsumiert. Erst recht irrt, wer Puccinis Librettowahl als Kompromiß und Regression ansehen würde. Dann wäre seine Kunst in der Tat ohne Richtung, ohne Drang nach vorn, und das wäre zu wenig. Sein Beitrag zur Oper ist immer schöpferisch. Seine musikalische und dramatische Vorstellung kommt selten aus zweiter Hand. Sein Riesenvorrat an Melodien ist unversiegbar. Zeigt er uns nicht die Prämisse einer Tonalität, die noch längst nicht erschöpft ist? Ferner: lebt Oper zwischen Rom und San Francisco, Moskau und Barcelona nicht praktisch zum weitaus größten Teil von dem, was in der Vergangenheit geschrieben wurde, von dem, was (soziologisch betrachtet) die Massen ergreift? Soviel ist sicher: mit Puccinis »Turandot« erreichte die Erfolgsbahn italienischer Oper ihre vorläufige Endstation. Ein Nachfahre des fin de siècle und der »golden ages« vor dem ersten Weltkrieg. Die letzte Trumpfkarte.

Je genauer man sich eine Oper Puccinis anhört, desto mehr wird man die souveräne Sicherheit bewundern, mit der hier ein spätgeborener Meister des Belcanto, des romantischen »drame lyrique« und auch des Impressionismus seine Kunst für den Genuß vorbereitet. Genuß als ästhetischer Parameter, als Korrelat des Gefühls, als intellektuelle Bedürfnislosigkeit? Genuß im starren Rahmen des Überkommenen, »Bewährten«, Glatt-Konsumierenden? Als süffiger Kultur*genuß?* Natürlich: Genuß als sinnlicher Inspirationsquell, nur so kann es sein. Wir haben es bei Puc-

Puccini mit Sohn auf dem Motorrad in Viareggio

cini mit einer bitteren Lust, einer Lust am Schmerz der Liebe zu tun. Mit Erlebnissen, die im Mitleid am menschlichen Leid, in süßer Trauer kulminieren. »Ich wollte die Welt zum Weinen bringen«, sagte er. Es ist jene erotische Zauberwirkung, wie sie die gleichzeitige impressionistische Malerei der Franzosen im Sichtbaren verschwenderisch übte. Ein schwieriger Bereich! Die Grenze zum tränenweichen Sentiment scheint sich zu öffnen. Schon Weißmann, der erste deutsche Biograph, traf noch zu Puccinis

Lebzeiten die Feststellung: »Es gibt ein Beharrungsvermögen des Gefühls, das zur Sentimentalität führt. Und Puccini selbst, der Genießer, schwebt von Natur zwischen dem Weltlichen, Salonhaften und einer Sentimentalität, die immer in Gefahr ist, durch den Theatereffekt unterstrichen zu werden.« Das mag für so manche Äußerung seiner unheroischen Alltagsmenschen passen. Er plädiert für die genießerisch konsumierende Stimmungswelt der Mimi, Musetta, Liù, die es mit dem rührenden Charme der lyrischen opéra comique hält. Gleichzeitig geht er gegenüber der unbedarften Rührseligkeit der Oper des letzten Viertels des 19. und des ersten des 20. Jahrhunderts auf Distanz, als da sind Neßlers »Trompeter von Säckingen« oder im eigenen Lande Mascagnis »Cavalleria«-Epidemie und ihre melodramatischen Folgen. Auch mit Schrekers Hypertrophie des Trieblebens hat Puccini nichts gemein und mit Lehárs mondänen Operettengefühlen (trotz »La Rondine«) kaum mehr als ein bißchen leichtfertige Sympathie. Sein ästhetischer Bereich ist klar abgesteckt.

Nun aber das Seltsame. Puccini bezieht in sein Vokabular der sinnlich warmen Cantilena das Diabolische und Grausame ein. Er benötigt für die musikalischen Ausdrucksmittel von »Tosca«, »Fanciulla« und »Il Tabarro« den harten Kontrast. Er sucht ihn. Seine komplexe Natur ist beiden in erstaunlichem Maße nahe. Nicht zu trennen der süße Schmerz seiner zärtlichen love stories von den schweren, düsteren Affekten im Umkreis von Gier, Eifersucht und Mord. Wie dicht das Rührende und Schonungslose, Sensibilität und Brutalität hier beieinanderwohnen, haben wir bereits in der Darstellung des Sardou-Melodramas berührt. Erst in »Turandot« finden beide Elemente ihren Ausgleich, ihre Beruhigung. Es ist jener Puccini, der in Tränen ausbrach, als er Freunden zum ersten Mal den Tod Mimis am Klavier vorspielte. Es ist derselbe, der nun gar nicht so zartbesaitet, am frühen Morgen der Jagd nach Enten und Schnepfen nachging. Eine Stelle eines an Ricordi gerichteten Briefes der »Bohème«-Zeit bildet dafür den besten Kommentar. Puccini schreibt: »Falls ich, wie ich hoffe, bis Samstag (mit der Umarbeitung des ersten Aktes) fertig bin, beeile ich mich die verehrlichen Schwimmvögel in Schrecken zu versetzen, die sich seit langem nach meinem tödlichen und unfehlbaren Blei sehnen. Bum!«

Hieraus läßt sich viel lesen. Puccinis ganzes Leben verdeutlicht sich in diesem Miteinander von Zärtlichkeit und Gewalt, Überempfindlichkeit und Schrecken, Poesie und Krimi, Treibhaus und Folterkammer. Von hier aus gesehen, müßte die Oper eigentlich ein »unmögliches Kunstwerk« sein und bleiben. Der singende Mensch im ästhetischen Ausnahmezustand. Puccini gelang die Synthese, nicht weil man als Künstler alles können muß, sondern weil man das Problem so oder so, am besten gleichzeitig, »zwingen« möchte. Carners genaue Definition: »Der auffälligste Grundzug der Kunst des fin de siècle ist der dauernde Wechsel der Grundstimmung ... Grausamkeit verbündet sich mit feinster Empfindung, das Schauderhafte mit dem Idyllischen, die Banalität mit dem erlesen Poetischen, die Übertreibung mit der bloßen Andeutung.« Puccini war sich dieses Pendelausschlags zwischen zerbrechlich zarter Liebesempfindung und nackter, brutaler Grausamkeit wohl bewußt. Er sprach einmal von dieser Haß-Liebe als seinem »neronischen Instinkt«. Darum also: es gibt kaum italienische Opern von so jähem Stimmungswechsel und dabei so langem dramatischem Atem wie »Tosca«, »Fanciulla« und »Turandot«. Man kann nichts von ihnen wegnehmen, nichts hinzufügen. Mit welch scheinbar kühler Berechnung organisiert Puccini den Effekt von Seelenruhe und Fieberkurven, Grabesstille und Aufruhr! Mit welcher Mischung von Bewußtsein und Bewußtheit setzt er das »Was« des lyrisch-dramatisch Gelebten ins Schöpferische des »Wie« um! Alle Heldinnen werden (außer Minnie) mit dem Tode bestraft, Carner spricht von Puccinis »idée fixe«. Gegenüber den Vertretern des Bösen Gnade walten zu lassen, unterläßt er tunlich. Puccini kompensiert das eine mit dem anderen, dringt in die von der Liebe erwärmten Mansarden und in Katastrophenhäuser (Oppens). Er, der die Einsamkeit abwechselnd suchte und ihr entfloh, fühlte sich in beiden heimisch ... Wer genießt, wer konsumiert? Sicher der Komponist, sicher auch der Hörer, aber nur selten die Figuren auf der Bühne. Sie leiden und sterben.

Unsere Überlegungen führen zur Musik zurück. Schon 1896 schrieb Villamis im »Gazetto di Torino« in richtiger Erkenntnis »Die Musik von › La Bohème‹ ist eine wahre für den unmittelbaren Genuß gemachte Musik, eine intuitive Musik.« Es ist keine für die erschlafften Nerven einer exklusiven Hörerschicht, sondern eine auf Allgemeinverständlichkeit berechnete Musik. Nur: Puccini besaß nie den unstillbaren Drang nach dem »Höheren«, kannte seine Grenzen, wie er auch nicht die Schranken zum Vulgären überschritt. Gleich Brecht, wollte er nicht etwa den Kunstkenner abschaffen, sondern den Kreis der für die Kunst Aufgeschlossenen ständig erweitern. Er wich Problemen nicht aus, aber er wollte verstanden werden. Sieht man von gewissen Irritationen ab, die einige seiner Werke bei ihrem Erscheinen und kurze Zeit danach hervorgerufen haben: wie wenigen Opernkomponisten gelang es ihm, ein Stück Leben sinnlich greifbar auf die Bühne zu projizieren. (Auf die Berührungspunkte seiner Dramaturgie mit dem kommenden Tonfilm ist oft hingewiesen worden.) Seine Musik ist bezaubernd und verlockend wie ein schöner menschlicher Körper. Seine Melodien erheben sich über das bloß Mondäne, sie dringen unter oft glatter Oberfläche tiefer.

Wesentlich: Puccini kann man nicht würdigen wie einen herausragenden Klassiker oder Romantiker, die einen spezifischen Personalstil vorzuweisen haben. Er läßt sich als Vertreter der postveristischen Schule nicht in ein Schema pressen, klassifizieren. Er war als Erscheinung komplex und gradlinig in eins. Kein Neuerer im Sinne der Revolutionäre der Oper, besaß er gleichwohl Festigkeit genug, um sich mit seiner Musik frei jedes Epigonentums rückwärts zu träumen. Er war sich seiner Sache gewiß. Er markierte nicht etwa restaurative Tendenzen, sondern eine Art Neuverarbeitung des zur Verfügung stehenden Materials, das er permanent veränderte und nach seiner Ergiebigkeit befragte. Daß er noch einmal die besten Tugenden romantischer und spätromantischer Komposition in stark modifizierter Form zu erhalten vermochte, lag an seiner melodischen Substanz. Puccini war »konservativ«, als er nicht den Weg der neuen Zielen zustrebenden Zeitgenossen, vor allem der Jüngeren, mitzugehen bereit war. Wozu er gewillt war: Anregungen gewisser Details von Stilelementen, sei es der französischen Schule vom Ende des Jahrhunderts wie auch der Wiener Schule vom Anfang des neuen Jahrhunderts ohne jede Anbiederung in sich aufzunehmen. Casella hat diese in seinem versöhnlichen Nachruf von 1924 benannt. »Kein anderer war wie Puccini so völlig genau über die moderne Musikbewegung orientiert. Er kannte und studierte jedes Werk gründlich. Er besaß einen besonders fein entwickelten kritischen Sinn...« Mit kompositorischem Raffinement hat er die Einflüsse vorwiegend in Harmonik und Instrumentation benutzt, ohne je die persönliche Handschrift, die eigene Ordnung von musikalischer Sprache und Struktur aufzugeben. Er hielt trotz oft erstaunlicher Stilabenteuer, die er mindestens seit »Fanciulla« in der kritischen Auswertung der Musik seiner Mitwelt fand, an seinem leichtverständlichen und eingängigen Konzept fest. Dazu gehört der für Puccini bezeichnende fließende Gestus, der selbst innerhalb arioser Passagen oft das Tempo des gesprochenen Wortes erreicht. Es gibt keine Trennung von (betrachtender) Arie und (handlungsbewegendem) Rezitativ, er löst das Problem auf plausible Weise. Dazu gehört der in jedem Betracht originelle Orchestersatz, in dem melodisch-rythmische Bausteine dimunitiven Charakters aneinandergereiht, sequenzenhaft in leichter Variation wiederholt werden und manches mehr. Er blieb bei allen harmonischen Finessen seiner Lehre vom Primat der Melodie, seiner poetisch-realistischen Diktion treu.

So betrachtet, konnte Puccini auf der Faszination eines ihm eigentümlichen »Feelings« der Kommunikation und Verbreitung seiner Opern bauen. Sein praxisnahes, auf Konsum und Genuß zugerüstetes Musikempfinden ist nur im Zusammenhang mit den künstlerischen und gesellschaftlichen Prozessen seiner bürgerlichen Umwelt zu sehen. Was Ernst Roth im Titel seines Buches in die eindeutigen Worte »Musik als Kunst und Ware« faßt, trifft den Sachverhalt genau. Man könnte auch Ernst Bloch zitieren, der schon bei Strauss vom »Unternehmergeist« seiner Tondichtungen sprach. Sollte nicht auch für Puccini zutreffen, was seit der Gründerzeit offenkundig ist: wonach »wahre Kunst« zur »Ware Kunst« wird? Erscheint die Wandlung des früher »einmaligen« Klangeindrucks durch die Mutation der technischen Medien, ein zusätzliches soziologisches Phänomen, nicht längst als abrufbare Ware? Das Zur-Ware-Werden solcher Kunst ist nicht von ihrem Gebrauchswert zu trennen, beides gehört zusammen. Setzen wir an den Schluß dieses Exkurses das gute Wort Ernst Barlachs: zur Kunst gehören immer zwei, einer, der sie macht und einer der sie braucht. Man darf ruhig übertreiben: in eine Puccini-Oper gehen Leute, die sonst keine Oper besuchen.

Wild West Story

Wir nähern uns »La Fanciulla del West«. Nach der Erfolgsernte seiner drei populären Opern der Jahrhundertwende, auf dem Höhepunkt seiner Schaffenskraft, war es für Puccini an der Zeit, neue Wege einzuschlagen. Wie er sich gegenüber d'Annunzio äußerte, strebte er eine »höhere Form von Poesie« an. Ja, noch mehr als dies: eine Erweiterung des gesamten Stils, eine »zweite Manier«. Das mag ihn manche ruhige Stunde gekostet haben. Wieweit ihm dies in einer blutvolleren, härteren Sprache als bei der empfindsamen »Butterfly« gelingen sollte, wäre hier zu untersuchen. Mitten an der Arbeit an »Fanciulla« schrieb er 1907 an Giulio Ricordi: »Das ›Girl‹ verspricht eine zweite ›Bohème‹ zu werden, nur kraftvoller und reicher.« Eine zweite »Bohème«? Das war sie natürlich nicht. In ihrer Ansammlung rauhbeiniger Goldgräber, ihrer handgreiflichen Präsenz von ostentativ rivalisierender Männlichkeit, Schießeisen, Pokerspiel und Lynchjustiz hat sie, gelinde gesagt, kaum einen Hauch von der Poesie des Verwehenden der früheren Oper. Kraftvoller und reicher? Hier dürfte Puccini schon eher das Richtige gesagt haben. »La Fanciulla« wird heute von nicht wenigen Puccini-Kennern als seine farb- und klangreichste, seine raffinierteste Partitur angesehen. Nie ist Puccini brennender, glutvoller in seinen Mitteln gewesen als in dieser Liebesgeschichte der edelmütigen Räuberbraut Minnie.

Das Stück war lange als Western-Oper par excellence verschrien, als eine Mischung von Saloon, Knallerei und Pferdegewieher. Stimmt schon: die Story ist so wenig zartfühlend wie poetisch. Sie haut in die Kerbe handfester Dramatik und ungeschminkter Sentimentalität. Minnie, wilde Rose aus den Wäldern Kaliforniens, Schenkwirtin und Lagerkommandantin, die ihre Bande in dem Goldlager in den Rocky Mountains zu einer Herde Lämmer zähmt, rettet ihren Geliebten Dick Johnson gleich zweimal. Zuerst durch einen Falschspielertrick und zum Schluß, zu Pferde herangaloppierend, in einem Moment, da er (einem Karl May würdig), den Kopf bereits in der Schlinge hat. Arm in Arm gehen beide duettierend einem neuen Leben entgegen.

Es ist alles spannend, aufregend und rührend, zweifelsohne. Aber ein »Western«, wie er im Buche steht, ist »La Fanciulla« nicht. Wieviel Gedankenlosigkeit macht sich breit, wenn man das

Stück bis heute wie einen John-Wayne-Western auf die Bühne bringt! Die Oper spielt 1848 in Kalifornien, einem Land, das, bevor es an die USA abgetreten und vom Goldfieber geschüttelt wurde, eine einsame und abgelegene Kolonie Mexikos war. Im ersten Jahr strömten achtzigtausend Menschen in dies Gebiet. Vier Jahre später war die Bevölkerung des Staates auf zweihundertfünfundzwanzigtausend angestiegen. Einer schrieb über die abenteuerliche Goldgräberwelt: »Man hat den Überfluß an Gold in Kalifornien weniger übertrieben, als man die damit verbundene Arbeit untertrieben hat...« Eine Geschichte von schmutzigen, schwer arbeitenden Männern, in der alles, was sich ereignet, durchaus möglich ist. Wie ungerecht wäre es, die vitalen Eigenschaften, die Zähigkeiten und das Pioniertum jener dem Goldrausch Verfallenen, die Puccini auf die Bühne gebracht hat, übersehen zu wollen. Daß es bei einem von Räuberbanden ständig unwitterten Lagerleben nicht immer sanft zugehen konnte, versteht sich. Und ob die Leiche im Sack, die uns Verdi im »Rigoletto« anbietet, unbedingt ästhetischer sein soll als ein angeschossener Mann auf dem Söller, dessen Blut auf die Hand des lüsternen Sheriffs herabtropft, wäre zu fragen. Man ist im Süden in Operndingen nicht so zimperlich. Wichtiger als diese dem Opernverismo entliehenen grobdrähtigen Züge scheint uns die Schärfe, mit der die Armen und Unterdrückten unter harten Lebensbedingungen (viele Jahre vor Janáčeks »Aus einem Totenhaus«) beobachtet und moralisch gewertet werden. Wenn Frank Corsaro, der Regisseur der glänzenden Ehrenrettung der »Fanciulla« 1982 an Berlins Deutscher Oper nachdrücklich auf die düsteren Regionen des Werkes hinwies und es in die Nähe von Gorkis »Nachtasyl« bringen wollte – so hat er damit gar nicht unrecht.

Verschwindet hier nicht erstmals bei Puccini die bürgerliche Ebene? Deutlicher als bei dem Künstlervolk der »Bohème« schlägt bei diesen Abenteurern und Glückssuchern, die ihren spärlichen Verdienst in einem Faß unter Minnies Obhut in der Schenke verwahren, die Sozialkritik durch. Ein Fluch des Schicksals lastet auf ihnen, die zwischen dreckigem Broterwerb und Galgen gewinnen und verlieren – und sie verlieren am Ende sogar Minnie, die Angebetete, ihren guten Geist. Daß sie bei der Wirtin des Saloons »Zur Polka« in die Sonntagsschule gehen, mag uns heute kurios erscheinen, entspricht aber der eigenartigen Missionsarbeit vieler solcher Frauen für Moral und Ordnung. Gewiß haben wir es bei dem gefühltriefenden Finale mit keinem simplen Happy-End zu tun, die Motive sind komplizierter. Wohl finden sich die bibelfeste Amazone Minnie und ihr Räuber, Dieb und Desperado. Aber es ist eine Flucht aus der Gemeinschaft, der sie angehörten. Die »Vergebung«, die Minnie für den »edlen« Geliebten verlangt, erfordert das Opfer aller. In diesem quasi traurigen Happy-End siegt nicht das Ethos des Verzeihens, sondern der Egoismus des Mädchens. Für die Kumpels ist nichts getan, sie sind ohne Minnie noch ärmer, noch verdammter als zuvor. Anders soll man es trotz ihres guten Einflusses auf rauhe und müde Männer nicht sehen.

Eine unruhvolle Zeit. Mehr noch als aus körperlichem Unbehagen mag Unrast aus der seelischen Konstitution gekommen sein. Noch war man kein Fünfziger. Aber der Maestro fühlte sich, eingeengt durch die häuslichen Verhältnisse mit der notorisch schwierigen Elvira, sicher auch im Zwiespalt mit der seit 1905 heftig auflodernden Liebe zu Sybil Seligman, nicht wohl in seiner Haut. Der Theaterskandal der »Butterfly« schien unvergessen. Die Schärfe der ästhetischen Angriffe von Fausto Torrefrancas Schrift, die ihm Mangel an Intellekt, Idealismus und dekadente Wesenszüge vorwarf, und Francesco Pratellas »Musica Futurista«, beide 1912 veröffentlicht und von den Jungitalienern, Musikern und Kritikern heftig diskutiert, trafen ihn. Es war Zeit, über sich und seine künstlerischen Ziele nachzudenken. Er fühlte genau, welche Verantwortung auf ihm lastete. Wie sollten die großen Erfolge noch übertroffen werden? Es sind Jahre des Zögerns und Suchens – bis zum Abschluß der »Fanciulla« sollten nicht weniger als sechs Jahre vergehen. Obwohl er sich nach wie vor seinem geliebten Torre verbunden fühlte: immer häufiger entfloh er der Abgeschiedenheit. Die Verlockungen, an den Triumphen seiner Opern in der Welt teilzunehmen, waren groß. Er reiste zweimal quer durch Italien. Mit Elvira überquerte er erstmals, einer Einladung des Teatro Colón in Buenos Aires folgend, den Ozean. Februar 1908 schiffte er sich nach einem Besuch der »Salome« in Neapel nach Alexandria in Ägypten ein und reiste weiter nach Assuan und Luxor. Man sah sich in der Welt um, suchte Abwechslung. Paris und London wurden nicht ausgelassen. Puccini war schlanker geworden, ein Weltmann von glänzendem Aussehen, seines Erfolges sicher. Doch die dunklen Stimmungen wollten nicht weichen. Kann man die Schatten der Zeit, der Vorkriegsjahre, übersehen, von denen die empfindliche Psyche Puccinis nicht unberührt bleiben konnte? Das wäre trügerisch.

Womit war er beschäftigt? Ein kurzes Chorwerk ist mehr als

eine flüchtige Marginalie des Opernkomponisten. Auf Bitten des Consiglio d'Amministrazione der Casa di Riposa dei musicisti Giuseppe Verdi in Mailand, des Maestros hochherziger Hinterlassenschaft, schrieb Puccini ein Requiem »in memoriam G. Verdi«. Das Stück, siebenundfünfzig Takte von sechsminütiger Dauer, ist erstaunlich schlicht für dreistimmigen Chor, Bratsche und Orgel gehalten, vom Zauber seiner Musik erfüllt. Kein Zeugnis tiefsinniger Reflexion, sondern der stillen Einkehr. Es erklang in Anwesenheit des Komponisten und seiner Frau erstmals am vierten Jahrestag von Verdis Tod, am 27. Januar 1905 in der Kapelle der Casa Verdi. Erst 1980 erlebte das Requiem bei Gelegenheit der Begründung des von Simonetta Puccini geleiteten Istituto di Studi Pucciniani an gleicher Stelle seine bisher einzige Neuaufführung.

Immer neue Hilfeschreie an Ricordi, wir kennen sie schon, denn sie begleiten Puccinis Schaffensweg. »Ich brauche dringend ein Libretto!«... »Es sind jetzt drei Jahre, daß ich mir Kopf und Herz zermartere«... »Was kann ich tun? Wo ist derjenige, der mir das Gesuchte geben könnte? Mein Gott, wie armselig ist die Theaterwelt, die italienische und die ausländische! Aber ich verzage nicht«... Und: »Die ganze Welt erwartet von mir eine neue Oper, besteht also wirklich ein Bedürfnis... Ich mache mir so viele Sorgen... quäle mich nicht nur meiner Person wegen, auch für Euch, im Interesse von Signor Giulio und der Casa Ricordi, der ich eine sichere Oper liefern soll und will...« Er durchforschte alte Theaterliteratur. Aber praktische Hilfe war in diesem Stadium nur von Sybil Seligman mit ihrem literarischen Spürsinn zu erwarten. In seiner Librettistenpein konnte er sich wenigstens auf sie verlassen.

Sybils erste Vorschläge Herbst 1905 waren wohlbedacht, ohne jedoch Puccini voll zu überzeugen. Es handelte sich um eine Erzählung Rudyard Kiplings, um Tennysons »Enoch Arden«, Tolstois »Anna Karenina« und Bulwers Roman »Die letzten Tage von Pompeji« – also ein fester Griff in die Weltliteratur. Puccinis Sympathien gehörten damals wohl am ehesten zwei Opernprojekten: einer erotisch gepfefferten spanischen »Conchita« nach Pierre Louys' französischem Roman »La Femme et le Pantin« sowie der schon einmal verworfenen oder besser zurückgestellten »Maria Antonietta«. Maurice Vaucaire hatte den 1898 erschienenen Roman Louys', des Debussy-Freundes, dramatisiert; nun sollte ihn der gewiegte Illica librettisieren. »Louys freut sich sehr, daß ich die Oper mache, er ist Feuer und Flamme.« Aber so einfach war die Sache nicht. Das Modell von Mérimées »Carmen«, nach dem

Porträt von L. Nauer

die Figur des flatterhaften Zigeunermädchens Conchita Perez geformt war, stand dem Stück allzusehr im Wege. Zweifel überwogen. »Was mich fürchten läßt, ist ihr Charakter und die Handlung«, heißt es in einem Brief an Sybil vom September 1906, »und dann scheinen alle Charaktere unliebenswürdig zu sein – das ist auf der Bühne immer eine mißliche Sache.« Erledigt, und eigentlich schade darum, denn eine Puccinische Carmen-Variante wäre gewiß nicht ohne Reiz gewesen. »Conchita« wurde dann 1911 mit gutem Erfolg von Zandonai vertont.

Verhältnismäßig lang wandte sich Puccini dem Plan einer gleichfalls von der Londoner Freundin angeregtem »Tragedia Fiorentina« von Wilde zu. Herbst 1906, an Ricordi: »Ein Manuskript von Oscar Wilde ist mir in die Hände gekommen, das mir sehr gefällt: ›Tragedy Florentine‹ ... Sagen Sie mir, ob ich es machen sollte. Es ist nur ein Akt, aber er ist schön, inspiriert, ernst, tragisch: drei Hauptpersonen, doch erstklassige Rollen. Zeit 1300. Es würde ein Gegenstück zu ›Salome‹ sein, viel menschlicher...«Noch konnte er den Plan mit Illica besprechen. Puccini befolgte jedoch vermutlich Ricordis Rat, das nach dessen Meinung zu handlungsarme Projekt aufzugeben. Allerdings kam die »Tragedia Fiorentina« 1912 noch einmal ins Gespräch. Ein Stück Buffa? Es überrascht, Februar 1905 von einer neuen Komödie von Bracco zu lesen und vier Wochen später ganz spontan: »Ich habe Lust, eine Komische Oper zu machen. Ich würde dies in kurzer Zeit schaffen. Machen wir einmal, wenn möglich, den Griesgram Publikum lachen, und es wird sicher dankbar sein...« So ernst scheint es Puccini damit nicht gemeint zu haben. Zu gleicher Zeit ist von etwas ganz anderem, einem historischen »Guillaume Tell« (nach Schiller) die Rede und bald gegenüber einem amerikanischen Journalisten von einem »Benvenuto Cellini« und gar einem Shakespeareschen »King Lear«. Schon Verdi und später Mascagni waren vor diesem gigantischen Stoff mit seiner Anhäufung menschlicher Scheußlichkeiten zurückgewichen. Sollte es nicht auch Puccini rechtzeitig mit der Angst zu tun bekommen haben?

Puccini und Gorki... Die Berührung südlicher Oper mit der des Ostens scheint merkwürdig genug, mindestens seit Giordanos »Fedora« und »Siberia« und der Tolstoi-Vertonung »Resurrezione« des jungen Alfano ist sie vorhanden. Mascagni spielte mit dem Gedanken, Dostojewskis »Totenhaus« zu benutzen. Italienischer Belcanto und russische Schwermut auf einen Nenner gebracht! Als Giacosa Puccini ein tragisches russisches Opernsujet vorlegte, überzeugte ihn das nur wenig. Das war 1889. Auch für eine »Anna Karenina« konnte er sich nicht begeistern. Der neue russische Realismus? Maxim Gorki? Wahrscheinlich hat ihn Sybil darauf gestoßen. »Ich lese, ich schreibe: an Gorki, an Serao (die italienische Dichterin)...« Das war nicht leicht dahingesagt. Die Gorki-Episode verdient näheres Eingehen. Im Jahre 1903 erwachte Puccinis Interesse an dem »Sturmvogel der russischen Revolution«. Gorki, der bis zum Ausbruch des Ersten Weltkriegs auf Capri lebte, wo er eine kommunistische Parteischule gründete, veröffentlichte damals in Italien Erzählungen und Skizzen der Zeit von 1882 bis 1900 unter den Titel »Vagabondi« und »Racconti della steppa«. Puccini gewann ihnen, verglichen mit den Romanen Tolstois und Dostojewskis, noch »mehr Reiz« ab. Die Verbindung von düsterem und strengem Realismus mit dem ungewöhnlichen Milieu und den Gefühlen der Unterdrückten,

Erniedrigten und Ausgestoßenen fesselte ihn. Man muß in dieser Gorki-Beschäftigung den ersten Antrieb zu den Elendsgestalten von »Il Tobarro« sehen. Aber was erreichte ihn von Gorkis epischen Arbeiten? (Die dramatischen sprachen ihn offenbar weniger an.) Ihn bewegten drei Erzählungen, auf die seine engere Wahl fiel: »Das Floß«, »Der Khan und sein Sohn« und »Die Sechsundzwanzig gegen einen«. Wohl dachte er an die Möglichkeit, die drei Einakter zu einem Opernabend zusammenzufassen. Das erste und das letzte Sujet sind einander verwandt: zwei tragisch umwitterte junge Frauen, die kränkelnde, neurotische Mitya und die kindhafte Tanya, die im Konflikt von Liebe und Verführung dem Tode nahe kommen. Der »Khan« ist eine erschütternde Legende von der Krim. Puccini erblickte darin große Möglichkeiten und schrieb am 30. September 1904 an Illica: »Mit dem Khan können solch herrliche Episoden, Festlichkeiten, Chöre, großartige Poesie und dann in der Schlußszene einige theatralische Wirkungen erzielt werden.« Gerade von diesem Stoff distanzierte sich Puccini rasch. Die anderen sollten ihn noch bis 1907 begleiten.

Wir dürfen ruhig einmal danach fragen, wie Puccini bei so langer Suche nach einem geeigneten Sujet auf das Wildwest-»Girl« gekommen ist. Eine Wahl, die von der zunächst recht vagen Absichtserklärung bis zur definitiven Stoffentscheidung noch etliche Monate dauern sollte. Auch zu dieser Zeit tauchten neue Pläne auf. Puccini scheint sich erst nach und nach für diesen Stoff erwärmt zu haben. So schnell wie bei »Butterfly«, in die er sich auf den ersten Blick verliebt hatte, wollte er sich auf die neue Oper mit ihrer ungewohnten amerikanischen Thematik nicht einlassen. Eine Oper für die New Yorker Met – der Gedanke war ihm freilich verlockend.

Gegen Ende 1906 oder auch in den ersten Januartagen 1907 traf Puccini in Viareggio seinen Freund, den Marchese Pietro Antinori. Er war eben aus den USA zurückgekehrt, und Puccini erzählte, er sei seinerseits im Begriff, zu den Met-Premieren von »Manon Lescaut« und »Butterfly« aufzubrechen, komischer Zufall. Antinori nach Adamis Bericht: »Da drüben gibt es etwas, was Sie stark interessieren dürfte. Etwas im Belasco-Theater. Dort spielt man ein Drama mit dem Titel ›The Girl of the Golden West‹. Schauen Sie sich doch das Stück mal an. Sie werden es nicht bereuen. Es ist sehenswert!« Puccini reiste nach New York gemeinsam mit Elvira auf Einladung des Impresarios Conried und des Bankiers Kahn. Eine Seereise nach Nordamerika, die sich über fünf Wochen erstreckte, muß ihm wie ein Davonlaufen vorgekommen sein. Zwar war er von »Butterfly«, trotz Farrar und Caruso, enttäuscht, eine »Wiedergabe ohne Poesie«. Aber »New York ist fabelhaft« (19. Januar 1907 an Ricordi); und aufgeräumt an Schwester Ramilde: »Hier ist das Leben schrecklich teuer. Die Dollars fallen... Wie die Frauen mich verfolgen! Sogar einen alten Mann wie mich...« Puccini hat in Amerika alles unternommen, für seine Zwecke geeignete Stücke zu sehen und einen Opernstoff zu finden. Ehe er in die Heimat zurückkehrte, schrieb er am 18. Februar einen langen Brief an Tito Ricordi: »Auch hier habe ich mich nach Themen umgesehen... Bei Belasco entdeckte ich einige gute Ansätze, aber nichts Geschlossenes, Solides, Rundes. Das Milieu des Wilden Westens gefällt mir, aber in allen ›pièces‹, die ich gesehen habe, fand ich nur hier und da einige gute Szenen. Keine durchgehende Linie und Einfachheit, alles Stückwerk und zuweilen schlechter Geschmack und abgestandener Witz... Bis ich abreise, muß ich mit Belasco zusammenkommen, aber viel Hoffnung habe ich nicht dabei.« Puccini muß in diesen Wochen in New York außerdem noch Belascos »The Music Master« und »Rose of the Rancho« kennengelernt haben; auch von einem Hauptmann, den »man mir als gut geschildert hat«, offenbar »Hanneles Himmelfahrt«, ist die Rede.

Wer zweifelt daran: die Bemühungen waren primär auf das vielzitierte »Girl« gerichtet. Schon konkreter äußerte sich Puccini auf der Rückreise, wo er in Paris Station machte und Sybil in seinen Plan einweihte. Belasco schrieb er: »Es hat mir unendlich leidgetan, New York zu verlassen, ohne Sie gesehen zu haben. Ich habe so viel über Ihr Stück nachgedacht... Würden Sie so gut sein, mir ein Exemplar des Stückes nach Torre del Lago zu senden? Ich könnte es dann übersetzen lassen, es sorgfältiger prüfen und Ihnen über meine weiteren Eindrücke schreiben. Ich bin außerstande, Ihnen meine Bewunderung über Ihr großes Talent auszudrücken, und wie sehr ich von dem Drama beeindruckt bin, das ich in Ihrem Theater sehen konnte...« Die Annäherung an das »Girl« erfolgte gleichsam unter Vorbehalt. Erst Monate später, Juli 1907, ließ er bei Belasco nach dessen »Konditionen«, seiner materiellen Forderung fragen. Zugleich stellte er die Bedingung, daß man »von seinem Drama eine Menge streichen und das Ganze umarbeiten und neu gestalten müsse«.

»Keine durchgehende Linie und Einfachheit... Stückwerk und schlechter Geschmack...« Nun, ein erhabenes Kunstwerk war das »Girl« nicht, in Wahrheit wohl doch ein »Reißer«. Der Text lag in Amerika noch nicht gedruckt vor; und der Übersetzer war bei dem vorhandenen seltsam schwülstigen und zugleich einfältig-naiven Text nicht zu beneiden. Belasco hat immer wieder auf die historische Wahrheit der hier beobachteten und berichteten Geschichte aus dem Wilden Westen hingewiesen. »Ich kenne die Zeit von 1849 wie meine Hosentasche, und es gibt in meinem ›Girl‹ Dinge, die der Wahrheit näher kommen als viele der Vorfälle bei (dem Kurzstory-Autor) Bret Harte … Der Charakter Minnies ist in der Tat eine Mixtur von Hartes Heldinnen, wie etwa Miggles, die 1853 eine Polka-Bar in Marysville betrieb.« Der Handlungsablauf war Puccini jedenfalls auch ohne Kenntnis der Einzelheiten auf den ersten Blick verständlich. Das dürfte nicht zuletzt der Grund für seinen Entschluß gewesen sein, den Stoff mit seiner hundertfach bewährten Mischung von Sentimentalität und Gewalt musikdramatisch zu verarbeiten. Wer kam als Librettist in Frage, nachdem er sich mit dem jähzornigen Illica überworfen hatte und Giacosa verstorben war? Er entschied sich, vermittelt durch Ricordi, für den jungen Literaten Carlo Zangarini, der unverzüglich die Arbeit aufnahm. Es scheint aber schon bald Komplikationen gegeben zu haben. Puccini wußte wieder einmal alles besser, schaltete sich im richtigen und unrichtigen Moment in die dramaturgische Gestaltung ein, vor allem bei dem gegenüber Belasco stark veränderten dritten Akt. Zangarini wurde unsicher. Ein zweiter Mitarbeiter mußte herangezogen werden: Guelfo Civinini, offenbar leichter zu handhaben, gefügiger.

»Ich lese das ›Girl‹ und finde, Zangarini hat gut gearbeitet. Natürlich wird es noch mancher Änderungen szenischer und literarischer Art bedürfen; ich werde meine Anregungen an den Rand schreiben. Ich freue mich schon auf den Augenblick, wo ich mich endlich in die Arbeit stürzen kann. Noch nie habe ich so wie jetzt danach gefiebert!« (an Ricordi) … »Achten Sie auf eine ökonomische Bearbeitung des ersten Aktes, der mir zu lang erscheint, besonders in der Spielszene, und suchen Sie ihn klarer zu gestalten, lebendig und überzeugend … Ich finde (den Text) jetzt in sehr vielen Teilen gut, in anderen werden noch Modifikationen nötig sein. In den Männerchören sind zu viel Solostellen. Ich hätte lieber Gruppen von sieben bis acht tobenden Männern« (an Civinini) … »Ich streiche so viel ich kann und versuche weiterzukommen. Dieses ›Girl‹ ist eine furchtbar schwierige Arbeit« (an Ricordi). Genug davon. Das größte Problem bestand für Puccini in Kürzung und Straffung. Den erlösenden Satz fand er erst am 28. Juli 1910 an Ricordi: »Die Oper ist beendet.« Doch die folgenden Worte gehören hinzu: »Ich habe noch ein paar Kürzungen vorgenommen und einige hübsche, aber nutzlose Sachen aus dem Textbuch entfernt, in zwölfter Stunde; Sie dürfen mir glauben, daß jetzt alles voller Leben ist. Das letzte Bild ist der schöne Abschluß einer Arbeit von nicht geringem Umfange...«

Der Puccini-Western von 1910, in dem so viel Nachdenkenswertes steckt, entpuppt sich als ein Stück Goldgräberromantik. Die Schenkwirtin Minnie muß sich am Ende ihren Geliebten buchstäblich vom Galgen herunterholen, eine perfekte Leistung. Die Verknüpfung der Theater-Szenen verrät ein gerüttelt Maß an Routine. Wie paßt das alles zusammen? Es gibt eine naive »Machart« aus Spannung und Rührung, man muß sie akzeptieren oder man gerät gegenüber dem Werk in Distanz. Spannend: im wahrsten Sinne des Wortes bis zum Exzeß. Rührend: wenn die Handlung in ihren Momenten von Goldfieber und Heimweh, Spielleidenschaft und Liebessehnsucht zwar schier überschwappt und dann wieder durchhängt. So genau hält es die Dramaturgie hier nicht. Dominierend die typische Dreieckskonstellation der Hauptfiguren Mimi, Johnson, Rance, zwei Männer im Kampf um eine Frau, die in ihrer Psychologie gegenüber Tosca zurückbleibt. Das Schwergewicht liegt in der Buntheit, Abwechslung, in den Stimmungskontrasten des Milieus. Es gibt bei »Fanciulla« eine Film-Optik, vielleicht sogar ein Film-Klischee. Der zweite Akt ist in seinem Aufbau am besten gelungen.

Erweist sich Minnies Charakterbild als völlig befriedigend? Man soll es ruhig aussprechen: kaum. Sie wird von Puccini als Vollblutweib vorgeführt. Nur ist es einfach zuviel, was er in die Figur hineinpackt: ein gewiß appetitliches, resolutes spätes Mädchen, mit Herz und Hand im Pistolenschießen wie im Bibellesen erfahren. In der dreckigen Männerwelt der schuftenden Glücksjäger bringt sie jedem Hilfe und Trost. Sie weist den Antrag eines regulären Sheriffs zurück, verliebt sich aber in einen verrufenen Banditen. Das muß man hinnehmen und noch anderes. Wie denn auch manche Verhaltensweise des recht jämmerlichen Dick Johnson, des stumpfsinnigen Indianers Bill und weiterer Episodenfiguren der Glaubwürdigkeit entbehren. Mit zwei Eingriffen hat Puccini die Handlungsführung vorteilhaft beeinflußt. Die Bibelstunde des ersten Aktes tritt an Stelle der Vorlesung aus John Millers populärer Witzsammlung »Joke Book«, was ihm für sein Minni-Bild angemessen erschien. Vor allem hat er aber eine komprimierte Fassung der Akte II und III Belascos erreicht – ein für diese Oper sehr typisches gefühlvoll-üppiges, ästhetisch-soziologische

244

Hürden überrennendes Finale. Seine Motive sind, wenn nicht relevant, so doch plausibel. Ricordi wurde als erster in dieses Endkonzept eingeweiht. »Ich habe eine Idee für ein grandioses Szenarium, einen Platz im weiten kalifornischen Urwald mit riesigen Bäumen. Aber wir brauchen dazu acht bis zehn Pferde als Komparsen...«

Erst Herbst 1908 lag das Libretto fertig vor, wie immer dauerte die Erstellung des Buches länger als die Komposition. Nun stand auch der Titel fest: »La Fanciulla del West«. Ricordi war damit zufrieden. »Ein wirklich wunderbares Textbuch«, heißt es in einem Brief an Sybil, aber auch: »Das Girl ist schwieriger als ich dachte.« In Wahrheit hat Puccini für die Vertonung nicht mehr Zeit als für frühere Opern gebraucht, wenn man die aufgewandte Zeit addiert ... Eine glückliche Schaffenszeit war es nicht, vielmehr, wie wir heute wissen, eine Zeit schwerer seelischer Erschütterung, ein gravierender Einschnitt in seinem Leben. Später, nach der New Yorker Uraufführung schrieb er seiner Nichte Nina Franceschini: »Die ›tiridera‹ ist zu Ende!« Mit »tiridera« meinte er die bedrückenden Monate der Zwangspause. Daß Puccini trotz dieser Belastungen die Arbeit wieder aufnahm und zu Ende führte, gleicht fast einem Wunder.

Welch unerquickliche Geschichte und welch entsetzlicher Schlag für den empfindsamen Maestro! Im Februar 1903 hatte Elvira die sechzehnjährige Doria Manfredi, Tochter einer in Torre ansässigen Bauernfamilie, als Dienstmädchen ins Haus genommen. Man kann sich denken, mit welcher Aufmerksamkeit und Verehrung das junge Mädchen den nach seinem Autounfall noch hilfsbedürftigen Hausherrn umgab. Im Oktober 1908, nach der Rückkehr Puccinis von einer Reise nach Wien, begann Elvira plötzlich mißtrauisch zu werden. Eines Abends traf sie ihren Mann in ungezwungener Unterhaltung mit Doria am Gartentor an. Maßlos eifersüchtig, unbeherrscht, machte sie eine Szene und schloß das Mädchen stundenlang ein. Im Dorf verbreitete sie unglaublich beleidigende Äußerungen und Verleumdungen. Der Klatsch blühte. Man glaubte der Frau des berühmten Maestro. Die Folge: Puccini entfloh der unerträglichen Situation Ende Oktober nach Paris, um erst im Dezember zurückzukehren, als Elvira ihre kranke Mutter in Lucca aufsuchte. Das verstörte Mädchen verübte am 23. Januar 1909 einen Selbstmordversuch durch Gift und starb fünf Tage später. Die Autopsie erwies: Doria war als Jungfrau gestorben. Der Skandal, eine private Affäre schamlos der Öffentlichkeit preisgebend, war nicht aufzuhalten. Dorias Angehörige strengten vor Gericht in Pisa einen Prozeß wegen öffentlicher übler Nachrede an, in dem Elvira schuldiggesprochen und zu fünf Monaten Gefängnis und 700 Lire Buße verurteilt wurde. Gewiegte Anwälte erreichten in der Berufung eine Aufhebung des Urteils.

Puccinis Verfassung war unbeschreiblich. Eine Woche nach der Tragödie schrieb er an Ramelde: »Ein furchtbarer Schlag, und vielleicht erhole ich mich nie davon. Er ist zu heftig gewesen. Ich weiß weder warum ich noch hier bin, noch was ich tue. Es geht mir schlecht, ich bin krank und fühle es. Wenn ich nur auch selber sterben könnte, ich wäre zufrieden. Ich werde nach Torre gehen, aber abends habe ich Angst, allein zu sein.« Eine vorläufige Trennung des Ehepaars war kaum zu vermeiden, entsprach wohl auch beider Wunsch. Giacomo ging in Begleitung der Tostis nach Rom, Elvira nach Mailand. Zwar besuchte Puccini seine Frau zweimal, ohne daß eine Versöhnung möglich war. Erst nach einem Vergleich mit der Familie Dorias kehrte er Ende Juli 1909 zu Elvira nach Torre zurück, auch Tonio, der zur Mutter gehalten hatte, war wieder bei ihnen. Man versuchte ein neues Zusammenleben, obwohl die Harmonie längst gestört war. »Ich arbeite hart: das ›Girl‹ geht gut voran und ich habe fast den zweiten Akt beendet... Im Hause herrscht Frieden – Elvira ist gut – und wir drei leben glücklich miteinander«, bekannte er Sybil. Und dann noch, seiner selbst sicher, dieser Satz: »Das Girl wird meiner Meinung die beste Oper, die ich geschrieben habe.«

Wichtig zu erkennen: Puccini stand an der Wende, wollte das Gewohnte verlassen, hielt inhaltlich und musikalisch nach Neuem Ausschau, wollte ausbrechen. So wie er bislang lyrisch-dramatische Opernmusik geschrieben, genügte es ihm nicht. Auf diesem großen, graden Weg der Fortsetzung der Tradition bedurfte es frischen Blutes. Das inhaltlich Neue wollte ihm bei dem ›Girl‹ noch nicht gelingen. Er merkte es bald, das Schema des Belasco-Reißers legte ihm trotz Minnies lodernder Feminität Fesseln an. Aber das Wilde, Rauhe, Grelle des Sujets war geeignet, in ihm neue Fähigkeiten, neue schöpferische Kraft zu entwickeln. Tatsächlich suchte der Komponist der »Fanciulla« einen gewissen weich-sensitiven Zug seiner Musik zu überwinden. »Kraftvoller und reicher« wollte er im Vergleich zu »Bohème« schreiben. Mehr noch: die knisternde Theaterspannung des Stoffes verlangte nach Verdichtung des Orchesterkolorits, nach Intensivierung der

Dynamik. Mit Vorliebe wählte er die Vortragsbezeichnung »rùvido«. Das Orchester, mit sechzehn Holzbläsern das umfangreichste aller Puccini-Opern, fungiert als eigentlicher Träger der dramatischen Aktion und ihrer psychologischen Motivierung. Sein blühendes, feuriges Espressivo und sein dramatischer Impuls, immer hautnah der Exotik des Vorwurfs, sind werkimmanent. Nur: den Wert der überaus genau ausgehörten Partitur machen weder die knalligen Wild-West-Akzente noch die melodischen Gefühlsausbrüche der Abschiedsarie Johnsons im dritten Akt »Ch'ella mi creda libero«

und des sentimentalen Heimwehliedes Jake Wallaces aus. Die Arie ist in den Orchesterstimmen sehr fein ausgeführt – »come un organo«, wie eine Orgel zu spielen. Sie hat sich (merkwürdigerweise) als der eigentliche Schlager der Oper herausgestellt. Dagegen ist das einzige Stück »auskomponierter Musik« des Sheriffs Rance, seine Liebeserklärung an Minnie, »Minnie, dalla mia casa«, mehr deklamatorisches Arioso als lyrische Arie. Erstaunlicherweise wird der Titelheldin jede ausbreitende Arien-Krönung vorenthalten – und doch bleibt sie immer musikalische Mitte.

Denn: Reichweite, Flexibilität und Duktus der Singstimmen, zu denen in starkem Maße die Randfiguren und Männerchöre treten, streben bei »Fanciulla« über die prägnante melodische Formung hinaus. Die Tendenz, die Musik vorwiegend melodramatisch aufzubauen, mit lyrisch-dramatischer Fortspinnungsmelodik der Einprägsamkeit auszuweichen, ist unverkennbar. Diese Abkehr vom strengen ariosen Prinzip wurde prompt als Kontaktaufnahme mit Wagners Musikdrama mißverstanden. In Wahrheit gelingen Puccini auf diese Weise stärkste Wirkungen. Wie keimfähig fürs erste, lyrisch verströmende Finale das knapp hingesetzte Liebesthema Minnies (1), erzielt durch ein Debussy-nahes Spannungsfeld der Septime und None mit einem unaufgelösten C-Dur-Akkord als Baßfundament! Wie bestimmend die Ganztonleiter, die Puccini noch bei »Butterfly« nur zaghaft benutzte, als fortan starkes melodisches Ferment! Vielleicht noch eindrucksvoller der lyrische Schluß der Oper. Minnie hat erreicht, was sie wollte, den Geliebten vom Galgentod befreit. Eine beinahe unbedeutende, vom Minstrelsong des Anfangs abgeleitete kurze Phrase (»E anche tu lo vorrai, Joe«) kommt ihr von den Lippen (2).

Sie schwingt sich zu einem weiten melodischen Bogen aus, der, ganz von Farbe und Stimmung aufgesogen, sich unmittelbar sinnenhaft einprägt. Diese sich konsequent aus der Aktion herauslösende siebenminütige Cantilena, die sich von der melodischen Prägung früherer Puccini-Einfälle unterscheidet, ist kein Zeichen nachlassender Erfindungskraft, wie man gelegentlich liest. Trotz allen ziellos erscheinenden Dahinströmens erreicht sie ihr Ziel. Sie hat stets den dramaturgischen Visierpunkt im Auge, folgt genau der Charakterisierung größerer gedanklicher Komplexe. Puccini versteht es, sein schwingendes Melos immer weiter und weiter fortzuspinnen. Er quetscht förmlich einen Grundeinfall aus, und man bangt schier darum, daß am Schluß nichts mehr übrigbleibt. Die Schlußpointe bei »Fanciulla« ist jenes Glöckchen, mit dem sich die Liebenden so bezaubernd von ihrer »schönen Heimat«, den »schneebedeckten Bergen der Sierra«, verabschieden. Von all seinen Opernschlüssen ist dieser ein einmaliger Fall. Puccini nimmt sich Zeit. Um seine emotionsgeladenen Helden tritt Ruhe ein. Ein poetischer Schluß mit Erlösungscharakter. Wie schön ist das!

Eine Woge an Orchesterklang bildet den Auftakt der Oper. Man weiß, mit welcher Sorgfalt Puccini seine Entscheidung für den Einstieg in das jeweilige Werk traf. Hier ist es ein leidenschaftliches Thema, das sogleich der Aufgewühltheit und Haltlosigkeit im Lager gilt, durch übermäßige Dreiklänge besonders umrissen (1). Das Thema führt direkt zu einem edlen und lyrischen Gedanken, die andere Seite der Empfindung der Goldgräber (2). Schließlich das dritte Allegro non troppo dieses Beginns, diesmal fest zupackend, synkopiert, vom Jazz berührt – der Rhythmiker Puccini erwacht. Hier ist der Einfluß von Debussys »Gollywog's Cakewalk« zu spüren (3).

Nie war Puccini Debussy, dessen »Pelléas« er in dieser Zeit hörte und studierte, näher. Die reizsame Farbigkeit, die raffiniert ausbalancierten Verdichtungen und Verschleierungen der Partitur sind ohne ihn nicht denkbar. Die Klangmixturen, harmonische Freizügigkeiten gleichsam im Vorübergehen, weisen weit über das bisher von Puccini Gezeigte hinaus. Nur wenige Beispiele: das glitzernde Gewand von Piccoloflöte, Celesta und Glockenspiel in der Introduktion der Bibelstunde, das aparte Klangspiel von Flöte, Baßklarinette, gestopfter Trompete, Harfe und Streichern in der Einkleidung von Wowkles Wiegenlied, das rastlose Sechzehntel-Ostinato der Bläser in der Pokerszene, dessen Verlauf sich nach Puccinis Angabe dem Kartenspiel anzupassen hat, die Naturschilderungen des Schneesturms (mit Windmaschine) und der Wintermorgendämmerung. Ganz gewiß haben, neben Debussy, Strauss' »Salome« und »Elektra« in phantasievollen Kombinationen von übermäßigen Dreiklängen, Sept- und Nonenakkorden, chromatisch alteriert und von Sekundenschärfungen durchsetzt, ihre Spuren hinterlassen. Auch eine Stelle, wie der von den Goldgräbern »pianissimo, dolcissimo e legato«, also äußerst leise und zart gesummte Walzer, gehört in seiner eigenartig suggestiven, entrückenden Sphäre in diesen Einflußkreis. Der Dirigent Giuseppe Sinopoli, mit der Orchestersprache des reifen Puccini innig verbunden, sprach von einem der »magischen Augenblicke« der Partitur, vielleicht »ihr Wien erträumend«.

Puccini wäre nicht Puccini, hätte er nicht auch bei »Fanciulla« nach den Melodien und Farben Kaliforniens Ausschau gehalten. Es bereitete wohl einige Schwierigkeiten, mit den Eigenwerten der aus der Eingeborenenmusik Nordamerikas hervorgegangenen Melodik und Rhythmik vertraut zu werden. Nur Dvořák hatte in seiner Sinfonie »Aus der Neuen Welt« einen ähnlichen Versuch gemacht. Wieder vertiefte sich Puccini in Notenbände und Bücher, ließ sich Schallplatten vorspielen. Wer wußte 1910, als der Komponist seine Oper vollendet hatte, außer eine Handvoll Spezialisten und ihm etwas von indianischen Volksgesängen? In seinem Arbeitszimmer in Torre finden sich noch heute die »Indian Story and Song from North America«. Wo ihm das die gesamte Partitur durchziehende Heimwehlied des Barden Wallace »Che faranno i vecchi miei« unter die Finger geriet, ist nicht bekannt.

Es handelt sich um eine populäre Volksweise von 1850 mit dem Titel »The Old Dog Tray« oder auch »Echoes from Home«; und sie trifft genau die vorgegebene wehmütige Stimmung. Das ganze Finale der Oper bezieht sich darauf. Puccini gelang damit das für ihn Wichtige: eine Einbeziehung originaler und nachempfundener Volksliedintonationen in die dramatisch aufbereitete Umwelt. Ein Großteil der unbehausten Goldgräberboys bezieht mit nicht so sehr kunstreichen wie direkten Chören (die erste Choroper seit »Manon«) von dieser Heimwehmelodie erweichender Tristesse ihren Nutzen. Es sind handfeste, auf den Stimmen der Tenöre und Bässe ruhende, oft unisono geführte Chöre. Einmal, zu Beginn des zweiten Aktes, zitiert Puccini eine eintönig pendelnde Indianermelodie:

Wenn in irgendeiner Puccini-Oper, so besticht in »Fanciulla« die Gestaltfülle, die Vielseitigkeit des Materials, die wechselseitige Durchdringung von Wort, Musik und szenischer Aktion. Die Oper, jeden Stimmungsreiz der Handlung unterstreichend, jeden Pulsschlag aufladend, ist neben »Turandot« die modernste, raffinierteste aus der Hand des Meisters, man muß es wiederholen. Auch ein Beispiel erstaunlich strukturellen Denkens wie die zwölftönige Baßpassage im ersten Akt, ein Jahrzehnt vor Erfindung der Dodekaphonie, gehört zu den kompositorischen Mitteln und Möglichkeiten des Werkes.

Ein neuer Puccini ... Ein Zeitgenosse wie Anton Webern, der Mahler und Berg verehrte, Strauss kritisch betrachtete und dem das Eigentümliche des Italieners vermutlich verschlossen blieb, war in seiner Reaktion auf die Musik der »Fanciulla« erstaunlich hellhörig. Am 27. März 1918 schrieb er aus Prag an den befreundeten Schönberg: »Neulich dirigierte Jalowetz das ›Mädchen aus dem Westen‹ von Puccini. Ich kenne mich nicht aus: eine Partitur von durchaus ganz originellem Klang. Prachtvoll. Jeder Takt überraschend. Ganz besondere Klänge. Keine Spur von Kitsch! Und ich habe den Eindruck aus erster Hand. Ich muß sagen, daß es mir sehr gefallen hat...« Das könnte heute geschrieben sein.

Wie der »Rosenkavalier« von 1911 wurde die »Fanciulla« noch einmal zum sorgenfreien Fest der Weltoper des Großbürgertums vor dem Ersten Weltkrieg. Eine mit irdischen Gütern gesegnete, sensationshungrige Society spielte bei dem »America made in Italy« glänzend auf. Toscanini und Gatti-Casazza, der Generalmanager der Metropolitan Opera, besuchten Puccini in Torre. Man war sich einig: die Uraufführung sollte an Amerikas führendem Opernhaus erfolgen. Aber erst Mai 1910, drei Monate vorher, war der Vertrag perfekt. Wer konnte die Verzögerung durch die familiären Ereignisse voraussahnen? Die Premiere war am 10. Dezember 1910 im ehrwürdigen Haus am Broadway. Puccini begab sich im November von Genua aus mit Tonio und Tito Ricordi, aber ohne Elvira, auf die Schiffsreise nach New York. Die Proben näherten sich dem Ende, Belasco selbst hatte die »szenische Oberleitung«. Am 7. Dezember erhielt Elvira noch einen Zwischenbericht: »Die Oper kommt glänzend heraus; der erste Akt ist ein wenig lang, aber der zweite großartig und der dritte grandios. Caruso in seiner Partie prachtvoll, die Destinn nicht schlecht, aber sie braucht mehr Kraft. Toscanini ist der Gipfel – freundlich, gut, verehrungswürdig – kurz, ich bin mit meinem Werk zufrieden und hoffe das Beste. Aber wie schrecklich schwer die Musik und die Aufführung.«

Nie wurde eine Oper von lauterer Reklame, aufwendigerer Publicity und größerem Pomp begleitet als Puccinis Werk. Dafür bürgten schon New York und seine Met, die damals insofern Hoch-Zeit hatte, als sie nur dreizehn Tage später auch Humperdincks »Königskinder« zur Uraufführung brachte, eine imponierende Leistung. Der Programmzettel verzeichnete: »The Girl of the Golden West«, in Klammern »La Fanciulla del West«; natürlich wurde das Werk in der Originalsprache gegeben. Keine Kosten wurden gescheut. Die Besetzung erste Met-Garnitur mit Emmy Destinn, Caruso, Amato. Hatte Puccini vor zehn Jahren dem großen Tenor noch den ersten Cavaradossi vorenthalten, so erhielt er jetzt seine große Chance. »Toscanini hat die Oper zum zweiten Mal komponiert«, rief der Maestro entzückt aus. Das Publikum des seit Wochen ausverkauften Hauses erzwang zweiundfünfzig Vorhänge. Wiederholt mußte der Maestro allein erscheinen. Zur zweiten Vorstellung wurden die Preise nochmals vervierfacht, 2000 Dollar für ein Autogramm geboten. Liegt in solchen Fakten nicht noch etliche Wildwest-Romantik mehr als im ganzen Stück? Auch in der Presse schlug sich das Jahrhundert-Ereignis einer Puccini-Uraufführung in der Met nieder. Sechstausend Worte umfaßte die Rezension der »Sun«, kaum weniger die der »Times«. Der Tenor war freilich nicht ganz so positiv, wie man das erwartet hatte. Mehr als das Werk wurde die Aufführung gewürdigt.

Noch im Dezember folgte Chicago unter Campanini, dann Boston. Bald setzte »La Fanciulla« nach Europa über, erschien Mai 1911 an der Covent Garden Opera in London und gelangte Juni des Jahres am Teatro Costanzi in Rom, wieder mit Toscanini am Pult, zur italienischen Erstaufführung. Berlins Deutsches Opernhaus brachte das Werk 1913 erstmals in deutscher Sprache, Wiens Hofoper schloß sich im Oktober mit dem Naturereignis der Maria Jeritza und Alfred Piccaver an, hier wie da in Puccinis Anwesenheit. Er änderte später für Wien noch Kleinigkeiten.

*Auf der Heimreise mit der »Lusitania«: von links der Kapitän, Tito
Ricordi, Puccini und Tonio*

Aber die Wirkung auf die alte Welt blieb zu seiner Enttäuschung
hinter den Erwartungen zurück. Selbst mit glänzenden Sänger-
persönlichkeiten wie Somigli, Olivero, Tebaldi, Teschemacher,
Welitsch, Nilsson, Dimitrova vermochte »La Fanciulla« auf die
Dauer nicht mit anderen Puccini-Opern Schritt zu halten.
Warum? Da Wildweststories ein Klischee des Films geworden
sind, geriet das Werk ins Zwielicht. Das Kino der zwanziger, dreißiger Jahre hat diese Art rauher Opernromantik für sich bean-
sprucht, glatt umgebracht. Erst neuere amerikanische Literatur,
ein verändertes Bewußtsein von Originalität, Atmosphäre und
sozialem Hintergrund, auch die Schallplatte revidierten das Vor-
urteil. Wer sagt: »La Fanciulla« sei schlechter als die weitaus po-
pulärere »Butterfly«? Eine Musikbühne mit entsprechenden
Möglichkeiten, die auf sich hält, kann kaum auf sie verzichten. Die
Zivilisation hat den Western eingeholt.

Flirt mit der Operette

Seit Offenbach hat wohl jeder Komponist einmal mit der heiteren Muse, mit der Operette geliebäugelt. Nur ist vom Anmutigen und Leichten, vom Frivolen und Frechen zur Satire ein großer Schritt. Wem ist er nach dem großen Spötter der Champs-Elysées noch gelungen? Strauss versuchte es, im Wiener »Rosenkavalier« mit mehr Fortune als in den griechischen Spätwerken »Ägyptische Helena« und »Liebe der Danae«. Die neueren Franzosen Satie, Honegger, Auric haben nicht gezögert. Italien erlebte in den zwanziger Jahren, sich der österreichisch-ungarischen Hausse Lehárs und Kálmáns erinnernd, eine regelrechte Operettenrenaissance. Den Ton gab Leoncavallo, der einmal davon träumte, ein italienischer Wagner zu werden, mit einer Serie des leichten Genres an. 1919 errang Mascagni seinen späten »Sì«-Erfolg. In der Tat hatte auch Puccini nach der Superdramatik der »Fanciulla« nicht übel Lust, eine Operette zu schreiben. Es bedurfte nur eines äußeren Anstoßes. Der ließ sich finden... Daß es eine tragische Operette, eine damals neue Variante heiteren Musiktheaters, sein müßte, diese Meinung teilte er mit Freund Lehár, der ihm zu dem Unternehmen riet. (Wohlgemerkt etliche Jahre vor dessen eigener Operettentragik, die mit »Paganini« unaufhaltsam um sich griff.) Als der Weltkrieg ausbrach, kam Puccini mit seinem Projekt in Bedrängnis. Schon nach zwei Nummern verlor er offenbar das vorgesehene Konzept aus dem Auge. Ergebnis: »La Rondine« wurde nun als »Commedia lirica« bezeichnet, ein durchkomponiertes, zwischen Konversationston und lyrischer Entfaltung vermittelndes unterhaltsames Opus. Von Operette war nur die glatte, gewisse Motive von »La Traviata« und »Fledermaus« oberflächlich angehende Handlung übriggeblieben.

Wir schreiben Wien Herbst 1913. Puccini besuchte die Premiere seiner »Fanciulla« im Haus am Ring. Tauchte einmal mehr in den Glanz der Donaustadt, deren Charme ihn anzog, begegnete alten und neuen Freunden, mehrmals Lehár. Mag sein: ein wenig mattgoldene Vorkriegswehmut lag längst über der österreichischen Monarchie und ihrer Metropole. Man flatterte wichtigtuerisch, während das große Gewitter schon am Himmel stand. Aber noch immer besaß man, wenigstens in der Musik, jene Selbstzufriedenheit, der man zwischen Wagners Tod und Kriegsausbruch,

Trauermusik und Götterdämmerung, huldigte. Man ruhte sich im Plüsch der alten Opernpaläste aus, im Komfort der Konzertsäle, im Strudel illustrer Musikfeste mit Bayreuth als spätbürgerlichem Aushängeschild. Man bemerkte kaum etwas vom »Unbehagen in der Kultur«, von dem Freud sprach und das Mahler in subjektiver Form seinen Sinfonien mitgab. Von einem »Tanz auf dem Vulkan«, auf Puccini bezogen, keine Spur. In seiner ausgleichenden, gesellschaftliche und politische Prozesse nur nachvollziehenden Haltung war er nicht der Mann, eine von imperialistischen Mächten geprägte Zeit, die zwangsläufig auf Eroberung neuer Gebiete ausging und Opfer verlangte, aktiv zu beeinflussen. Einen »Kaisermarsch« und eine »Vaterländische Ouvertüre« hat er uns erspart, nur 1919 entstand sein Chor »Inno a Roma«. Das zeichnet ihn vor anderen aus. Sein Patriotismus hielt sich in Grenzen, man soll es offen sagen.

Der Maestro fühlte sich gemäß Italiens politischem Status zu Beginn des Krieges als »Neutraler«. Erst nachdem Italien in den Krieg eingetreten war, erlebte er einige Überraschungen. Seine Opern wurden in Deutschland und Österreich boykottiert, eine Maßnahme, die man noch vor Kriegsende aufhob. Man begann Puccini anzugreifen, weil er nicht eine Opernkomposition abbrach, die ihn an Feinde des Vaterlandes band... Immerhin drei Stoßseufzer entrang er seiner Brust. 1914 und 1915 an Adami: »Wegen der furchtbaren Stimmung, die der Ausbruch des Krieges hervorgerufen hat, muß die ›Loreley‹ unter Toscanini ausfallen«, und »Die momentane Unentschiedenheit ist entnervend bis zur Erschöpfung, sie bedrängt und deprimiert mich. Hat man Sie nach Verona zur Rekrutierung befohlen? Ich hoffe nein. Die Österreicher haben meine Krone, jetzt sitze ich ohne da...« Schließlich 1916 an einen Freund: »La Rondine geht es gut, zwei Akte sind abgeschlossen. Sage mir, in Hinblick auf die aktuellen schrecklichen Dinge des furchtbaren Krieges, was wird aus meiner Oper werden?« Das klang schon anders.

Der Flirt mit der Operette währte nur kurz. Aber nur die, welche Puccini nicht kannten, wunderten sich. Er zog nach knappem Anlauf seine Schlüsse und sprach darüber gern in einem Ton von Selbstironie. »Wieso Operette? Ich habe ein paar Strophen einer Operette komponiert. Zwei Nummern, ›Dorettes Traum‹ und ein komisches ›Duettino‹ zwischen einem Poeten und einer Kammerzofe. Mir gefielen die Stücke, und die Arbeit schritt voran; dann eines Nachts, hier in meinem Hause, rebellierte ich plötzlich und wollte von einer Operette nichts mehr wissen. Ich bat meinen

Wiener Partner, mich aus dem Vertrag zu entlassen ... aber sie lehnten ab. Dafür durfte ich aus der ›Operette‹ wenigstens ein ›Lyrisches Drama‹ machen. Jetzt gibt es keine Operette mehr – ganz im Gegenteil. Nein, ich schreibe keine Operette und werde nie eine schreiben!« Kluge und bescheidene Worte zur rechten Zeit!

Wir blicken zurück. Noch war der Plan der »Rondine«, seine »Schwalbe« (wie ein wenig prosaischer der deutsche Titel heißen sollte) nicht spruchreif, Puccini saß vorerst mit leeren Händen da. Das war nichts Neues. Aber diesmal schien die Zäsur tiefer. Noch immer klammerte er sich an Illica, obwohl er inzwischen den engeren menschlichen Kontakt zu ihm verloren hatte. Puccinis Brief vom 8. Oktober 1912, verzweifelt über die eigene Untätigkeit, gleicht einem Bekenntnis. »Ich sage Dir, daß ich noch immer das Publikum zum Weinen bringen möchte: darin liegt alles. Aber denkst Du, das sei leicht? Es ist schrecklich schwer, und es beginnt mich zu verlassen. Denkst Du daran, daß ich die ganze Zeit über (seit den letzten Noten der ›Fanciulla‹) mit den Händen im Schoß dagesessen habe? Ich habe alles und jedes versucht, und was bis jetzt in meinen Händen geblieben, ist nichts als die Asche des Todes. Leb wohl; ich bin müde und verzweifelt.«

Was war vorausgegangen? Bei der Suche nach einem Stoff, der nicht nur originell, sondern auch menschlich glaubhafter als das »Girl« sein sollte, stieß Puccini auf verschiedene Sujets. Auch diesmal beteiligte sich Sybil am Durchstöbern von Weltdramatik und Literaturgeschichte. Sie verwies auf Maeterlincks »L'Oiseau bleu«, auf Sudermanns naturalistisches Drama »Johannisfeuer«, auf das Volksstück »Liliom« des Ungarn Ferenc Mólnar und auf mehrere Werke ihres Landsmanns Blackmore. Alles las Puccini mit großem Interesse. Aber nichts entsprach seinen Wünschen. Sollte er sich aufs neue der »Tragedy Florentine« zuwenden? War sein Versuch mit d'Annunzios »La Crociata degli Innocenti« ernstzunehmen? (Er mußte scheitern, weil er Puccinis Wesen recht fern lag.) Von einem märchenhaften »Orceo«, einem »Menschenfresser«, und einem Stoff »nach einer afrikanischen Novelle eines Forschungsreisenden«, beides nach Tristan Bernard, ist in den Briefen die Rede. Mit Bernard war Puccini in nähere Verbindung getreten. So ging es weiter. Damals wurde auch Didier Golds Einakter »La Houppelande«, später »Il Tabarro«, in die Werkstatt geholt. Die Gründe, warum er diesen bereits verhältnismäßig weit fortgeschrittenen Plan für drei Jahre aufschob, liegen in einer

Puccini, gezeichnet von Enrico Caruso

menschlichen Trübung seines Verhältnisses zu Tito Ricordi. Giulio, der Unersetzliche, hatte freilich auch schon gegenüber einem Opern-Triptychon Zurückhaltung gezeigt. An den rechthaberischen Ton des Jüngeren mußte sich Puccini erst gewöhnen. Es fiel ihm schwer.

Noch auf Rat Giulios hatte er sich die spanische Komödie »Anima allegra« von Josquin und Serafin Quintero vorgenommen. Giuseppe Adami, der begabte Literat und baldige intime Freund des Maestro, war als Librettist ausersehen. »Ich habe viel über ›Anima allegra‹ nachgedacht und glaube, drei organische Akte gefunden zu haben. Dennoch ist es nötig, daß die Charaktere wie auch die Vorgänge noch breiter ausgeführt, ausgespart und verstärkt werden« (an Ricordi Vater). Dann, September 1913, kam gegenüber Adami plötzlich eine »Molly« ins Gespräch. »Ich habe die englische Komödie ›Molly‹ hier, die von der Grammatica gespielt wurde, und sie gefällt mir. Mir scheint, man könnte daraus eine famose Oper machen. Kennen Sie sie?... Das Stück muß freilich von überflüssigem Beiwerk befreit werden... Drei Akte, knapp und flüssig, Grazie, Eleganz, Zartheit...« Wieso Puccini auch diese Projekte, von dessen erstem bereits musikalische Skizzen vorlagen, fallenließ? Wir wissen es nicht.

Wien ... Auf der Suche nach den Möglichkeiten einer heiteren Oper hatte sich Puccini bei einem improvisierten Besuch des Carl-Theaters im Herbst 1913 von beiden Direktoren einfangen lassen, prima vista eine Operette zu schreiben. Er war über den Vorschlag der Herren Heinrich Berté (der wenige Jahre später mit seinem ominösen »Dreimäderlhaus« Schubertsche Melodien plünderte) und Otto Eibenschütz überrascht. Aber, nicht unbeeinflußt vom finanziellen Ertrag der »Lustigen Witwe«, gar nicht so abgeneigt. Die Verstimmung mit Tito Ricordi mag mitgespielt haben, weshalb sich Puccini jetzt einem Wiener Verlag zuwenden wollte. »Ich sollte acht bis zehn Nummern eines Operettenlibrettos, das uns allen gefallen müßte, vertonen«, erzählte er. »Eine konventionelle Operette mit Musiknummern und gesprochenem Dialog – und mit einem hübschen Honorar, 200.000 Kronen. (Was damals etwa 50.000 Dollar entsprach.) Als er sogleich meine Unterschrift haben wollte, beeilte sich Herr Berté anzumerken, daß Operette ja auch eine Form der Kunst darstelle. Ich dankte dennoch und lehnte grundsätzlich ab. Operette kam für mich nicht in Frage.« »La Rondine« schien erst mal auf Eis gelegt. Man muß sich schon in Puccinis Opernœuvre über ein vergleichbares Werk verständigen, auf das er so viel Überlegung und Zeit wie auf »La Rondine« verwenden oder gar verschwenden sollte. Ein flatterhaftes Geschöpf, das sich offenbar auf keinem Rastplatz wohlfühlte, verunsichert, immer wieder zurückgeholt! Natürlich trug Puccini Mitschuld an dem langen Hinauszögern. Im Gegensatz zur bisherigen Praxis hatte er den Vertrag unterschrieben, ehe er nur das Buch, nicht einmal den Stoff kannte. Der Leichtsinn sollte sich rächen. Das konnte nicht gutgehen.

In dieser Zeit fiel das Stichwort: »Due Ziccoletti«. Verärgert vom neuerlich unfreundlichen Gebaren Tito Ricordis, vor allem seiner eifrigen Bemühungen um Zandonais »Francesca da Rimini«, zeigte er sich an dem Angebot des Wiener Verlages Herzmansky-Doblinger, ihm für 400.000 Kronen eine Oper zu liefern, interessiert. Ja, noch mehr: das Textbuch der »Due Ziccoletti« nach dem Roman »A Pair of Wooden Shoes« der bereits verstorbenen, lange Jahre am gegenüberliegenden Ufer des Lago di Massaciuccoli lebenden englischen Schriftstellerin Louise de la Ramée (mit dem Pseudonym Ouida) gefiel ihm sogar ausnehmend gut. Nur gab es mit den Autorenrechten Ärger. Um die Verbindung Puccinis mit dem Wiener Verlag zu hintertreiben, versuchte Ricordi die Rechte bei einer Versteigerung zu erwerben. Puccini ging zwar gleich an die Vertonung des Stücks, auf das ihn als erster der Kritiker Giovanni Pozza hingewiesen hatte. Das Vorspiel war bereits skizziert. Aber das schien ihm nun doch alles zu verwickelt, zumal inzwischen auch der fixe Mascagni ein Auge auf den Stoff geworfen hatte. Dessen »Lodoletta« kam 1917 zur Uraufführung.

Bleibt immer noch zu fragen: wollte Puccini damals mit seinem alten Verbündeten, der Casa Ricordi, brechen oder nicht? Daß ihm der Gedanke daran nicht leicht fiel, ist verständlich. Aus Mailand schrieb er Anfang 1913 an Elvira: »Ich habe kein Libretto. Ich habe nichts zu arbeiten. Mein Verleger ist mein Gegner.« Wieder zu Hause, dachte er erneut über den ersten Wiener Plan, eine Operette, nach. Eisler bat er, die Verhandlungen mit Berté und Eibenschütz wieder aufzunehmen, das ließen sie sich nicht zweimal sagen. Zur Jeritza-Premiere der »Tosca« reiste er Frühjahr 1914 nach Wien. Neuerlicher Ärger mit Ricordi, der Puccinis Intimus Clausetti plötzlich telegrafisch zur Zandonai-Uraufführung nach Neapel abkommandierte. Neue Komplikationen auch in bezug auf die Verlagsrechte. Puccini konnte in dieser weltpolitischen Lage unmöglich das Werk *allen* Ländern überlassen. Das Ende: er hielt ein Szenarium von Alfred Maria Willner, einem der Hauslibrettisten Lehárs, in den Händen, das er jedoch ablehnen mußte. »Jede echte Theaterwirksamkeit fehlt ihm... Ich schrieb erneut an Eisler, um neue Bücher, weniger frivol, dafür amüsanter, vom Carl-Theater vorgelegt zu bekommen. Sonst werde ich mich selber um eine passende Geschichte kümmern, denn eine pralle Handlung war für mich das wichtigste... Der ursprüngliche Vorwurf war nun wirklich zu dünn: gängige, banale Operette, der übliche Konflikt zwischen Orient und Okzident, mit Redouten und anderem Vorwand für Tanzeinlagen. Ohne Interesse für mich.« (Puccini im Gespräch mit Luigi Ricci.)

Aber noch immer gaben die Wiener das Rennen nicht auf. Zusammen mit Willner und dem von Lehár hinzugeholten Heinz Reichert fanden sie die Geschichte von »La Rondine« – darüber ließ sich reden. Adami sollte die italienische Fassung herstellen. Wie sich zeigen sollte, machte sich »Adamino« schon bald für die endgültige Version der »Commedia lirica« unentbehrlich. Puccini: »Im März 1914 war der erste Akt fertig. Im Ganzen überzeugt er mich, aber er braucht noch Politur, um in Prosa und Vers ein wirklich gutes Libretto abzugeben. Ich übertrug die Arbeit dem Dramatiker Giuseppe Adami... Schließlich erhielt ich von ihm im Mai verabredungsgemäß den Akt. In seiner Fassung hatte er viel Charme gewonnen, und ich machte mich sogleich an die Komposition...«

259

Es wurde noch bunter. Nie schien die Arbeit an einer neuen Oper mühevoller und schwieriger gewesen zu sein: der erste Akt war ein beschwerlicher Prozeß. In den Rang eines lyrischen Singspiels erhoben, ergab sich eine andere Dramaturgie. Sogar die gesprochenen Dialoge ignorierte Puccini – damit wußte er nichts anzufangen. Später schrieb Puccini an Adami: »Ich behaupte nicht, daß der zweite Akt häßlich sei oder nachlässig gearbeitet oder daß er keine dramatische Wirkung habe, ich sage, daß er nicht schön, nicht gut gemacht und nicht aufregend ist, wie er wohl sein sollte. Als ich den Bericht über das Vaudeville von Labiche, über den ›Strohhut‹ las, hat sich mir das Herz im Leibe umgedreht. Warum? Warum fehlen unserer Arbeit die Verve, die mannigfachen Verwicklungen, die abwechslungsreichen Vorfälle, die nötig sind, um das Publikum zu fesseln und zu unterhalten.« Hier war Puccini wohl auf der richtigen Spur. Er wurde noch deutlicher: »Der erste Akt ist gut, der dritte noch besser, aber mit dem zweiten ist nichts los, tout cru! Verzichten wir doch auf den ganzen Bullier, und begeben wir uns an einen anderen Ort, lebendiger, bunter, mit mehr Abwechslung ... Wir brauchen etwas anderes, lieber Peppino ... Wir brauchen einen zweiten Akt. Und wir müssen ihn jetzt machen, wenn wir einmal im Zuge sind ...«

Das ließe sich endlos fortsetzen und gipfelte in dem Ausruf:»La Rondine ist eine große Schweinerei – zum Teufel mit der ganzen Geschichte!« Denn aus dieser »Schwalbe« wollte keine Oper à la Puccini werden ... Was die Verlagsrechte anbelangt, so hätte der Maestro wohl gern mit seinen Auftraggebern gebrochen. Auch Tito wäre eine klärende Geste Puccinis willkommen gewesen, um die Spannungen zwischen dem Komponisten und der gesamten Öffentlichkeit abzubauen. Umso überraschender Titos schroffe Reaktion, als Puccini nach dem ergebnislosen Vermittlungsversuch eines mit der Materie Vertrauten in der neutralen Schweiz noch einmal bei ihm anpochte. Er fand an der scheinbaren Operette keinen Gefallen, sie sei zu nichts gut, er dächte nicht daran, »schlechten Lehár« zu verlegen. Also trat Puccini mit Sonzogno auf den Plan, bereit, ihm die Rechte von »La Rondine« zu überlassen. Diese Entscheidung dürfte durch den Kriegseintritt Italiens 1915 begünstigt worden sein. »Ich habe die feste Absicht, mit den Kroaten (das heißt: den Wiener Verlegern) zu brechen ...«, und Oktober des Jahres an Alfredo Vandini: »Ich habe ›La Rondine‹, die zu Sonzogno gehört, *befreit* ...« Noch einmal zögerte Puccini. Erst Dezember 1916 erwarb Sonzogno die Rechte des Werkes, das in der Osterwoche dieses Jahres abgeschlossen war. »Ich finde die Schlußszene sehr gut.«

Wir halten inne, wenden uns (endlich) Stoff, Text und Musik zu. Das erste Mal kein vorgegebenes literarisches Sujet, erstmals ein originaler Vorwurf. Er ist auch danach. Puccini hat sich nie dafür engagiert. Man hat ihm das Libretto seiner Operette wider Willen zugetragen, er hat es abgelehnt, ein neues schreiben lassen. Es bleibt ein Zufallsprodukt, für den Tag verfertigt. Puccini hat auch die Adami-Fassung nie recht befriedigt. Er bedauerte, sich überhaupt darauf eingelassen zu haben. Der Ärmste sollte schließlich »sechzehn Akte liefern«, ehe die Fassung von drei Akten endgültige Form annahm.

Was geschieht? Es ist wie bei dem hundertsten Schmöker eines Allerweltautors: das meiste kommt einem bekannt vor ... Magda de Civry, ausgehaltene Geliebte des reichen Bankiers Rombaldo, verliebt sich in den schüchternen Studenten Ruggero, mit dem sie für einige Monate eine Villa an der Riviera bezieht. Ruggero will sie im Ansturm seiner Jugend heiraten und schreibt deswegen seiner Familie. Aber Magda erklärt schließlich, sie könne wegen ihrer Vergangenheit nicht die Seine werden und kehrt edelmütig zu Rambaldo zurück, man dürfte auch sagen, zurück zu »La Traviata«. Ein ungleiches Buffopaar, der nichtssagende Dichter Prunier und das kecke Stubenmädchen Lisette lockern den Tränenfluß auf. Die Auseinandersetzung zwischen Magda und ihrem ältlichen Galan wird zur Farce. Ihre späte, sentimental ausgekostete moralische Anwandlung wirkt keineswegs überzeugend. Das bißchen Violetta-Vorsicht wie der Adele-Verkleidungsspaß wären nicht einmal das Störende, wenngleich das Ballhaus Bulliers, ein ausgemachtes Bumslokal der Vorstadt, eine Etage zu tief angesiedelt scheint. Miserabel ist die gesellschaftliche Indifferenz des Textes. Wo sind wir denn überhaupt? In Paris, in Wien, in Monte Carlo? Die Autoren geben vor: Paris zur Zeit des zweiten Kaiserreichs. Aber nichts spricht dafür. Jeder lokale oder gar soziologische Bezug fehlt. Nichts daran ist ironisch oder gar kritisch gebrochen. Wie hat doch Prunier auf dem fröhlichen Fest aus Magdas Hand gelesen: »Gleich einer Schwalbe seh' ich Sie hinziehen übers Meer, hin zu einem herrlichen Traumland, hin zur Sonne, hin zur Liebe...«? Alle Schwächen ähnlich glatter Erzeugnisse Lehárs hat Puccini bedenkenlos übernommen. Immerhin: daß Musiktheater mit diesen Prämissen kein Leben gewinnen kann, ist eine gute Erfahrung.

Der Musik hat Puccini manch freundliches Wort nachgeschickt. Er blickte bis zu seinem Tode mit einer fast väterlichen Zärtlichkeit auf seine Operettenmuse, seine Liaison mit dem Leichten, gefühlvoll Prickelnden – seine Spieloper. Was dem Libretto völlig abgeht, das Pariser Flair von »Manon« und »Bohème«, Puccini hat es in den besten Teilen seiner Partitur erfühlt. Im Ganzen ist das Durchkomponierte den Nummern der ursprünglichen Operettenfassung überlegen. Alles fließt in dieser leichtgewogenen Musik des Violetta-Spätlings mit dem fatalen Hang zur bürgerlichen Verklärung. Verglichen mit dem ziemlich unbewältigten Mosaik des letzten Aktes »Butterfly« ist ihm das gelungen. Gegenüber Sybil fand Puccini herzliche und selbstsichere Worte über die »kleine Oper«. »Es ist eine leichte, gefühlvolle Oper mit einem Anflug von Komödie – aber sie ist angenehm, klar, leicht zu singen, mit Walzermusik und munteren, bezaubernden Melodien. Wir werden sehen, wie es geht – es ist eine Reaktion auf die abstoßende Musik von heute, die, wie Du sagst, genau wie der Krieg ist…« Das mag der Freundin zuliebe gesagt, in der Substanz aber nicht fahrlässig dahergedacht sein.

»Arm an Einfällen«, wie der Experte Carner in »Musik in Geschichte und Gegenwart« meint? Ein sehr subjektives Urteil. Bei allen Schönheiten und Schwächen der in sich unausgewogenen Partitur: »La Rondine« enthält nicht minder inspirierte Musik als andere Puccini-Opern. Daran kann es nicht liegen, wenn dem Werk im »tragischen«, von sentimentalischer Passione schier überschwappenden Schluß die letzte Überzeugungskraft mangelt. Darf man nicht den ersten leichtfüßigen »Rondine«-Akt zu den besten Puccinis rechnen? Wohlproportioniert in der Verteilung vom Magdas schwerer Lyrik und weich-koketter Walzerstimmung. Übrigens gleitet das A-dur-Thema in bezauberndem Schnitt dahin, von Magda erstmals bei ihrem »Fanciulla, è sbocciato l'amore« des ersten Aktes intoniert. Nach dem Muster impressionistischer Harmonik wird es beharrlich von parallelen Akkorden begleitet. Es trägt, leitmotivisch bis zum Schluß wiederkehrend, den ganzen Akt.

Das Gegenteil: so manche triviale, abgegriffene melodische Wendung, die sich zwischen dieser eleganten Walzerdiktion und dem frei nach Giordanos »Fedora« zunächst nur vom Klavier begleiteten, zärtlichen »Ch'il bel sogno di Dorette« Pruniers und dem noch brennenderen Espressivo Magdas einschleicht. Da entschlüpft Puccini mancher Gestus spätbürgerlicher Operette. Das »Andante mosso appassionato« Ruggeros, sein »Ma come puci lasziarmi«, mit dem die Oper im ausdauernden Des Grieux-Pathos nochmals auslädt, um in elegischem Pianissimo zu versterben, gehört zu dieser ästhetischen Kategorie. Sagen wir es so: nie hat Puccini gefälligere Melodien ähnlich simpel periodisiert, ähnlich penetrant sequenziert und schonungslos dem blanken Gefühl geopfert, mit einem Schuß Wiener Caféhaus untermischt. Das muß ihm gar nicht leicht gefallen sein.

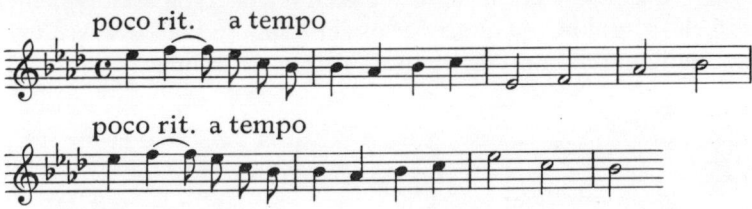

An Glut der Kantilenen, der satten Farbe entlockt Puccini seiner Oper, die keine Operette werden wollte, ein ansehnliches Quantum. Das lyrische Singspiel, auf das die graziös und beweglich geführte »Commedia lirica« letztlich hinausläuft, hat sich weit vom ursprünglichen Konzept entfernt. Leider nur musikalisch.

Im Grunde können die Bühnencharaktere, die vorgezeigten singenden Figuren nicht leben und sterben. Magda, so anrüchig wie verführerisch, liebt und leidet nach Worten und Noten. Ruggero entpuppt sich als romantisch schwärmerischer Jüngling, nicht einmal ein Alfredo. Der von Puccini zunächst als Buffotenor, dann als lyrischer Bariton und zuletzt als Tenorlyriker angelegte Poet Prunier erweist sich als schwächliche Neuauflage Rodolfos. An Ramboldo, noch passiver und fader als Germont père, interessiert nur das schwere Geld, das er auf seiner Bank hortet. Mit Ausnahme der kapriziösen Lisette läßt sich mit solcher Personnage kaum viel anfangen. Gleich gar nicht mit Bullier, dessen schäbiges Etablissement Puccini mit einem entsprechend ordinär dreinschlagenden Walzer inmitten lockerer Grisetten, Kokotten, Lebemänner auszumalen versucht. (Jeder Vergleich mit »La Valse« des Franzosen Ravel hinkt, denn von dessen Hintergründigkeit einer Walzer-Apotheose weiß der Italiener nichts.) Ist es in summa Puccini? Die Figuren sind Schemen, die Magie seiner romantischen Operndichtungen bleibt aus. Was haftet, sind musikalische Ideen, aparte Details, Arabesken, für die er sich bei diesem Nebenwerk nicht zu schade ist. Wenn er von ihm sagt »Meine ›Rondine‹ ist schön und nicht weniger würdig, ihren Erfolg zu haben als meine anderen Opern« – so meint er es ehrlich.

Es gibt in dieser auch orchestral liebevoll behandelten »kleinen« Oper Erstaunliches zu entdecken. Dafür bietet sich im besonderen die Allegro-vivo-Passage an, mit der Lisette vorgestellt wird. Sie kann in ihrer bitonalen »Zweideutigkeit« nicht ihre Abstammung von Strawinsky verleugnen. Die neue harmonische Richtung, die sich hier anbahnt, wird in dem »mit komischer Emphase« gesungenen reizenden Duett Lisette–Prunier »No! Tu sapessi« am Ende des ersten Aktes in ein helles Licht gerückt. Harold C. Schonberg verweist auf die Duette zwischen Nannette und Fenton im »Falstaff«, kein schlechtes Vorbild.

Monte Carlo, 27. März 1917 ... Der Anachronismus dieser Puccini-Uraufführung mitten im Ersten Weltkrieg ist ein Stück Musikgeschichte. Als wäre nichts geschehen, glänzte an diesem Abend das »goldene Hufeisen« des für »La Rondine« genau passenden, von Charles Garnier im Casinotrakt erbauten Luxus-Operchens im schon erblassenden Glamour einer High society, die sich das

Vergnügen leisten konnte. Die Begeisterung war groß, einundzwanzig Vorhänge mit dem befriedigten Maestro im Kreis der Sänger. Von Toscanini, dessen Reserviertheit gegenüber »Butterfly« nicht ohne Folgen geblieben war, nichts zu hören und zu sehen. Aber Gino Marinuzzi bewährte sich als Dirigent, und die Magda Gilda Dalla Rizzas und der Ruggero Tito Schipas empfingen in der Opéra du Casino hohes Lob. Bolognas Teatro Comunale folgte schon wenige Monate später, mit der italienischen Erstaufführung, hier erstmals mit Beniamino Gigli. Neapel, Mailand, Rom, Buenos Aires, Rio de Janeiro und New York schlossen sich an. Alles schöne Erfolge, aber das breite Echo blieb aus. Puccini, sichtlich enttäuscht, nahm 1919 eine Reihe von Verbesserungen an der Partitur vor, besonders im Finale. Wohl endgültig wurden die Rezeptionsschwierigkeiten klar, als die »Schwalbe« im Oktober 1920, vom Komponisten in einer dritten Fassung nunmehr wieder zum Original zurückgeführt, von Wiens Volksoper erstmals in deutscher Sprache gespielt wurde. »La Rondine« schien in ihrem Flug gelähmt, zu Unrecht auf dem Kehrichthaufen verblichener Opernpartituren landend. Wer heute außerhalb Italiens von ihr spricht, meint gewiß die Moffo-Schallplattenaufnahme.

Das Nachspiel war für Puccini ohnedies ärgerlich. Der Premierenerfolg von Monte Carlo löste erneut gegnerische Angriffe in der Presse aus. Léon Daudet nannte es in der »L'Action Française« einen »Skandal«, eine Auftragsoper des Feindes in Frankreich zur Aufführung zu bringen. Puccini, dem alle öffentlichen Erklärungen zuwider waren, wurde zur Antwort gezwungen. Wenigstens in Auszügen sei das Schriftstück mitgeteilt, das ihn sicher mehr Schweiß als ein Dutzend Partiturseiten gekostet hat. »Monsieur Daudet läßt nicht ab, Monsieur Gunsbourg, Direktor des Théâtre Monte Carlo, anzugreifen, desgleichen die Ursprünge meiner neuesten Oper, die kürzlich in diesem Hause herauskam ... Mein Leben und meine Kunst sind vor der ganzen Welt die beredten Zeugen meines Italienertums. Doch weil in der Öffentlichkeit völlig unzutreffende Mitteilungen über mich gemacht wurden, bin ich genötigt, einfach aus Liebe zur Wahrheit eine korrekte Darstellung der Vorgänge zu geben ... Das Buch zu ›La Rondine‹ ist eine Frucht der fortwährenden und unablässigen Zusammenarbeit zwischen Adami und mir; die Herren Willner und Reichert haben nichts mehr damit zu tun. Diese sollten jetzt ausschließlich Adamis Libretto ins Deutsche übersetzen, denn gemäß (ursprünglichem) Vertrag hatte die Uraufführung von ›La Rondine‹ noch immer in Wien und in deutscher Sprache zu erfolgen. Ich sollte nicht unerwähnt lassen, daß meinem Librettisten und mir die Rechte an unserem Werk für Italien und Südamerika von Anfang an vorbehalten waren. Bei Kriegsausbruch und lange vor dem Eintritt Italiens in den Krieg suchte ich meinem Vertrag mit Wien zu lösen, um meine Rechte frei jedem Land der Erde geben zu können. Das wollte Wien nicht zugestehen, und ich lieferte meine Oper, die sich der Vollendung näherte, deshalb nicht ab. Ich verwahrte ›La Rondine‹ im Schreibtisch, mehr denn je wünschend, einen erträglichen Ausweg aus den politischen Schwierigkeiten zu finden. Der italienische Verleger Edoardo Sonzogno schritt nunmehr ein. Er erwirkte ein Regierungsdekret, übernahm alle Verpflichtungen den ausländischen Verlegern gegenüber und erreichte für mich und mein Libretto völlige Freiheit der Rechte an unserem Werk. Daudets Anklage gipfelt in der Behauptung, ich hätte unseren Feinden entzogen, was ihr Eigentum war, und meine Oper einem italienischen Verleger überantwortet. Wenn eben das mein Verbrechen ist, so habe ich allen Grund, darauf stolz zu sein.« Gezeichnet Giacomo Puccini.

Ein Pyrrhussieg, wie sich bald zeigen sollte. Denn: die politische und gesellschaftliche Wirklichkeit war längst nicht mehr auf Puccinis Seite, die Zeit nicht mehr fähig und nicht bereit, ins Rührend-Unverbindliche einer solch mühevoll entflatternden »Schwalbe« abzusinken. Der charmante Seitensprung der humorvollen Quasi-Operette, ein Stück Unterwegs, vollzog sich im ungünstigsten Moment. Oder begriff Puccini das tief Bedrückende des Weltkrieges vielleicht erst, als das Völkermorden längst vorbei war?

Die Einheit der Drei

Wenn zwei das Gleiche tun, ist es noch lange nicht dasselbe. Auf den Gedanken, mehrere Werke zu einem zusammenzufassen, waren schon andere vor Puccini gekommen. Aber was der italienische Maestro mit seiner Idee der Polarität des Musiktheaters wollte, hat in dieser Konsequenz kaum einen Vorgänger. Seine drei Fünfzig-Minuten-Einakter »Il Tabarro«, »Suor Angelica« und »Gianni Schicchi« sind im Wechsel von realistischer Härte, Sentimentalität und decouvrierend Heiterem ein bestechender Theatereinfall. Mehr als dies: Ausdruck einer Originalität, die kaum einer bestreiten wird, der sich in der Welt der Oper auskennt. Puccinis Ursprünglichkeit ist keine des Aufbruchs; erst langsam mußte er sich aus konservativen Bindungen lösen. Er ist ein gutes Beispiel dafür, daß man nicht originell zu beginnen braucht, um als Sechziger alle Konventionen abzustreifen. Solche Originalität erweist sich als praktische Nutzanwendung des Talentes, der ihm immanenten Anstöße und Wirkungen. Der Gedanke einer tragischen, lyrischen und burlesken Einheit zur abendfüllenden Dreiheit läßt Puccini nun nicht mehr los.

Unsere Sympathie für den Einakterzyklus, sein letztes vollendetes Werk, ist groß. Kaum je hat er einen Opernplan so souverän angesteuert. Erstaunlich genug: schon nach der »Tosca«-Premiere kam Puccini die Idee eines dreiteiligen Werkes. Er soll dazu durch die Dreiteilung von Dantes »La Divina Commedia« mit ihren symbolischen Untertiteln »Inferno«, »Purgatorio« und »Paradiso« angeregt worden sein. Wahrscheinlich hat auch die Beliebtheit des sogenannten, längst nicht mehr existierenden »Grand Guignol« Anregung geboten – drei voneinander unabhängige, grell kontrastierende Stücke an *einem* Theaterabend. Oder ob er sich der zyklischen Form von Offenbachs »Les Contes d'Hoffmann« erinnerte? Wer weiß. Jedenfalls bedeutet die Operntrilogie ein überraschendes Moment in Puccinis Entwicklung: eine neuartige Stoffwelt, die ihm vom bloß Erotisch-Kolportagehaften zu präzis hingesetzten Bildausschnitten und Stimmungen fortführt. Nur wäre die Reaktion auf sich mehrende Angriffe gegen seine allzu griffige, primär das Gefühl ansprechende Opernästhetik eben nicht mit »Fanciulla« oder »Rondine« (wie es meist geschieht) zu datieren. Wir müssen realiter auf »Tosca« zurückgehen. Ein Ausspruch über Debussys Oper »Pelléas et Mélisande«, die Puccini 1907 hörte, sagt in dieser Hinsicht viel: »Das Theater braucht Mannigfaltigkeit, denn nur sie ist erfolgreich, Gleichförmigkeit ist ein Unheil.« Mannigfaltig? Gleichförmig? Von hier aus ist es nur ein Schritt zur erklärten Absicht, drei in Stil und Machart grundverschiedene, zueinander in keiner zeitlichen Abfolge stehende Stücke unter einen Hut zu bringen. (»Tabarro« spielt um 1900, »Angelica« Ende des 17. Jahrhunderts, »Schicchi« 1299.) Jedes unter einem eigenen inhaltlichen, sozialen Aspekt – alle haben irgendwie mit dem Sterben zu tun. Alle drei in einer Entwicklung: Hoffnungslosigkeit, Ausweg durch göttlichen Eingriff, in einer zuversichtlichen »joie de vivre« endend. Alle drei auf die Einheiten des Ortes, der Handlung und der Zeit fixiert. Erst in »Turandot« hat Puccini eine Vereinigung aller Elemente des Musiktheaters in *einem* Werk erreicht.

Es ging dem Maestro, der sich als Fünfziger »Il Tabarro« zuwandte und als Sechziger das Projekt mit »Gianni Schicchi« glücklich abschloß, um eine wesentliche Äußerung seines Künstlertums. Mit drei Sujets wollte er seine Hörer überraschen, ja, vielleicht sogar überrumpeln. Es sollten, wie die Satzbezeichnungen einer klassischen Sinfonie, solche größter Kontraste sein, Allegro appassionato, Andante maestoso, Scherzo zum Beispiel. Daß er die Arbeit an der ersten Oper unterbrach und zunächst keine ernsthaften Anstalten unternahm, die übrigen zwei Stoffe zu finden, ist vorwiegend im mangelhaften Interesse der Ricordis begründet. Sie zeigten sich gegenüber der letzten vollendeten Oper des Meisters betont reserviert. Das könnte nach ihrer Meinung keine Dokumentation des großen Puccini werden, nur ein Nebenprodukt. Sie unterschätzten Puccinis erstaunliche Begabung, gewissermaßen auf engem Raum die Passion neben dem Buffonesken, die menschliche Träne neben dem Kecken und Grotesken zu placieren, das alles hatte er bereits in »La Bohème« schlagend bewiesen. Wichtig zu erkennen: wir dürfen hierin keine Objekte flüchtiger Kombination dreier poetisch-wirksamer Theateropern, vielleicht ein intellektuelles Programm sehen. Puccini stellte ohne dramaturgische Umschweife drei Triptychon-Bilder aus und befragte sie nach Erkenntnisbrücken für heute. In großen Anlauf bewältigte er das tragische Dunkel der Dreiecksgeschichte am Seinekai, um dann die bittersüße Romanze im Klostergarten und die deftig satirische Erbschleicherkomödie aus dem Danteschen Florenz nachzuziehen. Tatsächlich wechselte Puccini bei der Beschäftigung mit »Angelica« und »Schicchi« immer wieder von einer Partitur zur anderen hinüber, je nach Gusto und Laune. So neu ist das wieder nicht, wir kennen es von Strauss' »Don Quixote« und »Heldenleben«, von Ravels Klavierkonzerten – für den Laien kaum vorstellbar. Die musikdramatische Einheit der drei (Marggraf nennt es ein »Unikum der Operngeschichte«) ergibt sich zwangsläufig aus der Konzeption. Puccini wußte, was er wollte und – konnte.

Sein Kriegskind. Es hatte sich in seinem Dasein manches geändert. Der Lebensrhythmus verlief seit 1914 stockender. Selbst wenn der Verwöhnte recht weit vom Schuß war, blieben Beschwernisse nicht aus. Äußerte sich Unruhe und Reizbarkeit nicht oft in Kleinigkeiten des Alltags? Eines Tages warf Puccini kurzerhand das Dienstpersonal hinaus und behalf sich ohne Köchin und Diener... Schmerzlich der Verlust von Freunden, vor allem Giulio Ricordis, dem er so viel von seinem Aufstieg zu verdanken hatte. »Du kannst Dir einfach nicht vorstellen, wie mich sein Tod trifft«, schrieb er an Sybil, als er Juni 1912 die schreckliche Nachricht in München erfuhr. Auch Illicas Ableben sieben Jahre später berührte ihn. Wer würde an seine und Giacosas Stelle treten? Freunde gingen – aber Puccinis Sicherheit in der Wahl seiner Mitarbeiter war nach wie vor bewundernswert. Adami war sein literarischer Intimus geworden, er blieb Puccini bis zu dessen Tode treu. Die Begegnung mit Forzano, einem Freunde Adamis, wurde zum Schicksal, bald kam noch Simoni hinzu. In diesem Bereich blieben Puccini letztlich Krisen und Enttäuschungen erspart. Ein Glückskind, wenn man an so manchen seiner Zeitgenossen denkt. Reisen fielen in diesen Kriegsjahren weg, es standen ihnen zuviel Widrigkeiten und Unbequemlichkeiten im Wege. Wenigstens kam es dem Schaffen zugute.

»Man altert«, klagt im »Tabarro« Giorgetta. Jünger war man nicht geworden. Ganz so leicht fiel es Puccini, der sich vorübergehend das graumelierte Haar färben ließ, nicht, sich das einzugestehen. Trübe Stimmungen, wie wir sie schon von früheren Lebensperioden kennen, obgleich er in gemeinsamer Sorge um den zum Militär einberufenen Tonio mit Elvira anscheinend besser auskam, man sich anpaßte und ihm die Arbeit leicht von der Hand ging. »Was für eine zwecklose Sache ist doch die Kunst!«, schrieb er an Adami. Die Fortsetzung scheint noch typischer: »Doch für uns ist sie eine Notwendigkeit, für Geist und Körper!« So sprach Puccini 1916. Zweifel, Mißtrauen, Krisen im Schaffensprozeß gab es diesmal nicht. Zum ersten Mal war Puccini auf Anhieb von Werkidee, Stoff und Libretto gleichermaßen gefesselt. Der

Porträt 1918

Arbeitseifer wurde durch den Spaß an dem Unternehmen um ein Weiteres angespornt.

Wie sollte das Ganze heißen? Einen Titel mußte es ja wohl haben. 1918 lagen die drei Partituren in ihrer endgültigen Fassung vor. Bis zuletzt gab es gerade bei diesen Werken eine Menge zu verbessern. Nötig war ein Titel, der die beabsichtigte innere Einheit der so gegensätzlichen Stücke zum Ausdruck bringen sollte. Kein Plakat, kein Synonym. Wie also? Puccini selbst entschied sich schließlich für »Il Trittico«, auf Deutsch »Das Triptychon«. Das ist eine aus der Kunstgeschichte übernommene Benennung für einen dreiteiligen, mittelalterlichen Flügelaltar – für Puccinis Werk trotz anfänglicher Bedenken seiner Partner gerade das Richtige. Man hat sich längst an »Il Trittico« gewöhnt. Kurioserweise selbst dann, wenn es sich gar nicht um alle drei handelt.

Von den Werken kommt das erste, »Il Tabarro«, Puccinis anderen Opern am nächsten. Die Grundstimmung der Schauertragödie »auf dem Seine-Kahn« ist unheilschwanger, beklemmend. Puccini hat nichts unterlassen, die Rolle des von Leidenschaft, Eifersucht und Grausamkeit getriebenen Schiffers Michele, der von seiner um viele Jahre jüngeren, hübschen und lebensgierigen Frau mit einem zwanzigjährigen Löscher betrogen wird, zu einem Stück explosiv sich entladenden Menschentums auszugestalten. (Unsere Darstellung hält sich an die italienischen Personen des Opernoriginals, während die deutschsprachige Praxis die französischen Namen Georgette, Marcel und Henri des literarischen Vorbilds bevorzugt.) Ein schwerblütiger Stoff voller sinnlich schwelender Pariser Atmosphäre, stimmungsmäßig weit ausholend, die eigentliche Aktion bis zum Schluß verzögernd, was dem Drama nicht förderlich ist. Nie war Puccini dem Verismo, wenn auch impressionistisch gemildert, näher. Nie hat er eine menschliche Katastrophe so hart inszeniert.

Man hatte Puccini Februar 1913 von dem einaktigen Schauspiel »La Houppelande« (etwa »Der wattierte Mantel«) von Didier Gold erzählt, das seit 1910 im Théâtre Narigny in Paris volle Häuser machte. Er sah es sich an, verstand zwar wenig vom Text, spürte aber instinktiv die Unverbrauchtheit der Flußschiffertragödie, das nicht alltägliche, reizvolle Milieu eines in lastende Düsternis versinkenden Paris. Seine vierte Paris-Oper! Gold unternahm alles, seine Person mit einem mystischen Mäntelchen zu umkleiden. Er hieß eigentlich Didier Goldmann. Nicht einmal im Theater und bei der Autorengesellschaft waren seine Adresse und Daten zu erfragen. Der erste, dem Puccini seine Absicht mitteilte, war Illica, der aber anscheinend wenig Interesse an einer neuen Zusammenarbeit mit Puccini zeigte. Die Wahl fiel auf einen alten Freund, den fast siebzigjährigen Schriftsteller und Politiker Ferdinando Martini. Der war aber kaum der richtige Mann: nach einigen Monaten vergeblicher Bemühungen bat er den Komponisten, ihn von der Aufgabe zu entbinden. Dagegen ließ sich Adami nicht lange bitten und lieferte Puccini in wenigen Wochen das fertige Libretto, nunmehr mit dem italienischen Titel »Il Tabarro«. »Der Mantel« – grausig-ironisches Symbol für das hochdramatische Ende, wenn Michele die Leiche unter demselben Kleidungsstück verbirgt, mit dem er einst sein Weib und das inzwischen verstorbene Kind beschützte.

Zwei Textstellen führen unmittelbar an den psychologischen Kern der Oper heran. Sie lauten: »Wer für die Liebe lebt, wird für

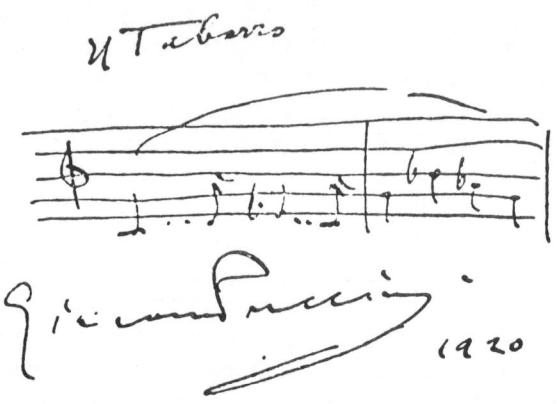

Skizzenblatt »Tabarro«

die Liebe sterben« und »Ach, daß Glücklichsein so schwer ist!«
Nach »Carmen« ist dies gewiß keine Offenbarung, es ist als Motiv
(leider) verbraucht. Aber mit welch sicherem Zugriff hat Adami
den Stoff geformt! Auf die bei Gold noch vorhandene Neben-
handlung mit einem zweiten Mord verzichtet er. Das Ziel: Verdichtung des ohnedies knapp gehaltenen, von Zolas kritischem
Romanrealismus beeinflußten Geschehens. Was bleibt als Erfahrung? Ungeschicklichkeiten der Disposition, Mängel in der psychologischen Durchleuchtung der Charaktere, Mißverständnisse
zwischen der genau gesehenen Frugola-Episode und der als Typ
unterbelichteten verängstigten, triebhaften Giorgetta muß man
hinnehmen. Es gibt auch Klischees einer scheinbaren Idylle am
Seineufer. Die Proportionen stimmen nicht. Puccini hat diese
Schwächen später erkannt, distanzierte sich von dem breiten
Anlauf der trostlosen Bilder. Mag sein: dem Älterwerdenden
behagte auch nicht mehr der Stoff... Hatte ihn Toscanini mit seiner gereizten Reaktion beeinflußt? »Ich liebe es von allen drei
Stücken am wenigsten«, erklärte der Dirigent bündig nach der
Met-Premiere.

Das Panorama eines Paris, das schonungslos die kargen
Lebensverhältnisse, Freude, Not, Verzweiflung der Schiffer und
Hafenarbeiter um 1910, dem Jahr des großen Seine-Hochwassers,
enthüllt, geht in vielen Einzelheiten auf Puccini zurück. Immer-
hin stehen hier Arbeiter auf der Bühne! Ein sozial festgelegtes
Milieu, wie man es in der Oper bislang nur von Charpentiers
»Louise« kannte. Dumpfe Ergebenheit in ein glückloses Dasein,
unbezwingbare Sehnsucht nach einem erfüllten Leben. Das war
Neuland für die Oper, zehn Jahre vor dem »Wozzeck«! Vorgezeigt

werden proletarische Figuren »am Rande der Gesellschaft«, wie
der »Stockfisch« und der »Maulwurf« mit seiner Frau, das »Frettchen«, das Müllkästen räumt und von ihrem dicken Kater singt.
Figuren ohne Hoffnung, als Löscher von den Schiffseignern aus-
gebeutet. Typen, von denen man heute sagen würde, sie seien
»ausgeflippt«. Die Frage ist aufzuwerfen: gibt es einen Ausweg aus
dem Elend? Puccini deutet ihn nur an. Aber es gibt einen revolutionären Aufschrei Luigis »Tutto è conteso, tutto ci è rapito«, der
so manchen Kommentator (nicht nur Carner) erstaunen läßt. Bei
Gold findet sich davon nichts. Adami hat diese Passage auf aus-
drücklichen Wunsch Puccinis eingefügt.

An keiner Opernpartitur wurden so zahlreiche und radikale
Retouchen wie bei »Il Tabarro« vorgenomen. Die bedeutendste:
die große, unheilverkündende Baritonarie Micheles »Scorri,
fiume eterno«. Anfang Dezember 1921 schrieb Puccini an Adami:
»Ich möchte dieses philosophische Solo herausnehmen und an
seine Stelle einen menschlichen Verzweiflungsausbruch setzen,
eine Klage, einen Fluch des armen Seineschiffers.« Wenig später
wurde er noch deutlicher. Ihm erschien der bisherige Arientext
»zu akademisch«, er gefährde den dramatischen Ablauf der Handlung. Er bat Adami, ihm einen anderen Text zu schreiben, »etwas
Direktes, Sprechendes, Gefühlsgeladenes – originell und nicht so
lang. Ich möchte gern, daß der Text mit dem Ausdruck völliger
Verzweiflung schließt«. Das Ergebnis war die neue Arie, die heute
an sinnvollerer Stelle gesungen wird: »Nulla! Silenzio!« Die
Worte waren neu. Für die Musik behielt Puccini den größten Teil
der Urform bei, aus der er lediglich den lyrischen Mittelteil entfernte, während er sonst nur geringfügige Änderungen vornahm.
Erst jetzt wurde Micheles Gesang zu einem Ausbruch jäher, die
Spannung schürender Leidenschaft. Erst jetzt gewann der
alternde Michele, kreatürliches Zentrum des Werkes, Kontur.

Neben ihm traten Giorgetta, die Treulose, von Puccini reingewaschen, und der sich der Schönen zuwendende Luigi zurück.

Ein Bündel Briefe mit Änderungswünschen, die sich hier aber in Grenzen halten, liegt vor uns. Oktober 1915 an Adami: »Ich habe mich einstweilen an ›Houppelande‹ gemacht. Ist es Ihnen recht, wenn wir das Textbuch durchsehen? ... Ich getraue mich, den ›Tabarro‹ in wenigen Wochen zu machen und glaube, das würde eine gute Sache werden.« Wenig später: »Ich arbeite ein bißchen an ›Tabarro‹. Ich habe den Schlußgesang an dem Fluß geschrieben. Aber ich brauche Verse. Die Zeit ist kurz.« Und weiter: »Ich brauche unbedingt zwei Schlußzeilen für das ›Vorstadt‹-Lied: ›Paris, das zu uns herüberblickt und uns in tausend Träumen für unsere Armut belohnt‹. Ich finde, das sind keine beschwingten Verse für den Schluß eines Musikstücks...« Mai 1916, nicht ohne Stolz auf das Erreichte: »Ich habe bis zu dem Punkt instrumentiert, wo die Komposition aufhört. So habe ich jetzt ein gut Teil des ›Tabarro‹ beendet. Und es ist etwas Gutes herausgekommen, ich bin sehr zufrieden. Nun vorwärts! Aber es sind noch Änderungen nötig, eine ganze Menge. Inzwischen werde ich mich noch an das Duett von Giorgetta und Michele machen, das sich gut anläßt...« Endlich November des Jahres: »Alles in allem ist die Oper nicht einfach, im Gegenteil – und sie wird noch vor dem Herbst fertig werden. Tito schreibt mir aus Paris, daß Gunsbourg für Monte Carlo zugesagt hat, und ich bin auch dafür. Ein kleines Theater, eine gute Feuerprobe.« Die Arbeit an »Il Tabarro« wurde Frühjahr 1913 begonnen, bald unterbrochen, zwei Jahre später, im Oktober 1915, wieder aufgenommen und am 25. November 1916 beendet. Ein Bruch ist nicht festzustellen. Wenn Puccini mit dem Gedanken spielte, das Werk vor Abschluß der anderen Teile des »Trittico« in Monte Carlo oder auch Rom uraufzuführen, besagt das nur: er sah zunächst keinen Weg, den Zyklus auszubauen. Mutlos war er nicht. Aber er saß, was die weiteren Libretti betrifft, erst einmal auf dem Trockenen. Die Zwischenzeit mußte man nutzen.

Die Musik der trostlosen Opernballade introvertierter Romantik... Es ist kein Paris der süß-melancholischen Bohème, des leichtsinnigen Quartier Latin. Es ist ein Paris der dunklen Schatten unter den Brückenbögen der Seine, sozialer Konfliktstoff, Zärtlichkeit und Gewalt, wie dann bei »Turandot«, auf engem Raum. Die »couleur locale« des nächtlichen Paris, in der die Lichter der glänzenden Weltstadt nur noch von fern spielen, ist die der Maler Monet, Seurat und Signac. Ein Schleppkahn,

274

zementbeladen, läßt die Sirene ertönen. Ein Drehorgelspieler geht zufällig vorüber. Midinetten flattern den Kai entlang. Ein Liederverkäufer singt ihnen eines seiner neusten Chansons mit einem »Bohème«-Zitat (»Mi chiamano Mimi«). Kaum je hat Puccini die irisierende Umwelt so subtil, poetisch und genau, hier freilich mit einer Vielzahl illustrativer Mittel »abgemalt«. Im »Tabarro« gibt es Ufergeräusche, Schiffssirenen, Autohupen, Glokken, Kuckucksrufe, eine Katze. Gershwins »An American in Paris« kündigt sich an. Die Klangimpression des in Nebelschwaden eingehüllten sinkenden Abends suggeriert mit delikat gebrochenen, für Puccini erstaunlich herben Farben die Atmosphäre leidvollen Eros. Natürlich gehört die Seine zu diesem Stimmungsbild. Das zwölfachteltaktige Quarten-Motiv des träge dahinfließenden Stromes, mit charakteristischem Solocello und Pizzicati der Bässe tonartlich in der Schwebe gehalten, artikuliert sich so spannungsvoll wie schwermütig. Zum ersten Mal beginnt Puccini (wie dann auch bei »Angelica«) eine Oper im Pianissimo.

Andante moderato calmo

Doch wäre vorerst in Erinnerung zu bringen, mit wieviel Kunst und Raffinesse Puccini das stückbeherrschende Milieu zwischen Naturidylle und sich ballender Katastrophe zeichnet. »Il Tabarro« ist ein echt italienisches Werk und gehört doch mit seinen neuen, am französischen Impressionismus geschulten Klängen in einen westeuropäischen Kulturraum. Es wurde Puccinis einziger konsequenter Ausflug ins Reich des Impressionismus, so begrenzt dieser Begriff aus heutiger ästhetischer Sicht sein mag. Debussy ist auf Schritt und Tritt nahe, weniger Ravel. Aber auch Strawinsky. Man denke nur an den »verstimmten« Leierkasten mit der eigentümlichen großen Septime und ähnlichen Stimmungswerten.

Tempo di Valzer moderato

Unter der Oberfläche der »Trittico«-Musik im allgemeinen und der des »Tabarro« im besonderen, glimmt und brodelt eine frische, hellhörige und hellsichtige Unternehmungslust, die Puccini in seine Oper einschmuggelte. Nicht nur im Gebrauch neuer glutvoller Farben wie in der »Fanciulla«, jetzt auch im spröderen Umriß, in der nervigen Struktur. Als Puccini zu seinem Paris-Einakter ansetzte, las er zur Einstimmung viel in entsprechender französischer Literatur. Er mußte erst Zugang zu diesem unbarmherzig grellen Sujet gewinnen. Seine Instrumentation bleibt im Rahmen des Gewohnten, fällt indes durch Klarheit und oft feinen Reiz des Satzes auf. Hat man die Abkehr vom ariosen Prinzip nicht bald als Schwäche des Alterns, bald als Konvergenz mit Wagners Musikdrama und seiner Nachfolge gedeutet? Soviel nur: Puccini wollte und konnte sein Werk nicht mit »Nummern« belasten. Er wollte diese Partitur nicht in glättender Schönschrift vollziehen. Er entschied sich für den Monolog »Nulla! Silenzio!« als finsterbeklemmende Klimax – ein kraftvoll geprägtes, von dem düsteren Fluß inspiriertes Stück, dessen Melodik einer vor Jahren geschriebenen Elegie entnommen wurde. Vorher die kurze Episode des Liebespaares, ein sinnlich verzauberndes Liebesduett und Luigis schmerzliche Arie »Hai ben ragione« und das Zapfenstreichsignal der Trompete (B über die Quint auf A). »Niemand! Nur Schweigen!« – von hier aus jagt die Musik dem grausigen Ende zu. Nur noch Giorgettas Erscheinen nach dem Mord an ihrem Liebhaber bildet eine kurze Fermate. Unverhüllte Seelenqual spricht aus diesen Teilen der Musik, die einen Rest des Mosaikhaften nicht zu bannen vermag. Wirkt das Episodische überwuchernd? Mehr als bei anderen Teilen des »Trittico« muß hier das Theater, der Schlepper am Kai mit der Île de la cité als »Rahmen« mithelfen.

Was wäre aus dem »Trittico« geworden, hätte Puccini nicht zur rechten Stunde Giovacchino Forzano als Mitarbeiter gewonnen? Ende 1916 und Anfang 1917 schlug dieser bei zwei Begegnungen in Viareggio die »Suor Angelica« als lyrisches Mittelstück der Trilogie vor, kurz darauf auch den heiteren Kehraus »Gianni Schicchi«. Forzano, 1883 geboren, war ein glänzender, vielseitig begabter Theatermann, von Haus aus Mediziner, Jurist, Sänger, dann Dramatiker, Bühnenautor und später auch Regisseur in Mailand, Rom, London. Eine gute Portion menschlicher Einfühlung verbirgt sich hinter der Zusammenarbeit mit dem von ihm verehrten älteren Maestro. Denn Forzano, Autor der bis in die jüngste Zeit gespielten Volkskomödie »Scampolo«, stand der Mystik der

»Angelica« keineswegs nahe. Er mußte sie sich erst anlesen, zu gewinnen versuchen. Nicht nur, daß er sich in die Nähe von Massenets in einem Männerkloster spielenden »Le Jongleur de Notre-Dame« begab. Er überschritt die Grenzen des Sentimentalen. Aber Puccini, diesmal ohne Zweifel und Skrupel, akzeptierte alles. Rundheraus hatte ihm Forzano erklärt, nichts auf der Welt könne ihn dazu bewegen, Hand an den blutrünstigen »Mantel« zu legen. Warum? Statt einem »schwächlichen Produkt von irgendeinem Ausländer« wollte er »eine Oper nach einem Originalthema schreiben... «

Die mystisch-religiösen Geschehen der »Angelica« spielen 1700 in der strengen Abgeschiedenheit eines italienischen Nonnenklosters, vermutlich in der Toskana. Erst hier in ihrer Bußezeit erfährt die junge Nonne vom Tode ihres unehelichen Kindes, dessentwegen sie vor sieben Jahren den Schleier nehmen mußte. Nie hat sie wieder etwas von ihrem Kinde, an das sie Tag und Nacht denkt, gehört. Ihren menschlichen Gefühlen stehen die klösterlichen Satzungen entgegen. Auf diesem Widerspruch zwischen wehem Schmerz und harter Pflichterfüllung beruht der bescheidene äußere Vorgang der Oper, der trotz des Selbstmords und der Zeichen durch die Mutter Gottes keine eigentliche »Handlung« hat. Nicht dramatischer Ausbruch, sondern kummervolle Resignation wird zum Agens. Angelicas Begegnung mit der stolzen und harten Fürstin, die Elternstatt vertritt, ist die zentrale Auseinandersetzung. Wie bei »Il Tabarro«, bleibt die erste Hälfte des naivrührenden Werkes liebenswertes Genrebild, das Leben im Nonnenkloster schildernd. Nur durch den kurzen Hinweis auf Angelicas Kenntnisse in der Kräuterkunde, die später bei ihrem Freitod Bedeutung haben, gewinnt sie losen Zusammenhang mit dem Folgenden.

Von den zwei Phänomenen, die in »Angelica« herausfordern, erscheint die Tatsache einer nur unter Frauen spielenden Oper das geringfügigste. (Inzwischen hat sich in Poulencs »Le Dialogue des Carmélites«, einem ungleich dramatischer konzipierten Werke, fast das gleiche wiederholt.) Das andere ist die für Puccini ungewöhnliche autobiographische Ebene. Nicht nur an die Herkunft von der Musica sacra, die Anfänge mit einer Messe in Lucca, das Kirchenbild des »Edgar« und natürlich das Tedeum der »Tosca« wird erinnert. Es bestehen bei »Angelica« auch Beziehungen zum klösterlichen Milieu, in dem seit etlichen Jahren seine Lieblingsschwester Igina, die Älteste, lebte. Sie war Mutter Superior des Klosters Viscopelago in der Nähe Luccas. Puccini besuchte sie häufig und spielte und sang den Schwestern Teile der neuen Oper am Klavier vor. Später erzählte er gern, wie die Nonnen in atemloser Erwartung versammelt waren und entzückt seinen Tönen lauschten. Als er ihnen mit großer Behutsamkeit jene Stellen erläuterte, die für das Theater und nicht für das Kloster bestimmt waren, welche die Liebessünde seiner Heldin behandelten, »sahen ihn viele feuchte Augen an«.

Was wir von der Entstehung der »Suor Angelica« wissen, ist noch weniger als von den anderen Stücken des »Trittico«. Da der Briefwechsel mit dem erst 1970 verstorbenen Forzano noch immer nicht erschlossen ist, bleibt uns hier ein Einblick in die Werkstatt versagt. Es scheint: Puccini hat sich ohne Vorbehalte in die Komposition gestürzt. Schon am 29. Januar 1917 heißt es in einem Brief an Vandini: »›Suor Angelica‹, eine andere Oper, reift heran.« Er fühlte sich in ungewöhnlichem Maße von den im Grunde lebensfernen seelischen Konflikten, Mystik und Nazarenismus angesprochen. Kein Zweifel: ein solches zart-weihevolles Werk entsprach dem religiösen Empfinden der Italiener. Geschmackliche Unsicherheiten, jeder Italienreisende weiß es, sind im Umkreis des Sakralen und Klerikalen alltäglich. Sie liegen auch bei diesem Sujet mit seinen Gegenpolen von Familienehre und Himmelsgnade auf der Lauer. Psychologisches bleibt am Rande, ordnet sich der puren Emotion unter. Allerdings gelang Forzano ein feines dramatisches Menschenbild der Fürstin, ein zwischen Strenge und Grausamkeit differenzierter Charakter. Bei aller Elegie-Stimmung bleibt dem Beschauer nicht die Ausflucht ins Nostalgische, Tränenreiche erspart, es wirkt blutarm, wie so manches üblicher Typologie der Nonnen. Genug des Unzulänglichen.

Die Partitur der »Angelica« wurde am 14. September 1917 beendet, ein halbes Jahr vor dem »Schicchi«. Wie genau, wie zartfühlend setzte der Komponist das lyrische Intermezzo von den beiden anderen Werken ab! Mit welchem Takt hat er die ihm von früher Jugend an vertraute Sakralmusik ins Notenbild einbezogen! Gleichwohl gibt sich auch Puccinis Klostermystik mit den diskreten und flexiblen Klangszenen von Fernchören, Harfe, Klavier, Orgel, Celesta, Glocken und Glöckchen als ein Stück offenherziger Italianità kund. Jedenfalls dürfte der Hörer einige Schwierigkeiten haben, dem merkwürdig trockenen »heiligen« Motiv besondere Gefühlstiefe zu entnehmen.

Vielleicht das Beeindruckendste, was sich in Puccinis innigem Verhältnis zu dieser Art idealisierender Weihe ausdrückt: die Schlußversion der in Frieden sterbenden jungen Nonne. Puccini hat diese sehnsüchtig-inbrünstige, ans Finale der »Fanciulla« anknüpfende Apotheose sehr geliebt, wie seinem Herzen das Zart-Verwehende Angelicas von den Frauengestalten des »Trittico« am nähesten war. Mit reich schattierter Lyrik und vibrierendem Kolorit, mit beinahe stehenden, weich polierten Klangflächen spielend, den Sinnenreiz der blutschwachen Figuren behaglich pflückend, verbreitete er herben Mutterschmerz und süße Tröstung. Dieser Monolog »Senza mamma», »ohne Mutter«, erscheint in seiner depressiven Melancholie als eine lyrisch-expressive Entladung, wie sie auch Puccini nicht häufig gelingen sollte. Künstlerischer Höhepunkt der Partitur, in der sich das Sensuelle und das Asketische so eigenartig berühren! Mag seiner opernhaften Geste, wie allem Religiösen auf der Opernbühne seit Wagner, Gounod, Massenet, Mascagni schon etwas »Theater« anhaften. Es sollte in der Zeit auswuchernder Industriegesellschaft, des reichlichen, hektischen Bürgerlebens kein anderer Weg mehr dahin führen. Wesentlicher: Puccinis Ultima maniera offenbart eine neugewonnene Kunst, in größeren Themenkomplexen zu denken, thematisches Material nicht nur aneinanderzureihen, sondern auszuwerten. Die melodische Linie von der Farbe aufgesogen, gesättigt. Das Suizid-Schlußtableau mit der Vision himmlischer Verklärung, eine an sich spannungsarme Akkordfolge, übernimmt es, vollends dekorativ auszugreifen.

Moderato con moto

Den einzigen Kontrast zu dieser Ausdruckssphäre bildet der Auftritt der bigotten Fürstin-Tante. Genauer: die dem Stoff eigene verzückte Lyrik sucht Puccini aufzuheben, indem er das Fehlen der

Männerstimmen durch ein Übergewicht tiefer Frauenstimmen ausgleicht. Mit der Fürstin, einzige dramatische Altpartie im Œuvre des Meisters, ist ihm dies eindrucksvoll gelungen. Auffallend, wie hier Puccini ein maskenhaft strenges Signal à la Scarpia vermeidet. »La Principessa« erhält menschlichere Züge. Puccini hat ihr eine melodisch erfundene Baßgestalt zugewiesen.

Wie ist die Tod- und Verklärungsvision Angelicas, melodisch und harmonisch höchst individuelle Intonationen des Musikers, meisterlich gearbeitet! Die Hand des Meisters verleugnet sich nie, auch nicht in dem diskret hinter den Stimmen zurückbleibenden Orchester, aus dessen facettenreichem Klang sich nur selten eine schärfere Kontur herauslöst. Geht Puccini nicht jedem Effekt geradezu ängstlich aus dem Wege? Ins Pastell der einleitenden Klosterstimmung, abschattierten lyrischen Nonnengesang, Ermahnungen und Scherze, fließen leichte Figurationen, subtile Spaltklänge, nobel angesetzte Parallelfolgen. Man wird einwenden: ein Ton larmoyanter Empfindsamkeit, ein mondänes Odeur »süßer Trauer« in Faurés Manier ist dieser übersensiblen Musik eigen. Darin bleibt Puccini bei allem technischen Raffinement der naive romanische Gefühlsmusiker.

Wer zuletzt lacht, lacht am besten. Der Spaß, der vergnügte Seitensprung zum Schluß: »Gianni Schicchi«. Obwohl hartnäckig behauptet wird, Puccini sei erst im Alter zum Humor gelangt, hat er es in Wahrheit schon bei einzelnen Episoden von »Bohème« und »Tosca« mit dem Heiteren gehalten. Puccini auf »Falstaffs« Meisterspuren, wenngleich kein Nachahmer, sondern ein Nachfolger, ein großer Unterschied! Kein größerer Gegensatz ist denkbar als zwischen der ästhetisch-zarten »Angelica« und dem burlesk gepfefferten »Schicchi«. Verkörpert sich nicht gerade in dieser vitalen Buffa ein Stück Drastik des 13. Jahrhunderts, der freche Zynismus eines Boccaccio, Ben Jonson, Molière und vieler anderer Autoren ganz und gar nicht gutmütig-menschlicher Charakterkomödien? Es ist reizvoll genug, wie der Zivilsationsmusiker des ersten Viertels des 20. Jahrhunderts die italienische Buffa von Rang, die nach Rossini, Donizetti, Verdi geschrieben wurde, förmlich aus den Ärmeln schüttelt. Ein glänzender Wurf des Humoristen Puccini.

Vier Zeilen im 30. Gesang von Dantes »La Divina Commedia« über den alten Sünder Gianni Schicchi bilden den Anstoß. Aber erst einmal darauf kommen! Diesen Schelm und Gauner hat es im 13. Jahrhundert in Florenz wirklich gegeben. Seine Schandtat, sich selbst ins Totenbett des reichen Buoso Donati zu legen und sein eigenes Testament der schäbigen Sippe (unter Wahrung des persönlichen Vorteils, versteht sich) zu diktieren, wird von Dante im Anschluß an die »verderbte Myrrha«, die sich ihrem Vater »zu sündiger Lust vermummt« naht, beiläufig erwähnt. Da heißt es:

Und ähnlich macht's der Irrgeist, der doch flieht.
Die schönste Stute in der Eselsherde
sich zu gewinnen, mummt' er sich als Buoso
Donati und diktiert sein Testament.

Eine längere Anmerkung Dantes zu dieser Stelle hat Forzano offenbar nicht zur Kenntnis genommen. Vermutlich auch nicht jene recht ausführliche Quelle eines »Anonimo Fiorentino« dieser Zeit, die erst jetzt aufgespürt wurde. Es gelang ihm anscheinend mühelos, seine Komödie aus dieser Keimzelle launig auszuspinnen, die Figuren anzukurbeln und zu bewegen. Das Libretto, Juni 1917 vorliegend, ist ein Muster einer Buffa, bei der die uralten Typen der Stegreifkomödie, der Spitzbub, die böse Alte, der Notar, der Arzt, schärferes Profil gewinnen. Erbschaftsstreit, Verkleidung, Doppelspiel und Liebeshandlung, ohne die es ja wahrlich kein Puccini-Sujet wäre, ziehen gleichzeitig durch das Werk. Eins fügt sich zum anderen, verschafft sich Luft. Ein Pedant war Forzano nicht. Er hatte es mit seinem brillanten Buch, an dem Puccini fast gar nichts auszusetzen hatte, eilig. Er datierte die Oper anno 1299 und übersah, wie wenig Zeit dem Erzschelm bis zu Dantes Vision eines Inferno Ostern 1300 blieb, sich seines neuerworbenen Reichtums zu erfreuen. Oder: Forzano verlangte für das Bühnenbild im Hintergrund den Blick auf den Turm des Arnolfo am Palazzo Vecchio. Der wurde aber erst 1314 vollendet. Was tut's! Auch die Juristen haben übrigens ihre Einwände gegen Forzanos Schicchi-Lesart. Sie geben zu bedenken: haben die enttäuschten Hinterbliebenen nicht daran gedacht, das nach langer Suche entdeckte Testament zunächst einmal zu *vernichten?* Dann wäre nämlich der gesamte Nachlaß ohnedies an die Erben gefallen und die Commedia als solche passé. Über dieses und anderes kuriose Juristische hat sich Rudolf Welser im Programmheft der Wiener Oper geäußert.

Eine »schwarze« Komödie mit einem Toten als Hauptperson. Eine grausame Komödie. Da wird der Leichnam Donatis ins

Nebenzimmer getragen, und Schicchi, der seinen ursprünglichen Platz einnimmt, erinnert die aufgescheuchte schäbige Verwandtschaft an das Gesetz, nach dem ihnen allen der Verlust der rechten Hand droht, wenn der Schwindel auffliegt. Schicchi wird in der Musik von drei Motiven, schon lange vor seinem Erscheinen, umrissen. Sie sind so klug und mobil wie der ganze Kerl, Erinnerungs- und keine Leitmotive, genau definiert. Das erste deutet seinen Namen an, das zweite gilt dem schlauen Gauner und das dritte dem Sieger.

Gianni Schicchi:

Hat dieser späte Lausbub, der die ganze Sippschaft an der Nase herumführt, gar etwas Philosophisches? Er ist ein italienischer Till und seine Streiche rütteln wohl, mächtig drohend, am Gefüge einer nicht mehr ganz heilen Welt. Alles wird mit genüßlicher Ironie vorgetragen – ein Triumph spitzbübischer Bauernschläue über den Standes- und Intelligenzdünkel des Städters. Mehr noch: der für Puccini typische Zug zum Grausamen gewinnt makaber-witzige Bedeutung. Mit befreiendem Lachen wendet sich der Pfiffikus Schicchi am Schluß (ohne Gesang) mit einer Sentenz ans Publikum – befreiendes Lachen wie bei Verdi. »Nun sagt selbst, ihr Damen und Herren, ob man Buosos Dukaten konnt' besser verteilen, als wir es taten! Für diese Schelmerei steckte man mich in die Hölle ... nun gut, es sei! Doch der große Vater Dante erlaubt euch wohl am Ende, daß ihr dem, der eure Trübsal bannte, gewähret ... mildernde Umstände!«

Erneuerung der Opera buffa: Puccini bedeutet es in diesem Falle psychologische Legitimierung von Melodie, Klang, Form. Hinzu kommt bei der Lustspielpartitur sui generis stärker als sonst das Rhythmische, das Prickelnde, Federnde, Sprühende, Gestische.

Nicht wie bei Verdi, der mit seinem romantischen Realismus das Komödienspiel durchwärmt. Bei Puccini unterstreicht witzig pointierte Musik die Aktion; und diese ist so unterhaltsam und kurzweilig, daß man über die eigentlichen Feinheiten leicht hinweghört. Aber sie sind da! Es ist eine Behendheit in Gesangsstimmen und Orchestersprache, ein bis zum »Schwatzen« gesteigertes, in rhythmisches Sprechen überleitendes Tonhöhenskandieren, ein hurtiges Stolpern von Note zu Note, ein Fliegen durch die Instrumente. In Spiritualität und Agilität der zahlreichen Ensembles eine südliche Grandezza, die alles Schwerfällige ausschließt und das Karikierende mit hereinholt. Dies an die Alltagssprache erinnernde Secco der Komödie findet seine Entsprechung in Süße und Eleganz einer Lyrik puccinischer Provenienz im Umkreis der Jugend. Besitzen nicht gerade Rinuccios Hymne auf Florenz »Firenze è come un albero fiorito«»in der Art eines toskanischen Volksliedes« und Laurettas zärtlich flehendes, sich schon vorher motivisch ankündigendes As-Dur-Cavatinchen »O mio babbino caro«, eine der kostbarsten Eingebungen des Lyrikers, einen melodischen Charme, der dem Toskaner gut ansteht?

Andante ingenuo

Das ist so apart, wie es sich dem Gesamtstil einwebt. Auch Giannis »Addio Firenze« macht die Oper zu einem Lobgesang auf die Heimat, ein einziges Liebesgedicht. Dieser »Schicchi« quillt über an südlichem Leben und bitterem Witz, Puccini mit seiner Musik mittendrin. Wieder zieht er sein mittelgroßes Orchester, diesmal mit der großen Glocke als einziger Bühnenmusik, heran, auf den Chor verzichtend. Zu bewundern die nahtlosen Übergänge von Lyrik, Parlando und gesprochenem Wort. Charakteristisch die motorisch behandelten Halbtonreibungen und dumpfen Trommelwirbel zur Klangzeichnung heuchlerischer Trauer der Verwandten. Besonders auffällig die Verwendung dissonierender Pianissimoakkorde bei der Begrüßung des Arztes oder der Bitte an Schicchi um die Landgüter. Welche Spannweite liegt zwischen den Debussyschen Rückungen des in ruhigen Dreivierteln fließenden Anfangsthemas, dem scheinheilig-schadenfrohen »Requiescat in pace« der Sippschaft und der »Meistersinger«-Prügelei des turbulenten Schlusses! In seiner Art ist die Überfülle der Typenzeichnungen dieses »Schicchi» ein großes Gaudium, ein grandioser Purzelbaum.

»Ich bin völlig mit Gianni Schicchi beschäftigt. Im Moment kann ich nichts anderes denken ...« Puccini schrieb es am 17. Oktober 1917 an einen Freund. Bereits April 1918 lag die Partitur, wie der gesamte »Trittico«, fertig vor. Auf einigen Umwegen war Puccini doch noch zum Ziel gelangt. Wie gern hätte er das Werk »zu Haus« herausgebracht! Aber die meisten Künstler waren zum Kriegsdienst eingezogen, das Opernleben lag darnieder. Alles sprach für New Yorks Metropolitan Opera, wo der Zyklus (natürlich in italienischer Sprache) am 14. Dezember 1918 zur Uraufführung gelangte. Trotz der unglücklichen Zeit ein festlich erwartungsvolles Haus. Noch wurde der Titel »Il Trittico« vermieden. Das Programm verzeichnete ganz einfach: »Giacomo Puccini's Three-Act-Operas«, die einzelnen Werke in der Reihenfolge »Tabarro«, »Angelica«, »Schicchi« ohne jeden Untertitel. Diesmal stand nicht Toscanini, der grollend dem Abend fernblieb, sondern Roberto Moranzoni am Pult. Er hatte sich vorher in Italien mit Puccini über das Werk verständigt. Mehr als sonst kümmerte sich der Maestro um die Bühnenbilder, das Optische war ihm wichtig. An eine Reise nach den USA war nicht zu denken. Noch immer war sie wegen der Minengefahr zu riskant, auch die Visabeschaffung bereitete Schwierigkeiten. Am meisten gefiel, wie zu erwarten, der »Schicchi«. Die beiden anderen Werke fanden eher zurückhaltende Aufnahme. Sänger wie Claudia Muzio, Geráldine Farrar, Luigi Montesanto und Giuseppe de Luca waren beteiligt. Schon am 11. Juni 1919 folgte Roms Teatro Costanzi, wieder mit dem »Schicchi« als sicherer Trumpfkarte. Der König ließ Puccini nach dem ersten Stück in seine Loge kommen und feierte ihn als den Maestro Italiano. Die nächsten Bühnen: Buenos Aires, Rio de Janeiro, Chicago, dann 1920 die ersten deutschsprachigen Produktionen in Wien und Hamburg. In Wien war Puccini Zeuge des schönen Erfolges. Jeritza und Lehmann sangen an einem Abend.

Warum man sich in diesen merkwürdigen zwanziger Jahren, den »roaring twenties«, jenseits der Alpen für Schreker und Korngold erwärmte und Lehárs Operettenkrampf pflegte, dem »Trittico« des großen italienischen Zeitgenossen aber so wenig Geschmack abgewann? Puccinis Enttäuschung war verständlich. Die Einheit der drei schien ihm empfindlich gestört, da man mehr und mehr den »Schicchi« herauslöste und für sich wirken ließ. Es ist dasselbe, wie wenn man einer Sinfonie einen Satz wegnimmt und ihn verselbständigt. So war das nicht gemeint. Die Gegensätzlichkeit der Werke und ihre Eigenart ist aufgehoben. Am meisten

METROPOLITAN OPERA HOVSE

SATURDAY EVENING, DECEMBER 14TH, AT 8 O'CLOCK
FIRST PERFORMANCE ON ANY STAGE
GIACOMO PUCCINI'S

THREE ONE-ACT OPERAS

I.
IL TABARRO
(THE CLOAK)

Book by GIUSEPPE ADAMI after "La Houppelande," by Didier Gold

MICHELE	LUIGI MONTESANTO	GIORGETTA	CLAUDIA MUZIO
LUIGI	GIULIO CRIMI	LA FRUGOLA	ALICE GENTLE
IL TINCA	ANGELO BADA	VENDITORE DI CANZONI	PIETRO AUDISIO
IL TALPA	ADAMO DIDUR	L'INNAMORATA	MARIE TIFFANY

CARRIERS, MIDINETTES, AN ORGAN-GRINDER.

SCENE:—THE SEINE, PARIS. MICHELE'S BARGE.
Painted by Ernest M. Gros after a sketch by Pietro Stroppa.

II.
SUOR ANGELICA
(SISTER ANGELICA)
Book by GIOACHINO FORZANO

SUOR ANGELICA	GERALDINE FARRAR	SUOR DOLCINA	MARIE MATTFELD
LA ZIA PRINCIPESSA	FLORA PERINI	SORELLE CERCATRICI {	KITTY BEALE
LA BADESSA	RITA FORNIA		MINNIE EGENER
LA SUOR ZELATRICE	MARIE SUNDELIUS	LE CONVERSE {	MARIE TIFFANY
LA MAESTRA DELLE NOVIZIE	CECIL ARDEN		VENI WARWICK
SUOR GENOVIEFFA	MARY ELLIS	UNA NOVIZIA	PHILLIS WHITE
SUOR OSMINA	MARGUERITE BELLERI		

SCENE:—A CONVENT IN ITALY. END OF 1600.
Painted by Frank Platzer after a sketch by Pietro Stroppa.

III.
GIANNI SCHICCHI
Book by GIOACHINO FORZANO

GIANNI SCHICCHI	GIUSEPPE DE LUCA	SIMONE	ADAMO DIDUR
LAURETTA	FLORENCE EASTON	MARCO	LOUIS D'ANGELO
LA VECCHIA	KATHLEEN HOWARD	LA CIESCA	MARIE SUNDELIUS
RINUCCIO	GIULIO CRIMI	SPINELLOCCIO	POMPILIO MALATESTA
GHERARDO	ANGELO BADA	SER AMANTIO DI NICOLAO	ANDRES DE SEGUROLA
NELLA	MARIE TIFFANY	PINELLINO	VINCENZO RESCHIGLIAN
GHERARDINO	MARIO MALATESTA	GUCCIO	CARL SCHLEGEL
BETTO	PAOLO ANANIAN		

SCENE:—THE BEDROOM OF THE LATE BUOSO DONATI. (FLORENCE ANNO 1299.)
Painted by Pieretto Bianco after a sketch by Galileo Chini, Florence.

CONDUCTOR, ROBERTO MORANZONI

STAGE DIRECTOR	RICHARD ORDYNSKI	TECHNICAL DIRECTOR	EDWARD SIEDLE
CHORUS MASTER	GIULIO SETTI	STAGE MANAGER	ARMANDO AGNINI

Costumes executed by Mme. Louise Musaeus.
Properties and accessories by the Siedle Studio.

Programm der Uraufführung New York 1919

traf Puccini die Ablehnung der »Angelica«, für die sich Intendan-
ten und Generalmusikdirektoren wenig begeistern konnten. Nur:
war hier nicht das große Publikum, das zusehends vom ganzen
Puccini Besitz ergriff, der Leidtragende? Der Maestro hielt »Angelica«, aus Überzeugung oder Widerspruch, wer kann es wissen, für
den besten der Einakter, was bei der vielleicht einzigen, typisch
puccinihaften Frauenrolle des »Trittico« kaum verwundert... In
einem Brief vom 20. Januar 1921 an Sybil klagte er: »Ich habe pro-
testiert, daß Ricordi die Erlaubnis gegeben hat, den ›Tabarro‹ und
›Schicchi‹ ohne ›Angelica‹ aufzuführen – es macht mich wirklich
unglücklich, die beste der drei Opern beiseitegelegt zu sehen. In
Wien war sie die wirkungsvollste der drei...« Es sollte noch
schlimmer kommen. Nach der Aufführung in Bologna brach es in
einem Brief an Adami aus ihm hervor. »Wie ich sie hasse, diese
drei Opern! Das können Sie sich gar nicht vorstellen – aber nicht
durch meine Schuld!«

Die Folge: zuviel blieb praktisch ungeklärt, unausgesprochen,
unbewältigt. Bis heute konkurrieren Gunst und Mißgunst in der
Beurteilung der Bühnenwerke mit Petrella, Price, de los Angeles,
Tebaldi, Lorengar, Domingo, Taddei, Gobbi und Corena als
ideale Sänger. Sollte eine Musikbühne, die den Koloß der
Wagnerschen Tetralogie scheinbar mühelos bewältigt, nicht auch
den kurzweiligen »Trittico« schaffen? Läßt sich Puccinis Welt-
theater nicht als Spielart eines sinnfälligen, doppelbödigen, ver-
fremdeten Realismus begreifen? Ist sein Opernzyklus mit »Angelica« als Mittelstück nicht wieder »im Kommen«? Wir hoffen und
wünschen es uns. Es wäre unschätzbarer Gewinn.

»Hier endet das Werk des Meisters«

Kein Requiem, keine letzten Lieder sind Puccinis Vermächtnis. Am Ende steht seine »Turandot«. Gewiß ist sie sein Schmerzenskind. Vier Jahre rang er um ihre (vorläufige) Gestalt, so lang ist dies, verglichen mit den früheren Opern, wieder nicht. Es mangelte ihm nicht an Konstitution, seine Schaffenskraft war bis zum Ausbruch schwerer Krankheit ungebrochen. Es fehlte ihm an innerer Ruhe und zuletzt ganz sicher an Zeit. Er starb, ehe die letzten dreiundzwanzig Skizzenblätter und sechsunddreißig beschriebenen Notenseiten ausgeführt waren. Er ließ »Turandot« allein. Und doch gilt es Legenden zu zerstören. Zum Beispiel diese: der späte italienische Poet und Realist habe, schon den Zugriff des Todes ahnend, vor den sich türmenden Schwierigkeiten einer überzeugenden Schlußlösung kapituliert. Er habe keinen inneren Zugang zu der heroischen Partie der Prinzessin und deren Wandlung gefunden. Biographisches pflegt nun einmal in den letzten Takten Todesahnung zu assoziieren. Wahr daran ist: er hat um die von »Eis umgürtete« Heldin bis zuletzt gerungen. Er dachte »Stunde für Stunde, Minute für Minute an Turandot«. Er stürzte sich mit Feuereifer in die Arbeit, wie man es bei ihm kaum je erlebte. Unrast und Betriebsamkeit erfaßten ihn. Dabei machte er es sich schwer, es gab immer wieder Rückschläge. Zweifel über die eigene Leistungsfähigkeit, ob ihm das Werk, wie es ihm vorschwebte, gelingen würde, blieben nicht aus. »Ich bin so traurig und auch entmutigt! Ich erwäge, ob ich nicht diese Arbeit beiseitelegen soll... Vielleicht zahle ich Ricordi das Honorar zurück und mache mich frei«. Dann wieder, gleichfalls an Adami: »Die Arbeit schreitet voran, wenn auch langsam«. Was ist an diesen Schaffenskonflikten so ungewöhnlich, wie es eine gewisse Popularliteratur mit mystisch kitschigen Farben gern ausmalt? Die Tragik, die in der schweren Geburt dieser Oper einer komplizierten Zeit und eines jäh abbrechenden Künstlerlebens liegt, ist menschlich. Sie berührt uns tief.

Große Kunstwerke sind ihrem Wesen nach vieldeutig und verlocken immer wieder zur Interpretation. Wichtiger noch: es gibt eine Reihe von Opern, die sich nur schwer klassifizieren lassen, weil sie hermetisch abgeschlossen in ihrem Kreis stehen. Ist »Turandot« ein Spätling der »grand opéra« Spontinis oder Meyerbeers? Letzter Sproß der Traditionslinie lyrisch-dramatischer Prunk- und Ausstattungsopern wie »Aida«, »Königin von Saba«, »La Gioconda«? Ein auf Massenchöre und enorme Stimmen getrimmtes Freilicht-Spektakel? Gar die »Bühnenweihfestspieloperette«, wie man das Werk bei seinem Erscheinen zu denunzieren suchte? Alles falsch. Bekennen wir uns zu dem, was Puccini in diesem Endstadium seines Lebens in bunter Mixtur von Eiseskälte, Blutdurst, Barbarei, Gefühl, Liebe, Märchenwesen, Monströsität und Commedia dell'arte, sagen wir, von Gewalt und Zärtlichkeit erschaute: eine pompös-rätselhafte »originelle und rührende Sache«. Den Komponisten der »Butterfly« reizten das chinesische Lokalkolorit und die antirealistische mythische Komponente des Stoffes, den Meister der »Tosca« die Qual der Unterdrückten und Gefolterten, den Schöpfer der »Schicchi« das Burleske der Ministermasken. Was ihn am meisten fesselte, werden wir noch zu entdecken haben: die »Prinzessin aus Edelmetall«, die durch seine Musik zu einer Frau beklemmender Größe werden müßte – ein im Bereich der Puccini-Oper völlig neuer Typ der an Wagners schwere Heroinen grenzenden italienischen Hochdramatischen. Im abschließenden Duett und Finale, von denen Puccini nur Skizzen hinterließ, sollte Turandots Liebe »coram populo ... ganz wild und stürmisch, ohne Scheu, wie die Explosion einer Bombe ausbrechen«. Diese selbstbewußte Frau war nach dem Maß der von ihm verehrten Wiener Primadonna Maria Jeritza. Nur machte ihm der endliche Triumph der Liebe insofern zu schaffen, als er nach einer musikdramatischen Lösung suchte, die alles Bisherige in den Schatten stellen sollte...

»Man ist populär geworden ... aber alt.« So wörtlich war das (gegenüber Adami) nun wieder nicht gemeint. Wohl ergraute sein Haar, sein sportlicher Elan wich einem geruhsameren Lebenstempo. Der Kopf war klar, Geist und Ausstrahlung blieben jung. Puccinis unentwegtes Lamentieren über das Älterwerden mit einem Anflug von Selbstmitleid war nicht frei von Koketterie. Zuviel Charme und Burschikosität war im Verkehr mit Frauen und Freunden um ihn. Ein Mensch ohne Marotten bewegte sich unkompliziert wie seine Musik, bis wenige Jahre vor seinem Tode bei guter Gesundheit. Nur seine ständige Suche nach neuen Stoffen hatte etwas Selbstquälerisches, hier machte er es sich wie vor ihm Verdi schwer...»Pressen Sie sich Hirn und Herz aus«, schrieb er an Adami, »um für mich etwas zu schaffen, das die Welt weinen machen soll. Man sagt Sentimentalität sei ein Zeichen von

Schwäche. Aber ich finde es so schön, schwach zu sein! Den sogenannten ›starken Männern‹ überlasse ich die Erfolge, die in
nichts zergehen, für mich sind die Erfolge, die bleiben!« Daraus
spricht Vertrauen auf die eigene Kraft. »Arbeiten Sie, als wenn Sie
für einen Jüngling von dreißig Jahren schaffen.«

Puccini, der Sechziger. Vincent Seligman, Sybils Sohn, be-
schrieb ihn nach seinem Londoner Besuch im Juni 1919. »Er
schien sich, seitdem wir ihn das letzte Mal sahen, nur wenig verändert zu haben; sein Haar begann sich zu färben, war aber so füllig wie bisher, seine Bewegungen vielleicht etwas langsamer und
gemessener, aber das Altern ein allmählicher Prozeß... Er bot bis
wenige Monate vor seinem Tode einen Anblick von Gesundheit.«
Ein anderer, kritischerer Beobachter dieser Zeit, Besitzer des von
Puccini gern aufgesuchten Ivy-Restaurants in der City, fand den
Maestro sehr unterschiedlich. »Es war unverkennbar eine
Anstrengung für ihn, sich vom Tisch zu erheben, und er schien
gealtert...« Aber noch immer der alte, vergnügte Freundeskreis,
sogar eine Neuauflage des Bohème-Clubs – ein Gianni-Schicchi-
Club! War es nicht an der Zeit, alte Spannungen zu bereinigen?
Noch kurz vor Leoncavallos Tod versöhnte er sich mit dem
Freund der Jugend. Mit Tito Ricordi suchte er in ein menschlich
ausgeglichenes Verhältnis zu kommen. An seinen Hobbies hielt
er fest. Die »Flotte« auf den neuesten Stand gebracht. Eine Acht-
zylinder-Limousine für die Auslandsreisen vor der Tür. August
1923 brach er mit Freunden zu einer ausgedehnten Tour durch die
Schweiz, durch Süddeutschland und Holland auf.

Daß Puccini nicht die Ruhe seines geliebten Torre del Lago im
Alter vergönnt war, ist schmerzlich. Die Industrialisierung selbst
dieses verwunschenen Fleckchens Erde der Provinz Pisa verleide-
te ihm die Freude an seinem Refugium am See. Ein Gaswerk in
unmittelbarer Nähe des Hauses wurde zum peinigenden Ärger-
nis, er konnte nichts dagegen tun. Anfang der zwanziger Jahre
suchte er sich am Rande des nahen Viareggio in der Via Buonarotti
einen Bauplatz für ein neues Domizil, hundert Meter vom Meer
entfernt. Die Villa wurde von dem Architekten Pilotti nach seinen
Wünschen entworfen, mit allen Bequemlichkeiten, auch einem
Radio, ausgestattet. Hier ließ sich leben. Mit den Freunden wurde
es abends oft spät, wie schwungvolle Eintragungen ins Gästebuch
beweisen. In dem von Pinien versteckten, eher vornehm kühlen,
Sommer 1922 bezogenen Haus entstanden die meisten Teile der
»Turandot«. Der neue Steinway-Flügel im Musikzimmer als
Arbeitsplatz. Puccini hat Torre nie aufgegeben, noch immer war

Das neue Haus in Viareggio

es bevorzugter Ausgangsplatz für die Jagd. Von dem Haus an der heutigen Piazza Puccini in Viareggio ist leider nichts Gutes zu berichten. Mobiliar und Erinnerungsstücke wurden im Zweiten Weltkrieg geplündert.

Ein Königreich für ein neues Opernlibretto! Wieder einmal war Puccini auf der Suche nach einem passenden Stoff, eine verzweifelte Situation, die er mit einer etwas hektischen Aktivität bei jedem neuen Werk durchzustehen hatte. Diesmal setzte er alle Hoffnungen auf Renato Simoni, dem er Sommer 1919 bei der Kur in Bagni di Lucca nähergekommen war. Simoni war damals vierundvierzig Jahre alt, Literaturkritiker des »Corriere della Sera«, Herausgeber der Zeitschrift »Lettura«, die vorher von Giacosa redigiert worden war, betätigte sich auch als Schriftsteller und Verfasser von Operntexten. Offenbar in Erinnerung an das bewährte Autorengespann Illica–Giacosa erschien dem Maestro Simoni als Partner des ihm seit »Rondine« und »Tabarro« verbundenen zweiundvierzigjährigen Adami als Geeignete. Immer langsam und zögernd in der Wahl der Libretti und Librettisten, war Puccini jetzt noch bedächtiger als je zuvor. Anläßlich eines Jagdausflugs

Herbst 1920 in Torre bat er Simoni, ihm gemeinsam mit Adami ein Opernbuch auszuarbeiten. Der eine primär das Poetische, der andere das dramaturgische Gerüst, die Szenenfolge. Puccini dachte an »Fanny« nach Charles Dickens' Roman »Oliver Twist«, von dem er eine Dramatisierung durch Herbert Beerbohm-Tree 1919 in London gesehen hatte. Das war ein komödiantisch bunter, volkstümlicher Stoff nach seinem Gusto. Die beiden machten sich an die Arbeit. Warum wohl Puccini nach Empfang der ersten vollständigen Akte und des Szenariums der gesamten Oper so rasch die Lust daran verlor? Erledigt! Keine Diskussion mehr! Dafür tauchte 1922 in den Briefen neben anderen Plänen ein »Cagliostro«, für den sich einst Lortzing interessierte, auf, auch er neben der Beschäftigung mit »Turandot« nur en passant. Forzano, der sich keineswegs ins Abseits drängen lassen wollte, versuchte seinerseits Puccini für sein 1921 uraufgeführtes Schauspiel »Christopher Sly« nach Motiven von Shakespeares »The Taming of the Shrew« zu gewinnen, ohne ihn davon überzeugen zu können. Die Psyche eines tragisch zerrissenen Helden war wohl doch nicht das richtige für ihn. So leicht war Forzano nicht in Verlegenheit zu bringen. Das Buch einer postveristischen Oper »Sly« wurde nunmehr für Wolf-Ferrari geschrieben.

Jetzt mußte etwas geschehen. Daß es sich um eine Abkehr von der üblichen Stoffwelt, am liebsten um einen märchenhaft-phantastischen Vorwurf, handeln müsse, soviel stand fest. Als Simoni Puccini den »Turandot«-Stoff antrug, war das mehr als ein Zufall. Man traf sich bei einem kurzen Aufenthalt Frühjahr 1920 in Mailand mit Adami beim Essen. Scheinbar einer plötzlichen Eingebung folgend, erwähnte Simoni den venezianischen Dichter Carlo Gozzi als mögliche Quelle eines Operntextes. Es fiel der Name »Turandotte«, geheimnisvoll-buntes Märchenspiel des 18. Jahrhunderts, das schon viele angezogen hatte. Puccini stutzte, erinnerte sich der Berliner Reinhardt-Aufführung vor einiger Zeit, Karl Vollmoellers Version der Schiller-Bearbeitung (1911) mit der 1918 entstandenen Bühnenmusik Ferruccio Busonis, eines unvergessenen Theatererlebnisses. Auch als Oper lag der Stoff bereits vor. Puccinis Lehrer Bazzini schrieb eine erfolglose »Turanda«; und gerade hatte Zürich Busonis einaktige Oper »Turandot« (zusammen mit dem »Arlecchino«) herausgebracht. Aber das störte den in diesen Dingen unempfindlichen Maestro wenig. Ob er von der Musik wußte, die der deutsche Romantiker Weber in seiner Jugend zu Schillers »Turandot« komponiert hatte...? Merkwürdig genug: Puccini griff zunächst gar nicht nach

dem Gozzi. Er lernte vielmehr auf dem Umweg der Rücküberset-
zung die Bearbeitung einer Bearbeitung von Hand des deutschen
Klassikers kennen. Noch am gleichen Tag mußte Simoni Andrea
Maffeis italienische Übersetzung von Schillers Märchendrama
herbeischaffen. Mit dem Buch in der Hand fuhr Puccini mit der
Eisenbahn nach Viareggio zurück, es in einem Zuge lesend. Der
Funke hatte gezündet. Die Entscheidung war schon gefallen. Aus
Rom schrieb er Simoni: »Ich habe Turandot gelesen. Es scheint
mir ratsam, dicht bei der Fabel zu bleiben. Gestern sprach ich mit
einer fremden Dame, die mir erzählte, wie das Werk in Deutschland gegeben wird... Einfach insofern, was die Zahl der Akte
angeht und was sie wirksam macht... eine moderne Turandot«.
Die einzige Forderung an die gespannt wartenden Mitarbeiter:
»Wenn Ihr mir auf diese Fabel eine andere Turandot, phanta-
stisch, poetisch und voller Menschenliebe machen wollt, komponiere ich sie!«.

Was fesselte ihn in diesem Maße am Märchenmotiv der schönen,
klugen und selbstbewußten chinesischen Prinzessin, die nur
einen Mann erwählen will, der drei von ihr selbst ausgedachte Rätsel löst? Wie kommt man dem nahe? Die Antwort ist nicht schwierig: Erotik, Exotik, Ferne des Ortes und der Zeit, ein rätselhafter,
aber starker weiblicher Charakter zogen Puccini unwiderstehlich
an. Dies Märchen, Emanzipation im Gewande der Grausamkeit
aus Liebe, suchen wir in der Literatur Chinas allerdings vergeblich. Eigenartigerweise stammt es gar nicht aus China, sondern
aus Persien, wo der Stoff von der schönen Prinzessin, die ihre
Freier enthaupten läßt, bereits im 12. Jahrhundert als Liebes-
romanze »Haft Paikar« (»Sieben Schönheiten«) des Elyas ebn-e
Ysof Nazàmi auftaucht. Doch findet sich die Geschichte in Ansätzen auch schon in der 844. und der 904. Erzählung der wesentlich
älteren persischen Sammlung »Tausendundeine Nacht«. Nach
Europa gelangte der Stoff, aufgezeichnet von dem Derwisch
Mokles, erst im 17. Jahrhundert durch französische Reisende. Der
Schriftsteller und Diplomat Pétis de la Croix übersetzte dies
Gegenstück zur arabischen »Tausendundeine Nacht« und veröffentlichte es unter dem Titel »Les mille et un jours« 1710 in fran-
zösischer Sprache. Zum ersten Mal erscheinen hier die Namen,
Tourandochte, Tochter des chinesischen Kaisers Altoum-Can,
und Kalaf, Sohn des Tatarenherrschers Timurtasch. Von da an
sprudelte der magische Quell: Alain-René Lesage, Autor des
Romans »Gil Blas«, nahm das Thema der Turandot in seine

Sammlung »Le Théâtre de la foire« auf, 1729 schrieb Lesage gemeinsam mit d'Orneval das Vaudeville »La Princesse de la Chine«, 1762 ließ sich Gozzi von ihm zu seiner vieraktigen Märchenkomödie nach dem Vorbild des Stegreifspiels anregen, 1802 erschien Schillers Bearbeitung des Gozzi, 1815 trennte sich E.T.A. Hoffmann von seinem Dramenfragment »Prinzessin Blanchine«, man könnte auch noch Shakespeare und Molière heranziehen. Beschließen wir diese Reihe mit einem literarischen Zeugnis neuer Zeit: Brechts nicht vollständiges Stück »Turandot oder der Kongreß der Weißwäscher«, das in einem mystischen China das Problem der Intellektuellen in der kapitalistischen Gesellschaft behandelt. Wohin man blickt: erstaunliche Wandlungen eines von Haus streng fabelgebundenen Stoffkreises.

Der dramaturgische und dramatische Denkprozeß läßt sich leichter verfolgen, geht man von der mit der Realität frei spielenden Stoffwelt von Gozzis »Fiaba cinese teatrale tragicomica« aus. Gozzi, 1720 geboren, für die Italiener nicht mit dem sieben Jahre älteren Antipoden Goldoni vergleichbar und gleichwohl von dem Deutschen Eichendorff der »unbedenklich genialste Bühnendichter der Italiener« genannt – wie konnte sich dieser Erzkomödiant von einem Stoff angeregt fühlen, dessen ins Dämonische vorstoßendes Psychogramm der Commedia dell'arte widerspricht und sie zu sprengen droht? Offenbar ist im Märchen aber alles möglich. Schon bei den vorangehenden »L'amore delle tre melarance« und »Il Rè cervo« fehlte es nicht an kritischen Stimmen, die sich gegen Gozzis Commedia all'improvviso wandten. »Diese Undankbaren«, schrieb Gozzi später, »waren die Ursache, daß ich aus den ›Persischen Märchen‹ das lächerliche Märchen von ›Turandot‹ herausnahm, um eine Vorstellung daraus zu machen«. Er wollte auf alle Theatereffekte und Zauberkunststücke verzichten, nicht aber auf die »dramatische Entwicklung, die Moral, die Allegorie und die starke Leidenschaft«. Schwierig wird die Sache erst bei Schiller. Er nennt sein Drama zwar auch noch »Tragikomisches Märchen«, empfindet aber in der Fabel (gleich anderen Bearbeitern) den dunklen Punkt: obgleich alle Beteiligten eigentlich nur Gutes denken, muß der unselige Schwur des Kaisers zum Leidwesen aller dennoch durchgeführt werden. Ein schlimmes Dilemma. Man brauchte ja nur zu sagen: nun aber Schluß! Dann gäbe es freilich keine männermordende Principessa, keine »Turandot«. Immerhin hat Schiller die spätere Wandlung der Heldin zur hingabefähigen Frau durch die Schilderung ihrer aufkeimenden Liebe schon während der Rätselszene glaubhaft zu machen versucht.

Puccinis Entscheidung ist eindeutig. Er wollte Turandots »eiskaltes Herz« schmelzen lassen. Er wollte das unmenschliche Verhalten der Prinzessin, eine Verbindung von Sexuellem und Horror, verständlich machen und emotionell nachvollziehen. Ihm ging es um die Wandlung der durch Riten und Kult begründeten Grausamkeit zur rührenden, menschlichen Bühnengestalt. Sie ist nach neuerer Erkenntnis als Inkarnation der »Großen Mutter« zu begreifen, der Puccini in Bezug auf Liebe, Schuld, Bestrafung und Degradation ganz offenbar verfallen war. Nur: der Ausweg der Oper, eine vor tausend Jahren von einem Eindringling vergewaltigte Ahnfrau für den Schwur blutiger Rache verantwortlich zu machen, scheint wenig glücklich. Zweifel über die »verwünschte Turandot«, diese »vermaledeite Prinzessin«, wobei »mich wahrhaftig vor der ganzen Geschichte ekelt«, überkamen Puccini. Aber da verlockte ihn die Erlösung des blutrünstigen Weibes aus dem alten China durch einen gesunden, heldischen Königssohn der Tataren. Welcher Gewinn gar erst für das gnadenlose Pseudo-China, die von Calaf geliebte Sklavin Liù, einen Klang mädchenhaft scheuer und inniger Liebe, einzuführen. Sie stirbt einen unschuldigen Tod, »morte bianca«. Ihre Selbstopferung wird zum Schlüssel dieser von Puccini inspirierten Opern-»Turandot«: das Beispiel einer Liebe, die in Schwäche und Reinheit die Umwelt zu verändern vermag. Alles, was der Musiker aus Pomp und Atavismen, maskenhafter Starre und bizarrem Gepränge für seine Oper herbeiholt, gipfelt in Liùs Herzensergießungen. Genau dies war bei Turandots Schlußwandlung nicht mehr möglich. Ihre »echte Liebe« wurde von der nachkomponierten Musik Alfanos unvollkommen reflektiert. Sie strebt nach außen, nicht nach innen. Sinnliche Glut, die Puccini vorschwebte, erstarrt zur Klangorgie.

Wie schwierig es war, die Beweggründe für Turandots Verhalten von Anfang an zu verdeutlichen und nicht erst bei der Wandlung am Schluß, hat Puccini erfahren müssen. Ihr Mißtrauen gegenüber dem Unbekannten, ihr Zweifel an der Möglichkeit gegenseitiger Liebe und gleichzeitig ihr Hoffen auf einen, der sie nicht »besitzen« will, sondern den sie liebt und der diese Liebe ehrlichen Herzens erwidern kann, bestimmen nach Puccinis Vorstellungen ihren Charakter. Gewiß: die Kaisertochter muß nicht (wie Manon, Mimi, Butterfly, Giorgetta) gegen soziale Ungerechtigkeit kämpfen. Sie wird weder von Armut noch Krankheit in ihrer Existenz gefährdet. Trotzdem ist auch Turandot in Gefahr. Ihr droht der Verlust ihrer Würde als Frau, das Leben an der Seite eines ungeliebten Mannes, der nach der Verehelichung ihr Herr ist. Nach dem Vorbild Schillers bleiben die Figuren der venezianischen Commedia dell'arte, die bei der Weimarer Uraufführung auf heftige Kritik stießen, unangetastet, sind nur auf drei reduziert: die Minister Ping, Pang, Pong. Sie gewinnen bei Puccini an Gewicht. Sie sind die agilen, listigen und hinterlistigen Mitspieler, die alles wissen und sorgevoll beraten. Ihr Spaß hat einen philosophischen Aspekt. Zweifellos wird hier manches von den vier Buffonisten der »Ariadne«, der Theaterästhetik Strauss-Hofmansthals herbeizitiert. Die drei bilden im strengen Figurenspiel des Märchens die ironischen Kommentatoren der blutigen Geschehnisse am Hofe der unnahbaren Prinzessin. »Möglich wäre aber auch, wenn wir die ›Masken‹ mit Vorsicht beibehalten, wir ein italienisches Element haben würden, das all diesem chinesischen Manierismus (denn darum handelt es sich) einen Hauch unseres Lebens und vor allem von Aufrichtigkeit borgen würde« (an Adami).

»Keiner schlafe in dieser Nacht«: ein dunkel-mystischer Bereich in Puccinis »Turandot«-Version tut sich auf. Calaf, der Königssohn, ist bisher als Heimatloser umhergeirrt, zum Manne gereift, dem die Liebe nicht zu Kopf stieg wie dem jungen Prinzen aus Persien, dem letzten Opfer der Prinzessin. Er will ihren Stolz nicht gewaltsam brechen, will warten, bis sie sich dem Geliebten, der ihre Rätsel löste, freiwillig ergibt. Turandot soll über Nacht seinen Namen finden, was sie fast an den Rand des Wahnsinns bringt. Das »Nessun dorma« bedeutet für Calaf und das Volk höchste Anspannung des Bewußtseins. Allein Liù kennt den Namen des Fremden. An ihrer aufopfernden Liebe scheitert Turandot. Eins ist sicher: hier liegt der Kulminationspunkt des »dramma lirico«, um das Musiker und Librettisten ringen. »Ich glaube, Liù muß ihrem Schmerz geopfert werden, aber ich finde, daß sie keine Möglichkeit hat, hervorzutreten, wenn man sie nicht in der Folter sterben läßt«, schrieb Puccini an Adami. Nicht genug. Er wurde noch deutlicher; und er könnte sich nicht sinnreicher offenbaren: »Dieser Tod kann einen starken Einfluß auf die Verwandlung der kaltherzigen Prinzessin ausüben...«

Die Freunde machten sich an die Arbeit. Vor allem Simoni, der längere Zeit als Journalist in China lebte, kannte Land und Leute. Wie schon bei »Butterfly« ging Puccini auf gründliche Materialbeschaffung aus. Sein Freund Baron Fassini, den er Herbst 1920 in Bagni di Lucca traf, hatte in seinem Haus eine kostbare China-Sammlung, darunter eine Spieluhr mit Chinas alter Kaiserhymne, die Puccini entzückte und dann auch in der »Turandot«-Partitur

Puccini mit seinen Librettisten Renato Simoni und Giuseppe Adami

Verwendung fand. Eine chinesische Prinzessin, die sogar behauptete, von der echten Turandot in gerader Linie abzustammen, sang ihm in Viareggio heimatliche Lieder vor. Er schrieb das Britische Museum um authentische Melodien an, wälzte einschlägige Literatur. Das kennen wir von »Butterfly« und dem »Girl«. Aber die wissenschaftliche Akribie dieser Studien schien noch die früherer Jahre zu übertreffen. Im Gegensatz zu Busoni, der seine Opernfabel »im äußersten Orient« ansiedelte, ging es Puccini um eine möglichst exakte Zeichnung des Lokaltons. »Wieder entstand das Buch in enger Gemeinschaft mit dem Komponisten: »...Es handelt sich jetzt darum, das Textbuch einzurichten, es zu stilisieren, interessant zu machen, zu wattieren, zu erweitern und zu verkürzen... Es muß eine ganz überraschende Sache, etwas Umwerfendes werden.« Wer spürte nicht Puccinis Hochstimmung? Weihnachten 1920 fand in Torre della Tagliata eine Lesung des ersten Aktes statt, die allerdings noch nicht befriedigte. Die Wünsche an die Librettisten, Striche, Erweiterungen, Vertiefungen hagelten nur so. Erst langsam und keineswegs immer sicher wuchs die zunächst auf zwei Akte berechnete »Turandot«, dem alten Märchen folgend, wenn auch Charaktere und Sinn nicht unwesentlich verändert wurden.

Die Trennung zwischen dem Menschen und dem Musiker Puccini, die wir im bisherigen Verlauf unserer Darstellung häufig beobachten mußten, scheint bei »Turandot« aufgehoben. Warum? Puccinis Schöpfertum ist nicht mehr von seinem in die

Einsamkeit von Viareggio fliehenden Altersdasein zu lösen, von Melancholie, Traurigkeit. Aber auch nicht von einem martialischen Zeitgeist, dem er sich nun wirklich nicht mehr entziehen konnte. Mussolinis Aufstieg und Machtergreifung waren nicht mehr aufzuhalten. Ende 1921 gab es in Italien 88 Fasci mit 20615 Mitgliedern, Ende 1921 dann 834 mit 240036 Mitgliedern. Vom 1. Januar bis 14. Mai 1921 wurden bei faschistischen Gewaltakten im Lande allein 207 Menschen getötet. Der »Marsch auf Rom« war das Mittel der Machthungrigen, die Staatsgewalt in die Hände zu bekommen. Der Sturm der Intoleranz und des Terrors holte schon Atem. Puccini lavierte, wir haben es gesehen. Er zögerte wie so viele Intellektuelle, wog ab. Ein flüchtiger Kontakt mit Mussolini hinterließ nur Unbehagen. Er, dem Macht, Amt, Rang, Titel nicht den geringsten Respekt abforderten, beobachtete mit Mißtrauen den Gebrauch seiner Werke zu repräsentativen Zwecken. Kein größerer Irrtum ist denkbar, als die Vermutung, Puccini habe sich mit seiner »Turandot« so oder so der faschistischen Ideologie anpassen wollen. Diese primitive Rechnung geht nicht auf.

Nie war Puccini so schreib- und kontaktfreudig wie bei »Turandot«. Nie ließ er uns aber auch so in sein Herz blicken, wie in den Briefen an Adami, die vollständig erhalten sind. Briefe der Hoffnung und Zuversicht, aber auch der Ungewißheit, der Unlust, von unausgesprochenen Sorgen diktiert, die ganz gewiß nicht allein Stoff und Dramaturgie der neuen Oper betreffen, sondern in Zeit und Lebensumstände dieser Jahre nach 1920 eingreifen. Sie sind vielsagend, doch machen sie es uns als Ausdruck höchster Gespanntheit, forcierter Altersenergie und Depressivität nicht leichter. Zu erklären sind sie aus dem, was Puccini damals bedrückte: eine tiefe Schmerzhaftigkeit, wenn nicht gar eine versteckte Wut über die ihn umgebende turbulente Welt. Sein Gesund-Sein im Widerstreit mit Anzeichen tiefliegender Verstimmung? So neu wäre solches Verhalten gegen Werk und gesellschaftliche Umwelt der Kultur- und Geistesgeschichte eines von zwei Weltkriegen angeschlagenen Jahrhunderts nicht. Übergehen kann man die Briefe kaum. Werkstattbriefe, so zweifelnd wie aufrichtig, seien sie hier in chronologischer Abfolge zitiert.

1920: »Ach, Ihr, die Ihr mich auffordert zu arbeiten und die Ihr selbst stattdessen alles andere macht, der eine Film, der andere Komödie, der nächste Gedichte und wieder ein anderer Artikel – Ihr denkt nicht daran, wie Ihr solltet, daß hier ein Mann sitzt, dem die Erde unter den Füßen brennt, dem jede Stunde der Boden zu wanken droht wie bei einem Erdsturz, der ihn fortreißt. Man schreibt mir reizende und anfeuernde Briefe. Aber wenn ich stattdessen einen Akt von dieser Prinzessin aus Edelmetall bekäme, wäre das nicht viel besser? ...« »Turandot! Erster Akt – ausgezeichnet! Auch der szenische Grundriß gefällt mir. Die drei Masken machen sich gut. Ich habe einige Bedenken wegen der Wirksamkeit des Schlusses, aber ich kann mich auch täuschen. Alles in allem ist dieser erste Akt schön und gut exponiert. Was wird aus dem zweiten? Brauchen wir einen dritten? Oder erschöpft sich die Handlung im zweiten Akt?«...»Ich bin nicht verrückt, aber ich denke, daß ›Turandot‹ in zwei Akten das richtige Maß haben wird. Die Handlung beginnt am Abend und endet mit der nächsten Morgenröte. Der zweite Akt spielt in der Nacht, mit der Morgendämmerung am Ende ... ich finde daher, daß er mit dem vollen Aufflammen des Morgenrots und mit dem Sonnenaufgang aufhören kann.«

1921: »Turandot macht große Fortschritte; ich glaube jetzt auf dem rechten Wege zu sein. Ich arbeite an den Rätseln! Ich habe das Gefühl, vorwärtsgekommen zu sein. Und der zweite Akt? Und der dritte? Mein Gott, quälen Sie mich nicht, indem Sie mich so lange warten lassen«...»Warum kommen Sie nicht auf ein paar Tage her? Manchmal scheint mir alles gut – ein andermal nicht. Ich halte bei den Rätseln und kann nicht von der Stelle kommen« ...»Lassen wir Gozzi beiseite und arbeiten wir mit Logik und Phantasie. Vielleicht sollte man eine andere, kühnere Form wählen.«

1922: »Mit ›Turandot‹ geht es vorwärts, zum mindesten mit der Orchestrierung. Mir scheint, es geht gut. Aber wer will das mit Bestimmtheit wissen?«...»Ich bin so traurig und auch entmutigt! Turandot liegt hier mit dem ersten abgeschlossenen Akt, ohne daß ich für den Rest, der in Dunkel gehüllt ist, Klarheit gewonnen hätte, vielleicht ein ewiges, undurchdringliches Dunkel! Wir sind mit dem noch übriggebliebenen Teil der Oper in die Sackgasse geraten. Der zweite und dritte Akt, wie wir sie uns gedacht hatten, sind, glaube ich, ein großer Irrtum. Und deshalb kam ich auf die Idee der Zweiaktigkeit zurück... Ich segle auf einem Meer der Ungewißheiten. Dieses Sujet hat meinen Geist recht in die Enge getrieben!«...»Von ›Turandot‹ nichts Gutes. Ich beginne, mir wegen meiner Faulheit Sorgen zu machen! Sollte ich China schon satt haben, nachdem ich den ersten Akt und vom zweiten nur einen Teil gemacht habe? Tatsache ist, daß ich nichts Gutes mehr zustande bringe. Ich bin auch alt! Das ist sicher. Wenn ich ein kleines Sujet gefunden hätte, wie ich es seinerzeit suchte und noch suche, hätten wir jetzt schon Premiere. Aber diese chinesische Welt!«

1923/24: »Nein! Nein! Nein! ›Turandot‹ - nein! Ich habe den dritten Akt durchgesehen. Es geht nicht. Vielleicht, und auch ohne vielleicht, bin ich es selbst, mit dem es nicht mehr geht! Aber auch der dritte Akt geht so nicht. Ich bin ein armer Mensch, tieftraurig, entmutigt, alt, überflüssig und heruntergekommen. Was tun? Ich weiß es nicht. Ich gehe schlafen, dann brauche ich nicht nachzudenken und quäle mich nicht. Ich bin immer dort, wo tiefe Trauer herrscht. Ich bin allein. Ich verwünsche ›Turandot‹! Ich brauche ein zartes Sujet, eine Kleinigkeit - etwas Erfüllendes - Leises - mir Gemäßes. Wenn das nicht möglich ist, erkläre ich mich für erledigt! Hier lacht die Sonne, alles grünt, aber Finsternis in meiner Seele...«. Und schließlich: »Ich bin traurig - mit allem unzufrieden - auch mit ›Turandot‹! Ich kann den Augenblick nicht mehr erwarten, wo ich von ihr befreit sein werde...«

Um diesen Briefen gerecht zu werden, können wir uns nicht der Erkenntnis verschließen: anscheinend besaßen die drei Autoren der »Turandot« noch keinerlei genauere Vorstellung vom Grundriß des gesamten Werkes. Man war vom geheimnisumwitterten Prinzip »Turandot« begeistert, vom märchenhaft-exotischen Stoff fasziniert. Ein genauer dramaturgischer Plan, vor allem eine überzeugende konzeptionelle Lösung des Konflikts, sollte sich erst im Verlauf der gemeinsamen Arbeit entwickeln, erstaunlicherweise war es so. Je mehr sich die Überwindung der Bestie von Prinzessin durch die Liebe herausbildete, desto unsicherer wurde man freilich. Das »Jetzt wird's schwierig!«, das dem Maestro noch November 1923 angesichts solcher Probleme entschlüpfte, schien Ausdruck dieser Stimmung zu sein.

Aber es stimmt einfach nicht: Puccini habe keinen Ausweg aus dem Dilemma einer Prinzessin gefunden, die mit den ausgeprägt sexualpathologischen und sadistischen Zügen einer fernöstlichen »femme fatale« ihren »Eispanzer« abwirft und sich mit »heroischer Geste« als Liebende zu Calaf, ihrem »Gemahl«, bekennt. Es stimmt gleich gar nicht, wenn man die (nur wenig bekannte) Mitteilung Puccinis über seine neue Oper in der Zeitschrift »Commedia« vom Frühjahr 1924 zur Hand nimmt. Welch tiefe Tragik, zu wissen, wie er in einer Zeit, da schon Krankheit an seinen Kräften zehrte, solche Klarheit gewonnen hatte! Er sprach auch über das Noch-zu-Vollbringende mit fester Zuversicht. »Der dritte Akt vor allem ist ein wahres Wunder«, erklärte Puccini in diesem entscheidenden Stadium seiner Arbeit. »Es ist den Textdichtern gelungen, durch die dekorative Oberfläche in den menschlichen Kern der Handlung einzudringen und hier eine wahre Goldader in dem trüben Gestein des Ausstellungsstückes zu entdecken. Wo ›Turandot‹ nur in der Schillerschen Bearbeitung bekannt ist, wird man sich höchlich wundern, was meine Mitarbeiter aus der Vorlage gemacht haben. Ich selber habe es mir nach dem Beispiel der Librettisten angelegen sein lassen, die Grenzen, die den Horizont der modernen lyrischen Oper einengen, zu durchbrechen, und bin stolz auf das Ergebnis meiner Bemühungen...« Spricht hieraus nicht Vertrauen und Sicherheit? Wie auch immer: so äußert sich keiner, der sich in einer Schaffenskrise befindet.

Das Liebesduett kostete dennoch weitere Überlegungen. Der vorgelegte Text inspirierte Puccini nicht. Die Wandlung der blutrünstigen Principessa zur liebesfähigen Frau – das sollte der Höhepunkt des Werkes werden. »Ich arbeite, instrumentiere und komponiere, es fehlt mir jedoch das große dritte Duo-Finale, das ich zum vierten Mal von den Librettisten neuanfertigen ließ«, an Riccardo Schnabl-Rossi, und am gleichen Tag Ende 1923 an Simoni: »Ich brauche jetzt unbedingt das Duett, den ›Clou‹ der Oper.« Ein Hilfeschrei? Puccini wußte längst, was er wollte. »Es muß ein großes Duett sein. Die beiden sozusagen außerirdischen Wesen ver-

Am neuen Steinway-Flügel

300

einen sich durch ihre Liebe mit den Menschen, und diese Liebe muß alle auf der Bühne ergreifen in einem abschließenden Aufschwung des Orchesters.«...»Hoffen wir, daß mir für die Melodie (des Duetts), nach der Sie mit Recht verlangen, etwas Frisches einfällt. Denn keine Musik kann ohne Melodie existieren...« Schließlich wenige Wochen vor dem Schicksalsschlag, nach der glücklich sechsten Umarbeitung des Textes:»Ich habe die Verse von Simoni erhalten. Sie sind wirklich schön; sie ergänzen und rechtfertigen das Duett... Es ist nur noch wenig zu tun, das Duett ins rechte Lot zu bringen«.

Mit keiner Oper hat Puccini musikdramatisch so weit ausgeholt wie mit seiner grandiosen »Turandot«. Seine Gedanken formulierte er im eben erwähnten »Commedia«-Beitrag: »Der musikalische Stil ist klar, einfach, melodiös und frei von tiefgründiger Problematik. ›Turandot‹ soll vor allem aufrichtig und wahr sein«. Das sind Worte, die angesichts der ausgesprochenen Raffinesse, der kühn vorwärtsweisenden progressiven Klangstrukturen der Partitur überraschen, aber aufs Wesentliche der Haltung zielen. Ja, Puccini strebte mit seiner Prinzessin aus Fernost nach Kraft und Schönheit – letzte Steigerung der Tradition des Melodrammas der Jahrhundertwende. Das Spätwerk »Turandot« bedeutet den unerwarteten Vorstoß des alternden Maestro in Richtung der heroischen Opernform. Auf diese Weise, durch extreme Stimmforderungen der Soli und Chöre, durch das Riesenaufgebot äußerer Mittel ist etwas Neues, gleichsam eine Spätblüte der »grand opéra«, entstanden. Wenn man so will: eine italienische »Primadonna assoluta« des auch in Puccinis Heimatlande neue Wege einschlagenden, geistig und literarisch erhellten Opernjahrhunderts. Sicher hat die Größe der Mittel, die vorgezeigte kalte Pracht Puccini auch verführt. Hier zum ersten Mal versuchte er, die Schranken seiner lyrisch-sensitiven Natur zu sprengen. Monumentalität im Sinne Wagners ist aber doch wohl etwas anders. Die erstrebte er nicht. Daß er trotzdem seine Oper »Lyrisches Drama« nannte, beweist nur, wie er sich seiner Stärke auf diesem Gebiet bewußt war und schon bei der Werkbezeichnung eine Überbetonung des Dramatisch-Heroischen vermeiden wollte. Er entfernte sich darin nicht von Verdi, sondern kam ihm, insbesondere dem der »Aida«, gerade in der Verbindung von Dramatik und Lyrik, nahe.

Was ist das für ein Werk, mit dem Puccini von der Welt der Oper, die ihn liebte und die er liebte, Abschied nahm? Ein schönes und erregendes Schaustück prunkender Farben schwebte ihm vor, eine Großausgabe der »Tosca«, eine Super-»Fanciulla«. Eine Oper blutvoller Stimmen und lyrischer Expression, bis an die Grenze ihres Kalibers und Ausdrucks getrieben! »Turandot« entspricht dem Idealtyp pompöser Märchenoper, die einmal der Phantasie leichte, luftige Wege öffnet, zum andern in ihrer Mischung von Grausamkeit und Geheimnis die fernöstliche Welt erstaunlich komplex überschaut. Es gibt eine bei Puccini ungewöhnliche mythische Sphäre: Turandot und Calaf als symbolische Übermenschen, die zur Dominante des Geschehens werden. Es gibt ein für Puccini neues Moment der inneren, psychologischen Wandlung – eine schließlich liebesfähige Prinzessin. Und es gibt eine Magie des dekorativ Üppigen, machtvoll Ausgreifenden, Hymnischen, durch differenzierte Elemente im Gleichgewicht gehalten. Wie in keinem anderen Werk hat Puccini das Unisono des Belcantogesangs als Dialektik von Leben und Tod versinnbildlicht. Treffen sich die Liebenden auf dem dreigestrichenen C, kündet die Prinzessin »von einem Tod«, der durch drei Rätsel veranlaßt wird. Calaf hingegen spricht »von einem Leben«, das die Lösung der Rätsel voraussetzt. Ein Unterschied. Frage: vereint sich die Dramaturgie des Inhumanen mit dem Gesetz tragischer Schuld? Turandot mordet, weil sie schön ist. Calaf darf das Opfer der liebenswerten Sklavin Liù annehmen, weil es seiner großen Liebe dient. Ob es dem Musiker gelungen ist, hier eine psychologische Brücke zu schlagen? Des fremden Prinzen stürmische Besitzergreifung der flehend-trotzigen Prinzessin in dem Augenblick, da Liù ihr tapferes kleines Leben hingibt, ihr blinder Vater Timur aus Schmerz zusammenbricht – ein unbeschreiblicher Gefühlsumschwung. Wie denn? Puccini, der so viel über Turandots menschliche Metamorphose nachdachte, übersah doch wohl die passive Rolle Calafs, dem der Selbstmord Liùs offenbar wenig bedeutet. Ein Bruch, Text und Musik anzulasten. Er muß irritieren.

Die Eigenschaft des Großartigen, begreift man es im Vitalen, nicht im Intellektuellen, ist Puccinis Oper nicht abzusprechen. Das menschlich »Rührende«, das dem Komponisten am Herzen liegt, reduziert sich auf Liù. Die von Puccini in glücklicher Stunde erfundene, von Gozzis drei weiblichen Nebenfiguren Adelma, Zemira und Schirina abgeleitete und über sich selbst hinauswachsende Mädchengestalt erklimmt auf Mimis Spuren eine neue Stufe des Sensualismus. Vor allem mit dem Abschied vom Leben gelingt Puccini die Humanisierung des Märchens. Wie leicht löst sich Liùs Todesgesang von der stilisierten chinesischen Tonfolge! Welch verwehender Klang ergreifender Menschlichkeit! Ihr süßes »Per non vederlo più«, »Daß ich ihn niemals seh'« und des Volkes stammelndes »Liù! Poesia!« mit dem verhauchenden hohen Es der Piccoloflöte – das letzte, das Puccini in Partitur geschrieben hat. Es gewinnt schon durch Umfang, Breite und Dichte des motivischen Ausspinnens an Gewicht. Der Rest sind Skizzen und bedurfte der Nachhilfe.

Turandot ... Ihr gehört primär der zweite, der große Rätselakt. (Während sie im ersten nur einen stummen Auftritt hat.) Ihre Arie »In questa Reggia« ist eine extreme vokale Formulierung. Aus psalmodierendem Erzählton des Beginns wächst sie in ein trotzig-starres Stimmpomposo hinein, das in seiner Verbindung von Kälte, Glut und Feuer einen für Puccini neuen Ausdrucksbereich des Belcanto schafft. Das geschieht nicht ohne riesige Anforderungen an Tessitura, Emotion, Intervallsprünge, Vehemenz, explosiv plazierte Höhentöne.

Wer war Turandot? Was fühlt sie? Halten wir uns an die Partitur. Sie singt ihr verzweifeltes »Mai nessun, nessun m'avrà« (»Niemand, niemand soll mich haben«). Aber die Reaktion des Orchesters verläuft tiefenpsychologisch in andere Richtung, eine vom Intervall der None bestimmte leidenschaftliche Melodie (1). Man kann auch sagen: die Ges-Dur-Melodie des Orchesters verrät Turandots Liebe zu Calaf, während die Principessa di morte noch ihren Männerhaß besingt. Hier erreicht Puccini vor der häßlichen Fassade der Grausamkeit eine neue Qualität musikdramatischer Gestaltung, stellt menschliche Bezüge her, denkt in Hinblick auf die Kehrtwendung des Schlusses weiter. Ein Sonderfall? Wir begegnen dem nicht weniger erstaunlichen Näherkommen zweier so konträrer Figuren wie Turandot und Liù, machtbewußter Heldin und kleinem Mädchen aus dem Volke, Prinzessin und Sklavin, in zwei analogen Stellen der Turandot-Arie vom zweiten und der Liù-Arie vom dritten Akt (2). So etwas ist bezeichnend für die durchgängige Psychologisierung dieser Oper.

Als singender Charakter hat es Calaf schwerer. Wärme und Vollgefühl jugendlich-dramatischer Stimmacht umreißen sein Wesen. Seine klangschwelgerischen Kantilenen orientieren sich weder an Turandots Kraftakten noch an Liùs zärtlich süßem Lyrismus. Sein Feld dringt in weniger tiefe Schichten, ist neutraler. Il principe ignoto, ein Fremder, auch musikalisch. Einen »chinesischen Tamino« hat ihn ein witziger Kopf genannt, einen ganz und gar machthungrigen »Eisbrecher« ein anderer. Immerhin verdanken wir ihm zwei der schönsten ariosen Kundgebungen, das »Non piangere« des ersten und das noch volkstümlich schlagendere, unerhört spannend aufgebaute »Nessun dorma« des letzten Aktes. Die zweite Arie geht auf das naiv-sentimentale italienische Volkslied »Un' ora sola ti vorrei« zurück, dem man die schmiegsame Linie der Arie so ohne weiteres nicht ansieht. (Das H übrigens nicht als Fermate, sondern als markiertes Sechzehntel vor dem lang gehaltenen abschließenden A.) Puccini verwendet das Thema bereits, wenn Calaf im zweiten Bild des Mittelaktes seine Gegenrätsel aufgibt. Wenn er hier auf den Quell der Folklore zurückgreift, ist das so neu nicht. Aber es ist, seine tiefe Verbundenheit mit der Heimat bezeugend, bei diesem, mit Cavaradossis Todesarie vergleichbaren tenoralen Paradestück eine überraschende Adaption. Der dramatischen Stoßkraft dieses Gedankens sicher, wollte Puccini damit auch die Schlußapotheose bestreiten. Das war gut vorgeplant, zweifellos.

Volkslied:

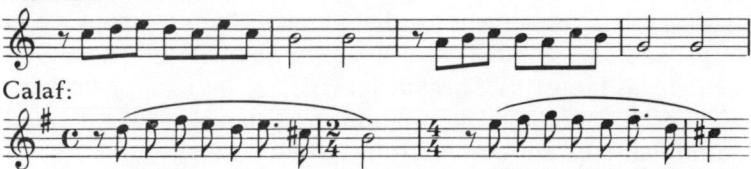

Calaf:

Wie gewissenhaft bereitete sich Puccini auf die Komposition des asiatischen Dramas vor! Mit welcher Hingabe hat er sich in seine Arme geworfen! Gleich bei der Materialverwertung ging er einen wesentlichen Schritt über »Butterfly« hinaus, indem er das Folkloristische nicht bloß zitierte, sondern als melodisch-harmonische Basis nahm. Also: chinesische Musik nicht als gefällige Zutat – als ernsthaft bestimmender Inhalt. Zwangsläufig geriet Puccini damit in den Bann des Dämonischen und Magischen, seinem erklärten Ziel. Die Klangpalette erhält neue, grellere Farben. Seine Melodien gewinnen in vielen Momenten eine schon schmerzhafte Intensität. Mit mannigfachen musikalischen Mitteln, Ganzton, Pentatonik, Polyrhythmik, Mixturklängen, spezifischer chinesischer Instrumentation mit charakteristischem Schlagwerk, weiß Puccini das Exotische prägnant zu beschwören. Er übernimmt auch hier originale chinesische Melodien, nicht wörtlich, sondern frei nachempfindend.

Chinesisches Volkslied:

Turandot:

Feinsinnig abgestufte Chorsätze des furchtsamen Volkes, oft eindrucksvoll unisono, verleihen dem Ganzen den Umriß einer Choroper, dem Elementar-Kraftvollen so nahe wie dem Poetischen, Atmosphärischen. »Turandot« nähert sich in vielem den mächtig aufreckenden, die Stimmung unterstreichenden Chören der russischen Volksoper des 19. Jahrhunderts. Vor allem Mussorgskis »Boris Godunow«, den Puccini in den Kriegsjahren kennenlernte, hat hier erkennbare Spuren hinterlassen.

Schon bei dem zwingenden Wurf des ersten Aktes, einem seiner geschlossensten, zeigt Puccini eine bedrohlich-unheimliche Klangphantasie. Er läßt sich nicht mehr auf Kleinigkeiten ein. Er mobilisiert für sein Klangimperium zwölf Gongs, Holztrommel, Baßxylophon, das eigens für diese Oper gebaut wurde, Celesta, Orgel und eine starke Bläserbühnenmusik mit zwei Altsaxophonen. Etwas Monströses liegt in der Haltung, die in die geheimnisvolle Welt des fernen China einführt. »Turandot« bedeutet auch stimmlich eine Herausforderung. Denn eine ideale Vertreterin der stimmörderischen Titelrolle will erst einmal gefunden werden. Es ist die klanglich kunstvollste Partitur Puccinis, auch was die poetisch zarten Töne betrifft. Der Kontakt zu den progressiven Erscheinungen der Musik des 20. Jahrhunderts, zu Schönberg, Strawinsky, Bartók, läßt sich an vielen Einzelheiten von Harmonik, Taktwechsel, Schwergewichtsverschiebung, Orgelpunkt und Ostinato verfolgen. Mit keinem seiner Werke machte sich Puccini so selbstsicher von Leitbildern und Klischees romantischer Operntradition los. Nur wird der Einfluß des »Pierrot Lunaire« gern überschätzt. Der Maestro hörte das Stück erst wenige Monate vor seinem Tode, als die neue Oper fast fertig vorlag. Viel stärker sind die Anklänge an »Le Chant du Rossignol«, »Les Noces« und vor allem »Le Sacre du Printemps«. Das flächenhafte Notturno des suggestiven Mondchores mit seinen Knabenstimmen wäre ohne »Salome« undenkbar. Die steinharten bitonalen Schläge und Eruptionen des schwergepanzerten Orchesters können ihre Herkunft von »Elektra« nicht verleugnen. In den beklemmenden Altoum-Chören erkennt man das Modell der »Iris«. Ein gestochenes, finessenreiches Parlando ist dem scherzohaften, dem zweiten Akt vorangestellten Intermezzo der drei Minister eigen – ein trocken-kauziger Humor, der Beziehungen zum italienischen Neoklassizismus Casellas und Malipieros aufweist. Es sieht dennoch nicht so aus, als ob Puccini seine Lehre vom Primat der Melodie, von Poesie und Farbe aufgegeben hätte. Für ihn, der es als conditio sine qua non erachtete, eine italienische Belcanto-oper zu schreiben, waren die Möglichkeiten der Tonalität längst nicht erschöpft. Klang und Farbe scheinen hier nur eine neue Dimension im Kontext der bis zum Äußersten gesteigerten Aktion gewonnen zu haben.

Der Beginn der Oper: eine messerscharfe Variante des brutalen »Tosca«-Ansprungs. Ein Signet hierarchischer Strenge, jetzt unbarmherzig auf die Ganztonskala bezogen. Vielleicht noch typischer der Fortgang einer schroff hingesetzten Kombination starrer d-Moll- und Cis-Dur-Akkorde. Wir sind in Peking. Nirgendwo anders. Puccini ist ihm mit dem ersten Klangsymbol zum Greifen nahe.

Noch fünfzehn Minuten Musik fehlten, als Puccini November 1923 die Komposition unterbrach. Er wollte die endgültige Librettofassung des Schlusses abwarten, bevor er sich die entscheidende Musikszene vornahm. Wohl hat er noch bis zum 24. Februar 1924 die ersten Akte und den dritten bis zu Liùs Tod instrumentiert. auch ließ er zu dieser Zeit seine Gedanken gern über frühere Werke schweifen, »Manon Lescaut«, »Butterfly«, »La Rondine«, erwog kleine Verbesserungen. Dann legte er eine Zwangspause, eine schöpferische Pause ein. Endlich brachten ihm die Freunde den endgültigen Text, die sechste Version des Liebesduetts, nach Viareggio. Puccini begann sofort, Skizzen zu Papier zu bringen. Die Frage, die sich aufdrängt: was hat er bei seinem Tode an Skizzen hinterlassen. Es sind die berühmten dreiundzwanzig Blätter, die verschiedenen Perioden angehören. Der erste Teil scheint bis kurz nach dem Kuß noch als Klavier-Particell entworfen zu sein. Der zweite Teil nur in spärlichen Motivangaben, alles schwer zu entziffern, die Anschlüsse fragwürdig. Vom Finale existiert so gut wie nichts. Das ist in Summa nicht wenig, aber es ist eben nicht alles. Genauen Einblick in das Vorhandene hat Ricordi erst in jüngster Zeit gewährt. Der Maestro, in dieser letzten Werkphase schwieriger denn je, zwischen Erschöpftsein und Gespanntheit schwankend, war mit detaillierten Angaben sparsam. Am 1. September 1924 heißt es an Adami: »Ich nehme jetzt die seit Monaten unterbrochene Arbeit wieder auf … Nun sehe ich den Horizont wieder viel klarer, in jeder Hinsicht«. Und dann am 10. Oktober: »Soll das heißen … daß ich › Turandot‹ nicht beenden soll? Es war doch nur so wenig zu tun, das berühmte Duett ins rechte Lot zu bringen … «.

War Puccini krank? Er fühlte sich seit etlicher Zeit indisponiert, kränkelte gelegentlich, längst hatte er die Sechzig überschritten. Aber seit Februar 1924 litt er an Beschwerden in der Kehle. »Seit längerem bin ich nicht wohl, leide an Halsschmerzen und hartnäckigem Husten«, schrieb er am 13. März an Sybil. Er hielt es für eine »Art Gicht«, widmete ihm, vertieft in die Tagesarbeit, keine größere Aufmerksamkeit. Doch Elvira beobachtete mit Sorge, wie sich sein Gesundheitszustand verschlechterte. Erinnern wir uns: August 1922, vor nicht einmal zwei Jahren, hatte Puccini bei einer Autofahrt mit Freunden nach dem bayerischen Ingolstadt einen Gänseknochen verschluckt, der in der Kehle steckenblieb. Er glaubte zu ersticken. Ein Arzt mußte herbei, der mit einer Magensonde die schmerzhafte Extraktion ausführte. Hatte der gefährliche und notwendigerweise sehr rasche Eingriff Spuren

Das erste der Skizzenblätter für Duett und Finale

hinterlassen? Die im Frühjahr 1924 von Puccini aufgesuchten Ärzte, sein Hausarzt in Viareggio und ein Halsspezialist in Mailand, diagnostizierten beide die heftigen Beschwerden als rheumatisch und letztlich ungefährlich. Eine Kur in Salsomaggiore bei Parma sollte Heilung bringen. Zu einer längeren Luftveränderung im Ausland konnte er sich wegen »Turandot« nicht entschließen. So bedrückend die Episode sein mag; es ist nicht viel von Puccinis angeblichen Todesahnungen zu halten. Übertrieben auch die Behauptung: es habe den Anschein, als ob ihm die physischen und psychischen Kräfte zur Vollendung eines so großen Werkes fehlten, er keinen Mut mehr habe, aus den Skizzen die plastische Gestalt zu formen. Dagegen spricht vieles. Eine schwere Zeit war es. Alles opferte er »Turandot«, auch den geliebten Tabak, als die Halsschmerzen zunahmen. Die Freunde suchten ihn aufzuheitern. Oft gelang es.

Durch den Scala-Triumph der »Manon Lescaut« Weihnachten 1922 war es zur längst fälligen Versöhnung mit Toscanini gekommen. Einer der Gründe der vorübergehend getrübten Beziehungen: der Dirigent hatte sich im gleichen Jahr mit Nachdruck für die Oper »Debora e Jaele« jenes Pizzetti eingesetzt, der als Mitglied einer Künstlergruppe in Opposition zu Puccini und seinem Werk stand. Darin war Puccini empfindlich. Jetzt umarmten sich die alten Freunde coram populo nach dem dritten Akt vor dem Vorhang. »Sie haben mir die größte Genugtuung meines Lebens gegeben. Am gestrigen Abend fühlte ich Ihre große Seele und Liebe für Ihren alten Freund und Kameraden früherer Tage...« Kurz darauf fuhr Puccini mit Tonio im Auto zur Wiener »Manon Lescaut« mit Jeritza. Solche Erlebnisse erhellten noch einmal trübe Stunden. Anfang September sehen wir Toscanini bei Puccini in Viareggio. Sie sprachen erstmals über die Uraufführung der »Turandot«, die dem Freund, seit 1921 künstlerischer Direktor der Mailänder Scala, anvertraut werden sollte. »Von hier ist jetzt Toscanini weggefahren... Ich bin sicher, daß ›Turandot‹ in seinen Händen eine ideale Aufführung erleben wird. Sie wird im April sein. Ich habe folglich genügend Zeit, um das Wenige, das noch zu tun ist, zu beenden« (an Schnabl-Rossi). Anfang Oktober machte Puccini einen Gegenbesuch in Mailand und spielte dem Generalissimus aus der Oper vor. Toscaninis Reaktion ist nicht bekannt, sie kann nur begeistert gewesen sein. Sollte hier Puccini die halb scherzhafte Bemerkung gemacht haben: wer wüßte, ob er das Werk vollenden könne? Oder gar das Schwerwiegende: man solle den Torso spielen, wie er ihn hinterlasse? Beides ist keineswegs verbürgt. Wie sich denn so manches nicht ganz Authentische in Puccinis Biographie eingeschlichen hat.

Nun nahm alles seinen Lauf, bedrückend, darüber zu schreiben. Puccinis Beschwerden verstärkten sich, beunruhigten mehr und mehr seine Umgebung. Er fühlte sich leidend und alt. Die Fotos dieser letzten Zeit bezeugen es. Seine Briefe scheinen darauf hinzuweisen, wie er zum ersten Mal etwas in ihm Verborgenes überspielte, ein geheimnisvolles Element, nicht nur Hoffnungslosigkeit. Bereits Ende August 1924 hatte Sybil, bei ihrem Besuch in Viareggio erschrocken über den Zustand des Freundes, ihn zu einer ernsthaften fachärztlichen Untersuchung zu bewegen versucht. Vergebens. Erst Anfang Oktober war Puccini nach einer nochmaligen Diagnose des Hausarztes bereit, einen Spezialisten in Florenz aufzusuchen. Resultat der genauen Diagnose am 8. Oktober: am unteren Ende des Kehlkopfes entdeckte der Arzt einen Tumor. Kehlkopfkrebs im fortgeschrittenen Stadium. Nur der erschrockene Tonio erhielt davon Kenntnis und ließ zwei weitere italienische Autoritäten nach Viareggio kommen. Der Befund wurde bestätigt. Für eine Operation war der Tumor schon zu groß. Die einzig mögliche Behandlung war damals die noch in den Anfängen steckende Radium-Therapie. In Europa kamen dafür nur Berlin und Brüssel in Betracht. Puccini wählte das Institut de la Couronne von Dr. Ledoux in Brüssel. Die Entscheidung war gefallen.

Einsamkeit. Der Abschied beginnt. Seit zwanzig Jahren hatte sich Puccini vorgenommen, den kleinen Ort seiner Vorfahren Celle in den Bergen westlich Luccas aufzusuchen. Immer wieder hatte er es aufgeschoben. Am 26. Oktober holte er, einem plötzlichen Einfall folgend, den Besuch nach. Ein Familienfoto zeigt den Schwerkranken im Kreis der ihm Nächsten, die meisten Freunde waren mitgekommen. Eine makabre Aufnahme mit dem Maestro in gewohnt selbstsicherer Geste, den Hut wie je schief auf dem Kopf, die Hände in den Taschen, inmitten der scheinbar unbekümmerten Gruppe. ... Wenige Tage später eilte nochmals Toscanini nach Viareggio. Freunde hatten ihn über Puccinis Verfassung verständigt. In Forzanos Memoiren ist es nachzulesen. Beide Künstler studierten in Bologna Boitos nachgelassenen »Nerone« ein. »Puccini erwartete uns freudig, denn Toscaninis Besuch hatte ihm immer Auftrieb gegeben. Er dankte ihm, daß er sich seiner ›Turandot‹ so angenommen hatte und zeigte uns die Partitur, die bis auf die Schlußpassage vollendet war. Wenn er von Brüssel zurückgekommen sei, wolle er auch die fehlenden Takte noch schreiben. Dann spielte er uns viele Stellen auf dem Klavier vor. In Unkenntnis seiner schweren Krankheit witzelte er über die Veränderung seiner Stimme: ›Hörst du meinen Tenor, Arturo‹, fragte er und begann zu singen... Bei der Verabschiedung flüsterte Puccini dem Freund zu: ›Sollte mir etwas zustoßen, so laß meine Turandot nicht im Stich!‹«

Das war am 3. November. Am vierten früh nahm Puccini Abschied von seinem Haus in Viareggio, ohne zu ahnen, daß es der letzte war. Er reiste in Begleitung von Tonio, Fosca und Clausetti nach Brüssel. Elvira, an Bronchitis erkrankt, blieb zurück. Die lange Fahrt wurde durch eintretende Blutstürze erschwert. Die sechsunddreißig Skizzenblätter waren im Gepäck. Auch in Brüssel wollte er weiterarbeiten und das Werk nach fast vier Jahren endlich abschließen. Tatsächlich schrieb er in der Klinik an verschiedenen Abschnitten des Duetts. Noch am Tage der Einlieferung wurde die Diagnose des Florentiner Arztes bestätigt. Noch an diesem Abend sandte er seinem Intimus einen Brief: »Lieber Adamino, jetzt bin ich hier! Ich Ärmster! Man sagt, ich werde ungefähr sechs Wochen brauchen. Das habe ich nicht verdient! Und ›Turandot‹?«... Die Behandlung begann sofort und schien zunächst vielversprechend. Die Blutungen ließen nach. Puccini bekam stundenweise »Ausgang«, besuchte Kinos und Restaurants. Im Théâtre de la Monnaie erlebte er nochmals »Butterfly«. Leider dürfte ein Brief an einen Bekannten in Viareggio, ein Dokument des sinkenden Lebens, der ganzen Wahrheit am nächsten kommen.

»Lieber Angiolini, vielen Dank für Ihren freundlichen und gütigen Brief. Ich werde gekreuzigt wie Christus! Ich habe einen Kragen um den Hals, der eine wahre Qual ist. Äußerliche Radiumbehandlung zunächst – dann Kristallnadeln in den Hals und eine Öffnung, um zu atmen, auch in den Hals. Aber sagen Sie nichts Elvira oder zu jemand anderem. Der Gedanke an diese Öffnung, mit einem Röhrchen aus Gummi oder Silber darin – ich weiß noch nichts Genaues – erschreckt mich. Man sagt, ich müsse es ertragen und mich für acht Tage damit behelfen, um den Teil des Halses, der behandelt wird, ungestört zu lassen. Denn das Atmen auf normale Art würde die Behandlung beeinflussen. Und deshalb soll ich durch ein Röhrchen atmen! Mein Gott, wie schrecklich...! Welches Elend! Gott helfe mir. Es wird eine lange – sechs Wochen – und schreckliche Behandlung nötig sein. Aber man versichert mir, daß ich geheilt werde. Ich bin deswegen ein wenig skeptisch und auf alles vorbereitet. Ich denke an meine Familie, an die arme Elvira. Seit dem Tage meiner Abreise ist meine Krankheit schlimmer geworden. Morgens speie ich dunkles Blut. Aber der Doktor sagt, daß dies nichts Ernstes sei und daß ich mich damit beruhigen solle, daß nun die Behandlung begonnen hat. Wir werden sehen.«

Aber das war nur der Anfang. Am 24. November wagte man die Operation. Bei nur örtlicher Betäubung (das Herz war schon zu schwach) wurden sieben radioaktive Nadeln in den Tumor eingeführt. Die Operation dauerte vier Stunden und schien erfolgreich. »Puccini wird bald aus der Klinik entlassen sein«, lautete das ärztliche Bulletin. Der Sprache unfähig, kritzelte er Notizen auf ein Blatt Papier. Tonio und Fosca wechselten einander am Krankenbett ab. Am Abend des 28. November schrieb Fosca an Sybil: »Alles geht zufriedenstellend, und die Ärzte sind beruhigt; unser heißgeliebter Vater ist gerettet.« Bevor sie diesen Brief beendete, verließ sie das Zimmer, um nach Sybils Anschrift zu fragen. Kurz darauf wurde sie von der Schwester, der Maestro nannte sie »Suor

Angelica«, zurückgerufen. Puccini hatte einen Herzanfall erlitten. Die Nadeln wurden eiligst aus dem Kehlkopf entfernt. In den ersten Stunden des folgenden Samstags flüsterte Puccini noch Fosca einige Worte über ihre Mutter zu. Auch ein Zettel »Arme, beklagenswerte Elvira« fand sich später bei ihm. Darüber gibt es verschiedene Versionen, aber der letzte Gedanke galt Elvira. Puccini lag vier Stunden im Koma. Der italienische Gesandte und der päpstliche Nuntius, der ihn mit den Sterbesakramenten versah, erschienen noch. Puccini verschied am 29. November 1924 mor-

gens gegen vier Uhr. Antonio und Fosca Leonardi waren bei ihm.
Die Nachricht vom Tode des Meisters lief in wenigen Stunden
um den Erdball. Vor allem auf die Menschen seines Heimatlandes, die ihn liebten und verehrten, senkte sich tiefe Trauer. Der
Bischof seiner Vaterstadt Lucca ließ im Dom und in San Martino
eine halbe Stunde die Glocken läuten. Die erste Totenmesse
wurde in einem von vielen Italienern bewohnten Bezirk Brüssels,
in der Kirche Sainte-Marie, zelebriert. Ein langer Kondukt geleitete den Leichnam zum Bahnhof. Dann wurde der Sarg im Son-
derzug nach Mailand überführt. Glich die Totenfeier am
3. Dezember im Dom nicht einer grandiosen Opernszene, wie sie
der Maestro in jungen Jahren so sehr nach den Herzen seines Volkes geschaffen hatte? Um dies würdigen zu können, muß man wissen, wieviel größere, in der Öffentlichkeit sichtbare gefühlsmä-
ßige Anteilnahme das Sterben eines Menschen in Italien auslöst.
Vor Tausenden Ergriffenen spielte das Orchester der Scala unter
Toscaninis Leitung die von ihm selbst eingerichtete Trauermusik
aus »Edgar«, eine sinnvolle Ehrung. Mussolinis parteioffiziöse
»Huldigung« hingegen bewegte sich auf dessen Niveau. Daß er
sich selbst in dieser Stunde zur Unwahrheit verstieg, war peinlich.
Wie groß und stark erhoben sich die Worte, die Casella, nun längst
wieder einer der Getreuen, dem Verstorbenen in seinem Nachruf

Puccinis Ruhestätte in Torre del Lago

widmete! Er schloß mit den Sätzen: »Der Tod Puccinis bildet nicht nur den Anlaß nationaler Trauer für unser Land, sondern ich glaube versichern zu können, daß das Dahinscheiden weniger Künstler einen so allgemeinen, aufrichtigen und tiefen Schmerz hervorgerufen hat, wie das Ende dieses Mannes, der ein so souveräner Herrscher im Bereich seiner Kunst und dabei ein so edler Charakter, ein so gütiger und sympathischer Mensch war...«. Toscaninis Familiengruft in Mailand nahm die Leiche vorübergehend auf. Frühjahr 1926 fand sie in dem von Tonio errichteten Mausoleum im Haus von Torre del Lago ihre letzte Ruhestätte.

Was würde mit »Turandot« geschehen? Nicht einmal eine winzige Briefstelle gibt es, die Puccinis Ansicht über die Möglichkeit der Partiturergänzung durch zweite Hand zum Ausdruck bringt. Traute er einem anderen eine solche schöpferische Identifizierung mit seinem Werk nicht zu? Puccini war Realist genug, nach einem Ausweg zu suchen, hätten die Umstände eine Entscheidung von ihm gefordert. Natürlich konnte es nur ein Italiener und hier wieder nur ein mit Puccinis Stil und Technik innig Vertrauter sein. Waren es Mascagni, Giordano, Respighi, Wolf-Ferrari, Pizzetti, Zandonai? Oder gar Malipiero und Casella? Keiner drängte sich zu einer so heiklen und differenzierten Aufgabe. Die erste Wahl traf nur wenige Tage nach Puccinis Tod überraschend einen Musiker, der wohl doch eine Nummer zu klein war: den 1884 geborenen Komponisten der Oper »Anima allegra« Franco Vittadini. In einem Brief Schnabl-Rossis an Puccinis Sohn Tonio wird darauf Bezug genommen. Erste Zweifel klingen an. Es heißt da: »Was ›Turandot‹ betrifft, so mißfällt mir die Idee nicht, sie Vittadini anzuvertrauen. Es ist Titos Idee. Aber wird er über den notwendigen Impetus für dieses Finale verfügen, das der Triumph der Liebe werden muß? Alles hängt natürlich auch vom Material ab, von den hinterlassenen Skizzen und Anmerkungen. Ich habe gelesen, es sei beinahe alles vorhanden? ...« Schließlich einigten sich alle Beteiligten, der Verlag, vertreten durch die Tito-Nachfolger Clausetti und Valcarenghi, die Familie Puccini, Toscanini, auf Franco Alfano. Vorauszusehen: er sträubte sich, wie sich alle anderen gesträubt hätten. Da bat der damalige Ministerpräsident Alfano zu sich, sprach von nationalem Notstand und der Aufgabe, den Abschluß dieser Hinterlassenschaft des großen Meisters um jeden Preis zu lösen. Er sei der Geeignete dafür.

Alfano war achtundvierzig Jahre alt, Direktor des Liceo musicale in Turin, als Komponist der »Resurrezione« von 1898 und der

»Leggenda di Sakúntala« von 1921 geschätzt. Seine neueste Oper, die ihn gerade beschäftigte, war die einaktige »Madonna Imperia«. Daß er, fast erblindet bis 1954 lebend, ein Schüler Puccinis war, wird behauptet – aber wann und wo denn? Alfano war zu der Audienz mit dem festen Vorsatz gekommen, nein zu sagen. Der Ministerpräsident verstand ihn durch geschickte Argumente zu überzeugen. Am 18. Juli 1925 stimmte Alfano endlich zu, den Auftrag zu übernehmen. Viele Monate verbrachte er, seine Opernarbeit unterbrechend, mit dem Studium der vorhandenen Skizzenblätter, von denen einige nur wenige Noten enthielten, ein kurzes Motiv, eine Fanfare. Auch zog er Puccinis sonstigen Nachlaß, Briefe und Aufzeichnungen, in seine Arbeit ein. Einige wenige Textänderungen nahm Adami nach seinen Wünschen vor. Mitte des Jahres erhielt Ricordi die ersten neunzehn Seiten des Klavierauszuges. Bis Januar 1926 waren Duett und Finale, das Alfano zunächst den beiden Solostimmen zugewiesen hatte, fertiggestellt. Schon im Herbst dürften alle Beteiligten nicht mehr an den ursprünglich vorgesehenen Premierentermin, dem ersten Jahrestag von Puccinis Tod, geglaubt haben. Brachte doch Alfanos Augenkrankheit die Arbeit an »Turandot« vorübergehend zum Erliegen.

Welch undankbare Aufgabe, ein Meisterwerk von fremder Hand vollenden zu lassen! Alfano hat sie nach bestem Vermögen erfüllt, ungerecht wäre es, von ihm mehr zu erwarten. Aber man muß sehen: von dem, was Puccini an innerer Steigerung, Psychologie, Emotion, Potenzierung der Liebeskraft, geistig-sinnlicher Überhöhung des Märchens ins Gleichnishhafte, Mythische zu erreichen suchte, enthalten die Skizzen nur Andeutungen, nur Rohmaterial. Welche Tragik für Puccini, gerade hier die Feder aus der Hand legen zu müssen! Alfano fühlte sich (verständlicherweise) nicht in der Lage, Puccinis notgedrungene Randbemerkung »Melodie finden« umzusetzen. Er schreckte wohl auch vor dem Skizzenhinweis einer »porosazione orchestrale«, einem sinfonischen Intermezzo à la »Butterfly«, zur Verdeutlichung der Vereinigung der Liebenden zurück. Das war nicht seine Sache, überstieg seine Kräfte. Keinen »Bombast« hatte sich der Musiker von Adami für das Finale gewünscht. Es ist nun leider bei ihm doch Pracht und Prunk geworden. Kurzatmige Phrasen, simple Fanfaren, ungeschickte Modulationen, die man nicht überhören kann und die bei dem feinsinnigen Komponisten der »Sakúntala« in Erstaunen versetzen. Leider auch Abweichungen von Puccinis originärer Klangidee, wie sich aus den Skizzen herauslesen läßt.

Fedele d'Amico und Jürgen Maehder haben es am konkreten Fall nachgewiesen. Die Naht ist sehr deutlich.

Ein genauer wissenschaftlicher Befund der heute praktizierten Fünfzehn-Minuten-Fassung Alfanos stößt auf Schwierigkeiten, denn viel Spekulation ist damit verknüpft. Wovon wir jetzt Kenntnis haben: Alfano hatte ursprünglich ungefähr sechs Minuten mehr Musik hinzukomponiert. Natürlich war es Toscaninis gutes Recht, sich um Alfanos Arbeit zu kümmern und eine möglichst genaue Auswertung der Skizzen zu fordern. Nur: seine Angst, »zu viel Alfano« und »zu wenig Puccini« war übertrieben. Er griff ziemlich radikal in Alfanos Erstfassung ein, muß ihm hart zugesetzt haben. Strich hundertneun Takte, also ein Drittel. Am meisten traf es Turandots zweite Arie »Del primo pianto«, von der nur verhältnismäßig spärliche Skizzen vorlagen. Gleich gar nicht konnte er sich mit den in höchster Ekstase gesungen B, H und C's des Alfano-Finale befreunden. Diese Kürzungen lassen sich übrigens untrüglich sicher aufzeigen: die Ziffern, die in Partitur und Klavierauszug eingedruckt sind, rücken an einigen Stellen verdächtig aufeinander, signalisieren Eingriffe. Jedenfalls besitzt eine Passage (Ziffer 46) in ihrer unsäglichen Modulations-Trivialität eine gewisse »Berühmtheit«.

Vieles spricht dafür: sie stammt von Toscaninis Hand. Ein großer Dirigent, aber als Musiker keineswegs geschmackssicher! Schon seine Einrichtung von Boitos »Nerone« hatte Kritik hervorgerufen. Am glücklichsten war Toscanini, als er Alfano veranlaßte, das Schlußbild nach Puccinis mehrfach überliefertem Wunsch als reines Chorfinale umzuschreiben. So und nicht anders mußte es sein.

Plakat der Uraufführung Mailand 1925

Schien bei Puccinis Tod noch die Frage offen, ob die unvollendete
»Turandot« je über die Bühne gehen sollte, so drang bald die
Gewißheit einer postumen Scala-Uraufführung des Torsos an die
Öffentlichkeit. Wie es Puccini in einer dunklen Stimmung pro-
phezeit haben soll, geschah es. Als die Aufführung am 24. April

1926 Liùs Tod mit den Worten des Chores »Liù, bontà, perdona! Liù, dolcezza, dormi! Oblia! Liù! Poesia!« erreicht hatte – da wandte sich Toscanini (nach dem Bericht des »Corriere della Sera«) vom Pult aus, den Taktstock niederlegend, mit »leiser und bewegter Stimme« ans Publikum und »langsam senkte sich der Vorhang über › Turandot‹«. Die Worte, die er sprach: »Qui finisce la partizione del Maestro Puccini«, »Hier endet das Werk des Meisters«. (Es gibt noch eine ausführlichere Version: »Hier endet die Oper, denn an dieser Stelle starb der Maestro«.) Erst am zweiten Abend wurde das Werk mit der Kurzfassung der Ergänzung Alfanos gegeben. Forzano, der Vielseitige, zeichnete für die Regie verantwortlich. Die überaus aufwendige Ausstattung stammte von Chini und Caramba, Puccini hatte sich die milieugetreuen Entwürfe noch zeigen lassen und Wünsche geäußert. Wem der Sängerelite würde die Ehre zuteil, bei dieser Prima Rappresentazione Nuovissima der Scala mitzuwirken? Toscanini, seit Monaten auf die große bewegende Aufgabe konzentriert, entschied sich für die dramatische Sopranistin Rosa Raisa als Turandot und für die lyrische Maria Zamboni als Liù. Tenor Miguel Fleta gab er überraschend gegenüber dem noch von Puccini vorgesehenen Tenorheros Lauri-Volpi den Vorzug. Der Trommelwirbel der Faschisten blieb an dieser bedeutungsschweren Scala-Premiere ungehört. Toscanini weigerte sich, die von Mussolini gewünschte Hymne »Giovinezza« zu Beginn zu spielen. Die Folge: der beleidigte »Duce« zog es vor, dem festlichen Abend fernzubleiben. Was die Aufnahme durch das international zusammengewürfelte Publikum betrifft: sie war nach dem ersten und letzten Akt enthusiastisch, das Echo des zweiten Aktes fiel dagegen ab.

Rom, Buenos Aires und Rio folgten unmittelbar. Bereits am 4. Juli 1926 kam »Turandot« an Dresdens Staatsoper, der Uraufführungsstätte des »Rosenkavalier«, in Brüggemanns Übersetzung zur deutschen Erstaufführung. Fritz Busch dirigierte, die Amerikanerin Anne Roselle war als Prinzessin bestellt. Als der Heldentenor des Dresdner Ensembles kurz vor der Hauptprobe erkrankte, brachte Richard Tauber den Husarenritt fertig, den Calaf in drei Tagen zu studieren. Wiens Oper mit Maria Nemeth und Kiepura und New Yorks Met nun endlich mit Jeritza und Lauri-Volpi präsentierten das Werk noch im Spätherbst. Woran es lag, daß der Strom der Aufführungen schon bald versickerte? Zu bombastisch? Undankbar? Zu schwer zu besetzen? Bedeutendes leisteten in den dreißiger, vierziger Jahren die Produktionen von Clemens Krauss und Viorica Ursulaec in Berlin und München für die Oper. Erst nach dem Krieg gewann »Turandot« an Boden, getragen von exzeptionellen Sängerinnen der Titelpartie wie Eva Turner, Birgit Nilsson, Eva Marton und Ghena Dimitrowa. Gefeierte Calaf-Protagonisten waren Del Monaco, Corelli, Rosvaenge, Björling, Domingo. Bei all diesen Wiedergaben handelte es sich um die zweite, um hundertneun Takte verkürzte Alfano-Fassung, auch in Dresden. Nur auf einigen älteren Schallplatten mit Anne Roselle, Lotte Lehmann, Mafalda Salvatini finden sich Spuren der von Alfano zunächst breiter ausgebauten Arie »Del primo pianto«. Darüber hat Gordon Smith genau informiert. Den kompletten Alfano-Schluß, Arie, Duett und Chorfinale führte vermutlich erstmals der Dirigent Owain Arwed Hughes mit Erlaubnis des Verlages am 3. November 1982 konzertant im neuen Londoner Barbican Centre auf. Zusammen mit Alain Sievewright hatte er das fast vergessene Autograph 1978 im Archiv der Casa Ricordi aufgestöbert. Die erste Bühnendarbietung des Alfano-Originals erfolgte im Herbst 1983 an der New York City Opera unter Christopher Keene.

Was nun? Es mag seine Richtigkeit haben, es handele sich bei »Turandot« in Stil und Technik um Puccinis »vollkommenes« Werk. Sein »vollendetes« kann es nun mal nicht sein. (Dies Resümee Mareks ist so plausibel, weil es jeder Rechtfertigung standhält.) Sicher: etwas Reiferes, Größeres und auch Raffinierteres hat es bislang in Puccinis Œuvre nicht gegeben. Er hat es sich für sein nachgelassenes Opus magnum aufgespart. »Turandot« ist auch so, wie wir sie heute kennen und bewahren, ein grandioses Dokument der Oper des 20. Jahrhunderts, neben »Arabella« des deutschen Zeitgenossen Strauss der letzte ganz breite Opernerfolg des internationalen Repertoires. Dennoch muß man sich mit der Tatsache eines ungelösten, vom Komponisten nicht mehr autorisierten Schlusses abfinden. Er ist ein Kompromiß. Als die weitaus sorgfältigere Arbeit erweist sich die Erstfassung. Doch kommt Toscaninis nicht eben zimperlicher Umgang mit Alfano wiederum Puccinis Neigung zu einem »raschen Ende« seiner Opern entgegen. Nur die Praxis kann hier entscheiden.

»Mein Geheimnis ist in mir verschlossen« – Calafs Worte mögen für das nachkomponierte Finale gelten. Seine letzten Rätsel sind noch nicht gelöst, werden wohl ungelöst bleiben. Denn ein selbst schon anerkannter Musiker wie Alfano wollte und konnte keine Schritte unternehmen, die seine schwierige Aufgabe über das hinausführten, was der Kritiker Teodoro Celli als »höchsten Respekt vor Puccinis Intentionen« quittierte. Wir hören eine nach vorliegenden Themen und Fragmenten ergänzte Musik, die alles vermeidet, das Vorhandene durch ausgiebige Zutaten zu überwuchern. Aber sie ist in der psychologischen Zeichnung des Konflikts echter Liebe und grausamer Verhärtung, der Überwindung des Bestehenden durch den Eros keineswegs das, was Puccini komponiert hätte. Nicht nur in der Musik, schon im Text entsteht der Eindruck des Lapidaren, sich Überstürzenden, die in ungewöhnlich kurzer Zeit erstellte Instrumentation gehört dazu. »Kein Ballast« – »Melodie finden« – »weniger einfältig als bisher« – das geheimnisvolle »poi Tristano«, solche Bemerkungen in den überkommenen Skizzen zeigen den Weg, der hier nicht beschritten werden konnte. Puccini, von tödlicher Krankheit gequält, wurde nicht müde, um sein Werk zu ringen. Er stand kurz vor dem Ziel, wie wir der letzten »Commedia«-Mitteilung entnehmen können. Vincent Seligman hat berichtet, wie der sterbende Maestro mit zarten Händen quasi auf dem Klavier spielte. War es seine zweite große Turandot-Arie, die für immer ungesungen blieb? Waren es die letzten Übergangsfanfaren vor dem Schlußbild? Wir wissen es nicht.

Die Spur

Der Weg, den uns Puccinis Leben und Werk durch die Jahrzehnte wies, ist zu Ende. Nach alledem, was hier über den großen Musiker mitgeteilt wurde, bleibt die Bewunderung über die Kontinuität seines Schaffens. Es ist kein Zufallswerk, leicht hingeschrieben, eingeschoben in andere Verpflichtungen. Es ist seine Hauptaufgabe, sein Lebenswerk, das er Stück für Stück mit hoher Verantwortung aufschichtete – zum beispiellosen Welterfolg. Puccinis unbeugsamer Wille nach künstlerischer Breitenwirkung verband sich mit seinem Streben nach Allgemeinverständlichkeit. Er wollte den Menschen nahe sein. Aber er überschritt nie die Grenzen zum Vulgären, immer wieder wird seine Schamhaftigkeit in Dingen des Gefühls betont. Es stimmt: sein Sinn für Lebensnähe und Volkstümlichkeit hat ihn seit »Manon Lescaut« (mit Ausnahme des Absenkers »La Rondine«) nicht verlassen. »Puccinis Genialität besitzt enge Grenzen, aber er hat stets das Beste aus seiner Begabung zu machen verstanden« – diese Worte Ernest Newmans könnten einschränkend klingen, wenn sie nicht ihm Eigenes assoziieren. Ihn bewegte das Fluidum der Liebe, der Menschenliebe, des Menschenherzens. Es sind die »kleinen Seelen«, die »kleinen Menschenschicksale«, die er zum ersten Mal, höchstens an Verdis »La Traviata« anknüpfend, auf die Opernbühne bringt. »La vie charmante et la vie terrible!«. Es ist die Quintessenz einer Musikdramaturgie, die auf kleinstem Raum eigene Grenzen des Künstlerischen absteckt und bei knapper Spieldauer dramatische Geschehnisse aus Historie und Gegenwart spiegelt. Hat je ein Musiker Klage und Anklage seiner Zeit liebenswürdiger vorgezeigt?

Grundfalsch wäre es trotzdem, in Puccini ein einfaches, herzensgut-harmloses, gar weichlich-feminines Wesen zu sehen. Wenn derart viel Glut, Leidenschaft und Temperament hinzukommen, dann entsteht mehr als hübsche Verbindlichkeit. Puccini war ein pflichteifriger Mensch, mit dem nicht zu spaßen war. Er war ein bescheidener und gütiger Charakter, wenn auch in gewissen, nicht immer glücklichen privaten Verhältnissen ein schwacher. Seine Opern, ihre Mithelfer, der Glanz ihrer Aufführungen waren ihm innerer Halt. Welcher Weg vom konventionellen Einstieg der »Le Villi« und »Edgar« zum kühnen Lebensfazit der »Turandot«! Mit einem »phantastischen Sujet« aus dem deutschen Schwarzwald begann es, mit einem großartigen Märchen des alten China hörte es auf. Ein magischer Kreis.

Nur wenige haben so hart wie Puccini an sich gearbeitet, um jedes Wort, um jeden Ton gekämpft, die Librettisten fast zur Verzweiflung gebracht. Er hat sich seiner Sache immer ganz gewidmet, ausschließlich. Er war nie mit sich zufrieden. Aber wir wissen heute, wie die Theaterpraxis seinen Sorgen, Ängsten, Nöten recht gegeben hat. Jene späteren Revisionen, Einrichtungen und Fassungen, die noch für Verdi zum Fortbestehen vieler Opern gehörten, ersparte er uns. Der Praktiker hat alles zu Ende gedacht, bedurfte keines Rotstifts. »Butterfly«, zu flüchtig konzipiert, und »Tabarro« sind Sonderfälle. Korrekturen von »Tosca«, »Fanciulla« und »Rondine« beschränken sich auf Details. Nur: im ständigen Konvergieren mit dem psychologischen Mitleiden eines »Nun sterb' ich in Verzweiflung« und der Verklärung eines »Nur der Schönheit weih' ich mein Leben« hatte seine Kunst etwas idealistisch Ausschwärmendes, Doppelbödiges, Depressives, Selbstquälerisches, wir haben es durchs gesamte Werk verfolgen können. Mit einer Reihe seiner Leidensfiguren erhob er sich über jedes kleine Maß. Er war ein Musikpoet des Alltäglichen ohne jenes zudringliche Ethos, das sich im Bereich der Oper dieses Jahrhunderts oft genug als pures Make-up offenbart. Was man vor gar nicht so langer Zeit noch seinen Sentimentalismus, seine Brutalität, seinen Kinoeffekt nannte, hat längst den Schrecken verloren. Diese ästhetische Zuordnung befindet sich auf dem Rückzug. Geblieben ist das, was wir das Kreatürliche, den Pulsschlag des wahren Lebens, das Schmerzende wie die Lust nennen möchten.

Seine Karriere verlief in vier verschiedenen Lebensakten, nicht scharf abgegrenzt, fließend. Der erste Akt, die Jugend und der erste Opernanlauf des Fünfundzwanzigjährigen. Man könnte insofern alle jungen Musiker mit Anfangsbefangenheit und Krisenanfälligkeit trösten, als selbst dem jungen Puccini hier nur Talentproben ohne praktische Bedeutung gelangen. Zweiter Akt: der Durchbruch mit der melodientrunkenen »Manon Lescaut« und der bis heute repertoire- und kassensicheren Erfolgstrias »La Bohème«, »Tosca«, »Madama Butterfly«. Dritter Akt: Puccini strebt auf der Mittagshöhe seines Lebens weiter, hält nach neuem erregendem Kolorit und vergrößerten musikdramatischen Möglichkeiten Ausschau: »La Fanciulla del West«. Ausgerechnet im Schatten des Weltkriegs die lyrisch-freundliche Glätte in »La Rondine«. Schließlich gereift, gealtert zwei Werke, die Tradition des

Melodrammas sprengend, in enger Berührung zu den Strömungen der Moderne, zuletzt vor dem Einfluß des Faschismus fliehend: »Il Trittico« und »Turandot«, unvollendet, sind Endpunkt einer langen Entwicklung. Mit ihr ist die Passione südlicher Oper verstummt. Nur wenige Große haben diese Kontinuität, das Gleiche in vielfach gewandeltem Kleide, in ihrem Gesamtœuvre erreicht.

In ständigem Wechsel der Milieus schafft sich Puccini seine Mittel und Gestalten. Ein unaufhörlicher Wandel und doch ein ausgeprägter Personalstil, eine unverkennbare Handschrift. Dieser Stil, in allen Variationen des Eleganten und Tragischen, des Sensiblen und Brutalen, des Leichtsinnigen und Melancholischen unschwer zu unterscheiden, ist nicht unbedingt originär, wir kennen seine Herkunft. Aber er äußert sich mindestens seit »Manon« als lyrisch hinreißender Puccinismus, von romantischem Empfinden und hoher Poesie bewegt, wenn es sein muß, dramatisch ausladend, erotisch glühend, wirklichkeitsnah. Er identifiziert sich mit Manons Lebensgier, Mimis süßem Duft, Musettas Kapriziosität, Toscas Leidenschaft, Cio-Cio-Sans Trauer, Minnies loderndem Weibstum, Angelicas mildem Mutterschmerz, Liùs Hingabe und Turandots Eiseskälte – alles Frauen! Sie tragen alle zunächst einen nach bürgerlichem Moralkodex deutlich ausgeprägten Makel, der sie eigentlich zur femme fatale (die später bei Bergs Lulu prototypischen modischen Charakter angenommen hat) disponiert. Nur werden sie vom Komponisten in seinen Opern geläutert, reingewaschen, zur femme fragile umgedeutet. Selbst wenn Puccini mit Des Grieux, Rodolfo, Cavaradossi, Scarpia, Johnson, Calaf, den witzigen Schicchi nicht zu vergessen, männliche Kontrastfiguren gelangen. Die weibliche Psyche ist die eigentliche Inspirationsquelle.

»Er bleibt der Melodie treu, und die ist weder alt noch neu...« Nichts umreißt das Phänomen seiner Opernmusik, die Bindung an das Vergangene und das Gespür für das Heutige so untrüglich sicher wie das Verdi-Wort. Die Fülle der Melodien ist ein Stück seiner schöpferischen Natur. Er sitzt am Klavier, und was in ihm verborgen ist, bricht aus ihm hervor. Es sind Melodien von ihm, so stark die Bindungen zur Folklore sind. Beobachtung und Exegese seines so charakteristischen nervös-expressiven Lyrismus: die Melodien entbehren jedes fatalen Beigeschmacks theatralischer Schminke. Wie also? Eine intuitive Musik. Auf konkrete menschliche Situationen und Haltungen bezogen, läßt sie den dramatischen Strom nicht stocken, bewegt ihn. Spärliche Ausnahmen

Das letzte Foto 1924

mögen die Regel bestätigen. Tatsächlich verlieren diese Melodien sogleich an Substanz und Atmosphäre, wenn man sie außerhalb der Bühne, im Opernkonzert, durch die Medien hört. Sie haben ihren Platz auf der Musikszene. Das Theater bringt sie zum Singen. Dieser Melodienstrom überrumpelt die meisten Hörer offenbar so sehr, daß die minuziöse Kleinarbeit an den Motiven, die Materialtechnik, die strukturelle Balance, vor allem der Reiz der instrumentalen Einfärbung leider oft unterschätzt werden.

Die Spur? Der Schritt von Verdi zu Puccini war organisch. Alles vollzog sich bruchlos, und wo der Jüngere neue Wege einschlug, verlor er nicht den Maestro von Sant' Agata aus dem Auge. Aber der Schritt über Puccini hinaus ist in der Gesangsoper spätromantischer Grundrichtung noch nicht getan worden. Eine Spur, die sich in einer »Schule« äußert, gibt es nicht. Puccini hat wie Strauss und Ravel nicht eigentlich direkt, sondern nur über sein Werk und seine Umwelt eingewirkt, man *mußte* ihn zur Kenntnis nehmen.

325

Man empfing kaum geistig-sinnliche Impulse von ihm. Man beschränkte sich darauf, ihn zu kopieren. Statt einer Puccini-Schule gibt es nur einen Puccini-Eklektizismus. Dies die tragische Ironie eines Musikers internationaler Geltung, der »in aller Munde« war, populär wie nur einer und letztlich für sich blieb. Der Mann, von der leichtgefügten Sing-Oper des sinkenden Jahrhunderts zum ausgeformten Drama der Endzeit weiterschreitend, war für eine progressive Entwicklung schier ohne Belang. Das heißt: selbst Mascagni, Giordano, Cilèa, Respighi, Zandonai suchten schon bald seinen direkten Einfluß abzuschütteln. Erst recht gilt das für die »neuen Ufern« zustrebenden Jüngeren, Malipiero, Casella und andere, die sich teilweise energisch gegen Puccinis späten Romanticismo auflehnten.

Auf Puccinis Manier zurückzugreifen, sein Handwerk naiv zu reflektieren – das haben viele versucht. Sie blieben in Erfindung, Struktur und Wirkung erheblich hinter dem Modell zurück. Eine nachgeborene Puccini-Oper von Belang gibt es weder von d'Albert noch von Zemlinsky oder Schreker, auch nicht von Menotti, der gegenwärtig vielleicht die melodischen und harmonischen Muster am konsequentesten aufnimmt. Korngolds »Tote Stadt«, die Puccini Anfang der zwanziger Jahre nachdrücklich der Scala empfahl, ist nicht an »Tosca« zu messen. Egks »Verlobung in San Domingo« von 1963 kommt nur in wenigen expressiven Strekken der »Fanciulla« nahe. Die sacharinsüße Melodik von Messiaens Tarangalîla-Sinfonie hat nur peripher etwas mit Puccinis Melos zu tun. Immer wieder erweist sich der gravierende Unterschied: Melodien, die Puccini dem eigenen Volk, dem Volkslied entnahm, wurden von den Mit- und Nachläufern ihrem Ursprung entzogen, nur nachempfunden, der nationalen Farbe entkleidet. Wurde nicht, zugunsten eines anrüchigen Broadway-Klischees, Puccini regelrecht geplündert? Eine klebrige Musikkonfektion erklärt ihn bis heute melodisch und harmonisch zu ihrem Idol. Romantisch ausufernde Tonfilmmusik ist ohne ihn (und Ravel und Gershwin) undenkbar. Kaum weniger schlimm: was Lehár von dem befreundeten Meister übernahm. Die Träne, die er seit den zwanziger Jahren dem Publikum mit Fleiß aus den Augen wischte, sein Kokettieren mit Operettentragik und krampfiger Oper, haben Puccini geschadet. Es gipfelt in einem ominösen »Das klingt wie Lehár!«, was die Tatsachen auf den Kopf stellt. Es hat dazu beigetragen, den Blick für das Ursprüngliche, Echte zu trüben und zu vernebeln. Fazit unseres Exkurses: mag der nachgemachte Puccini landaus, landein den Weg eines gewissen

Unterhaltungsgenres von Musik säumen, der echte Puccini-Ton bleibt unverwechselbar.

Puccinis Lebensspur ist sein Werk, nichts anderes. Aber hier verschwindet der Mensch nicht hinter dem Werk, in gewisser Weise erhellen sich beide gegenseitig. Er war kein Opernreformator, vom Stand eines »compositore nazionale« weit entfernt. Nie hat er seine ästhetischen Ansichten formuliert. Er wollte lernen und nicht lehren. Seinen Versuchen, in die Struktur des italienischen Opernlebens einzugreifen, war der Erfolg versagt. Wenn er auf seine Zeit und ihre Gesellschaft einwirkte, dann durch die Aufführung seiner Werke. Wie gewissenhaft achtete er auf genaue Befolgung seiner künstlerischen Absichten! Das Mahler-Wort »Das Werk hat immer recht« war ihm als Selbstverständnis bestimmend. Die Zahl jener, die von der Produktion seiner Opern gewonnen haben, ist groß. Es gibt längst eine mit dieser Kunst poetischen Realismus' vertraute Puccini-Tradition. Auf Abwege hat man sich bis in jüngste Zeit nur selten begeben. Wohin auch? Puccini bietet für Regieexperimente kein Feld. Selbst die Musikwissenschaft hat ihre Reserve abgelegt, nähert sich dem Werk mit Respekt und Vernunft, unterwirft es neuer, gerechter Kritik. Zu Puccini haben sich in neuerer Zeit so ungleiche Zeitgenossen wie Edison, Shaw, Schönberg, Webern, die Brüder Mann, Joyce, Dessau und Karl Amadeus Hartmann bekannt. Tucholskys soziologisch unscharfes Bild eines »Verdi des kleinen Mannes« wurde zurechtgerückt.

Man ist versucht, Debussys Zeitbewußtsein zu bemühen. Wagner sei ein »Sonnenuntergang, den man für eine Morgenröte gehalten hat«. Trifft das Bonmot für Puccini zu? Nur bedingt. Seine Musik ist in den schwach konturierten Anfängen keine Morgenröte, aber ein Sonnenuntergang ist sie vierzig Jahre später auch nicht. Immerhin: es fällt schwer, sich vorzustellen, Puccini habe *nicht* gelebt. (Manchmal ist es gut, mit solchen Denkkategorien umzugehen.) Nur wer die Oper nicht liebt, kann sich das Musiktheater der Gegenwart ohne Puccinis Überredungskraft auf die Menschen, seine Hautnähe zum Konsumenten, seine Bestsselleroper vorstellen. Das Wesentliche, scheint es, hat man erkannt und hält es als Erfahrung fest: er hat die kleinen, vom Alltag verbrauchten Gefühle in den Stand der Kunst versetzt. Das ist viel.

Liebe zu Puccinis Musik, Verständnis für seine der Wirklichkeit und dem Genuß verpflichtete Kunst ließ Heinrich Mann in seinem Erinnerungsbuch »Ein Zeitalter wird besichtigt« von 1947 ergreifende Worte über Puccini finden. Nur eine Passage, aber voller Bedeutung: »Wohlverstanden habe ich ihn von jeher als den Urheber nicht nur des leidenschaftlichsten Gesanges, auch des gehobenen Gefühles seiner Mitwelt empfunden. Es ist folgenreich, eine einzige ›kleine Stadt‹ singend zu machen: in meinem so benannten Roman tut es der Dirigent Enrico Dorlenghi. Der Maestro Puccini hat es für die Welt getan, bevor ihr aller Gesang verging...« Der Dichter möchte Puccini, dessen Opernpoesien den schwärmerischen Träumen spätbürgerlicher Gesellschaft als Vehikel dienten, einer sterbenden Welt zuordnen. Sicher hat er aus seinem Blickfeld recht. Aber die Zeit wartet nicht, arbeitet für Puccini und die unaufhaltsame Entwicklung des realistischen Musiktheaters. Die Neuentdeckung des singenden Menschen, der Stimme als Teil menschlicher Wahrheit sind ihm Gewißheit. Seine verführerischen Melodien wirken so frisch, als seien sie gerade erst entstanden. Er wird immer jünger.

Nachsatz

Sich mit Giacomo Puccini beschäftigen, heißt in unserem Fall, sein Werk im Zusammenhang mit Leben und Umwelt zu sehen und zu werten. Die Aufgabe war gestellt. Das Ergebnis, sich um Wahrheit und Sachlichkeit, ohne überflüssige Polemik bemühend, liegt vor. Ein Welterfolg der Oper wird beschrieben und analysiert.

Die sich über mehrere Jahre erstreckende Arbeit konnte mit Hilfe und Unterstützung vieler mir freundlich Gesinnter rechnen. Vor allem habe ich Dottoressa Simonetta Puccini in Mailand und Torre del Lago für ihre Anteilnahme am Gelingen des Manuskriptes durch Hinweise und Materialien zu danken. Dank schulde ich für Übersetzungen aus dem Italienischen Frau Isolde Ranft und aus dem Englischen dem verstorbenen Herrn Dr. Ernst Adler. Im Endstadium des Schreibens stand mir die Lektorin Frau Irene Hempel zur Seite. Um die Herstellung der Fotos, soweit sie nicht im Original vorliegen, machte sich Frau Marion Schöne verdient. Die gewissenhafte Reinschrift des Manuskriptes besorgte Frau Dora Heerde. Ihnen allen meinen herzlichen Dank.

Als Grundlage diente die vorzügliche, 1958 in englischer Sprache erschienene Biographie Mosco Carners. Auch Wolfgang Marggrafs kleinere schätzenswerte Arbeit von 1977, die wiederum auf Carner zurückgeht, wurde durchgesehen. Weitere Literatur belegt die Bibliographie; auf die Anführung von Artikeln, Kritiken und Schallplattentexten mit oft erhellenden Details wurde verzichtet. Als Quelle der verschiedenen Briefwechsel, vor allem jenes mit Guiseppe Adami, ist auf die vorhandenen Editionen zu verweisen. Die Inhaltsangaben der meisten Opern habe ich meinem Buch »Oper A–Z« entnommen. Die Notenbeispiele entstammen teils den Klavierauszügen der Verlage Ricordi und Sonzogno, teils der Puccini-Literatur. Grundsätzlich wurden für das Buch die italienischen Originaltitel, auch die italienische Form der Arien, gewählt. Ein Verzeichnis der deutschen Arienanfänge enthält der Anhang.

Berlin, Anfang 1984   E. K.

Anhang

Lebenschronik

1858   22. Dezember: Giacomo Puccini wird in Lucca geboren. Seine Eltern: Michele und Albina Magi. Der Vater stammt aus einer Musikerfamilie und ist Komponist, Organist und Städtischer Musikdirektor in Lucca.

1860   Elvira Bonturi, Puccinis spätere Frau, in Monza geboren.

1863   Unterweisung im Orgelspiel durch den Vater.

1864   18. Februar: Vater Michele Puccini gestorben. Er hinterläßt eine schwangere Frau und sieben Kinder.

1865   Erste musikalische Studien bei Fortunato Magi und Carlo Angeloni.

1868   Chorknabe in San Martino und San Michele in Lucca.

1872   Organistendienst an Kirchen der Umgebung Luccas.

1874   Erste Komposition für Orgel.
Aufnahme Giacomos ins Istituto Musicale Pacini in Lucca bei Carlo Angeloni.

1876   Nach einer Aufführung von Verdis »Aida« in Parma faßt Puccini den Entschluß, Opernkomponist zu werden.
August: Preludio sinfonico in A-Dur (unveröffentlicht).

1877   Teilnahme am Kompositionswettbewerb der Stadt Lucca. Die Kantate »I figli d'Italia bella« wird wegen mangelnder Kompositionstechnik und schlechter Handschrift zurückgewiesen.

1878   Aufführungen einer Motette und Messe für vier Stimmen in einem Schülerkonzert des Musikinstitutes Lucca.

1880   Oktober/November: Aufnahmeprüfung am Konservatorium in Mailand.
Beginn des Studiums am Konservatorium in Mailand bei Antonio Bazzini. Einjähriges Stipendium der Königin Margherita. Studienfreund Pietro Mascagni.
12. Juli: Motette und Messe in Lucca, San Paolino.

1881   Zweites Studienjahr bei Amilcare Ponchielli (Konservatorium bis 1882).

1883   1. April »Il Teatro Illustro« schreibt einen Wettbewerb für Operneinakter aus. Puccini beteiligt sich mit »Le Villi«, gewinnt aber keinen Preis.
14. Juli: Uraufführung Capriccio sinfonico in Mailand, Konservatorium (Abschlußkonzert).
16. Juli: Abschluß des Studiums. Diplom für Komposition. »Maestro di musica«.
Ende Juli: Besuch bei Ponchielli.
September/Dezember: Arbeit an »Le Villi«.

1884   31. Mai: Uraufführung »Le Villi« (Einakter) in Mailand, Teatro Dal Verme.

6. Juli: Capriccio sinfonico zur Messe Turin.
17. Juli: Tod der Mutter in Lucca.
Beginn der Lebensgemeinschaft mit Elvira Geminiani geborene Bonturi, mit einem Kaufmann verheiratet.
Auftrag von Giulio Ricordi für eine zweite Oper »Edgar«.
26. Dezember: Uraufführung Neufassung »Le Villi« (drei Akte) in Turin, Teatro Regio.

1885 24. Januar: »Le Villi« in Mailand, Scala.
1886 23. Dezember: Sohn Antonio in Monza geboren.
1887 27. Oktober: Vollendung »Edgar«.
1889 21. April: Uraufführung »Edgar« in Mailand, Scala.
Lebenskrise. Auswanderung nach Amerika erwogen.
7. Mai: Erste Andeutung von »Tosca«.
Sommer: Quartier in Torre del Lago.
August: Erste Reise nach Deutschland. »Meistersinger« in Bayreuth.
1890 5. Januar: Erste Andeutung »Manon Lescaut«. Arbeit an der Oper.
18. Januar: »Crisantemi« für Streichquartett zum Tode Amadeos von Savoyen. Mailand, Konservatorium.
1891 Frühjahr: Erste Arbeitskontakte mit Luigi Illica.
Juli: Erstes Häuschen in Torre del Lago (Haus des Venanzio).
1892 28. Februar: Neufassung »Edgar« (drei Akte) in Ferrara, Teatro Communale.
19. März: Reise nach Spanien. »Edgar« in Madrid, Teatro Reale.
Oktober: Vollendung »Manon Lescaut«, Torre del Lago.
29. November: Zweite Reise nach Deutschland. Erstaufführung »Le Villi« in Hamburg, Stadttheater.
1893 1. Februar: Uraufführung »Manon Lescaut« in Turin, Teatro Regio.
9. Februar: Erster Hinweis auf »La Bohème«.
Sommer: Kauf eines Hauses in Torre del Lago.
7. November: Deutsche Erstaufführung »Manon Lescaut« Hamburg, Stadttheater.
1894 Komposition »La Bohème«.
April: Reise nach Wien.
Juni: Reise nach Sizilien. In Catania trifft Puccini Giovanni Verga (»La Lupa«).
1895 10. Dezember: Vollendung »La Bohème«, Torre del Lago.
1896 1. Februar: Uraufführung »La Bohème« in Turin, Teatro Regio.
8. April: »La Bohème« in Palermo, erster großer Erfolg.
Sommer: neues Haus in Chiatri. Arbeit an »Tosca«.
1897 April: »La Bohème« in Rom, Teatro Costanzi.
22. Juni: Deutsche Erstaufführung »La Bohème« in Berlin, Hofoper (Kroll).
5. Oktober: Reise nach Wien. »La Bohème«, Theater an der Wien.
1898 April: Erste Reise nach Paris. Besuch bei Victorien Sardou.
13. Juni: »La Bohème« in Paris, Opéra Comique.
1899 Januar: Reise nach Paris. Besprechung mit Sardou (»Tosca«).
Ende September: Vollendung »Tosca«.

1900	14. Januar: Uraufführung »Tosca« in Rom, Teatro Costanzi.

1900   14. Januar: Uraufführung »Tosca« in Rom, Teatro Costanzi.
        17. März: »Tosca« in Mailand, Scala.
        Sommer: Erste Reise nach London. »Tosca«, Covent Garden
        Opera. Besuch des Schauspiels »Madam Butterfly« von David
        Belasco. Neubau des Hauses in Torre del Lago.
1901   4. Februar: »Tosca« in New York, Metropolitan Opera.
        Sommer: Einzug ins neue Haus in Torre del Lago. Arbeit an
        »Madama Butterfly«.
1902   21. Oktober: Deutsche Erstaufführung »Tosca« in Dresden,
        Hofoper.
1903   25. Februar: Autounfall bei Lucca. Langsame Genesung.
        Herbst: Reise nach Paris. Rekonvaleszenz. »Tosca«, Opéra
        Comique.
        27. Dezember: Vollendung »Madama Butterfly«, Torre del
        Lago.
1904   3. Januar: Hochzeit mit Elvira Gemignani geb. Bonturi, Torre
        del Lago.
        17. Februar: Uraufführung »Madama Butterfly« in Mailand,
        Scala. Skandal. Zurücknahme des Werkes.
        28. Mai: Neufassung »Madama Butterfly« in Brescia, Teatro
        Grande.
        Oktober: Reise nach London. »Manon Lescaut« und »Tosca«
        Covent Garden Opera.
1905   27. Januar: Requiem zum Gedenken Verdis. Auftrag des Consig-
        lio d'Amministrazione der Casa di Riposa, Mailand.
        Juni/Juli: Reise nach Südamerika mit Elvira. Buenos Aires,
        Teatro Colón: Neufassung »Edgar«, »Manon Lescaut«, »La
        Bohème«, »Tosca« und »Madama Butterfly«.
        Oktober: Reise nach London »Madama Butterfly«, Covent Gar-
        den Opera. Beginn der Freundschaft mit Sybil Seligman. Erste
        Gedanken eines »Trittico«, inspiriert von Erzählungen Gorkis.
1906   2. September: Tod Giacomo Giacosas.
        Mitte Oktober: Reise nach Paris.
        28. Dezember: »Madama Butterfly« in Paris, Opéra Comique
        (Letztfassung), Premiere verschoben.
1907   Januar/Februar: »Pelléas et Mélisande« Paris, Opéra Comique.
        Erste Reise nach Nordamerika. New York, Metropolitan Opera:
        »Madama Butterfly« (18. Januar), »Manon Lescaut«, »La
        Bohème« und »Tosca«. Besuch des Schauspiels »The Girl of the
        Golden west« von Belasco.
        Juni: Reise nach London (Sybil).
        27. September: Deutsche Erstaufführung »Madame Butterfly«
        in Berlin, Hofoper.
        Oktober: Reise nach Wien, »Madame Butterfly«, Hofoper.
1908   1. Februar: »Salome« in Neapel, Teatro San Carlo.
        2. Februar: Reise nach Ägypten mit Elvira (Alexandria, Assuan,
        Luxor).
        Arbeit an »La Fanciulla del West«.
        Oktober: Schöpferische Krise. Doria Manfredi und Elvira.
        Flucht nach Paris bis Anfang Dezember. Elvira bei ihrer Mutter.
1909   23. Januar: Selbstmordversuch Doria Manfredi, fünf Tage spä-

ter verstorben. Puccini trennt sich vorübergehend von Elvira. Er hält sich in Rom, sie in Mailand auf.
Schaffenskrise, Familiäres, Angriffe Torrefrancos.
Juni: Reise nach Paris (Diaghilew).
»Elektra« in Mailand, Scala.

1910 Juli: Rückkehr Elviras nach Torre del Lago.
6. August: Vollendung »La Fanciulla del West«, Torre del Lago.
November: Zweite Reise nach Nordamerika mit Tonio und Tito Ricordi.
10. Dezember: Uraufführung »La Fanciulla del West« in New York, Metropolitan Opera.

1911 29. Mai: Europäische Erstaufführung »La Fanciulla« in London, Covent Garden Opera.
12. Juni: Italienische Erstaufführung »La Fanciulla« in Rom, Teatro Costanzi.

1912 6. Juni: Giulio Ricordi gestorben.
August: Kur in Karlsbad.
November: Reise nach Marseille, »La Fanciulla«. Besuch bei d'Annunzio.

1913 Sommer: Reise nach Paris. »La Houppelande« von Didier Gold gesehen.
Beginn der Arbeit »Il Tabarro«, bald unterbrochen.
24. Oktober: Reise nach Wien. »Mädchen aus dem goldenen Westen«, Hofoper. Angebot »La Rondine« vom Carl-Theater.

1914 Mitte März: Reise nach Berlin.
28. März: Deutsche Erstaufführung »Mädchen aus dem goldenen Westen« in Berlin-Charlottenburg, Deutsches Opernhaus.
Frühjahr: Reise nach Wien. »Tosca«, Hofoper (Jeritza).
Ende Juli: Erster Weltkrieg.
September: Beginn Arbeit »La Rondine«.

1915 August: Kriegseintritt Italiens.
Oktober: Wiederaufnahme Arbeit »Il Tabarro«. »Il Trittico«!

1916 Frühjahr: Vollendung »La Rondine«, Torre del Lago.
25. November: Vollendung »Il Tabarro«, Torre del Lago.

1917 Januar: Beginn Arbeit »Suor Angelica«.
Frühjahr: Beginn Arbeit »Gianni Schicchi«.
27. März: Uraufführung »La Rondine« Monte Carlo, Opéra du Casino.
14. September: Vollendung »Suor Angelica«, Torre del Lago.
7. Oktober: Italienische Erstaufführung »La Rondine« Mailand, Teatro Dal Verme.

1918 20. April: Vollendung des »Trittico« mit »Gianni Schicchi«, Torre del Lago.
14. Dezember: Uraufführung »Il Trittico« New York, Metropolitan Opera.

1919 11. Januar: Europäische Erstaufführung »Il Trittico« Rom, Teatro Costanzi.
16. März: Erster Hinweis auf »Turandot«.
26. März: »L'Inno a Roma« für Chor und Orchester (2. Fassung).
Juni: Reise nach London (Sybil).
28. Juni: Friedensschluß Entente.

Sommer: Kur in Bagni di Lucca (Simoni).
16. Dezember: Luigi Illica gestorben.
1920 Herbst: Kränklich, Kur in Bagni di Lucca (»Turandot«).
Anfang Oktober: Reise nach Wien.
7. Oktober: Österreichische Erstaufführung »Die Schwalbe« Wien, Volksoper.
20. Oktober: »Il Trittico« Wien, Staatsoper.
1921 Hausbau in Viareggio.
Deutsche Erstaufführung »Triptychon« Hamburg, Stadttheater.
Mitte Juni: Beginn Komposition »Turandot«.
Dezember: Übersiedlung nach Viareggio, Via Buonarotti.
1922 August: Autoreise Schweiz, Süddeutschland und Holland.
28. August: Ingolstadt, Gänseknochen verschluckt, ärztlicher Eingriff.
Oktober: Faschismus. »Marsch auf Rom«. Machtübernahme.
26. Dezember: »Manon Lescaut« Festaufführung 30 Jahre in Mailand, Scala (Neufassung).
1923 Frühjahr: Autoreise mit Tonio nach Wien. »Manon Lescaut«, Staatsoper.
1. April: Schönberg in Florenz getroffen. Aufführung »Pierrot Lunaire«.
Audienz bei Mussolini in Rom.
1924 Februar: Erste Anzeichen der tödlichen Krankheit. Halsschmerzen und Atemnot.
Ende August: Sybil in Viareggio.
7. September: Besuch Toscaninis in Viareggio.
Anfang Oktober: Gegenbesuch Puccinis in Mailand. »Turandot« vorgespielt.
8. Oktober: Diagnose Kehlkopfkrebs in Florenz.
26. Oktober: Ausflug nach Celle.
3. November: Letzter Besuch Toscaninis mit Forzano in Viareggio.
4. November: Reise nach Brüssel mit Tonio, Fosca und Clausetti. Aufnahme ins Institut de la Couronne Dr. Ledoux.
Mitte November: Besuch von »Butterfly« im Théâtre de la Monnaie, Brüssel.
24. November: Operation.
28. November: nachmittags Herzschwäche.
29. November: vier Uhr morgens Puccini gestorben.
1. Dezember: Totenmesse in Brüssel, Sainte-Marie. Überführung nach Mailand.
3. Dezember: Trauerfeier in Mailand, Dom. Trauermusik aus »Edgar«.
4. Dezember: Vorläufige Bestattung Familiengruft Toscanini in Mailand.
Dezember: Alfano wird mit der Ergänzung der Partitur der »Turandot« beauftragt. 36 hinterlassene Skizzenblätter.
1925 Januar: Alfano nimmt die Arbeit auf.
1926 Frühjahr: Endgültige Beisetzung Puccinis in Torre del Lago.
25. April: Uraufführung »Turandot« in Mailand, Scala. Torso. Schlußworte Toscaninis.

26. April: Erste Aufführung »Turandot« mit dem Alfano-Schluß.
4. Juli: Deutsche Erstaufführung »Turandot« Dresden, Staatsoper.
15. Oktober: »Turandot« Wien, Staatsoper.
November: »Turandot« in Berlin, Deutsches Opernhaus und New York, Metropolitan Opera.

1927 5. November: Deutsche Erstaufführung »Die Schwalbe« Kiel, Stadttheater.

1929 2. Juni: Simonetta Puccini geboren, Pisa.

1930 Elvira Puccini gestorben, Viareggio.

1946 Antonio Puccini gestorben, Viareggio.

1968 Fosca Crespi gestorben, Mailand.

1980 20. März: Wiederaufführung Requiem in Mailand, Casa di Riposa.

1982 3. November: »Turandot« erstmals mit Alfano-Originalschluß in London, Barbican Centre, Konzertaufführung.

1983 Herbst: »Turandot« mit vollständigem Alfano-Schluß New York, City Opera.

Werkverzeichnis

1876 *Mottetto e Credo*
      A quattro voci
      Entstanden 1876
      UA 1878 Lucca, Schülerkonzert Istituto Musicale Pacini.
      Manuskript.
      Preludio sinfonico
      In la magg. per orchestra
      Entstanden 1876
      Manuskript.
1877 *I figli d'Italia bella*
      Cantata per soli e orchestra
      Entstanden 1877
      Manuskript.
1880 *Salve del ciel regina*
      Per Soprano e armonium
      Entstanden 1880
      Manuskript.
      Messa
      Per quattro voci e orchestra
      Entstanden 1880
      UA 12.7.1880 Lucca, San Paolino
      Mills Music, New York 1951
      Trio
      Per due violine e pianoforte
      Entstanden 1880
      Manuskript.
      Finale
      Per pianoforte
      Entstanden 1880
      Manuskript.
      Composizioni varie per organo
      Entstanden 1880
      Manuskript.
1881 *Melanconia*
      Per canto e pianoforte
      Text von Antonio Ghislanzoni
      Entstanden 1881
      Manuskript.
      Allor ch'io sarò morto
      Per canto e pianoforte
      Text von Antonio Ghislanzoni
      Entstanden 1881
      Manuskript.
1882 *Noi legger*
      Per canto e pianoforte
      Text von Antonio Ghislanzoni
      Entstanden 1882

Manuskript.
Spirto gentil
Per canto e pianoforte
Text von Antonio Ghislanzoni
Entstanden 1882
Manuskript.

1883 *Scherzo*
In la minore per quartetto d'archi
Entstanden 1880/83
Manuskript.
Quartetto
In re maggiore per archi
Entstanden 1880/83
Manuskript.
Fughe
Per quartetto d'archi
Entstanden 1882/83
Manuskript.
Adagietto
Per orchestra
Entstanden 1883
Manuskript.
Storiella d'amore
Melodia per canto e pianoforte
Text von Giacomo Puccini
Entstanden 1883
Sonzogno »La musica popolare«
Romanza
Per canto e pianoforte
Text von C. Romano
Entstanden 1883
Manuskript.
Capriccio sinfonico
Per orchestra
Entstanden 1883
UA 14.7.1883 Mailand Abschlußkonzert Konservatorium
Fassung per due pianoforti
Entstanden 1884
Lucca Mailand
Le Villi
(Die Willis)
Opera-ballo in un atto
Text von Ferdinando Fontana
Entstanden 1883
Personen: Guglielmo Wulf, forest (Bariton), Anna, sua figlia
(Sopran), Roberto (Tenor)
Chor: mittlere Aufgaben
Ballett: kleine Aufgabe
Orchester: 3 Flöten, 2 Oboen, Englisch Horn, 3 Klarinetten,
3 Fagotte, 4 Hörner, 5 Trompeten, 3 Posaunen, Baßtuba,
Pauken, Schlagzeug, Glockenspiel, Harfe, Streicher

UA 31.5.1884 Mailand, Teatro Dal Verme.
Dirigent: Arturo Panizza
Sänger: Rosina Caponetti (Anna), Antonio d'Andrade
(Roberto), Erminio Petz (Guglielmo)
UA Neufassung (zwei Akte): 26.12.1884 Turin, Teatro Regio
Deutsche EA 29.11.1892 Hamburg, Stadttheater
Ricordi und Lucca.

1887 *Edgar*
Dramma lirico in tre atti
Text von Ferdinando Fortunato
Entstanden 1884/87
Personen: Edgar (Tenor), Gualtiero (Baß), Frank (Bariton),
Fidelia (Sopran), suoi figli, Tigrana (Mezzosopran)
Chor: mittlere Aufgaben (Kinderchor)
Orchester: 3 Flöten, 2 Oboen, 2 Klarinetten, 2 Fagotte,
4 Hörner, 3 Trompeten, 3 Posaunen, Baßtuba, Pauken,
Schlagzeug, Glocke, Orgel, Harfe, Streicher
Bühnenmusik: Bläser
UA 31.4.1889 Mailand, Teatro alla Scala.
Dirigent: Franco Faccio
Sänger: Gregorio Gabrielesco (Edgar), Aurelia Cattaneo
(Fidelia), Rimolda Pantaleoni (Tigrana), Antonio Magini-
Coletti (Frank), Pio Marini (Gualtiero)
EA Neufassung (drei Akte) 28.2.1882 Ferrara,
Teatro Comunale
Ricordi.

1888 *Solfeggi*
Per canto e pianoforte
Entstanden 1888
Manuskript.
Sole e amore
Mattinata per canto e pianoforte
Entstanden 1888
Genova »Paganini«

1890 *Crisantemi*
Elegia per quartetto d'archi
Dedicato alla memoria di Amadeo di Savoia
Entstanden 1890
UA 18.1.1890 Mailand Konservatorium
Ricordi.
Tre minuetti
Per quartetto d'archi
Entstanden 1890
Pigna Mailand

1892 *Manon Lescaut*
Dramma lirico in quattro atti
Text von Ruggiero Leoncavallo, Marco Praga, Domenico
Oliva, Luigi Illica, Giuseppe Giacosa und Giulio Ricordi
Entstanden 1890/92
Personen: Manon Lescaut (Sopran), Lescaut, sergente delle
guardie del re, suo fratello (Bariton), il cavaliere Des Grieux

(Tenor), Geronte de Ravoir, tesoriere generale (Baß),
Edmondo, studente (Tenor), l'oste (Baß), un musico (Mezzo-
sopran), il maestro di ballo (Tenor), un lampionaio (Tenor),
sergente degli arcieri (Baß), il comandante di marina (Baß).
Chor: mittlere Aufgaben
Orchester: 2 Flöten, Kleine Flöte (auch 3. Flöte), 2 Oboen,
Englisch Horn, 2 Klarinetten, Baßklarinette, 2 Fagotte,
4 Hörner, 3 Trompeten, 3 Posaunen, Baßtuba, Pauken, Schlag-
zeug, Glocke, Glockenspiel, Harfe, Streicher
Bühnenmusik: Cornett in A, Schellen
UA 1.2.1893 Turin, Teatro Regio
Dirigent: Alessandro Pomé
Sänger: Cesira Ferrani (Manon), Giuseppe Cremonini
(Des Grieux), Achille Moro (Lescaut), Alessandro Polonini
(Geronte), Remini (Edmondo)
Deutsche EA 7.11.1893 Hamburg, Stadttheater
EA Neufassung 26.12.1922 Mailand, Teatro alla Scala
Ricordi.

1895   *La Bohème*
Scene de La vie de Bohème di Henri Murger in quattro quadri
Text von Giuseppe Giacosa und Luigi Illica
Entstanden 1894/95
Personen: Rodolfo, poeta (Tenor), Marcello, pittore (Bariton),
Schaunard, musicista (Bariton), Colline, filosofo (Baß), Benoit,
padrone di casa (Baß), Alcindoro, consigliere di stato (Baß),
Mimi (Sopran), Musetta (Sopran), Parpignol (Tenor),
il sergente dei doganieri (Baß)
Chor: mittlere Aufgaben (Kinderchor)
Orchester: 3 Flöten (2. auch Kleine Flöte), 2 Oboen, Englisch
Horn, 2 Klarinetten, Baßklarinette, 2 Fagotte, 4 Hörner,
3 Trompeten, 3 Posaunen, Baßtuba, Pauken, Schlagzeug,
Xylophon, 2 Harfen (eventuell nur 1), Streicher
Bühnenmusik: Kleine Flöte, Trompete, Kleine Trommel
(zwei-, sechsfach), Glöckchen
Kleine Besetzung: 2 Flöten, Oboe, 2 Klarinetten, Fagott,
2 Hörner, 2 Trompeten, Posaune, Pauken, Schlagzeug,
Xylophon, Harfe, Streicher, Bühnenmusik
UA 1.2.1896 Turin, Teatro Regio
Dirigent: Arturo Toscanini
Sänger: Cesira Ferrani (Mimi), Evan Gorga (Rodolfo), Camilla
Pasini (Musetta), Tieste Wilmant (Marcello), Antonio Pini-
Corsi (Schaunard), Michele Mazzara (Colline)
Deutsche EA 22.6.1897 Berlin, Hofoper (Kroll)
Ricordi.

1896   *Scozza elettrice*
Marcia per orchestra
Entstanden 1896
Manuskript.

1897   *Cantata a Giove*
Per Coro
Text von Antonio Ghislanzoni

Entstanden 1897
Manuskript.
Inno a Diana
Text von Fausto Salvatori
Fassung I
Per coro e pianoforte
Entstanden 1897
Fassung II
Per canto e pianoforte
Entstanden 1899
Venturini Florenz

1899 *Tosca*
Melodramma in tre atti
Text von Giuseppe Giacosa und Luigi Illica
Entstanden 1896/99
Personen: Floria Tosca, celebre cantante (Sopran), Mario
Cavaradossi, pittore (Tenor), il Barone Scarpia, capo della
polizia (Bariton), Cesare Angelotti (Baß), il sagrestano
(Bariton), Spoletta, agenta di polizia (Tenor), Sciarrone,
gendarme (Baß).
Chor: mittlere Aufgaben (Kinderchor)
Orchester: 3 Flöten (2. und 3. auch Kleine Flöten), 2 Oboen,
Englisch Horn, 2 Klarinetten, Baßklarinette, 2 Fagotte,
Kontrafagott, 4 Hörner, 3 Trompeten, 3 Posaunen, Baßtuba,
Pauken, Schlagzeug, Glockenspiel, Harfe, Celesta, Streicher
Bühnenmusik: Flöte, Kleine Trommel, Glocken, Harfe, Orgel,
Bratsche, dazu ad lib. 4 Hörner und 3 Posaunen (1.Finale)
UA 14.1.1900 Rom Teatro Costanzi
Dirigent: Leopoldo Mugnone
Sänger: Hariclée Darclée (Tosca), Emilio De Marchi
(Cavaradossi), Eugenio Giraldoni (Scarpia), Ettore Borelli
(Sagrestano)
Deutsche EA 21.10.1902 Dresden, Hofoper
Ricordi.
E l'uccellino
Ninna nanna per canto e pianoforte
Text von Renato Fucini
Entstanden 1899
Ricordi.
Avanti, Urania!
Text von Renato Fucini
Fassung I
Per canto e pianoforte
Fassung II
Per coro e pianoforte
Entstanden 1899
Venturini Florenz.

1902 *Terra e mare*
Per canto e pianoforte
Text von E. Panzacchi
Entstanden 1902
De Foseca »Novissima«

341

1903   *Madama Butterfly*
Tragedia giapponese in due atti
Text von Giuseppe Giacosa und Luigi Illica
Entstanden 1901/03
Personen: Cio-Cio-San (Madama Butterfly) (Sopran), Suzuki,
servente di Cio-Cio-San (Mezzosopran), Kate Pinkerton
(Mezzosopran), B. F. Pinkerton, tenente della marina degli
USA (Tenor), Sharpless, console degli Stati Uniti a Nagasaki
(Bariton), Goro (Tenor), il principe Yamadori (Tenor), lo zio
Bonzo (Baß), Yakusidé (Bariton), il commissario imperiale
(Baß), l'ufficiale del registro (Baß), la madre di Cio-Cio-San
(Sopran), la zia (Sopran), la cugina (Sopran)
Chor: Kleine Aufgaben (nur Frauenchor und Tenöre)
Orchester: 3 Flöten (3. auch Kleine Flöte), 2 Oboen, Englisch
Horn, 2 Klarinetten, Baßklarinette, 2 Fagotte, 4 Hörner,
Trompeten, 3 Posaunen, Baßtuba, Pauken, Schlagzeug,
Japanischer Gong, Glocke, Glockenspiel, Harfe, Streicher
Bühnenmusik: Viola d'amore, Japanisches Glöckchen,
Tamtam
Kleine Besetzung: 2 Flöten, Oboe, 2 Klarinetten, Fagott,
2 Hörner, 2 Trompeten, Posaune, Pauken, Schlagzeug,
Streicher
UA 17.1.1904 Mailand, Teatro alla Scala
Dirigent: Cleofonte Campanini
Sänger: Rosina Storchio (Cio-Cio-San), Giovanni Zenatello
(Pinkerton), Giuseppina Giaconia (Suzuki), Giuseppe De Luca
(Sharpless), Gaetano Pini-Corsi (Goro)
EA 1. Neufassung 28.5.1904 Brescia, Teatro Grande
EA 2. Neufassung 28.12.1906 Paris, Opéra Comique
Deutsche EA 27.9.1907 Berlin, Hofoper
Ricordi.

1905   *Requiem*
Alla memoria di Giuseppe Verdi
A tre voci e organo
Auftrag Consiglio d'Amministrazione Casa di Riposa,
Mailand
Entstanden 1905
UA 27.1.1905 Mailand, Capella della Casa di Riposa
Neuaufführung 20.3.1980 Mailand, Casa di Riposa
Manuskript.

1907   *Canto d'anime*
Per canto e pianoforte
Entstanden 1907
Disco Gramophone Typewriter

1908   *Ditele*
Romanze per canto e pianoforte
Entstanden 1908
Disco Fonottipia

1910   *La Fanciulla del West*
(Das Mädchen aus dem Goldenen Westen)
Opera in tre atti

342

Text von Guelfo Civinini und Carlo Zangarini del dramma di
David Belasco
Entstanden 1908/10
Personen: Minnie, proprietaria della »Polka« (Sopran), Jack
Rance, sceriffo (Bariton), Dick Johnson (Ramerrez), fuorilegge
(Tenor), Nick, cameriere della »Polka« (Tenor), Ashby, agente
della Compagnia di trasporti Wells Fargo (Baß), Sonora
(Bariton), Trin (Tenor), Sid (Bariton), Bello (Bariton), Harry
(Tenor), Joe (Tenor), Happy (Bariton), Larkens (Baß), Billy
Jackrabbit, indiano pellerossa (Baß), Wowkle, la donna indiana
di Billy (Mezzosopran), Jake Wallace, cantastorie girovago
(Baß), José Castro, meticcio, della banda di Ramerrez (Baß),
un postiglione (Tenor)
Chor: Mittlere Aufgaben
Orchester: Kleine Flöte, 3 Flöten, 3 Oboen, Englisch Horn,
3 Klarinetten, Baßklarinette, 3 Fagotte, Kontrafagott,
4 Hörner, 3 Trompeten, 3 Posaunen, Baßtuba, Pauken, Schlag-
zeug, Glocke, Glockenspiel, 2 Harfen, Celesta, Streicher
Bühnenmusik: Harfe (aus dem Orchester besetzen)
Kleine Besetzung: 2 Flöten, 2 Oboen, 2 Klarinetten, 2 Fagotte,
4 Hörner, 3 Trompeten, 3 Posaunen, Baßtuba, Pauken, Schlag-
zeug, Glocken, Glockenspiel, Celesta, 2 Harfen, Streicher,
Bühnenmusik
UA 10.12.1910 New York, Metropolitan Opera
Dirigent: Arturo Toscanini
Sänger: Emmy Destinn (Minnie), Enrico Caruso (Johnson),
Pasquale Amato (Rance), Andrés de Segurola (Wallace)
Europäische EA 29.5.1911 London, Covent Garden Opera
Italienische EA 12.6.1911 Rom, Teatro Costanzi
Deutsche EA 28.3.1914 Berlin-Charlottenburg,
Deutsches Opernhaus
Ricordi.
Due pezzi
Per pianoforte
Piccolo tango e Foglio d'album
Entstanden 1910 (?)
Edward Marks Music Corporation (1942)
1916   *La Rondine*
(Die Schwalbe)
Commedia lirica in tre atti
Text von Giuseppe Adami, Alfred Maria Willner
und Heinz Reichert
Entstanden 1914/16
Personen: Magda (Sopran), Lisette, sua cameriera (Sopran),
Ruggero (Tenor), Prunier, poeta (Tenor), Rambaldo (Bariton),
Perichaud (Bariton oder Baß), Gobin (Tenor), Crabillon
(Bariton oder Baß), Yvette (Sopran), Bianca (Sopran), Suzy
(Mezzosopran), un maggiordomo (Baß), un cantore (Sopran),
una grisetta (Sopran), una donnina (Sopran), altra donnina
(Sopran)
Chor: mittlere Aufgaben

Orchester: Kleine Flöte, 2 Flöten, 2 Oboen, Englisch Horn,
3 Klarinetten, 2 Fagotte, 4 Hörner, 3 Trompeten, 3 Posaunen,
Baßtuba, Pauken, Schlagzeug, Harfe, Celesta, Streicher
UA 27.3.1917 Monte Carlo, Opéra du Casino
Dirigent: Gino Marinuzzi
Sänger: Gilda Dalla Rizza (Magda), Tito Schipa (Ruggero),
Ines Maria Ferraris (Lisette), Francesco Dominici (Prunier),
Gustave Huberdeau (Rambaldo)
Italienische EA 7.10.1917 Mailand, Teatro Dal Verme
Österreichische EA 7.10.1920 »Die Schwalbe« Wien, Volksoper
Deutsche EA 5.11.1927 »Die Schwalbe« Kiel, Stadttheater
Sonzogno.

1918 *Morire*
Per tenore e pianoforte
Dedicato alla regina Elena di Savoia
Text von Giuseppe Adami
Entstanden 1917/18
Ricordi.

Il Trittico
(Das Triptychon)
Drammi in un atto
Il Tabarro
(Der Mantel)
Text von Giuseppe Adami
Entstanden 1913/16
Personen: Michele (Marcel), padrone del barcone (Bariton),
Luigi (Henri), scaricatore (Tenor), il »Tinca«, scaricatore
(Tenor), il »Talpa«, scaricatore (Baß), Giorgetta (Georgette),
moglie di Michele (Sopran), la Frugola (das »Frettchen«),
moglie del Talpa (Mezzosopran)
Chor: Kleine Aufgaben
Orchester: Kleine Flöte, 2 Flöten, 2 Oboen, Englisch Horn,
2 Klarinetten, Baßklarinette, 2 Fagotte, 4 Hörner,
3 Trompeten, 3 Posaunen, Baßtuba, Pauken, Schlagzeug,
Glockenspiel, Harfe, Celesta, Streicher
Bühnenmusik: Trompete, Glocke, Schleppdampfersirene,
Autohupe
Kleine Besetzung: 2 Flöten, Oboe, 2 Klarinetten, Fagott,
2 Hörner, 2 Trompeten, Posaune, Pauken, Schlagzeug,
Glockenspiel, Harfe, Celesta, Streicher, Bühnenmusik
Suor Angelica
(Schwester Angelica)
Text von Gioacchino Forzano
Entstanden 1917
Personen: Suor Angelica (Sopran), la zia principessa (Kontra-
alt), la badessa (Mezzosopran), la suora zelatrice (Mezzo-
sopran), la maestra della novizie (Mezzosopran),
Suor Genovieffa (Sopran), Suor Osmina (Sopran),
Suor Dolcina (Mezzosopran), la suora infermiera (Mezzo-
sopran), le converse (Sopran und Mezzosopran)
Chor: größere Aufgaben (Frauenchor)

Orchester: Kleine Flöte, 2 Flöten, 2 Oboen, Englisch Horn,
2 Klarinetten, Baßklarinette, 2 Fagotte, 4 Hörner,
3 Trompeten, 3 Posaunen, Baßtuba, Pauken, Schlagzeug,
Glockenspiel, Harfe, Celesta, Streicher
Bühnenmusik: Kleine Flöte, 3 Trompeten, Glocken, Becken,
2 Klaviere, Orgel
Kleine Besetzung: 2 Flöten, Oboe, 2 Klarinetten, Fagott,
2 Hörner, 2 Trompeten, Posaune, Pauken, Schlagzeug,
Glockenspiel, Harfe, Celesta, Streicher, Bühnenmusik
Gianni Schicchi
Text von Gioacchino Forzano
Entstanden 1917/18
Personen: Gianni Schicchi (Bariton), Lauretta, sua figlia
(Sopran), Zita, detta la vecchia, cugina di Buoso (Kontraalt),
Rinuccio, nipote di Zita (Tenor), Gherardo, nipote di Buoso
(Tenor), Nella, sua moglie (Sopran), Gherardino, loro figlio
(Sopran), Betto di Signa, cognato di Buoso (Baß), Marco, suo
figlio (Bariton), la Ciesca, moglie di Marco (Mezzosopran),
Maestro Spinelloccio, medico (Baß), Ser Armantio di Nicolao,
notaro (Baß), Pinellino, calzolaio (Baß), Guccio, tintore (Baß)
Orchester: Kleine Flöte, 2 Flöten, 2 Oboen, Englisch Horn,
2 Klarinetten, Baßklarinette, 2 Fagotte, 4 Hörner,
3 Trompeten, 3 Posaunen, Baßtuba, Pauken, Schlagzeug,
Harfe, Celesta, Streicher
Bühnenmusik: Tiefe Glocke
Kleine Besetzung: 2 Flöten, Oboe, 2 Klarinetten, Fagott,
2 Hörner, 2 Trompeten, Posaune, Pauken, Schlagzeug,
Streicher, Bühnenmusik
UA (Trittico) 14.12.1918 New York, Metropolitan Opera
Dirigent: Roberto Moranzoni
Sänger: »Tabarro« Claudia Muzio (Giorgetta), Giulio Crimi
(Luigi), Luigi Montesanto (Michele), Alice Gentle (Frugola)
»Angelica« Geraldine Farrar (Angelica), Flora Perini
(Principessa)
»Schicchi« Giuseppe de Luca (Schicchi), Florence Easton
(Lauretta), Giulio Crimi (Rinuccio), Kathleen Howard (Zita)
Europäische EA 11.1.1919 Rom, Teatro Costanzi
Österreichische EA 20.10.1920 »Triptychon« Wien, Staatsoper
Deutsche EA 2.2.1921 »Triptychon« Hamburg, Stadttheater
Ricordi.

1919   *Inno di Roma*
Hymne
Text von Fausto Salvatori
Fassung I
Per coro e orchestra
Entstanden 1919
Fassung II
Per canto e pianoforte
Entstanden 1923
Sonzogno.

1924 *Turandot*
Dramma lirico in tre atti e cinque quadri.
Il finale fu terminato da Franco Alfano
Text von Giuseppe Adami und Renato Simoni
Entstanden 1921/24
Personen: La principessa Turandot (Sopran), l'imperatore
Altoum, suo padre (Tenor), Timur, re tartaro spodestato (Baß),
il principe ignoto (Calaf), suo figlio (Tenor), Liù, giovane
schiava (Sopran), Ping, gran cancelliere (Bariton),
Pang, gran proveditore (Tenor), Pong, gran cuciniere (Tenor),
un mandarino (Bariton)
Chor: große Aufgaben (Knabenchor)
Orchester: Kleine Flöte, 2 Flöten, 2 Oboen, Englisch Horn,
2 Klarinetten, Baßklarinette, 2 Fagotte, Kontrafagott,
4 Hörner, 3 Trompeten, 3 Posaunen, Baßtuba, Pauken, Schlag-
zeug, 2 Xylophone, Glocken, chinesische Gongs, 2 Harfen,
Orgel, Celesta, Streicher
Bühnenmusik: 6 Trompeten, 3 Posaunen, Baßposaune,
2 Altsaxophone, Holztrommel, Gong
UA 25.4.1926 Mailand, Teatro alla Scala (Torso)
Dirigent: Arturo Toscanini
Sänger: Rosa Raisa (Turandot), Miguel Fleta (Calaf),
Maria Zamboni (Liù), Carlo Walter (Timur), Giacomo Rimini
(Ping), Emilio Venturini (Pang), Giuseppe Nessi (Pong),
Aristide Baracchi (Mandarin)
EA 26.4.1926 Mailand, Scala (Alfano-Schluß)
Deutsche EA 4.7.1926 Dresden, Staatsoper
EA Alfano Original 3.11.1982 London, Barbican Centre,
konzertant
EA Alfano Original Herbst 1983, New York, City Opera

Die Handlungen

Le Villi
(Die Willis)

Oper in zwei Akten (Neufassung) von Ferdinando Fontano
Schwarzwald, märchenhafte Zeit

1. Akt. Im Försterhaus wird die Verlobung Robertos mit Anna
gefeiert. Doch Roberto muß fort. Er soll nach Mainz reisen, um dort eine
Erbschaft anzutreten. Anna hat böse Ahnungen. Er beruhigt sie und
nimmt zärtlich Abschied von ihr. Alle beten für einen glücklichen Ausgang seiner Reise.
Intermezzi. Teils in erzählender Form, teils als szenische Vision erlebt
der Zuschauer, wie Roberto in Mainz durch eine »Sirene« verführt wird
und Anna völlig vergißt. Danach sieht man Annas Leichenzug, in einer
weiteren Vision, wie die Seelen verlassener Mädchen, die Willis, auf ihre
ungetreuen Liebhaber warten. Sie werden von ihnen zu tödlichem Tanz
verleitet. Aus Gram stirbt Anna.
2. Akt. Der Förster Guglielmo klagt über den Tod seiner Tochter.
Während er ins Haus geht, hört man die Stimmen der Willis. Von Reue
getrieben, kehrt Roberto heim. Hier erscheint ihm Annas Geist. Die beiden werden von den anderen Willis umringt. Sie bedrängen Roberto
und zwingen ihn, mit Anna zu tanzen, bis er in ihrer Umarmung tot
zusammenbricht.

Edgar

Oper in drei Akten (Neufassung) von Ferdinando Fontana
Flandern, 1302

1. Akt. Am Abend kommen die Bauern vom Feld heim. Edgar ist in
einer Taverne eingeschlafen. Seine Geliebte Fidelia weckt ihn, und er
folgt ihr ins Haus. Tigrana, eine Zigeunerin, erwartet Edgar und ver-
höhnt ihn wegen seiner Zuneigung zu der jungen unschuldigen Fidelia.
Sie wird hierzu von Fidelias Vater Gualtiero aufgehetzt. Fidelias Bruder
Frank ist der wilden Tigrana verfallen. Während in der Kirche eine
Messe zelebriert wird, singt Tigrana ein weltlich-freches Lied, das zu
einem Aufruhr der Bauern führt. Sie verwünschen das Mädchen. Edgar
verteidigt die Fremde, deren Reizen er völlig erliegt, so daß er sogar sein
Haus anzündet und mit ihr fliehen will. Es kommt zum Duell mit Frank,
der verletzt wird. Dann flüchtet Edgar mit der Geliebten.
2. Akt. Edgar bereut sein Zusammenleben mit Tigrana und sehnt sich
nach Fidelia zurück. Tigrana gelingt es nicht, ihn umzustimmen und für
sich zu gewinnen. Als Frank, inzwischen Kommandant einer militärischen Abteilung, vorbeizieht, begrüßt er den alten Rivalen freudig.
Edgar läßt sich anwerben und zieht mit der Truppe. Tigrana schwört
Rache.
2. Akt. Edgar ist im Krieg gefallen; er wird feierlich zu Grabe getragen.
Im Leichenzug geht neben Frank ein verhüllter Mönch, der das Volk

gegen den Toten aufhetzen will. Fidelia beklagt Edgars Tod und bezieht
für ihn Stellung, bis ihr Vater mit ihr fortgeht. Tigrana, beim Katafalk
niederknieend, und der seltsame Mönch wenden sich gegen Edgar, bis
das Volk sich auf den Sarg stürzt und ihn öffnet – nur eine leere Rüstung
findet sich darin. Der Mönch wirft seinen Mantel weg und gibt sich als
Edgar zu erkennen. Er bedroht Tigrana, die vor ihm flieht. Dann
umarmt er, gleichsam sich neugeboren fühlend, Fidelia. Die eifersüchtige, wieder herbeischleichende Tigrana ersticht Fidelia. Edgar bricht
über ihrer Leiche zusammen, Tigrana wird von den Soldaten ergriffen
und abgeführt.

Manon Lescaut

Lyrisches Drama in vier Akten von Ruggiero Leoncavallo,
Marco Praga, Domenico Oliva, Luigi Illica, Giuseppe Giacosa
und Guilio Ricordi
Frankreich und Nordamerika, zweite Hälfte des 18. Jahrhunderts

1. Akt.   Vor der Post in Amiens. Fröhliches Volk, Studenten, Soldaten
und Bürger erwarten abends die Ankunft der Postkutsche. Nur ein junger Student, der Chevalier Des Grieux, hält sich abseits. Endlich trifft
die Post ein, und dem Wagen entsteigen die junge schöne Manon
Lescaut mit ihrem Bruder, dem Sergeanten Lescaut, und der reiche
Steuerpächter Geronte. Als Des Grieux die Reisende erblickt, ist er
von einer tiefen Leidenschaft erfüllt. Zwischen beiden entspinnt sich ein
Gespräch: er erfährt ihren Namen und ihr Geschick, daß sie nach
einem Erlebnis mit einem reichen Liebhaber, der sie betrog, vom Bruder
in ein Kloster gebracht werden soll. Inzwischen entdeckt Edmonde, ein
Kommilitone Des Grieux', wie der Steuerpächter insgeheim Vorbereitungen trifft, Manon zu entführen. Edmonde unterrichtet seinen
Freund, und als Manon erscheint, bekennt ihr der Chevalier seine Liebe
und bittet sie, mit ihm zu fliehen. Nach kurzer Überlegung willigt
Manon ein. Während die Studenten Lescaut beim Spielen und Trinken
festhalten, fahren beide in Gerontes Wagen davon.
2. Akt.   Salon im Palais Gerontes in Paris. Von allem Luxus umgeben,
lebt Manon bei dem reichen Steuerpächter. Des Grieux hat sie verlassen, als seine Geldmittel zu Ende gingen. Voll Nichtstun, Putz und Lan-
geweile sind ihre Tage; die Sehnsucht nach dem Geliebten wird immer
lebendiger. Da vertraut sie sich der Hilfe des Bruders an. Als Des Grieux
abgezehrt zu ihr kommt, wirft sie sich schuldbewußt und voller Leidenschaft in seine Arme. Geronte überrascht beide und zieht sich unter wilden Drohungen zurück. Schon meldet Lescaut, daß auf Veranlassung
Gerontes eine Wache unterwegs ist, um Manon zu verhaften. Kostbare
Zeit wird verloren, als Manon noch ihren Schmuck zusammensucht,
den sie auf der Flucht mitnehmen will. Da sind schon die Ausgänge versperrt: Manon wird abgeführt und ins Gefängnis gebracht.
3. Akt.   Im Hafen von Le Havre vor dem Gefängnis ist es Lescaut
gelungen, einen Soldaten der Wache zu bestechen und einige Männer
für die Befreiung Manons zu gewinnen. Der Anschlag, kurz vor der Einschiffung durchgeführt, mißlingt. Als es Morgen wird, werden die
Gefangenen aller Couleurs unter dem Spott der Hafendirnen und

348

Matrosen auf ein Handelsschiff geführt, das sie nach Amerika bringen soll. Auch jetzt noch versucht Lescaut die Menge zur Befreiung seiner Schwester aufzuwiegeln. Zu spät! In tiefer Verzweiflung faßt Des Grieux den Entschluß Manon zu folgen. Der Kapitän gibt seine Einwilligung.
4. Akt. Öde Gegend in Nordamerika. Tagelang schon sind Manon und Des Grieux durch die Wüste gewandert. Beide sind aus der Gefangenschaft entflohen und suchen die Grenze zu erreichen. Aber Manons Kräfte sind erschöpft. Sie verlangt nach Wasser – weit und breit findet sich keine Quelle. Sie stirbt in den Armen von Des Grieux.

La Bohème

Szenen aus Henri Murger »Vie de Bohème« in vier Bildern
von Giuseppe Giacosa und Luigi Illica
Paris, um 1830

1. Bild. In ihrer Pariser Mansarde sitzen am Weihnachtsabend hungernd und frierend der Dichter Rodolfo und der Maler Marcello. Um den Ofen wenigstens für Augenblicke zu entzünden, opfert Rodolfo ein Dramenmanuskript. Auch der Philosoph Colline kommt unmutig nach Hause – vergebens war er zum Leihhaus gegangen, einige Bücher zu verpfänden. Nur der Musiker Schaunard kehrt strahlend aus der Stadt zurück: er bringt Geld, Wein, Speisen und Brennholz mit. Die Freunde beschließen, den Abend in ihrem Stammcafé im Quartier Latin, zu verbringen. Da macht ihnen der Hauswirt Benoit fast einen Strich durch die Rechnung: er unterbricht die übermütige Stimmung und fordert die längst fällige Miete. Aber auch hier weiß man Rat. Die vier entlocken dem Weinfrohen allerlei ungezügelte Redensarten über Frauen und werfen ihn mit gespielter Entrüstung zur Tür hinaus. Dann geht es ins Café Momus. Rodolfo will noch kurz zurückbleiben, einen Artikel zu beenden. Er wird von Mimi, einer jungen Flurnachbarin, gestört, die ihn um Licht für die Kerze bittet. Noch einmal muß sie zurückkehren, denn sie hat ihren Wohnungsschlüssel vergessen. Durch den Zugwind verlöscht ihre Kerze, und Rodolfo bläst seine aus. Im Dunkel suchen beide den Schlüssel, den Rodolfo auch findet, aber heimlich in die Tasche steckt. Seine zärtlich aufwallende Liebe wird erwidert. Es gelingt ihm, Mimi zu bewegen, zu den Freunden mitzugehen.
2. Bild. Buntes Treiben auf dem Quartier Latin. Die Freunde haben an einem Tisch vor dem Café Momus Platz gefunden. Rodolfo stellt ihnen Mimi vor, und es entspinnt sich ein ausgelassenes Gespräch. Die aufgeputzte Musetta und ihr reicher alter Galan Alcindor, die sich am Nebentisch niedergelassen haben, ziehen die Aufmerksamkeit auf sich. Wieder einmal hat Musetta Marcello verlassen. Inzwischen ist sie aber des Alten überdrüssig geworden und sehnt sich nach Marcello zurück. Auch er kann ihren koketten Werbungen nicht widerstehen. Als sich Musetta ihres Erfolges sicher glaubt, schickt sie Alcindor unter einem Vorwand zum Schuster. Dann eilt sie mit den Freunden jubelnd davon und läßt dem Verdutzten nur noch die Rechnungen zurück.
3. Bild. Kalter Wintermorgen an der Zollschranke vor der Stadt, ein Jahr später. Seit einem Monat haben Musetta und Marcello in einem

nahen Gasthof Unterkunft gefunden und verdienen sich ihr kärgliches Brot. Erschöpft naht Mimi. Sie läßt Marcello aus der Schenke herausrufen und berichtet ihm, daß Rodolfo sie aus Eifersucht verlassen habe. Aus dem belauschten Gespräch der Freunde erfährt sie den wahren Grund für das Verhalten des Geliebten: Mimi sei hoffnungslos krank und er wegen seiner Armut nicht in der Lage, sie zu unterstützen. Durch ihren Husten verrät sie sich: zum ersten Mal wird sich Rodolfo ihrer lebensbedrohenden Krankheit bewußt. Bestürzt schließt er Mimi in seine Arme – dann nehmen sie Abschied. Zwischen Musetta und Marcello kommt es zum üblichen eifersüchtigen Streit, bis Musetta dem Freund aufs neue davonläuft.

4. Bild. Wieder in der Mansarde, ein halbes Jahr darauf. Unmutig sitzen Rodolfo und Marcello über ihrer Arbeit – vergeblich suchen sie ihre Geliebten zu vergessen. Obwohl Schaunard und Colline nur einen Hering und Brot für ihre Mahlzeit mitbringen, lassen sich die Kumpane die Laune nicht verderben und malen sich ein Souper mit den köstlichsten Speisen aus. Schließlich beginnen sie zu tanzen und duellieren sich mit Feuerzange und Kohlenschaufel. Da stürzt atemlos Musetta ins Zimmer und kündet die todkranke Mimi an, die noch einmal ihren Geliebten sehen möchte. Rührend bemühen sich alle um das Mädchen. Musetta opfert ihren Schmuck, um für Mimi Medizin und einen Muff kaufen zu können. Colline schafft gar seinen Mantel zum Leihhaus. Glücklich erinnert sich Mimi der Zeit, die sie mit Rodolfo verleben durfte, immer heftiger wird ihr Husten. Schon kehren die Freunde in banger Sorge um die Schwerkranke zurück. Mit einem Entsetzensschrei bricht Rodolfo über der Toten zusammen.

Tosca

Oper in drei Akten von Giuseppe Giacosa und Luigi Illica
Rom, Juni 1800

1. Akt. Inneres der Kirche Sant' Andrea della Valle. Der Staatsgefangene Angelotti ist aus der Engelsburg entflohen und sucht in der Kirche vor den Häschern des gefürchteten Polizeichefs Scarpia Schutz. Seine Schwester Attavanti hat ihm dahin Kleider zu seiner Flucht gebracht. Angelotti versteckt sich in der Kapelle, als der Mesner kommt, der nach dem Maler Cavaradossi sucht. Entrüstet muß er auf dessen Wandgemälde der heiligen Magdalena Ähnlichkeiten mit der schönen Unbekannten feststellen, die er häufig zum Gebet in der Kirche bemerkte. Nach seinem Weggang stehen sich die Freunde, Angelotti und Cavaradossi, gegenüber, und der Maler leistet Hilfe zur Flucht. Toscas Erscheinen zwingt Angelotti nochmals, sich zu verbergen. Die Entsprechung des Bildes mit der Attavanti reizt die Diva zur Eifersucht. Nur ein feuriges Liebesgeständnis des Malers vermag ihren Verdacht zu beschwichtigen. Da kündet ein Kanonenschuß von der Engelsburg die Entdeckung von Angelottis Flucht. Cavaradossi eilt mit dem Freund davon, um ihn in seinem Garten zu verbergen. Dem hereinstürzenden Mesner folgen die Chorknaben und eine Menge Volk auf dem Fuß – ein feierliches Tedeum ist zu Ehren des Sieges über Napoleon für den Abend ausgerufen. Im allgemeinen Durcheinander taucht Scarpia auf, der hier An-

gelotti verborgen glaubt. Er findet den Fächer der Attavanti und hofft nun, über die eifersüchtige Tosca das Versteck des Gefangenen zu erfahren und sie zugleich für sich zu gewinnen. Wütend eilt Tosca zu Cavaradossis Landhaus, gefolgt von Scarpias Spionen.

2. Akt. Zimmer im Palazzo Farnese. Scarpia wartet auf seine Agenten, die aber den Flüchtling noch nicht fassen konnten. Beim einsamen Nachtmahl berauscht er sich an Phantasiebildern von Toscas Seelenqual, die sie schließlich in seine Arme treibt. Sciarrone übergibt er ein Billett, in dem er Tosca bittet, am Ende der Festkantate zu ihm zu kommen. Spoletta erscheint: Angelotti war nicht zu finden, aber der Maler habe sich durch höhnisches Verhalten verdächtig gemacht und sei verhaftet worden. Nun läßt Scarpia Cavaradossi hereinführen. Er leugnet das Versteck des Freundes und beschwört Tosca, ebenso zu handeln. Dann bringt man ihn in die Folterkammer, wo man sich anschickt, das Geständnis seiner Mitschuld an Angelottis Flucht zu erpressen. Unter den Schmerzensschreien Cavaradossis wirbt Scarpia um die Liebe Toscas, die jetzt das Versteck Angelottis verrät, um dem Geliebten weitere Qualen zu ersparen. Er aber verflucht sie und wird wegen seiner freiheitlichen Gesinnung zum Tode verurteilt. Scarpia will ihn freigeben, wenn ihm Tosca ganz gehört. Sie geht darauf ein. Als er den Passierschein geschrieben und gierig auf sie zukommt, ersticht sie ihn.

3. Akt. Plattform der Engelsburg. Im Morgendämmern schreibt Cavaradossi seinen Abschiedsbrief an die Geliebte. Da kommt sie selbst und berichtet ihm, daß er frei sei und nur zum Scheine erschossen werden soll. Beide träumen von einem glücklichen Leben. Doch Cavaradossi sieht der Schein-Hinrichtung mit tiefem Mißtrauen entgegen. Schon nahen die Soldaten, die Exekution zu vollziehen. Scheinbar heiter stellt sich Cavaradossi zur vermeintlichen Komödie an die Wand. Der Schuß kracht, und der Maler fällt genauso zu Boden, wie es ihn Tosca gewiesen. Zu spät erkennt sie den schrecklichen Betrug. Lärm schreckt sie aus ihrer Verzweiflung auf: ihre Tat ist entdeckt, und die Häscher nahen. Durch einen Sprung von der Plattform der Engelsburg entzieht sie sich ihren Verfolgern.

Madama Butterfly

Japanische Tragödie in drei Akten von Giuseppe Giacosa und Luigi Illica
Nagasaki in Japan, 1904

1. Akt. Terrasse vor einem Haus auf einem Hügel bei Nagasaki. Der amerikanische Marineoffizier Pinkerton hat von einem japanischen Vermittler Goro ein Häuschen unweit des Hafens gemietet. Während er mit seinem Schiff für längere Zeit in Nagasaki stationiert ist, will er mit der fünfzehnjährigen japanischen Geisha Cio-Cio-San auf japanische Art eine Ehe eingehen. Als erster Hochzeitsgast erscheint der amerikanische Konsul Sharpless. Er warnt Pinkerton vor einer Handlungsweise, die Butterfly allzu ernst nehmen könnte. Dann naht Cio-Cio-San mit ihren Freundinnen und Verwandten. Unendlich glücklich ist sie und berichtet Sharpless von ihrer Herkunft aus reicher Familie. Der Vater mußte nach einer verlorenen Schlacht Harakiri verüben, und die Fami-

lie bestimmte sie zur Geisha. Nun ist sie froh, durch ihre Ehe mit Pinkerton dieses Dasein aufgeben zu können. Rasch ist die Trauung vollzogen. Sie wird durch Onkel Bonze, einen buddhistischen Priester, gestört, der Butterfly vorwirft, den alten Glauben verleugnet zu haben. Er verflucht sie und fordert alle Verwandten auf, sich von ihr loszusagen. Ängstlich stürzen sie davon. Nur Butterfly und Pinkerton sind zurückgeblieben und ergeben sich ihrem Liebesglück. Willig folgt sie ihm ins Haus.
2. Akt. Im Hause Butterflys. Drei Jahre sind vergangen, ohne daß Butterfly eine Nachricht von Pinkerton erhalten hat. Immer noch glaubt sie an seine Treue und erwartet sehnlich seine Rückkehr. Wenige Monate nach seiner Abreise hat sie ihm ein Kind geboren. Sharpless kommt, sie zu besuchen. Er hat von Pinkerton einen Brief erhalten, in dem er bittet, Butterfly auf die Tatsache seiner neuen Heirat sanft vorzubereiten. Der Konsul kann den Auftrag zunächst nicht ausführen, da der Fürst Yamadori erneut vergeblich um Butterflys Hand anhält. Endlich gibt ihr Sharpless zu verstehen, daß Pinkerton vielleicht nie wiederkommt. Sie ist zu Tode getroffen – dann spielt sie ihren stärksten Trumpf, das Kind, aus. Jetzt erkennt Sharpless die volle Tragweite von Pinkertons schäbiger Handlungsweise und will ihm von allem berichten. Da verkündet ein Kanonenschuß im Hafen die Ankunft eines Kriegsschiffes. Überglücklich erkennt Butterfly mit dem Fernglas Pinkertons Schiff. Mit Blütenzweigen schmückt sie gemeinsam mit Suzuki das Zimmer und erwartet den Geliebten.
3. Akt. Das gleiche Zimmer, anbrechender Morgen. Vergeblich hat Butterfly die ganze Nacht auf Pinkerton gewartet. Am frühen Morgen schickt Suzuki ihre Herrin schlafen. Pinkerton, der das Wiedersehen mit Butterfly fürchtet, erscheint mit Sharpless. Suzuki soll sie überreden, das Kind herauszugeben. Doch die Dienerin warnt vor den Folgen dieses Ansinnens. Inzwischen ist Cio-Cio-San erwacht und stürzt erregt herbei. Nun muß auch sie die bittere Wahrheit erkennen: sie sieht sich Pinkertons Frau Kate gegenüber. Butterfly ringt sich das Opfer ab; Pinkerton, der, von Reue gepackt, weggegangen, soll sich das Kind in einer halben Stunde selbst holen. Noch einmal nimmt sie Abschied von ihrem kleinen Sohn. Dann ersticht sie sich mit dem Schwert ihres Vaters. Sterbend sich zur Tür schleppend, hört sie von fern die Rufe des Geliebten.

La Fanciulla del West

(Das Mädchen aus dem Goldenen Westen)

Oper in drei Akten von Guelfo Civinini und Carlo Zangarini nach dem Drama David Belascos
Goldgräberlager in Kalifornien

1. Akt. Die Schenke »Zur Polka« füllt sich gegen Abend mit den von der Arbeit heimkehrenden Goldgräbern. Es sind lärmende Burschen, die trinken und Karten spielen. Aber in allen ist die Sehnsucht nach der Heimat verborgen; und alle verehren Minni, das »Mädchen aus dem goldenen Westen«, Inhaberin der Schenke. Ja, einige Goldgräber sind in sie verliebt. Ganz weich werden die Männer, als Jake Wallace, der Sänger des Lagers, ein Heimatlied anstimmt. Rasch schlägt die Stimmung um, als einer von ihnen im Kartenspiel betrügt und erwischt wird. Kur-

352

zerhand soll er gelyncht werden. Jack Rance, der Sheriff, verhindert es. Ashby, Agent einer Transportgesellschaft, kommt hinzu: er ist auf der Jagd nach dem gefürchteten Räuber Ramerrez, dem Anführer einer Bande. Als Rance und Goldgräber Senora wegen Minnie in Streit geraten, wird nur durch ihr Dazwischentreten Unheil verhindert. Wie Schulbuben lassen die Männer sich von ihr in der Bibel unterrichten. Die Post trifft ein. In flammender Leidenschaft macht Rance Minnie einen neuen Liebesantrag, den sie zurückweist. Ein Fremder wird gemeldet, der sich Johnson aus Sacramento nennt. Das macht den Sheriff stutzig, der die Burschen gegen ihn aufzuhetzen sucht. Castro erkennt seines Chefs gefährliche Lage und lockt die Goldsucher auf eine falsche Fährte. Alle ziehen los. Minnie und Johnson bleiben allein zurück, und sie fühlt sich zu dem Fremden hingezogen. Bedenkenlos verrät Minnie ihm das Versteck mit dem gesamten Ertrag der Goldgräber. Johnson geht unter dem Eindruck seiner Liebe nicht auf Minnies Hinweis ein. Beide verabreden sich in des Mädchens Hütte in den Bergen.

2. Akt. Zimmer in Minnies Hütte. Nur eine Stunde ist seit Johnsons Abschied vergangen, Minnies Dienerin Wowkle, eine Indianerin, singt ihr Baby in den Schlaf. In Erwartung Johnsons schmückt sich Minnie, ist dann aber schrecklich verlegen, als er die Hütte betritt. Sie beschreibt ihm ihr einfaches, einsames, aber glückliches Leben in dem Lager. Da draußen heftiges Schneetreiben herrscht, soll der Geliebte die Nacht in der Hütte bleiben. Rufe ertönen. Minnie verbirgt Johnson und öffnet. Rance gesteht Minnie: der Fremde, mit dem sie getanzt hat, sei kein anderer als der gesuchte Ramerrez. Wieder allein, weist Minnie den Räuber empört aus dem Haus. Verzweifelt geht er, obwohl Minnie verstört und bewegt ist. Ein Schuß! Minni ahnt, was draußen geschehen und hilft dem verwundeten Johnson ins Zimmer. Durch Rance wird der Gesuchte entdeckt. In diesem Augenblick, in letzter Verzweiflung, hat Minnie einen gewagten Einfall: sie bietet Rance an, mit ihr um den Räuber zu spielen. Gewinnt er, dann ist ihm Johnson verfallen und sie die Seine, gewinnt sie, muß er Johnson freigeben. Minnie gewinnt die Partie durch Falschspiel. Rance verläßt wütend das Haus.

3. Akt. Freier Platz inmitten des Urwaldes. Die Goldgräber, bei Morgengrauen noch immer bei der Verfolgung Johnsons, kommen über die Lichtung. Einige sitzen übernächtigt am Feuer und unterhalten sich über Minnies seltsame Liebe zu dem Banditen. Der Sheriff kann triumphieren: gefesselt wird Johnson zur Aburteilung vorgeführt. Die Goldgräber treffen Vorbereitungen, den Räuber zu erhängen. Er gibt Raub und Diebstahl zu, leugnet aber, je einen Mord begangen zu haben. Nie möge Minnie etwas von seinem Sterben erfahren. Schon steckt Johnsons Kopf in der Schlinge, da galoppiert in letzter Sekunde Minnie heran. Schützend stellt sie sich vor den Geliebten und erwirkt mit Pistolen, Vorwürfen und schließlich heißen, flehentlichen Bitten seine Befreiung. Rauhe Männer werden weich. Mit Minnie zusammen verläßt Johnson das Lager.

La Rondine
(Die Schwalbe)

Lyrische Komödie in drei Akten von Giuseppe Adami,
Alfred Maria Willner und Heinz Reichert
Paris und an der Riviera zur Zeit des zweiten Kaiserreichs

1. Akt. Magda ist derzeit die lebenslustige Freundin des reichen Bankiers Rambaldo, in dessen schönem Pariser Haus eine größere Gesellschaft stattfindet. Der junge Dichter Prunier schwärmt in einer etwas grotesken Art von der Liebe. Magda ist über seine »altmodischen« Gefühle nachdenklich geworden. Ihre sentimentale Erzählung einer Jugendliebe erntet Gelächter und freundlichen Spott. Prunier liest ihr zum Spaß aus der Hand und prophezeit, sie würde sich bald von neuem verlieben und wie eine Schwalbe ins Land der Romanzen aufbrechen, um schließlich wieder zu ihrem gewohnten Leben zurückzukehren. Ruggero, Sohn eines Freundes Rambaldos, wird gemeldet. Der Hausherr stellt ihn vor. Magda fühlt sich seltsam zu dem schüchternen jungen Mann hingezogen. Ruggero fragt Rambaldo, wo er seinen ersten Abend in Paris verbringen könne, was der Gesellschaft Anlaß zu ernsthaften und auch übermütigen Vorschlägen gibt. Lisette, Magdas Zofe, geht aufs Ganze und schlägt Bulliers Ballhaus vor. Alle stimmen zu. Magda bleibt allein zurück und sinniert über Pruniers Vergleich mit der Schwalbe. Sie beschließt heute auch zu Bullier zu gehen – als Lisette verkleidet. Mittlerweile hat Lisette ein zärtliches Stelldichein mit Prunier. Sie küssen sich und brechen gleichfalls zu Bullier auf – Lisette im Gewand ihrer Herrin.

2. Akt. Das Lokal von Bullier ist überfüllt mit Künstlern, Studenten, Grisetten, Lebemännern. Ruggero sitzt allein und verloren inmitten des Trubels. Einige Grisetten wollen ihn vergebens in ihren Kreis ziehen. Da erscheint Magda, verschiedene Kavaliere bemühen sich sogleich um sie. Sie sieht Ruggero und macht sich von ihrer ungebetenen Verehrerschaft frei. Verirrt und entzückt zugleich ist Ruggero, als das »fremde« Mädchen sich neben ihm niederläßt. Er bittet sie zum Tanz. Prunier und Lisette betreten den Saal, geraten bald in Streit, trennen sich, versöhnen sich wieder. Magda und Ruggero kehren an ihren Tisch zurück. Ruggero bittet die schöne Unbekannte um ihren Namen, Magda gibt sich als »Paulette« aus. Auch sie küssen sich. Letztlich landen beide Paare am selben Tisch. Lisette hat ihre Herrin erkannt. Plötzlich kommt Rambaldo herein. Magda bittet Ruggero, sich kurz zurückzuziehen. Dann gesteht sie Rambaldo offen ihre rasch erwachte Liebe zu Ruggero. Rambaldo verläßt mit Prunier und Lisette das Lokal. Zuletzt wird Magda von Ruggero sanft hinausgeleitet.

3. Akt. Seit einigen Monaten leben Magda und Ruggero glücklich an der Riviera. Ruggero hat seine Familie um Erlaubnis gebeten, Magda heiraten zu dürfen. Doch zweifelt sie nicht am Widerstreben gegen diese Verbindung. Seine aufrichtigen Liebesbeweise werden ihr zur Pein. Soll sie ihm ihr bewegtes Vorleben schonend plausibel machen? Unter heftigem Streit nähern sich zwei Gäste: Prunier, der behauptet hatte, seine Freundin zum gefeierten Revue-Star lancieren zu können, und ebenso Lisette, die inzwischen bei der Premiere in Nizza ein klägliches Fiasko

erlitt. Magda erscheint und nimmt Lisette wieder in ihren Dienst. Prunier ahnt, wie es um Magda und Ruggero steht. Noch immer wartet ein alter treuer Freund, Rambaldo, auf sie. Magda bleibt zurück, Ruggero eilt zu ihr: seine Mutter hat die Einwilligung gegeben, ein »reines Geschöpf« heimzuführen. Wehmütig weist Magda ihn ab, von ihrer bewegten Vergangenheit berichtend, Ruggero spricht nur von seiner Liebe und bittet sie erneut um ihre Hand. Sie verläßt ihn, der für sie die große Liebe ihres Lebens war.

Il Trittico
(Das Triptychon)

Dramen in einem Akt

Il Tabarro
(Der Mantel)

Von Giuseppe Adami
Paris, um 1910

Am Ufer der Seine liegt Micheles Schleppkahn vor Anker. Luigi, »Stockfisch« und »Maulwurf«, drei Löscher, tragen die letzten schweren Zementsäcke ans Land. Es ist Feierabend, und Giorgetta, Micheles viel jüngere, hübsche Frau, bringt zur Labung Wein. Voller Eifersucht spürt Michele, wie sich Giorgetta dem jungen Luigi zuwendet. Sie tanzt mit ihm einen Walzer zur Musik der Drehorgel. Während sich am Ufer Midinetten an den Klängen des neuesten Gassenhauers vergnügen, erscheint Frugula, das »Frettchen«, den Kehricht von Paris nach Kostbarkeiten durchstöbernd, um ihren Mann, den »Maulwurf«, abzuholen. Luigi und Giorgetta finden sich in kurzem Zusammensein. Er verspricht, heute abend nochmals heimlich aufs Schiff zu kommen. Das Aufflammen eines Streichholzes soll für ihn das Zeichen sein. In schmerzlicher Erinnerung träumt Michele von vergangenen glücklichen Zeiten, von Giorgettas Zuneigung und dem verstorbenen Kinde. In Herbstnächten barg er beide liebevoll in seinem weiten Schiffermantel. Traurig entzündet er ein Streichholz, um seine Pfeife anzustecken. Da ertönen auf der Laufplanke Schritte – mit leichtem Schwung steht Luigi auf dem Kahn. Michele packt ihn und erzwingt sich ein Geständnis. Dann erwürgt er den Rivalen und hüllt ihn in seinen Mantel. Die ängstlich herbeikommende Giorgetta packt er derb und drückt sie unerbittlich zu dem Toten nieder.

Suor Angelica
(Schwester Angelica)

Von Gioacchino Forzano
Italien, um 1700

Im Inneren eines Klosters. In frommer Abgeschiedenheit und strenger Zucht lebt hier seit sieben Jahren Angelica. Sie pflegt die Blumen, weiß

355

Heiltränke und lindernde Salben daraus zu bereiten. Sie hat früher ein anderes Leben geführt. Als hoffnungsvolles junges Mädchen, dem sich das Glück einer Liebe erschloß, gebar sie ein Kind, an das sie Tag und Nacht denkt. Nie hat sie wieder etwas von ihrer Familie gehört, die sie ins Kloster verbannte. Da kommt eines Tages ihre Tante, die stolze, harte Frau Fürstin, die Elternstatt bei ihr vertritt, zu Besuch ins Kloster. Angelica will von ihr nur die eine brennende Frage beantwortet haben: lebt das Kind noch? Kühl und knapp sagt ihr die Tante: es sei tot. In wehem Schmerz, ihrer einzigen Hoffnung beraubt, sinkt Angelica zu Boden. Nachts, als die Schwestern schlafen, bereitet sie sich einen Gifttrank. Sie bricht zusammen und fleht zur Mutter Gottes um ein Zeichen der Gnade. Sie wird erhört: auf einer lichten Wolke kommt ihr geliebtes Kind auf sie zu. Angelica stirbt.

Gianni Schicchi

Von Gioacchino Forzano
Florenz, 1299

Schlafzimmer des Buoso Donati. Mit scheinheiliger Anteilnahme umstehen die gierigen Verwandten das Bett, in dem der tote Buoso liegt. Da gerüchteweise verlautet, der Alte habe sein Hab und Gut dem Kloster vermacht, fahndet die ganze Sippschaft nach dem Testament: die Vermutung bewahrheitet sich. Hier kann nur einer helfen: der schlaue Gianni Schicchi. Er kommt, begleitet von seiner Tochter Lauretta, die Rimuccio, den Neffen des Buoso liebt. Lauretta droht, sich das Leben zu nehmen, wenn der Vater nicht hilft, das Vermögen und damit die nötige Mitgift zu retten. Endlich findet der gerissene Schicchi einen Ausweg. Niemand weiß in der Stadt von Buosos Tode. Der Arzt, der ihn gerade besuchen will, wird getäuscht: es ginge ihm gut, er wolle jetzt nicht gestört werden. Schicchi verkleidet sich als Buoso, legt sich im verdunkelten Zimmer ins Bett und läßt den Notar holen. Die Anwesenden ermahnt er zu strengem Stillschweigen, da auf Testamentsfälschung der Verlust einer Hand und Verbannung verhängt sei. Sodann diktiert der falsche Buoso vor dem Notar und zwei Zeugen ein neues Testament, verteilt das Vermögen unter seine Verwandten, seinem »lieben Freund Gianni Schicchi« vermacht er jedoch zur maßlosen Wut der anderen das allermeiste. Als die geprellten Erben nach der Verabschiedung des Notars über Schicchi herfallen wollen, jagt dieser, der nunmehr Herr des Hauses ist, die ganze Gesellschaft zum Teufel. Nur das Liebespaar bleibt beseligt zurück. Das letzte Wort aber hat der Schalk Schicchi, der sich auf Dante beruft.

Turandot

Lyrisches Drama in drei Aufzügen und fünf Bildern
von Giuseppe Adami und Renato Simoni
Peking, sagenhafte Vergangenheit

1. Akt. Vor der Mauer der Kaiserstadt verkündet ein Mandarin der Menge einen tragischen Erlaß der Prinzessin Turandot. Jeder »Mann

von königlichem Blute«, der um sie freit, wird nach einem von den Ahnen überkommenen Racheschwur dem Henker verfallen, sofern er nicht die drei Rätsel löst, die ihm die Prinzessin aufgibt. Diese Rätsel haben schon manches Opfer gefordert. Im Scheine des aufgehenden Mondes wird gerade ein neuer unglücklicher Freier zum Tode geführt: der junge Prinz von Persien. Da erscheint Turandot. Ungerührt gibt sie das Zeichen zur Hinrichtung. In diesem Augenblick sieht Calaf, der unbekannte Prinz, sie und ist von ihrer Schönheit hingerissen. Nichts kann ihn davon abhalten, um sie zu werben. Seinen alten Vater, den Tatarenkönig Timur, überläßt er der Fürsorge der Sklavin Liù, die den Prinzen heimlich liebt. Liùs Bitten vermögen ihn ebensowenig umzustimmen wie die Warnungen der drei Masken Ping, Pang und Pong. Selbst der Todesschrei des persischen Prinzen hindert ihn nicht, an den verhängnisvollen Gong zu schlagen, dessen Klang der Prinzessin den neuen Freier meldet.

2. Akt. 1. Bild. In einem Pavillon beraten sich sorgenvoll die Minister Ping, Pang, Pong, jetzt ohne Masken. Ihnen geht das grausame Spiel Turandots langsam auf die Nerven. Ihren Papyrosrollen entnehmen sie die Zahl der bisherigen Opfer, die inzwischen dreizehn erreicht hat. Den großen Himmelsmarschall Tiger rufen sie an, er möge China endlich wieder Ruhe geben.

2. Bild. Auf dem großen Schloßplatz versammelt sich die Menge. Die Würdenträger erscheinen und zuletzt der greise Kaiser Altoum. Der Mandarin verliest die Satzung, und Turandot gibt dem unbekannten Prinzen ihre drei Rätsel auf. Das Wunder geschieht: mit den Worten »Hoffnung«, »Blut« und »Turandot« findet er die geforderten Lösungen. Das Volk jubelt. Die Prinzessin bestürmt ihren Vater, diesmal die Satzung nicht gelten zu lassen. Aber er bestätigt das einmal gegebene Versprechen, das ihm heilig ist. Endlich beschwichtigt Calaf, der keinen Zwang will, sondern Turandots freiwillig geschenkte Liebe begehrt, die empörte Prinzessin mit diesem Vorschlag: er gibt ihr auf, bis zum nächsten Morgen seinen ihr unbekannten Namen ausfindig zu machen. Vermag sie das, soll der Prinz als Besiegter sterben. Damit ist sie einverstanden. Das Volk stimmt in den Jubel zum Preise des Kaisers ein.

3. Akt. 1. Bild. Garten im Kaiserpalast. In dieser Nacht müssen sich alle nach einer neuen unheilvollen Verkündung Turandots bemühen, den Namen des fremden Prinzen ausfindig zu machen. Als es den drei Ministern nicht gelingt, werden Timur und Liù herbeigeschleppt, die man mit dem Fremden im Gespräch sah. Man führt sie vor Turandot – aber sie bleiben stumm. Auch unter der Folter nennt Liù nicht den Namen, den allein sie kennt. Die Liebe, so sagt sie der Prinzessin, verleiht ihr die Kraft, eher zu sterben, als den geliebten Mann zu verraten. Mit dem Dolch, den sie einem Soldaten entreißt, ersticht sie sich. Turandot ist erschüttert – doch warnt sie den Prinzen, sich ihr zu nähern. Er aber reißt sie in seine Arme und küßt sie. Nun bricht ihr Widerstand; zum ersten Mal kann sie weinen. Mit dem Beweis seiner Liebe habe er ihren Stolz bezwungen. Er nennt ihr jetzt selbst seinen Namen.

2. Bild. Platz im Kaiserpalast. Fanfaren ertönen. Vor dem Kaiser und allem Volk erklärt Turandot, den Namen des Fremdlings zu kennen: er heiße Gemahl.

Übersetzungen

der im Buchtext erwähnten italienischen Arienanfänge

Le Villi

Se come voi piccina io fossi –
Wär' ich klein doch wie ihr, süße Blumen (Anna)

Edgar

Addio, mio dolce amor –
Du einzig Geliebter! Lebewohl! (Fidelia)

Manon Lescaut

Ah! Manon mi tradisce il tuo folle pensier –
Manon schändlich! Dich verrät (Des Grieux)
Donna non vidi mai –
Niemals habe ich so ein Mädchen gesehen (Des Grieux)
In quelle trine morbide –
In diesen kalten Räumen (Manon)
L'ora, o Tirsi –
Hörst Du die Stunde, Tirsi, locken (Manon)
Manon Lescaut mi chiamo – Ich heiße Manon Lescaut (Manon)
Nell'orochio tuo profondo –
Im Dunkel Eurer Augen lese ich mein Schicksal (Des Grieux)
Tra voi, belle, brune e bionde –
Unter Euch, Ihr Schönen, braun und blond (Des Grieux)

La Bohème

Che gelida manina –
Wie eiskalt ist dies Händchen (Rodolfo)
Ma quando vien lo sgelo –
Taut ihn des Lenzes Sonne (Mimi)
Nei cieli bigi –
Ich blicke zum Himmel (Rodolfo)
Quando me'n vo' –
Will ich allein (Musetta)
Si. Mi chiamano Mimi –
Ja, sie nennen mich Mimi (Mimi)
Talor dal mio forziere ruban tutti i gioelli –
Bisweilen aus meiner Schatzkammer stehlen (Mimi)
Vechia zimarra, senti –
Hör' Du alter Mantel (Colline)

Tosca

Ah! Morto! Morto! –
Ah! Tot! Tot! (Tosca)
E luccevan le stelle –
Und es blitzten die Sterne (Cavaradossi)
O! Dolci baci, o languide carezze –

O süßer Küsse schwelgerisches Kosen (Cavaradossi)
Recondita armonia –
Wie sich die Bilder gleichen (Cavaradossi)
Trionfal di nova speme –
Komm o Tag! Mit süßer Hoffnung (Tosca, Cavaradossi)
Un tal baccano in chiese! Bel rispetto! –
Ein Tollhaus in der Kirche! Welche Schande! (Scarpia)
Vissi d'arte –
Nur der Schönheit weih't ich mein Leben (Tosca)

Madama Butterfly

Addio fiorito asil –
Leb' wohl, mein Blütenreich (Pinkerton)
Ancora un passo –
Bald sind wir auf der Höh' (Cio-Cio-San)
Scuoti quella fonda –
Schüttle alle Zweige (Cio-Cio-San, Suzuki)
Un bel di, vedremo –
Eines Tages sehn wir (Cio-Cio-San)
Tu, Suzuki!
Du, Suzuki! (Cio-Cio-San)
Viene la sera –
Ja, es ward Abend (Cio-Cio-San, Pinkerton)
Vieni, vieni … sei mia –
Komm, komm … sei mein (Pinkerton)

La Fanciulla del West

Che farano i vecchi miei –
Was meine lieben Eltern jetzt wohl tun mögen (Wallace)
Ch'ella mi creda libero –
Lasset sie glauben, daß ich in die Welt zog (Johnson)
E anche tu lo vorrai, Joe –
Und Du, mein Joe, Du willst es auch (Minnie)
Minnie, dalla mia casa –
Minnie, ich hab' mein Haus verlassen (Rance)

La Rondine

Che il bel sogno di Dorette –
Wer errät Dorettes wundervollen Liebestraum (Prunier, Magda)
Fanciulla, è sbocciato l'amore –
Mädchen, unsere Liebe erblühe (Magda)
Ma come puci lasziarmi –
Aber wie kannst Du mich verlassen (Ruggero)
No! Tu sapessi –
Wenn du nur wüßtest (Lisette – Prunier)

Il Tabarro

Hai ben ragione –
Ja, du hast recht (Luigi)

Nulla! Silenzio! –
Niemand! Nur Schweigen (Michele)
Scorri, fiume eterno –
Fließe, ewiges Wasser (Michele)
Tutto è conteso, tutto ci è rapito –
Alles was uns verweigert wird, sperrt uns vom Vergnügen aus (Luigi)

Suor Angelica

Senza mamma –
Ohne Mutter (Angelica)

Gianni Schicchi

Firenze, è come un albero fiorito –
Florenz ist einem Baum zu vergleichen (Rinuccio)
O mio babbino caro –
Väterchen, teures, höre (Lauretta)

Turandot

Del primo pianto –
Die ersten Tränen (Turandot)
In questa reggia –
In diesem Palaste (Turandot)
Liù, bontà, perdona! Liù, dolcezza, dormi!
Oblia! Liù! Poesia! –
Liù, Güte, Vergebung! Liù, die Milde, schlafe!
Vergiß! Liù! Poesie! (Chor)
Mai nessum, nessum miavra –
Niemand, niemand soll mich haben (Turandot)
Nessun dorma –
Keiner schlafe (Calaf)
Non piangere –
O weine nicht, Liù (Calaf)

Literaturnachweis

Adami, Giuseppe: Epistolario di Giacomo Puccini, 241 Briefe, Mailand 1928, deutsch: Ein Musikerleben, Berlin 1939, Lindau 1948
Ders.: Puccini, Mailand 1935, deutsch Stuttgart 1943
Ders.: Il romanzo delle vita di Giacomo Puccini, Mailand 1944
Amy, Domenique: Giacomo Puccini, L'homme et son œuvre, Paris 1970
Ashbrock, William: The Opera of Puccini, London 1969
Bokey, János von: Meastro Puccini, Ein Leben in Melodien, Budapest 1962, deutsch Stuttgart 1964
Bonaccorsi, Alfredo: Giacomo Puccini e i suoi antenati musicali, Mailand 1950
Bonaventura, Arnoldo: Giacomo Puccini, Livorno 1924
Caresa, Angelo: Puccini, Schauplätze seines Lebens, 203 Farbbilder, Wien 1982
Carner, Mosco: Puccini, A Critical Biography, London 1958
Coenroy, André: La Tosca di Puccini, Paris 1923
Coppotelli, A.: Per la musica d'Italia, Puccini nella critica del Torrefranco, Orvieto 1919
Csáth, Géza: Über Puccini, Eine Studie, Budapest 1912
Dry, Wakeling: Giacomo Puccini, London 1906
Fellerer, Karl Gustav: Giacomo Puccini, Potsdam 1937
Fiorentino, D. del: Immortal Bohemian, An Intimate Memoir of Giacomo Puccini, London 1952
Fraccaroli, Arnaldo: Giacomo Puccini in casa e nel teatro, Mailand 1910, deutsch Leipzig 1926
Ders.: La vita di Giacomo Puccini, Mailand 1957
Gara, Eugenio: Carteggi Pucciniani, Mailand 1958
Gatti, Carlo: Puccini, In un gruppo di lettere inedite a un amico, Mailand 1944
Gauthier, André: Puccini, Paris 1961
Gerigk, Herbert: Puccini, Potsdam 1937
Greenfeld, Howard: Puccini, Sein Leben und seine Welt, Königstein 1982
Greenfield, Edward: Puccini, Keaper of the Seal, London 1958
Hopkinson, Cecil: A Bibliography of the Works of Giacomo Puccini, New York 1968
Hughes, Spike: Famous Puccini Opera, An Analytical Guide for the Opera-Goer and armchair listener, London 1959
Knosp, G.: Giacomo Puccini, Brüssel 1937
Marchetti, Luigi: Puccini nelle imagini, Mailand 1949
Marek, George R.: Puccini, A Biography, New York 1951, deutsch 1952·
Marggraf, Wolfgang: Giacomo Puccini, Leipzig 1977, Wilhelmshaven 1979
Marotti, G.: Giacomo Puccini, Florenz 1949
Ders. und F. Pagni: Giacomo Puccini intimo, Florenz 1926
Martinez, O.: El sentido humano en la obra de Puccini, Buenos Aires 1958

Monaldi, Gino: Giacomo Puccini e la sua opera, Rom 1924
Neißer, Arthur: Giacomo Puccini, Sein Leben und sein Werk, Leipzig 1928
Paladini, Carlo: Giacomo Puccini, a cura di Marzia Paladini, Florenz 1961
Panichelli, P.: Il ›Pretino‹ di Giacomo Puccini racconta, Pisa 1949
Pinzauti, Leonardo: Giacomo Puccini, Turin 1975
Ricci, Lugi: Puccini interprete di se stesso, Mailand 1954
Salerno, F.: Le donne pucciniane, Palermo 1928
Sartori, Claudio: Puccini, Mailand 1958
Ders.: Giacomo Puccini, Symposium, hrsg., Mailand 1959
Seifert, Wolfgang: Giacomo Puccini, Leipzig 1957
Seligman, Vincent: Puccini among friends, London 1958
Specht, Richard: Giacomo Puccini, Das Leben, der Mensch, das Werk, Berlin 1937
Tarozzi, Giuseppe: Puccini, La Fine del Bel Canto, Mailand 1972
Titone, Antoino: Vissi d'arte, Puccini e il disfacimento del melodramma, Mailand 1972
Thieß, Frank: Puccini, Versuch einer Psychologie seiner Musik, Wien 1947
Togni, G.: Giacomo Puccini bel contenario della nascita, Symposium, hrsg., Lucca 1958
Torrefranca, Fausto: Puccini e l'opera internazionale, Turin 1912
Weaver, William: Puccini, The man and his music, New York 1977
Weißmann, Adolf: Giacomo Puccini, München 1922
Winterhoff, Hans Jürgen: Analytische Untersuchungen zu Puccinis »Tosca«, Regensburg 1973

Register

I. Werke

Opern

Weitere Werke

II. Namen

Liszt, Franz 125
Long, John Luther 206
Lorengar, Pilar 211, 286
Lortzing, Albert 291
Loti, Pierre 205f.
Louis Philippe (König) 96, 111
Louvet, Ludille 100
Louys, Pierre 238
Luca, Giuseppe de 220f, 284
Lucca, Giovannina 47
Lucchesi, Giorgio 47, 121
Ludwig II. (König von Bayern) 143
Ludwig XIV. (König) 66

Macchiavelli, Nicolo 16
Maehder, Jürgen 317
Maeterlinck, Maurice 153f., 202, 256
Maffei, Andrea 292
Magi, Albina siehe Puccini, Albina
Magi Fortunato 31
Mahler, Alma 126
Mahler, Gustav 14, 40, 66, 137, 149,
    179, 188f., 191, 225, 251, 255, 327
Malipiero, Gian Francesco 137, 307,
    315, 326
Maluzzi 172
Mancinelli, Luigi 58
Manet, Edouard 88
Manfredi, Doria 245f.
Mann, Heinrich 179, 327
Mann, Thomas 9, 188, 327
Mapelli, Luigi 46
Maraini 124
Marcello, Bernadetto 64
Marchetti, Arnoldo 209
Marchi, Emilio de 37, 178
Marek, George R. 320
Margareta von Carona (Fürstin) 202
Marggraf, Wolfgang 138, 269
Margherita von Savoyen (Königin)
    32, 177
Maria Carolina (Königin) 157f., 160
Maria Theresia (Kaiserin) 157
Marie Antoinette (Königin) 153, 157,
    202, 238
Marinuzzi, Gino 265
Marlowe, Julia 206
Marotti, Guido 92, 146, 191
Martini, Ferdinando 127, 271
Martini, Padre Giambattista 28
Marton, Eva 320
Marx, Karl 140, 144
Mascagni, Pietro 12f., 40, 45f., 49, 51,
    58, 63, 83, 93, 146, 148, 166, 177–179,
    188, 203, 231, 240, 254, 259, 279,

307, 315, 326
Massenet, Jules 14, 22, 62, 64, 66–68,
    70f., 73–77, 83, 86, 104, 112, 195, 203,
    277, 279
Mattei, Stanislao 29
May, Karl 235
Medici (Fürstengeschlecht) 17f.
Mélas, Michael. Baron Friedrich Be-
    nedikt de (General) 158
Melba, Nellie 120
Menotti, Gian-Carlo 14, 326
Menotti, Guido 146
Mercadante, Saverio 30
Mérimée, Prosper 67, 149, 239
Messager, André 206
Messiaen, Oliver 326
Metlicovitz, Leopoldo 208
Metternich, Klemens Fürst 19
Meyerbeer, Giacomo 36, 202f., 287f.
Michelangelo, Buonarotti 16, 143
Miggles 243
Milhaud, Darius 180
Miller, John 244
Moffo, Anna 265
Mokles (Derwisch) 292
Molière, Jean Baptiste 280, 293
Molnár, Ferenc 256
Monaco, Mario del siehe Del Mona-
    co
Monet, Claude 274
Montescanto, Luigi 284
Montessi 184
Monteverdi, Claudio 16, 229
Montmorency, de 156
Moranzoni, Robert 284
Mozart, Wolfgang Amadeus 8, 28, 44,
    59, 125, 137
Mugnone, Leopoldo 118, 120, 177
Munch, Edvard 179
Murger, Henri 15, 43, 88, 90–92, 94–
    100
Musset, Albert de 55, 70
Mussolini, Benito 141–143, 297, 314,
    319
Mussorgski, Modest 22, 306
Muzio, Claudia 284

Naudin, Emilio 36
Nauer, I. 239
Napoleon I. Bonaparte (Kaiser) 19,
    28f., 94, 151, 155–160
Napoleon III. (Kaiser) 19
Nasi, Carlo 90
Nemeth, Maria 319
Nero, Lucian Domitius (Kaiser) 232

Bildnachweis

Archiv Autor (Berlin) 17, 27, 29, 37, 50, 63, 89, 102, 108, 115, 117, 128, 136, 150, 174, 183, 185, 189, 193, 239, 253, 257, 270, 272, 285, 290, 300, 312, 314, 318, 325. Angelo Caresa (Parma) 122, 125. Casa Ricordi (Mailand) 33, 69, 85, 169, 212. Museo Teatro alla Scala (Mailand) 132, 204, 296. ERI edizioni rai radiotelevisioni (Turin) 131, 164, 309. Bayerische Staatsoper (München) 172. Simonetta Puccini (Mailand-Torre del Lago) 47, 53. E.P. Dutton in association with Metropolitan Opera Guild (New York) 221, 230

CIP-Kurztitelaufnahme der Deutschen Bibliothek

Krause, Ernst:
Puccini: Beschreibung eines Welterfolgs /
Ernst Krause. – Berlin: Siedler, 1984.
ISBN 3-88680-120-9

© VEB Deutscher Verlag für Musik, Leipzig · 1985
Rechte der Lizenzausgabe bei der
Wolf Jobst Siedler Verlag GmbH, Berlin · 1984

Satz: Bongé & Partner, Berlin
Reproduktionen: Decker & Wahl, Berlin
Druck und Buchbinder: Offizin Andersen Nexö, Leipzig
Printed in the German Democratic Republic 1984

ISBN 3-88680-120-9